HISTOIRE

DU

SENTIMENT NATIONAL EN FRANCE

PENDANT

LA GUERRE DE CENT ANS

PAR

GEORGES GUIBAL

PROFESSEUR A LA FACULTÉ DES LETTRES DE POITIERS

PARIS
SANDOZ ET FISCHBACHER, ÉDITEURS
33, RUE DE SEINE, ET RUE DES SAINTS-PÈRES, 33

1875

À madame et à monsieur Contejean,
témoignage de sympathie patriotique
et libérale

l'auteur
S. Luce

HISTOIRE

DU

SENTIMENT NATIONAL EN FRANCE

PENDANT

LA GUERRE DE CENT ANS

OUVRAGES DU MÊME AUTEUR.

Le poëme de la Croisade contre les Albigeois, *ou l'épopée nationale de la France du Sud au treizième siècle*. Etude historique et littéraire. Un volume in-8º. 1863. 8 »

Jean de Boysson, ou la Renaissance à Toulouse. Brochure in-8º. 1864. (Extrait de la *Revue de Toulouse*.) 2 »

Pierre-Paul de Riquet. Etude historique d'après de nouveaux documents. Brochure in-8º. 1866. (Extrait de la *Revue de Toulouse*.) 1 50

Arnaud de Brescia et les Hohenstaufen, ou la question du pouvoir temporel et la papauté au moyen âge. Un vol. in-8º. 1868. 3 50

Le siége et le bombardement de Strasbourg. Conférence faite à Castres et à Montauban le 15 et le 22 octobre 1870. Brochure in-8º. 1870. 1 »

AVANT-PROPOS

L'érudition a pris, de nos jours, dans les études historiques, une importance qui a été le résultat d'une réaction légitime contre les généralités ambitieuses ou prématurées.

L'attention, les sympathies, les encouragements du public sont réservés, d'une façon à peu près exclusive, aux patientes investigations qui découvrent, dans le fond de nos archives ou de nos bibliothèques, des documents inédits et des textes manuscrits.

Nous nous garderons bien d'accuser cette tendance. Nous voulons seulement nous demander si elle ne pourrait pas avoir ses exagérations, et avec ses exagérations, ses dangers.

Ne pourrait-elle pas porter atteinte à l'austère dignité de l'histoire et restreindre son utilité féconde?

L'histoire n'est pas seulement un aliment pour

une curiosité qui risque de s'égarer dans les infiniment petits : elle est et doit être, surtout dans des temps comme les nôtres, un enseignement pour la raison qu'elle éclaire, pour la volonté qu'elle redresse, pour le cœur qu'elle fortifie. Ecrite par les Français, il faut qu'elle apporte son concours au relèvement de la France : elle ne se doit pas seulement à la vérité ; comme toutes les forces morales, elle se doit aussi à la patrie.

Telle est la pensée qui nous a guidé dans la composition de cet ouvrage.

Nous l'avons préparé et rédigé en ayant sous les yeux la noble image de Strasbourg en deuil, qui nous rappelle de si grands souvenirs de résignation héroïque et de douleur virile.

Ces souvenirs ont été comme l'inspiration de ce livre. En le dédiant à notre chère *Alsace-Lorraine*, nous acquittons simplement une dette de reconnaissance, dont le paiement est bien doux à notre attachement filial. Nous n'avons pas l'honneur d'être Strasbourgeois de naissance : nous le sommes de cœur et d'adoption.

INTRODUCTION

I

Le quatorzième siècle et la première moitié du quinzième forment une époque de transition, de crise, de révolution. Le moyen âge finit. Les institutions, les idées, les aspirations, les mœurs qui le caractérisent, se modifient, se transforment ou disparaissent pour s'accommoder ou faire place à un ordre de choses nouveau. — La grande théocratie pontificale établie par Grégoire VII a succombé sous les coups que lui ont portés les légistes de Philippe le Bel : elle ne se relèvera pas. Attristée par ce séjour de la papauté à Avignon, que les Italiens appellent la *captivité de Babylone*, puis déchirée par le schisme, compromise par la conduite d'un trop grand nombre de ses dignitaires, attaquée avec autant d'indépendance que de sévérité, en France, par l'auteur du songe du *Vergier*, par Honoré Bonnet, par Alain Chartier ; en Angleterre, par Robert Longlande et Wiclef, l'Eglise n'exerce plus qu'une influence singulièrement restreinte sur les événements qui ont alors le plus de retentissement dans la chrétienté. La chevalerie échappe à son action et, frappée elle-même d'une irrémédiable décadence, elle inflige, par ses faits et gestes, un perpétuel démenti aux réminiscences affectées qui semblent, en France et en Angleterre, s'efforcer de ressusciter les temps fabuleux d'*Arthus* et de *la Table ronde*. Sous ce roman de fêtes, d'*appertises* d'armes, d'aventures et de galanteries, qui ressemble de plus en plus à un mensonge, se cache une réalité, souvent fort triste, odieuse et brutale. Si les contemporains sont un moment séduits par ce roman, ils ne seront pas longtemps dupes de ce mensonge. Déjà l'esprit de Cervantes s'éveille. Le temps approche où *Damp abbé* va railler, persifler, provoquer à une lutte vulgaire et rouler à terre le modèle des chevaliers errants, le fameux Jehan de Xaintré (1). Quelle chute! Froissard ne l'a peut-être pas prévue ; mais il n'a pas moins été, à la fin de sa vie, frappé du déclin des sentiments et des vertus chevaleresques. Il a été longtemps le héraut d'armes de la chevalerie ; maintenant renfermé dans la solitude de l'abbaye de Cantimpré (2), près de Cambray, ou dans son canonicat de Chimay, il reprend sa chronique ; il remanie ses récits ; il les anime d'un esprit nouveau, plus compatissant, plus large, plus humain. Au-dessous de ce monde aristocratique, dont les vices, la violence et la corruption (3) affligent son expérience, il découvre des peuples et des nations, étudie leur caractère avec intérêt,

---

(1) *Le petit Jehan de Xaintré*, p. 287.
(2) Froissart (éd. K. de Lettenhove), t. I, introduction, p. 455 et suiv.
(3) *Id., ibid.*, p. 400.

suit avec sympathie les vicissitudes de leurs destinées et s'émeut au tableau de leurs misères (1).

C'est que les nations, en général, la France en particulier, ont, pendant le quatorzième siècle, pris une conscience plus nette et plus énergique d'elles-mêmes. Leur physionomie, leurs aspirations, leurs tendances, leurs passions, leur génie se sont plus vigoureusement accentués. L'idée nationale s'est dégagée et affermie dans la mesure même où l'idéal chevaleresque allait s'obscurcissant et perdant de son empire.

Les progrès de cette idée ont marqué pour la France les commencements de la vie moderne, signalés en même temps, dans notre pays, par l'apparition des problèmes politiques et sociaux dont nous poursuivons encore la solution. Ces questions ont surgi au milieu de nous, au lendemain et sous l'influence des désastres de la guerre de Cent ans, qui, du même coup, ont donné à la nation le sentiment de son unité et aux différentes classes qui la composaient celui de leur solidarité respective. De là, dans le cœur et dans la conscience du pays, la lutte de deux tendances opposées, contraires, ennemies : l'une le pousse à s'unir en face de l'étranger ; l'autre le met aux prises avec lui-même, en provoquant des agitations et des haines dont l'explosion coïncide, dans notre patrie, avec les premières manifestations sérieuses du sentiment national.

C'est à cette lutte que nous voudrions assister. C'est l'histoire de ce sentiment en France, pendant la guerre de Cent ans, que nous essaierons de raconter.

---

(1) Froissart (K. de L.), t. I, Introduction, p. 460.

L'heure nous paraît opportune pour une semblable étude. Les enseignements qui se dégagent de cette page douloureuse et ensanglantée de nos annales peuvent aider le patriotisme à reprendre, dans notre vie politique, la place qu'ont envahie ou plutôt usurpée des préoccupations de parti, coupables d'un égoïsme mesquin ou ingrat. Plus que jamais, il est bon de nous remettre sous les yeux l'image de cette France du quatorzième et du quinzième siècle, moins accablée par ses défaites qu'épuisée par ses divisions intestines et ne trouvant le salut que dans un admirable essor du sentiment national.

Médités attentivement, ces leçons et ces exemples nous laisseront une impression d'autant plus profonde et salutaire que ces événements ne sont guère éloignés de nous que par leur date. Il n'est pas besoin de leur faire violence pour les rapprocher de ceux dont les dernières années nous ont rendus témoins.

II

On sait quelle fut la cause ou l'occasion de la guerre de Cent ans. Le 31 janvier 1328, le roi de France Charles le Bel mourait sans héritier mâle; deux mois après, la reine, qu'il laissait enceinte, mettait au monde une fille, et aussitôt les pairs du royaume appelaient au trône un neveu de Philippe le Bel qui était déjà investi de la régence depuis la mort du dernier roi; Edouard III d'Angleterre avait en vain réclamé les droits à la couronne de France qu'il prétendait tenir de sa mère Isabelle, fille du même Philippe le Bel. Ses prétentions avaient échoué devant la loi salique ; il semblait se résigner à cet échec ; mais cette résignation, que la nécessité pouvait seule lui imposer, était trop peu dans son caractère pour être durable. Dix ans ne s'étaient pas écoulés que le roi d'Angleterre envoyait en Allemagne des ambassadeurs *appareillés de cent mille florins* (1)... C'était de l'argent placé à bon intérêt ; car le comte de Hainaut, le duc de Brabant, le marquis de Juliers, l'évêque Walleran de Cologne, le comte de Meurs s'empressaient de promettre leurs secours à Edouard III. Quelque temps après, l'empereur Louis IV le nommait vicaire de l'Empire. La guerre contre la France allait commencer ; néanmoins, portant successivement les hostilités sur la frontière de Flandre et dans la Bretagne, Edouard III semblait tourner autour du royaume de son adversaire, qu'il hésita pendant huit ans à attaquer de front.

Ce n'est pas que l'Angleterre ne fût déjà puissante ; elle ne comptait pas moins de 52,285 villes et villages (2). Son commerce et sa marine avaient pris une importance considérable. Son roi s'appelait le roi de la mer (*the king of sea*) (3). Son agriculture était dans un état relativement avancé, attesté par des manuels dont quelques-uns avaient été rédigés dès le siècle précédent. L'un de ces traités pratiques poussait la prévoyance dans ses prescriptions détaillées, jusqu'à recommander aux bouviers d'être joyeux et doux avec leurs bœufs, et de charmer par leurs chants les fatigues de leur atte-

---

(1) Le premier livre des Chroniques de Froissart, t. I, p. 203.
(2) Froissart (K. de Lettenhove), t. VI, p. 490, notes.
(3) *Id., ibid.*, t. VIII, p. 444.

lage (1). Cette sollicitude pour les animaux domestiques est un des traits du caractère anglais, qui se dessinait déjà avec ce mélange d'indépendance, de fierté ombrageuse et farouche, d'avidité, de convoitise, d'âpreté si bien indiqué par Froissart dans le dernier remaniement du texte de sa chronique (2). Les qualités que ce chroniqueur, devenu presque historien, prête à ce peuple chaud et bouillant, « *tost esmeu en ire et tart apaisié,* » sont bien celles qui conviennent à une nation habituée au maniement des armes et à la pratique de la liberté.

Mais ces forces matérielles et morales que l'Angleterre unie dans un même élan, mettait à la disposition de son roi, avec un rare empressement (3), semblaient à peine suffisantes pour attaquer victorieusement cette France à laquelle l'opinion publique accordait, à tous égards, une incontestable suprématie sur les autres Etats chrétiens. On se rappelait autour d'elle et elle se rappelait elle-même qu'elle avait exercé dans la chrétienté, au treizième siècle, une véritable royauté. L'autorité de son roi Louis IX avait été respectée au loin. Sa langue avait pénétré jusqu'au fond de la Morée, où l'on parlait un aussi bon français qu'à Paris (4). Ses chansons de gestes dont s'inspirait, à Strasbourg, le fameux Wolfram d'Eschembach, étaient imitées d'un bout à l'autre de l'Europe, de l'Espagne à la Scandinavie.

---

(1) *Bibliothèque de l'Ecole des chartes*, 4ᵉ série, t. III. — L. Lacour, *Traité d'économie rurale en Angleterre au treizième siècle*, p. 127.
(2) Froissart, Le premier livre des Chroniques (K. de L.), t. I, p. 7.
(3) *Id., ibid.*, t. I, p. 209.
(4) V. Le Clerc, *Discours sur l'état des lettres au quatorzième siècle*, p. 143.

La décadence avait commencé ; mais ou pouvait bien ne pas s'en douter, lorsque l'on voyait une cour de rois se presser, à Vincennes, autour du roi Philippe VI ; lorsqu'il y avait quelques années à peine que Dante, se faisant l'écho de la jalousie des peuples étrangers, avait maudit, dans la race capétienne, cette plante qui, parasite insatiable, couvrait de son ombre et de ses fruits toute la terre chrétienne ; lorsque Philippe le Bel avait mis sous sa dépendance cette redoutable puissance de la papauté, contre laquelle s'étaient brisés tous les efforts, toute l'ambition des superbes Hohenstaufen ; lorsque Philippe de Valois, usurpant impunément sur le domaine spirituel, allait jusqu'à menacer du feu, pour une opinion purement théologique, un général des Franciscains et, si l'on en croit quelques témoignages, le pape Jean XXII lui-même (1).

A cet éclat extérieur, à cet empire si incontesté répondait au dedans une véritable prospérité matérielle. A l'aide de calculs qui ont excité l'étonnement, mais n'ont pas encore rencontré de réfutation péremptoire, M. Dureau de La Malle a établi que la population de la France, avant le commencement de la guerre de Cent ans, égalait, si elle ne dépassait pas, celle de la France actuelle (2). Contents d'une existence dont les inquiétudes étaient aussi bornées que les espérances (3), les paysans croissaient et multipliaient. Bien cultivées à la faveur d'une

---

(1) V. Le Clerc, *Discours sur l'état des lettres*, etc., p. 164.

(2) *Mémoires de l'Académie des inscriptions et belles-lettres*, 2ᵉ série, t. XIV, p. 35-43.

(3) Laveleye, *De la forme du gouvernement dans les sociétés modernes* : *Revue des Deux-Mondes*, 15 juillet 1871, p. 349.

longue paix, les terres produisaient au delà des besoins de leur consommation. Froissart dépeint, avec une richesse de couleurs toute flamande, ces celliers remplis de vin, ces greniers chargés de blé et ces étables où s'élevaient les bestiaux les plus gras et les mieux nourris du monde.

Si les campagnes étaient heureuses, les villes étaient riches. Il est telle bourgade du Midi, comme Avignonet par exemple, que Froissart nous représente comme « *une grosse ville et marchande* (1). » Les renseignements qu'il nous donne sur l'industrie française attestent les développements qu'elle avait pris. Les toiles de Reims, les draps de Louviers, de Saint-Lô, de Caen, les velours de Limoux en Languedoc étaient célèbres. Le commerce était plus florissant encore. Il s'exerçait particulièrement sur le littoral de la Normandie, de la Saintonge et sur les côtes de la Méditerranée. Les foires de Troyes en Champagne et celle du *Landit* à Saint-Denis, qu'on faisait remonter jusqu'à Dagobert, en étaient comme les grandes assises.

Cette abondance, ce progrès des arts de la paix avaient développé, dans la nation, le goût du luxe et des jouissances matérielles. Les seigneurs qui recherchaient les vêtements courts, collants, faits d'étoffes précieuses et ornés de perles, les dames qui serraient leur taille, chargeaient leur tête de faux cheveux (2) et se rendaient

---

(1) Froissart (K. de L.), t. V, p. 346.
(2) *Chroniques belges*, Smet : recueil des chroniques de Flandre, t. II : Gilles le Muisis, p. 347 : « ornabant etiam capita sua capillis alienis. » — Une ballade satirique d'Eustache Deschamps (*Œuvres*, éd. Crapelet,

à l'église avec des toilettes de noce plus somptueuses que décentes, donnaient aux classes inférieures un exemple qu'elles ne suivaient que trop. Les bourgeois et leurs femmes se servaient de leurs grosses fortunes, amassées par le travail et par l'épargne, pour satisfaire aux exigences fastueuses de leur table, de leur mise et de leur train de vie (1). Le peuple, les pauvres eux-mêmes ne voulaient pas rester en arrière, et l'on voyait bien des gens porter sur eux, en étoffes et en joyaux de prix, la plus grande partie de leur avoir (2).

Cette émulation dans la vanité, le plaisir et la futilité semblait mesurer l'abaissement du niveau intellectuel et moral du pays. « De toutes parts, » écrit un contemporain, « abondaient les péchés et l'ignorance ; » car on ne trouvait que bien peu de gens qui eussent » du savoir ou qui voulussent, dans les villes, dans les » campagnes et dans les châteaux, montrer aux enfants » les éléments de la grammaire (3). » Si le vide et les ténèbres augmentaient dans les esprits, les cœurs s'énervaient. Bourgeois et vilains avaient perdu l'habitude

---

p. 127-128) ramène comme refrain ce conseil donné aux dames de son temps :

> Rendez l'emprunt des estranges cheveux,

et débute par ces quatre vers :

> Atournez-vous, mes dames, autrement,
> Sans emprunter tant de baribouras,
> Ne de quérir cheveulx estrangement,
> Que maintes fois mangent souris et ras.

(1) Levasseur, *Histoire des classes ouvrières*, t. I, p. 373.
(2) Continuateur de Guillaume de Nangis, t. II, p. 237. — Gilles le Muisis, p. 348.
(3) Continuateur de Guillaume de Nangis, t. II, p. 216.

de la guerre et l'instinct des vertus militaires : « Bonnes et simples gens qui ne sçavoient que c'estoit de guerre, » ne cesse de répéter Froissart. La noblesse était heureuse de ces dispositions et de cette ignorance qui semblaient lui conférer le privilége des armes et qu'elle entretenait avec un soin jaloux. Elle s'alarmait et s'irritait, lorsqu'elle voyait la royauté essayer d'organiser sérieusement une armée nationale avec les milices bourgeoises (1). Les romans de chevalerie faisaient pleuvoir les sarcasmes sur ces soldats tirés du comptoir ou de l'atelier : au lieu d'employer leurs bras, le roi lui-même aimait mieux puiser dans leur bourse. « Grâce à cette « rançon, » leur faisait-il dire, « ils seront hors du péril « de leur corps et pourront entendre à leurs marchan- « dises et les biens de leur terre administrer (2). » Et les bourgeois trouvaient, en fin de compte, que ce langage était assez raisonnable.

C'étaient là des symptômes inquiétants ; néanmoins, s'ils pouvaient faire craindre la défaite, ils ne présageaient pas la ruine ; car la France restait pleine de jeunesse et de séve ; et les malheurs mêmes, qui s'amassaient à l'horizon, allaient la doter d'une force nouvelle : je veux dire le *sentiment national* (3).

Ce sentiment avait commencé de s'éveiller dans notre pays au douzième siècle, au moment de cette triple renaissance religieuse, intellectuelle et sociale qu'avaient

---

(1) Boutaric, *Institutions militaires de la France*, p. 214.

(2) *Id., ibid.*, p. 230.

(3) Nous confondons, dans cette étude, sous une même expression, le sentiment national et le patriotisme ; c'est qu'à l'origine ces deux sentiments ne se distinguent guère l'un de l'autre.

signalée les Croisades, les leçons d'Abélard sur la montagne Sainte-Geneviève et l'affranchissement des communes. D'abord obscur, faible et vague, le plus souvent étranger aux événements de la vie (1), il avait pris plus de précision et de puissance au fur et à mesure que la royauté avait grandi avec Philippe-Auguste, Louis IX et Philippe le Bel ; mais il ne devait devenir une des forces vives et agissantes du pays que sous l'empire des souffrances et des désastres de la guerre de Cent ans.

Le premier de ces revers, la défaite de Crécy (26 août 1346), émut sans doute l'opinion, dont les Anglais semblaient avoir défié les colères par d'insolents ravages en Normandie, dans l'Ile-de-France et jusqu'aux portes de Paris ; mais cette émotion s'apaisa assez promptement et la gaieté française reprit vite le dessus. Les Parisiens se vengèrent de Crécy en faisant une chanson de la singulière aventure du comte de Flandre, Louis de Mâle, qui avait été obligé de se réfugier en France pour ne pas épouser la fille du roi d'Angleterre (2). Les esprits plus sérieux et qui auraient oublié plus lentement, furent arrachés au souvenir de cette infortune patriotique par l'épouvantable désolation de la peste noire, en 1348.

Il n'en devait pas être de même après la bataille de Poitiers. Le pays n'avait pas marchandé les sacrifices pour obtenir la victoire, et il avait le droit d'y compter, malgré quelques actes de défaillance, de mauvaise volonté, même de révolte.

---

(1) Guizot, *Histoire de la civilisation en France*, t. II, p. 124.
(2) V. Le Clerc, *Discours sur l'état des lettres*, etc., p. 167.

Rassemblés dès la reprise des hostilités, qu'une trêve de cinq ans (1350-1355) avait provisoirement suspendues, les états généraux s'étaient montrés animés d'un esprit vraiment patriotique. Jean de Craon, archevêque de Reims, Gauthier de Brienne, duc d'Athènes, Etienne Marcel, prévôt de Paris, avaient, au nom du clergé, de la noblesse et des communes, déclaré « que les *états étaient prêts à vivre et à mourir avec le roy et à mettre corps et avoir en son service.* » Sans doute la noblesse, la bourgeoisie et le peuple avaient tous leurs griefs contre le caractère et le gouvernement du roi Jean. Mélange bizarre de légèreté et d'obstination (1), ce roi-chevalier, que M. Giraud a peut-être réhabilité avec excès, avait un tempérament violent, emporté, tyrannique qui rappelait trop sa mère, « *la mâle reine boîteuse Jehanne de Bourgogne.* » Ses brutalités n'épargnaient pas ses propres enfants; et il répondait un jour par un coup de pied aux supplications du dauphin qui voyait avec douleur son père arrêter violemment le roi de Navarre à sa table (2) et livrer au bourreau, sans même un simulacre de procès, ses autres convives le comte de Harcourt, le sire de Graville, Maubuet de Mainemares (3). Ces exécutions sommaires ne répugnaient pas à Jean le Bon. Celle qui avait fait tomber, dans la cour de l'hôtel de Nesle, la tête du connétable comte d'Eu avait laissé à la noblesse un long sentiment d'irritation. La

---

(1) Froissart (K. de L.), t. V, p. 357.
(2) Jehan le Bel, *Les vrayes chroniques*, t. II, p. 192.
(3) Froissart (K. de L.), t. V, p. 366. — Léopold Delisle ' *Histoire du château de Saint-Sauveur-le-Vicomte*, p. 80-81.

bourgeoisie n'était pas moins offensée des atteintes que le roi avait essayé de porter aux priviléges des corporations. Elle lui reprochait plus sévèrement encore ses perpétuelles altérations de monnaie, qui ralentissaient et contrariaient toutes les transactions. Elle soupçonnait du gaspillage et de la dilapidation dans la gestion des deniers de l'Etat. Le peuple, surtout celui de la campagne, se plaignait des abus du droit de prise, qui devenaient une véritable spoliation. Mais ces abus venaient d'être énergiquement redressés par une ordonnance royale rendue sous l'inspiration des états. Une commission de neuf surintendants désignés par les états était seule chargée de la haute administration des subsides votés pour la guerre. La bourgeoisie était rassurée ; et si elle était encore irritée, son irritation s'adressait aux conseillers du roi et non pas au roi lui-même. La noblesse ne pouvait, au moment décisif, conserver ses ressentiments contre un prince qui savait se faire pardonner ses rigueurs par sa loyauté toute française, par sa bravoure toute chevaleresque, par sa haine patriotique contre les Anglais.

LIVRE PREMIER

JEAN LE BON. — ETIENNE MARCEL. — CHARLES V.

CHAPITRE PREMIER

BATAILLE DE POITIERS.

Jean le Bon grandissait dans la sympathie, dans l'affection, dans le dévouement de ses sujets de tout le danger que les Anglais faisaient alors courir au royaume et de tout le mal qu'ils lui causaient. Aidé par le fameux baron normand Godefroy de Harcourt, qui avait, une première fois, en 1346, guidé les Anglais dans son pays, le cousin d'Edouard III, le duc de Lancastre, avait poussé jusqu'à Verneuil, qu'il avait surpris et pillé. Puis, reculant devant les troupes françaises, il s'était replié dans le Cotentin et n'attendait que l'occasion de tenter une nouvelle sortie (1). Renouvelant les ravages qu'il avait exercés, l'année précédente, dans le Languedoc, le fils aîné du roi d'Angleterre, le prince de Galles,

---

(1) Léopold Delisle, *Histoire du château de Saint-Sauveur-le-Vicomte*, p. 85-87.

les avait portés dans le Rouergue, dans l'Auvergne, dans le Berry. Il était sur les frontières de l'Orléanais et de la Touraine ; déjà il touchait la Loire et peut-être allait donner la main au duc de Lancastre ; mais ses combinaisons audacieuses furent tout d'un coup dérangées par l'apparition de la nombreuse armée française que venait de rassembler un mandement énergique du roi Jean, et dont les détachements divers, passant la Loire à Orléans, à Meung, à Blois, à Tours, à Saumur, allaient se concentrer à La Haye en Touraine. Elle ne comptait pas moins de soixante mille hommes. Le prince de Galles ne pouvait leur opposer que huit mille combattants. Avec une telle disproportion numérique, il n'avait qu'un parti à prendre : se dérober rapidement, regagner les deux journées perdues inutilement et par point d'honneur, au siége de Romorantin, et se réfugier en Guyenne, à Bordeaux.

Pendant quelque temps, les deux armées marchèrent dans les vallées de la Creuse et de la Vienne, ignorant complétement leur position et leurs mouvements respectifs. Les Français étaient convaincus que les Anglais fuyaient devant eux ; les Anglais croyaient que les Français leur donnaient la chasse. Le 17 septembre 1356, au soir, l'armée française, qui avait traversé la Vienne à Chauvigny, débouchait en face de Poitiers, sur les rebords du plateau qui regarde la ville à l'Est. Le roi arrivait à l'entrée du faubourg Saint-Cyprien.

L'enceinte de Poitiers était à peu près l'enceinte actuelle, comme le prouvent les restes encore subsistants des murs et des tours de ses fortifications. Avec sa ceinture d'abbayes, dont les bâtiments et les enclos l'enveloppaient de toutes parts, Poitiers était déjà, nous apprend Froissart, « une moult grande cité, toute remplie d'églises et de moutiers (1). » La ville avait été déjà éprouvée par la guerre. En 1346, les Anglais et les Gascons du comte de Derby l'avaient enlevée de vive force ou plutôt par ruse. Sept cents personnes, hommes, femmes, enfants, avaient été massacrées. Bon nombre d'habitants ne s'étaient sauvés qu'en fuyant dans la campagne. Un quartier presque tout entier, plusieurs églises et une partie de l'ancien palais qui remontait à la domination romaine, avaient été consumés par l'incendie que les vainqueurs avaient allumé en se retirant (2).

A peine rétabli de cette rude atteinte, Poitiers s'était mis sur pied de guerre. En vertu d'une ordonnance de Gui, comte de Foret et lieutenant du roi en Poitou et en Saintonge, trois portes seulement devaient rester ouvertes pendant toute la durée de la guerre. Les *riches*, les *moyens*, les *menus*, étaient tenus de s'armer, chacun selon son état. Les gens d'église pouvaient s'armer à leurs frais, s'ils le voulaient, ou fournir des remplaçants qui iraient monter pour eux la garde aux portes. Chaque habitant devait avoir, devant sa maison, de l'eau dans des vases et, pendant la nuit, une chandelle allumée (3).

C'est dans cet appareil sévère de guerre et de combat

---

(1) Froissart (K. de L.), t. V, p. 115. — Dufour, *De l'ancien Poitou et de sa capitale*, p. 251.

(2) Froissart (K. de L.), t. V, p. 2-6. — Thibaudeau, *Histoire du Poitou*, t. I, p. 369.

(3) Thibaudeau, t. I, p. 369. — Dufour, *De l'ancien Poitou et de sa capitale*, p. 400.

que Poitiers s'apprêtait à recevoir son roi. Jean le Bon allait entrer dans la ville, lorsque, tout à coup, il s'arrêta, donna l'ordre de dresser ses tentes devant le faubourg Saint-Cyprien et fit faire volte-face à toute son armée. Une escarmouche d'arrière-garde qui avait coûté la liberté au maréchal de Bourgogne, aux comtes d'Auxerre et de Joigny, venait d'apprendre aux Français qu'ils avaient les Anglais en queue.

Dans la nuit du 16 au 17 septembre, le prince de Galles avait franchi la Vienne à Châtellerault; puis, s'avançant dans l'angle compris entre cette rivière et le Clain, il avait cheminé dans un pays couvert de bruyères et de bois, vraisemblablement la forêt de Moulières. En atteignant la route de Chauvigny à Poitiers, à la hauteur de la Chaboterie, il était tombé dans l'arrière-garde française (1). Le léger succès qu'il venait d'obtenir ne l'empêchait pas de sentir toute la gravité de sa situation. Dans ce moment critique, ses conseillers, Jean Chandos (2), Jacques d'Audley et lui-même, qui avait gagné ses éperons à la bataille de Crécy, firent preuve de prudence et de sang-froid.

Ils établirent leur camp à 12 kilomètres au S.-E. de Poitiers, sur le plateau ondulé, même assez fortement accidenté, qui s'étend entre la ferme de la Cardinerie

---

(1) Lettre de Barthélemy de Burghersh, citée par K. de Lettenhove (Froissart, t. V, notes), p. 525.

(2) Pour reconnaître les services éclatants de Chandos, avant et pendant la bataille de Poitiers, le prince de Galles devait lui abandonner, pour en jouir sa vie durant, les deux tiers du manoir de Kirketon, en n'exigeant d'autre redevance qu'une rose rouge à l'époque de la Saint-Jean (Rymer, *Fœdera*, t. III, partie Ire. Londres, 1825, p. 345).

(autrefois Maupertuis), les hameaux de Beauvoir et des Bordes et l'abbaye de Nouillé. Devant eux, le sol s'abaissait par une pente assez molle ; à leur gauche, ils apercevaient le ruisseau du Miausson, qui serpente à travers une vallée boisée et va rejoindre le Clain à Saint-Benoît, à 4 kilomètres en amont de Poitiers. Derrière eux, ils avaient les bois de l'abbaye de Noaillé. Cette abbaye, dont les bâtiments sont encore aujourd'hui si pittoresques, avec leur église d'un gothique sévère, presque roman, avec leurs fossés pleins d'eau, avec leurs tours et leurs meurtrières, avait été fortifiée au treizième siècle, pendant les guerres de Philippe-Auguste et de Jean sans Terre (1). Les Anglais ne négligèrent pas de l'occuper et d'en faire un solide point d'appui de leur position, qui était choisie avec habileté et bonheur. Les plis du terrain, les broussailles et les vignes qui le couvraient, leur permettaient de manœuvrer à l'insu de l'ennemi, de dissimuler leurs forces ou plutôt leurs faiblesse, de repousser avec succès une attaque de la cavalerie française, s'ils ne parvenaient pas à éviter le combat par un départ silencieusement opéré.

Les éclaireurs français, Eustache de Ribeumont, Jean de Landas, Guichard de Beaujeu, qui furent, le dimanche matin, 18 septembre, chargés d'explorer les dispositions des généraux anglais, s'acquittèrent de cette mission d'une manière très-imparfaite ; ils ne reconnurent que la partie du camp ennemi qui faisait face à l'armée française ; ils ne se doutèrent pas que les An-

---

(1) Bouchet, *Annales d'Aquitaine*, p. 200. — Thibaudeau, *Histoire du Poitou*, t. I, p. 176.

glais étaient échelonnés en trois batailles; ils ne virent que la première ligne, forte à peu près de mille hommes d'armes à pied : un corps d'archers anglo-saxons, disposés en herse, la couvrait : pour la joindre, il fallait passer dans un chemin creux, où quatre cavaliers seulement pouvaient s'avancer de front et qui était bordé de haies sur ses deux côtés. Derrière ces haies étaient embusqués des archers.

Le roi Jean n'avait pas attendu le retour de ses éclaireurs pour commencer à ranger son armée : il l'avait répartie en quatre batailles : la première était commandée par le connétable de France, Gautier de Brienne, et occupait, sans doute, la hauteur qui fait face à Maupertuis. La seconde était sous les ordres du duc de Normandie, le fils aîné du roi, et comptait dans ses rangs les deux frères de ce jeune prince : les ducs d'Anjou et de Berry. La troisième était confiée au duc d'Orléans, frère de Jean le Bon; et le roi, en personne, s'était réservé la quatrième. Son ardeur chevaleresque et patriotique s'animait au spectacle vraiment magnifique qu'il avait sous les yeux. Le plateau qui se développe au S.-E. de Poitiers et qui semble aujourd'hui si morne et si désert, retentissait d'un tumulte joyeux et martial. Les tambours, les trompettes, les cors, les clairons mêlaient leurs roulements et leurs fanfares aux hennissements des chevaux. Les chevaliers s'étaient somptueusement parés comme pour une fête. Ce n'étaient, de toutes parts, que riches armoiries, que belles armures reluisant au soleil, que pennons et bannières flottant au vent. « Là, » dit Froissart, « était toute la fleur « de France; ni nul chevalier ni écuyer n'était de-

« meure à l'hôtel, s'il ne voulait être déshonoré (1). »
Monté sur un superbe destrier blanc, le roi allait de
rang en rang, exciter le courage de ses hommes d'armes par quelques paroles où se peignaient toute sa confiance, toute sa joie, toute sa fierté : « Entre vous, »
leur disait-il, « quand vous êtes à Paris, à Chartres,
» à Rouen, à Orléans, vous menacez les Anglais et vous
» souhaitez le bassinet en tête devant eux. Or y êtes-
» vous ; je les vous montre ; si leur veuillez montrer
» vos mautalents et contre-venger les ennuis et les dépits
» qu'ils vous ont faits ; car, sans faute, nous les com-
» battrons (2). »

Il veut combattre ; il a repoussé les sages avis de
l'Ecossais Guillaume Douglas qui l'engageait à se contenter de cerner et d'affamer les Anglais : il va croire, au
contraire, avec un empressement regrettable, le conseil
fâcheusement inspiré de l'un des éclaireurs, Eustache
de Ribeumont. A la suggestion de ce chevalier, il ordonne
à tous ses hommes d'armes de mettre pied à terre, de
renvoyer leurs chevaux, d'ôter leurs éperons, de retailler leurs lances et de les réduire à la longueur de cinq
pieds. Trois cents cavaliers les mieux montés et un division d'Allemands, sous le commandement du comte de
Saarbruck, resteront seuls à cheval ; ils ouvriront l'attaque et rompront les archers anglais. Le reste de l'avantgarde et l'armée entière se précipiteront sur leurs pas,
dans la brèche pratiquée au milieu des rangs ennemis.

Ces ordres sont exécutés : tout est prêt : on n'attend

---

(1) Froissart (K. de L.), t. V, p. 409.
(2) Id., ibid., p. 410.

plus que le signal. Au moment où le roi va le donner, un cavalier, suivi d'une escorte, demande à lui parler : c'est le cardinal de Talleyrand-Périgord : « il s'incline » devant le roi, moult bas, en cause d'humilité » et le prie, à mains jointes, de différer un instant l'attaque. Jean le Bon y consent : il accordera, avec plus de peine, une trêve jusqu'au lendemain matin que le cardinal réussira à obtenir encore. Pendant toute la journée, le médiateur chevauche d'une armée à l'autre ; mais ses efforts et son zèle sont impuissants. En vain le prince de Galles offre de rendre la liberté à tous ses prisonniers français, de restituer tout ce que ses gens ont pris dans cette expédition et de jurer que, pendant sept ans, il ne portera plus les armes contre la France. Jean ne veut pas accepter ces conditions : il exige que le prince Noir et les siens se rendent simplement : il s'impatiente et s'irrite de ces délais ; il craint qu'à la faveur de ces tentatives de médiation, les Anglais ne lui échappent.

Ses craintes ne sont pas dépourvues de fondement : prévoyant l'inutilité des démarches du cardinal de Périgord, le prince de Galles et ses capitaines ont pris, pendant la nuit, leurs mesures pour déloger en secret. Laissant au comte de Salisbury et à sa bataille, placée en face des Français, le soin de former l'arrière-garde et d'arrêter les attaques de l'ennemi derrière les fossés que les archers ont creusés pour rendre la position plus forte encore, ils ont, dès le point du jour, mis leur armée en mouvement : ils cherchent à gagner, à travers champs et à travers bois, la route de Saint-Jean-d'Angély : déjà leur avant-garde a passé le Miausson.

Mais les Français ont aperçu leur mouvement : « Les Anglais s'enfuient, » s'écrient-ils tout d'une voix. A ce cri, le maréchal d'Audenham reproche vivement au maréchal de Clermont sa temporisation.

..... Par Saint-Denys,
Mareschaux, moult estes hardys,

répond le maréchal de Clermont, piqué au vif ;

Et puis lui dit par mautalent :
Jà n'auerés tant de hardement,
Que au jour d'huy puissés faire tant,
Que jà vous soïés si avant
Que le point de votre lance
Au c.. de mon cheval avance (1).

Et, en achevant ces mots, il pique des deux et marche aux Anglais. Les hommes d'armes français et les chevaliers allemands restés à cheval suivent son mouvement qui entraîne l'avant-garde entière : toute l'armée s'émeut et s'ébranle : un chœur immense entonne le vieil hymne épique de Roland : la bataille commence.

Elle commence sous de fâcheux auspices pour les Français. A peine les hommes d'armes montés sont-ils engagés dans le chemin creux qu'une pluie de longues et terribles flèches barbues vient s'abattre sur leurs montures. Blessés, effarés, ces chevaux refusent d'avancer, ronflent, se jettent de travers ou de côté, se culbutent, se renversent les uns les autres, écrasent leurs ca-

---

(1) *Poëme de Jean Chandos, héraut d'armes.* Froissart (K. de L.), t. V, notes, p. 538.

valiers sous le poids de leur corps ; quelques chevaliers seuls se dégagent de cette horrible presse et percent jusqu'aux Anglais ; mais c'est pour y recevoir de graves blessures, comme le maréchal d'Audenham, ou la mort, comme celui de Clermont et le connétable Gauthier de Brienne. Le désarroi éprouvé par la tête de la colonne se communique bientôt aux hommes d'armes qui suivent ; ils s'arrêtent, ils reculent sur la bataille du duc de Normandie et jettent dans ses rangs une émotion de mauvais augure. Presque en même temps cette bataille est assaillie, sur son aile gauche, par une attaque aussi furieuse qu'inopinée. C'est l'avant-garde anglaise : elle a repassé le Miausson et débouche tout d'un coup de derrière un mamelon qui masquait ses mouvements. Sous cette charge vigoureuse le duc de Normandie voit ses hommes d'armes se débander, courir à leurs chevaux et se sauver à toute bride ; il se retire lui-même avec ses frères, par ordre du roi (on le sait positivement aujourd'hui), et va chercher un refuge derrière les murailles de Chauvigny.

« Sire, » dit Jean Chandos au prince de Galles, « sire, » chevauchez hardiment ; la journée est vôtre : Dieu sera » huy en votre main : adressons-nous devers votre ad- » versaire, le roi de France ; car cette part gît tout le » sort de la besogne. » Déjà, en effet, seule, la bataille du roi de France reste intacte ; celle du duc d'Orléans vient de s'enfuir sans combattre. « Pauvre France ! » où sont tes Roland ? » s'écrie le roi indigné. Pour lui, il ne quittera pas le champ de bataille. « A pied, » à pied ! » dit-il à quelques-uns de ses chevaliers qui sont encore demeurés à cheval à côté de lui ; et, leur donnant l'exemple, sa pesante hache d'armes à la main, il s'avance, avec sa bataille, au-devant des Anglais, qui ont repris leurs destriers et descendent, le prince de Galles en tête, les pentes douces de Maupertuis. A l'aspect de ce magnifique corps de réserve que le roi domine de sa haute taille et semble animer de son souffle héroïque, le prince de Galles et ses chevaliers ont un moment d'hésitation, presque de trouble. Le héraut Chandos, dans son poëme, ne craint pas d'en faire l'aveu :

> Quand le prince le veist venir,
> Un peu se prit à esbahir.

Mais déjà la partie n'est plus égale. Les Anglais sont à cheval; les Français sont à pied. Les premiers combattent pour achever leur victoire; les seconds, pour sauver leur honneur. Tandis que la mort ou la fuite éclaircissent leurs rangs, leurs champions les plus vaillants se serrent autour du roi Jean : « Père, gardez-vous à » droite! père, gardez-vous à gauche! » lui répète son plus jeune fils, Philippe le Hardi. L'enfant se montre digne du grand exemple que lui donne la bravoure de son père. Le roi se défend comme un preux, comme un paladin, comme le héros d'une chanson de gestes. En vain l'oriflamme est abattue à ses pieds avec Geoffroy de Charny qui la serre encore d'une main crispée par la mort. En vain son visage est inondé du sang qui coule de deux larges blessures. De tous côtés ceux qui le reconnaissent lui crient : « Rendez-vous! rendez-vous! » autrement vous êtes mort! » Le roi reste longtemps sourd à ces cris; mais pressé, assailli avec une furie toujours croissante, voyant son jeune fils Philippe blessé comme lui, il comprend l'inutilité d'une plus longue résistance : « A qui me rendrai-je ? » s'écrie-t-il, « à qui ? » Où est mon cousin, le prince de Galles ? Si je » voyais, je parlerais. » — « Sire, » répond un chevalier, « il n'est pas ici ; mais rendez-vous à moi, je vous » mènerai devers lui. » — « Qui êtes-vous ? » dit le roi. — « Sire, je suis Denis de Mortbeque, un chevalier » d'Artois, mais je sers le roi d'Angleterre, parce que je » ne puis demeurer au royaume de France et que j'y » ai forfait tout le mien. » — « Adoncq, je me rends » à vous ; » et à ces mots, Jean le Bon lui tend son gant droit.

Quelques heures après, nous retrouvons le roi prisonnier dans le château épiscopal de Savigny, situé au nord du champ de bataille. Jean le Bon est tristement assis à table avec son fils Philippe et plusieurs de ses seigneurs, Jean d'Artois, les comtes de Tancarville, d'Etampes, de Dampmartin. Le prince de Galles le *sert si* humblement comme il peut, s'efforce de consoler sa tristesse et de réconforter son courage. « Cher sire, » lui dit-il, « m'est avis que vous avez grandement raison » de vous esleecier (réjouir), combien que la besogne » ne soit tournée à votre gré : car vous avez aujourd'hui » conquis le haut nom de prouesse et avez passé tous » les mieux faisants de votre côté... » Puis à ses félicitations, le prince mêle un reproche indirect, peut-être involontaire : « Beau cousin, » demande-t-il au roi, « si » vous m'eussiez pris comme la mercy Dieu, j'ai vous, » que feyssiez-vous de moi ? » Le roi ne répond pas ; il ne pouvait répondre : il avait donné l'ordre de ne pas faire de prisonniers.

Ce silence du roi nous rappelle seul que nous n'assistons pas à un épisode détaché d'un roman de la Table ronde ; mais, si nous voulons contempler la réalité hideuse et lugubre, il faut nous rapprocher de Poitiers. L'épouvantable abatis d'hommes et de chevaux entassés aux pieds de ses remparts indique assez les scènes horribles qui viennent à peine de s'y achever. C'est là que s'est consommé, en grande partie du moins, ce dernier acte ou plutôt cet effroyable épilogue des batailles perdues : la *déroute*.

Pendant toute la bataille, dont on entendait le bruit à trois lieues à la ronde, les habitants de Poitiers avaient dû passer par ces vicissitudes de sentiments que l'on ne peut plus oublier, lorsque l'on a été soi-même appelé à les subir. Le matin, ils avaient, sans doute, partagé l'espérance immense et sans bornes qui animait le roi et son armée. De moment en moment, ils attendaient la victoire ; ils virent avec consternation et désespoir arriver la défaite.

Dès le commencement de la débandade, il s'était produit deux grands courants, dont l'un avait emporté les fuyards dans la direction de Chauvigny et l'autre les avait poussés sur Poitiers : ils accouraient éperdus, hors d'haleine ; ils se précipitaient par toutes les routes, par tous les sentiers qui conduisaient du champ de bataille aux portes de la ville ; mais les portes restaient fermées par ordre supérieur. On craignait que les Anglais n'entrassent pêle-mêle avec les Français débandés. Les fugitifs étaient dans un tel état de prostration ou d'effarement qu'ils ne se sentaient plus l'énergie de défendre leur liberté et leur vie ; les uns se laissaient tuer sans résistance; les autres (et c'était le plus grand nombre), se rendaient, dit Froissart, du plus loin qu'ils pouvaient voir un Anglais : heureux lorsqu'ils rencontraient un ennemi assez las de tuer pour ne pas les égorger, assez humain pour les épargner, assez cupide pour les prendre à rançon : ils tendaient leur épée au premier venu, même à de simples valets d'armée. On voyait plusieurs archers traîner après eux quatre, cinq ou six prisonniers français (1).

La nuit mit fin à l'horreur de cette déroute et de ce massacre; mais l'émotion était toujours bien vive dans Poitiers. Envoyé par le duc de Normandie, Mathieu, sire de Roye, venait d'y arriver avec cent lances ; il distribua à toutes les portes, à toutes les tours des postes assez nombreux pour repousser un premier coup de main. Le lendemain matin, sur son ordre, tous les habitants de toutes les conditions durent prendre les armes; Poitiers portait encore les cicatrices et gardait vivants les souvenirs du siége de 1346 : on crut qu'il allait recommencer, lorsque, deux jours après la bataille, l'armée anglaise vint se déployer devant la ville; mais le prince de Galles n'attaqua point et s'éloigna dans la direction de Bordeaux (2). Les bourgeois de

---

(1) Froissart (K. de L.), t. V, p. 391-459. — *Poëme du héraut Chandos :* Froissart (K. de L.), t. V, notes, p. 531-544. — Continuateur de Guillaume de Nangis, Jean de Venette, édit. Société d'histoire de France, t. II, p. 238 et suiv. — Lettre du comte d'Armagnac aux consuls de Nîmes : Froissart (K. de L.), t. V, p. 538. — *Antiquaires de l'Ouest,* années 1841, p. 69 et suiv., et 1844, p. 79 et suiv. — Bouchet, *Annales d'Aquitaine,* p. 200 et suiv.

(?) Froissart (K. de L.), t. V, p. 465.

Poitiers n'avaient plus à défendre leurs murs ; mais un pieux et douloureux devoir leur était réservé. Ils s'en acquittèrent dignement. Le lendemain du départ des Anglais, ils se rendirent sur ces champs que l'armée française remplissait naguère de vie, d'agitation, de bruit et d'éclat et sur lesquels planait maintenant un morne silence. Assistés par des moines franciscains ou cordeliers, ils relevèrent les morts parmi lesquels Poitiers comptait le capitaine de ses arbalétriers, Pierre Prevost; il les chargèrent sur une file de charrettes et rentrèrent dans la ville avec ce funèbre cortége. Ils firent célébrer à leurs frais, dans toutes leurs églises, couvents et monastères, les obsèques de ces Français tombés pour la patrie. Les plus illustres furent inhumés dans l'église des Jacobins et dans celle des Cordeliers. A droite et à gauche du grand autel des Jacobins furent creusées les tombes du duc de Bourbon et du maréchal de Clermont. Les autres victimes de cette journée néfaste furent toutes ensevelies dans de vastes fosses au cimetière des Cordeliers (1).

Après avoir accompli ces tristes cérémonies, Poitiers prit le deuil. Le maire, Guillaume Garreau et les échevins ordonnèrent qu'on suspendrait toute fête, tout festin et que nul ne s'habillerait de vêtements de soie. C'était une patriotique inspiration (2). Les états de Languedoc devaient imiter l'exemple que Poitiers avait

---

(1) Chronique anonyme de Valenciennes, citée par K. de Lettenhove : Froissart. t. V, notes, p. 529-531. — Bouchet, *Annales d'Aquitaine*, p. 202-204.

(2) Froissart (K. de L.), t. V, notes, p. 531.

l'honneur de leur donner : ils allaient décider que, jusqu'à la complète rançon du roi, personne ne pourrait porter ni or, ni argent, ni perle, ni vair, ni gris ni robes ou *chapperons décoppés*, ni *autres cointises quelconques* : de plus ordre aux jongleurs et ménestrels de cesser leurs chants (1).

C'est que le malheur dont la France venait d'être frappée était aussi terrible qu'il était imprévu. Le salut même du pays semblait en jeu. « Il n'est pas dou-
» teux, » dit une chronique de Berne, « que ce jour-là
» n'eût été le dernier du royaume, si le prince Noir eût,
» sans désemparer, marché sur Paris (2). » L'archevêque de Reims, Pierre de Craon, considérait la royauté des Valois comme perdue; et ce qui était plus grave, il le disait à qui voulait l'entendre, en faisant sonner bien haut sa parenté avec Edouard III (3).

La nation n'avait pas de ces lâches apostasies : elle était tout entière au sentiment du danger qu'elle courait et plus encore de la honte dont elle venait de se couvrir : de là son anxiété, sa douleur, qui n'étaient égalées que par son irritation. Cette irritation était profonde; mais elle n'était pas aveugle. On disait bien que le royaume était désormais sans honneur; mais on rendait à la vaillance du roi un juste et légitime hommage. Une complainte en vers français qui a tous les

---

(1) V. Le Clerc, *Discours sur l'état des lettres au quatorzième siècle* (XXIV⁰ vol., Hist. litt., p. 172).

(2) Chronique de Berne, citée par K. de Lettenhove (Froissart, t. V, notes), p. 530.

(3) Perrens, *La démocratie au moyen âge*, t. I, p. 174.

caractères d'une poésie populaire, lui prêtait un mot héroïque :

> Quand le roi se vist pris, si dit par grant constance :
> C'est Jehan de Valois et non le roi de France (1).

Cri vraiment patriotique ! Prisonnier le roi ne veut pas enchaîner à son malheur la fortune de la France. Ce n'est pas le roi de France qui vient de tomber aux mains des Anglais, c'est Jehan de Valois !

La nation n'avait que de la reconnaissance et de l'admiration pour le prince qui avait prononcé ces belles paroles ou mérité qu'on les lui attribuât. Elle honorait le courage dans le malheur ; mais elle se sentait animée d'une sévérité impitoyable pour ce mélange de légèreté, d'étourderie, d'indiscipline, de témérité et de lâcheté qui avait caractérisé la conduite d'un trop grand nombre de chevaliers et de gentilshommes sur le champ de bataille de Poitiers. Elle oubliait trop ceux qui étaient tombés en héros pour ne songer qu'à ceux qui avaient fui. Elle ne voyait pas dans leur fuite une de ces défaillances accidentelles, passagères, dont les cœurs les plus braves ne sont pas toujours exempts : ce manque de courage était, à ses yeux, le résultat et l'indice d'une profonde décadence morale de la noblesse, amenée par son luxe, sa mollesse, la licence et le désordre de ses mœurs. On citait les folles dépenses des chevaliers ; on parlait de leurs nuits passées au jeu ; on répétait qu'ils achetaient, à des prix insensés, des perles pour

---

(1) Complainte sur la bataille de Poitiers (*Bibliothèque de l'Ecole des chartes*, 3ᵉ série, t. III, p. 262).

orner leur toilette fastueuse et leur mise tous les jours moins décente. La vaisselle, les ceintures d'or et d'argent, les riches joyaux que les Anglais vainqueurs avaient trouvés dans leurs bagages, devenaient autant de sujets d'accusation contre ces vaincus et ces fuyards (1). S'échauffant par degrés, le ressentiment public finissait par ne plus garder de mesure. Il s'égarait dans ces soupçons auxquels l'imagination des Français n'est que trop portée sous le coup d'un grand malheur. Le mot de trahison était prononcé :

> La très-grant traïson qu'ils ont longtemps couvée,
> Fut dans l'ost dessus dit très-clèrement provée (2).

Ces reproches et ces griefs n'étaient pas murmurés à voix basse : ils devenaient une clameur publique et menaçante. Les chevaliers et les écuyers qui étaient retournés de Poitiers, osaient à peine l'affronter. Ils se sentaient si haïs et si blâmés des communes qu'ils craignaient de se montrer dans les bonnes villes (3).

Dans ces anathèmes, dans ces cris, dans ces accusations qui s'élevaient du sein du peuple et de la bourgeoisie contre la noblesse, il y avait peut-être déjà comme un premier et sourd ferment des haines sociales qui allaient bientôt éclater d'une manière si violente ; mais l'inspiration de ces haines était alors dominée par celle du sentiment national. C'était ce sentiment qui

---

(1) Continuateur de Guillaume de Nangis, t. II, p. 237. — Complainte, etc., p. 258. — Froissart (K. de L.), t. V, p. 459.

(2) Complainte, etc., p. 262.

(3) Froissart (K. de L.), t. VI, p. 4.

était offensé et qui protestait. La pensée qui était comme au premier plan dans toutes les âmes, c'était celle de l'abaissement, de l'humiliation, du déshonneur de la *noble France* devenue un sujet de risée pour les autres peuples. « France, » dit en pensant aux hommes d'armes le rude poëte populaire, auquel j'ai déjà emprunté quelques vers,

> « France est à tous temps par eux déshonorée,
> Si par aultre que eux ne nous est recouvrée (1). »

Cet autre, c'est le peuple, c'est le paysan, c'est Jacques Bonhomme. Le peuple ne veut pas seulement accuser ceux qui ont mal défendu le royaume et abandonné le roi sur le champ de bataille ; il demande à combattre lui-même, à se dévouer, à mourir s'il le faut. Le jeune prince qui tient dans ses mains débiles et inexpérimentées la lieutenance du royaume ne doit pas négliger un pareil secours :

> S'il est bien conseillés, il n'obliera mie
> Mener Jacques Bonhomme en sa grand' compagnie,
> Guères ne s'enfuira pour ne perdre la vie (2).

Est-il est bien sûr, Jacques Bonhomme de ne pas s'enfuir ? Croit-il qu'il suffise d'un mouvement de courage et de passion pour faire un soldat ? « Non, » reprend un sage esprit : « Il n'y a qu'un seul remède contre la » fuite et qu'une seule garantie de la victoire : c'est la » discipline militaire sévèrement établie et rigoureuse-

---

(1) Complainte, etc., p. 262.
(2) *Id., ibid.*, p. 263.

» ment observée (1). » Après l'emportement fougueux et passionné, voici le bon sens, qui pénètre dans le patriotisme de la nation, le redresse et l'éclaire ; il sent les défauts du caractère national ; il aspire à les corriger.

Mais cette parole de raison et de sagesse est comme perdue au milieu de ce concert d'imprécations et de colères.

Au trouble des cœurs se joint celui des imaginations. On parle d'interventions miraculeuses de l'enfer et du ciel. On s'entretient de deux lettres adressées, l'une par Lucifer aux hommes, l'autre par Jésus-Christ au pape Innocent VI (2). De sombres prophéties courent de bouche en bouche. Enfermé à Figeac, dans cette lugubre prison de la Boue, dont le sol détrempé ne séchait jamais, même au plus fort de l'été, le frère mineur Jean de La Roche-Taillade a eu, en 1345, une étrange révélation pendant qu'il priait, appuyé sur son bâton. Il a prédit le châtiment de la France par les mains des Anglais et ajouté que ce serait surtout dans l'année 1356 que se déchaîneraient, dans toute leur violence, les fureurs de l'Antechrist. L'archevêque de Toulouse lui a demandé, à la veille ou au lendemain de Poitiers, combien de temps durerait la guerre et le prophète a répondu que tout ce qu'on avait vu n'était rien auprès des bouleversements qui attendaient le royaume (3).

(1) *Argumentum tragicum de miserabili statu regni Franciæ*, cité par V. Le Clerc (*Discours sur l'état des lettres*, etc., p. 169).

(2) Froissart (K. de L.), t. VI, notes, p. 495.

(3) Froissart (K. de L.), t. VI, notes, p. 494. — Continuateur de Guillaume de Nangis, t. II, p. 234.

Il n'était pas besoin d'être prophète pour les pressentir ; il suffisait d'examiner l'état où se trouvait le pays. Il n'y avait plus d'armée, plus de roi, plus de gouvernement ; que restait-il donc ? Il restait la France, qui voulait se sauver, réparer son honneur et venger sa défaite. Mais elle était trop émue pour que cet effort généreux ne devînt pas une cause de nouvelles agitations. Il allait aboutir à une tentative de révolution dynastique et à une guerre sociale : la première devait être l'œuvre d'Etienne Marcel et de la commune parisienne. La seconde a été la *Jacquerie*.

CHAPITRE II

ETIENNE MARCEL ET LA COMMUNE PARISIENNE.

Au seizième siècle, Regnier de La Planche écrivait dans son *Livre des marchands* : « Quels trésors d'esprit
» et de bon vouloir sont mis parmy les draps, les laines,
» les cuirs, les fers, les drogues, les merceries ! Quel-
» les richesses d'âmes sont enfouyes et cachées ès corps
» méprisés de tant de louables bourgeois ! » Ces rudes, mais éloquentes paroles du vieil écrivain huguenot se placent d'elles-mêmes, comme une épigraphe, en tête d'un chapitre destiné à raconter le rôle joué par la commune parisienne en 1356 et 1357. — Ce sujet a été plus d'une fois traité ; il a été repris au lendemain des désastres de 1870-1871, par M. Charles Giraud, qui lui a consacré deux articles publiés dans la *Revue des Deux-Mondes* (1ᵉʳ et 15 juin 1871), sous le titre de *Traité de Brétigny*. Son travail porte, trop fortement accusée, l'empreinte du moment où il a été écrit. Trop dominé par l'impression des crimes dont il venait d'être témoin, pour conserver le sang-froid d'un historien, M. Girau

s'est laissé entraîner, pour ne pas dire égarer, par la pensée et le désir de retrouver dans les bourgeois parisiens du quatorzième siècle, les modèles de nos démagogues. Il ne nous semble pas avoir tenu un compte suffisant des intentions patriotiques qui présidèrent à l'origine du mouvement, de la situation que son importance matérielle et morale avait, dès cette époque, faite à Paris, du rôle que les circonstances lui imposèrent et des déviations, en partie fatales, que les événements et les passions, excitées par la lutte, imprimèrent à la pensée première des chefs.

L'idée que Paris pouvait disposer des destinées du pays et sauver la France était une idée qui commençait d'être acceptée et répandue, à Paris du moins, vers le milieu du quatorzième siècle (1).

Paris était déjà grand et peuplé. On y comptait près de 300,000 habitants. Les espaces vides que l'enceinte de Philippe-Auguste avait enfermés s'étaient couverts de constructions qui, sur plus d'un point, débordaient cette enceinte même. Les rues sales, tortueuses, mal pavées, pas éclairées du tout, remplies de pourceaux qu'on y laissait vaguer en liberté, bordées de maisons obscures qui semblaient jeter un perpétuel défi aux plus simples notions d'alignement, auraient, sans doute, dérangé les idées que nous nous faisons aujourd'hui d'une belle ville et surtout d'une capitale. Mais ces rues retentissaient, pendant le jour, de ce bruit, de ces cris, de ce tumulte qui annoncent la vie intense d'une population nombreuse et active. Dans ces mai-

---

(1) Continuateur de Guillaume de Nangis, t. II, p. 269.

sons, où notre organisation moderne aurait mal résisté à quelque accès de spleen, se faisaient des gains rapides auxquels, s'il faut en croire les médisants de l'époque, ce demi-jour n'était pas défavorable (1).

Le commerce parisien, que nous apercevons ici par ses côtés mesquins et misérables, apparaissait, pour ainsi dire, dans toute sa grandeur, au milieu de ces halles qui occupaient, à elles seules, l'étendue d'une ville considérable. Là se succédaient les étalages de draps, de pelleterie, de mercerie, de cuirs, de comestibles. Dans cette énumération d'articles ne figurent pas les produits des deux plus remarquables industries de Paris, l'orfévrerie et la bijouterie, qui se distinguaient déjà par un véritable caractère d'élégance aristocratique et qui approvisionnaient l'opulence des comtes, des seigneurs et des bourgeois de Flandre (2).

Centre animé d'industrie et de commerce, Paris avait encore au loin plus de réputation comme foyer d'études. Son université était au premier rang dans la chrétienté. L'enseignement distingué, qu'elle donnait avec une rare libéralité, attirait, même des pays les plus lointains, les étudiants qui venaient, en foule, s'asseoir sur la paille des salles de la rue du *Fouarre*, les bancs étant proscrits comme un luxe trop aristocrati-

---

(1) Levasseur, *Histoire des classes ouvrières en France*, t. I, p. 245. — Le Roux de Lincy, *Histoire de l'Hôtel-de-Ville de Paris*, p. 223. — Continuateur de Guillaume de Nangis, p. 245. — Géraud, *Paris sous Philippe le Bel* (Documents inédits, p. 477).

(2) *Bibliothèque de l'Ecole des chartes*, 6ᵉ série, t. IV. — Fagniez, *Essai sur l'organisation de l'industrie à Paris*, p. 6. — Comte de Laborde, *Les ducs de Bourgogne*, t. II, introduction, p. XII et XIII.

que (1). La procession du recteur, qui, lors de l'ouverture, de la foire du Landit, se déroulait depuis l'église des Mathurins jusqu'à la basilique de Saint-Denis, frappait d'étonnement les étrangers (2) ; et si ces étrangers aimaient l'étude, les livres, les choses de l'esprit, ils trouvaient amplement à Paris l'occasion et les moyens de satisfaire ces goûts relevés. « Oh ! » disait un des érudits les plus curieux du quatorzième siècle, Robert de Bury, évêque de Durham, « oh ! quel torrent de joie a inondé
» notre cœur, toutes les fois que nous avons pu visiter
» Paris, ce paradis du monde ! Là sont des bibliothè-
» ques plus suaves que tous les parfums. Là des ver-
» gers tout en fleurs où fleurissent d'innombrables li-
» vres ! là les prés de l'académie, les promenades des
» péripatéticiens, les hauteurs du Parnasse, le portique
» des stoïciens (3) ! »

On comprend que le gouvernement municipal d'une semblable ville fût devenu, de bonne heure, une puissance dans l'Etat. Ce gouvernement était aux mains d'une ancienne corporation qui remontait aux premiers temps de l'ère chrétienne.

Au commencement du siècle dernier, on a découvert les fragments d'un autel dédié à Jupiter, sous le règne de Tibère César, par les *nautes* parisiens. Cette corporation devait survivre à la chute de l'empire romain et résister aux crises de l'invasion barbare et de l'anarchie

---

(1) V. Le Clerc, *Discours sur l'état des lettres au quatorzième siècle*, p. 261 et 271.

(2) Levasseur, *Histoire des classes ouvrières en France*, t. I, p. 363.

(3) V. Le Clerc, *Discours sur l'état des lettres, etc.*, p. 293.

féodale. On la retrouve au douzième et au treizième siècle, sous la dénomination de *hanse* de Paris ou de *marchandise d'eau*. Elle est pourvue d'antiques priviléges que les chartes des rois ne font que reconnaître et confirmer. Véritable suzeraine des eaux de la Seine et de l'Yonne, elle a le monopole de la navigation en amont de Paris jusqu'à Auxerre, en aval jusqu'à Mantes. Tout le commerce entre la Normandie et la Bourgogne, tout l'approvisionnement de Paris sont entre ses mains. Elle exerce des droits régaliens, traite avec des seigneurs, lève des impôts et profite de ses richesses pour devenir propriétaire de la plus grande partie des rives de la Seine sur tout le parcours du fleuve soumis à son privilége (1).

Toute la haute bourgeoisie parisienne s'est affiliée à cette puissante compagnie dont les chefs sont devenus les magistrats municipaux de la ville. Les noms de ces magistrats sont bien connus dans l'histoire de notre vieille France. C'est le prévôt des marchands; ce sont les échevins qui l'assistent, en se partageant les différentes branches de l'administration. A côté des échevins ce sont enfin les vingt-quatre conseillers de la ville. Le prévôt et les échevins sont désignés par une élection à laquelle un petit nombre de notables seuls sont appelés à concourir. Eux-mêmes, à leur tour, choisissent les conseillers. Sous leurs ordres, ils ont les quarteniers, les cinquantainiers, les dizainiers,

---

(1) Le Roux de Lincy, *Histoire de l'Hôtel-de-Ville de Paris*, p. 104, 116 et suiv. — Levasseur, *Histoire des classes ouvrières en France*, t. I, p. 285 et suiv.

c'est-à-dire les chefs militaires de la bourgeoisie et, si l'on pouvait se permettre ce néologisme, les officiers de la garde nationale parisienne. Juger, en premier ressort, toutes les causes relatives au commerce par eau, prononcer des espèces de sentences arbitrales sur quelques points obscurs de droit civil, gérer les revenus de la ville, repartir les tailles, pourvoir à l'entretien des remparts et des portes, inspecter les rues, les quais, les ponts, les fontaines, prendre part à l'administration des hôpitaux et surveiller la bienfaisance publique, telles sont les principales attributions, tels sont les devoirs les plus importants de ces magistrats de la cité (1).

Le bâtiment où ils siégent au treizième siècle et dans la première moitié du quatorzième, ne fait nullement songer au beau monument qui s'élèvera sur les plans de Dominico Boccador de Cortone et que la fureur révolutionnaire portée au dernier paroxysme de la fureur bestiale, ne craindra pas de réduire en cendres. L'hôtel de ville porte alors encore son vieux et modeste nom de *parloir aux bourgeois*. Il n'est plus au quartier Saint-Jacques, dans cette espèce de château fort, situé à la hauteur de la petite rue des Grès, flanqué de tours rondes et carrées à ses coins extérieurs et faisant saillie sur le rempart. La municipalité conservera longtemps cet édifice avec un soin pieux, comme sa propriété et le berceau de sa puissance; mais, dès la fin du douzième siècle, elle est passée sur la rive droite, au beau milieu du quartier des affaires et du commerce. Elle s'est installée dans une maison qui s'élève entre

(1) Le Roux de Lincy, p. 125, 152, 175, 193.

les murs du Grand-Châtelet et la petite église de Saint-Leufroy (1). Cette maison humble, bourgeoise d'apparence, va pourtant traiter de pair avec le Palais et avec le Louvre. L'autorité du prévôt des marchands a été grandissant depuis Philippe le Bel et au fur et à mesure que la royauté a senti plus vivement le besoin d'argent. Le chef municipal de Paris a été fréquemment appelé dans les conseils du roi ; il a dû bientôt sacrifier à la dignité de sa position et de son rôle les avantages financiers dont il jouissait primitivement et qui lui donnaient, par exemple, une partie des marchandises confisquées (2).

L'importance traditionnelle de cette magistrature va emprunter un nouvel accroissement à la crise qu'amène le désastre de Poitiers et au caractère de l'homme qui se trouve revêtu de cette charge, dans ce moment à la fois douloureux et solennel.

Cet homme, c'est Etienne Marcel.

On se tromperait étrangement si on se le représentait sous les traits d'un démagogue.

Etienne Marcel appartenait à la corporation des *drapiers* et à l'une des familles les plus considérables de la bourgeoisie parisienne. On rencontre le nom de Marcel au bas des actes les plus anciens du *parloir aux bourgeois*. Le père d'Etienne, Jacques Marcel, payait à lui seul plus d'impôts que les autres membres de sa paroisse (3). Outre ses capitaux, Etienne possédait de

---

(1) Le Roux de Lincy, p. 2, 4, 8, 9.
(2) *Id.*, p. 165.
(3) *Plutarque français* : Et. Marcel, par Quicherat.

riches propriétés foncières, un domaine et des bois considérables auu environs de Ferrières en Brie (1). La considération que lui ménageait cette fortune héréditaire l'avait mis en évidence ; mais il dut tout son ascendant et sa grande influence sur les affaires de la cité et de l'état à ses fortes qualités intellectuelles et morales. Son éducation n'avait pas été sans doute celle qu'aurait reçue un écolier destiné à l'église, au barreau ou à une chaire de l'université ; néanmoins il semblait avoir assez de *clergie* (savoir). La fermeté de son intelligence et l'énergie de son caractère s'annonçaient dans son front relevé et dans les traits vigoureusement accentués de son visage qui recevaient une expression dure, presque farouche d'une forte et épaisse chevelure noire et d'une longue touffe de barbe isolée sur le menton (2). Il était avant tout homme d'action. Sa parole et son style, que caractérisait un mélange de force et de hauteur, étaient encore de l'action. La résolution et la hardiesse de la volonté étaient, chez lui, fortifiées par l'intrépidité de cette logique à outrance qui passe à travers la pitié, la justice, la conscience et n'a peur de rien, pas même de l'inconséquence. Cette logique a peut-être eu plus de part aux erreurs et aux fautes de Marcel que son ambition même. Cette ambition, à coup sûr, paraît avoir été grande ; mais elle se confondait, dans le cœur et dans la vie politique du prévôt des marchands, avec un zèle ardent pour le salut du pays,

---

(1) *Bibliothèque de l'Ecole des chartes*, 5ᵉ série, t. I. — Siméon Luce, *Pièces inédites relatives à Et. Marcel*, p. 77.

(2) Perrens, *Etienne Marcel*, p. 22.

avec une sollicitude passionnée pour la chose publique, à laquelle les contemporains honnêtes ont bien su rendre justice (1) et dont sa belle lettre au dauphin devait être un éclatant témoignage.

Ce zèle et cette sollicitude de Marcel ne se montrèrent pas moins que sa capacité administrative au lendemain de Poitiers. Paris était sans défense, à peu près ouvert, à la merci d'un coup de main. Ici, les tours et les murailles tombaient en ruines ; là les fossés étaient comblés ; ailleurs le rempart disparaissait entre les édifices qui s'y étaient adossés des deux côtés (2). Marcel condamna impitoyablement toutes les maisons, tous les bâtiments laïques ou religieux qui pouvaient gêner la défense ; et, le 18 octobre 1356, il imprima une vigoureuse impulsion aux travaux des fortifications qui coûtèrent à la ville la somme, considérable pour l'époque, de 162,250 livres (3).

La veille même du jour où ces travaux commençaient, un nouveau champ était ouvert à l'activité du prévôt des marchands. A peine de retour à Paris, le jeune duc de Normandie, devenu, par la captivité de son père, lieutenant général du royaume, avait convoqué les états généraux. Huit cents députés avaient répondu à cet appel. Quatre cents appartenaient au tiers qui avait ainsi et déjà la double représentation (4). Ces mandataires du

---

(1) Continuateur de Guillaume de Nangis (éd. Société histoire de France, t. II, p. 247).

(2) *Id., ibid.*, p. 245.

(3) Dulaure, *Histoire de Paris*, t. III, p. 231.

(4) Picot. *Histoire des Etats généraux*, t. I, p. 45. — *Chronique de Saint-Denis*, t. VI, p. 34.

pays arrivaient prêts à de grands sacrifices pour le salut du royaume et la délivrance du roi (1) ; mais ils étaient, au même degré, troublés, émus, irrités, animés du besoin de trouver et de frapper des coupables, de redresser les abus et de réformer l'Etat. Toutes ces inquiétudes, toutes ces colères, toutes ces aspirations semblaient chercher, solliciter une direction.

Marcel eut le tact et la modestie de la laisser à un conseiller du roi, à un évêque, que ses études et ses antécédents politiques semblaient mieux préparer à cette tâche; il se contenta de lui prêter un appui chaleureux. Ce *leader*, devant lequel il s'effaçait avec ce désintéressement, était Robert Lecoq.

Robert Lecoq était né à Montdidier, d'une famille bourgeoise. Son père qui n'était pas riche, fut, toute sa vie, attaché au service de Philippe VI. Grâce aux bienfaits de ce prince, Robert put faire ses études aux écoles d'Orléans. A peine les avait-il terminées qu'il débutait comme avocat, au parlement de Paris. Ses débuts furent remarqués; ils méritaient de l'être. La fortune et les honneurs ne se firent pas longtemps attendre pour le jeune avocat. Maître des requêtes, conseiller-clerc au parlement, en 1350, il était, en 1351, promu à l'évêché de Laon (2). Ses ennemis et (il allait en avoir un grand nombre), prétendaient que son ambition n'était pas satisfaite. Il aurait voulu être chancelier; il ne l'était pas. De là, au dire de la médisance, peut-être

---

(1) Continuateur de Guillaume de Nangis, t. II, p. 244.
(2) *Bibliothèque de l'Ecole des chartes*, 1re série, t. II. — Douet d'Arcq, *Acte d'accusation contre Robert Lecoq*, p. 360 et suiv.

de la calomnie, des ressentiments irréconciliables contre tous les officiers du roi et particulièrement contre le chancelier Pierre Laforest (1).

Quoi qu'il en soit, Robert Lecoq était un de ces hommes, trop rares aujourd'hui, qui savent se mettre à la tête d'une assemblée, l'inspirer, la conduire, l'entraîner ; mais cet empire, qui devait plus tard lui être amèrement reproché, lui était bien facilité par l'appui de Marcel. Marcel, à la tête des communes, ne pouvait que jeter dans la balance le poids de la grave autorité que lui donnait son titre de chef de la bourgeoisie parisienne. Il exerçait, sur les députés des bonnes villes de province, cette action, peut-être cette pression à laquelle les assemblées réunies à Paris, n'ont jamais réussi à se soustraire (2).

Le rôle de Marcel grandit encore, lorsque le duc de Normandie, voulant éviter l'éclat de remontrances désagréables, eut fait signifier à quelques députés, mandés auprès de lui, qu' « il était bon que ceux des trois » états qui étaient à Paris s'en allassent, chacun en » son pays, sans plus rien faire quant à présent (3). » Le prétexte que le dauphin invoquait était plausible, sérieux même. Son oncle, l'empereur Charles IV, avait pris à cœur de rétablir la paix entre la France et l'Angleterre et il arrivait à Metz pour y être plus à portée de suivre sa médiation. Lieutenant du royaume, le

---

(1) Acte d'accusation, p. 366.
(2) Acte d'accusation, p. 370-371. — *Grandes chroniques de Saint-Denys*, p. 35, t. VI.
(3) *Grandes chroniques de Saint-Denys*, t. VI, p. 40.

jeune prince n'était-il pas moralement obligé d'aller le rejoindre (1)?

En remplissant cette obligation, il espérait, du même coup, se débarrasser pour longtemps de ces conseillers et de ces tuteurs gênants que le pays lui avait envoyés; mais il comptait sans Marcel et sans la commune parisienne. La fermeté énergique, même révolutionnaire de leur attitude, que le pays approuvait et imitait d'ailleurs, obligea le dauphin à rappeler les états (2). Le 5 février 1357, ils se réunissaient de nouveau, et le 3 mars, en séance solennelle, Robert Lecoq, soutenu par Marcel, donnait au prince lecture de leurs griefs et de leurs vœux.

On aurait tort de chercher, dans l'exposé impératif de ces vœux et de ces griefs, quelque chose qui ressemble, même de loin, à une constitution, à une charte. On n'y trouve pas de grandes vues d'avenir; mais les impressions et les sentiments du moment s'y réfléchissent avec une fidélité frappante. Des condamnations passionnées et sommaires se mêlent à des réformes sages, réclamées par la justice et l'équité; mais le fait qui domine, c'est une sorte de suspension momentanée de la royauté et la prise de possession de la dictature par les états qui confèrent un pouvoir à peu près absolu à une commission de trente-quatre réformateurs pris dans leur sein : dix-sept pour le tiers, onze pour le clergé, six pour la noblesse (3).

(1) Rymer, *Fœdera*, t. III (1ʳᵉ partie, Londres, 1825), p. 345.
(2) *Grandes chroniques de Saint-Denys*, t. VI, p. 44 et 48. — Picot, *Histoire des Etats généraux*, t. I, p. 58 et 59.
(3) Continuateur de Guillaume de Nangis, t. II, p. 243.

Ces mesures peuvent, nous le savons, être jugées de bien des manières différentes; mais il faut y reconnaître les inspirations d'une pensée patriotique. On y sent un effort, trop ambitieux peut-être, mais viril, des états pour remédier à des maux qui ne peuvent plus être supportés, un appel de la nation à toutes ses forces vives. Toutes gens doivent s'armer selon leurs moyens. Les gens d'église eux-mêmes ne sont pas dispensés de cette obligation (1).

Si les intentions de ce gouvernement anormal, révolutionnaire, dictatorial, sont bonnes, les résultats qu'il obtient ne sont pas heureux. Il ignore cet art des précautions et des tempéraments qui est l'un des secrets de la sagesse politique. Il poursuit son œuvre de réforme avec une précipitation toute radicale, réduit le parlement à seize membres, destitue tous les conseillers de la chambre des comptes et les remplace par quatre personnes, tellement étrangères à leurs fonctions qu'elles sont, le lendemain, obligées de se rendre au grand conseil des réformateurs, les priant de vouloir bien leur adjoindre quelques-uns des anciens *pour leur montrer le fait de la chambre* (2).

Mais les obstacles créés aux délégués par les conséquences de leurs erreurs, ne sont pas les plus graves; la mauvaise volonté, les résistances sourdes ou déclarées qu'ils rencontrent, leur en suscitent de bien autrement sérieux. La noblesse et le clergé refusent de payer leur quote-part du subside voté par les états. Les

---

(1) *Recueil des ordonnances des rois de France*, t. III, p. 140.
(2) *Grandes chroniques de Saint-Denys*, t. VI, p. 54-55.

représentants de ces deux ordres qui faisaient partie de la commission se retirent. Plusieurs bonnes villes imitent cette défection : le duc de Normandie reprend courage ; il mande le prévôt des marchands et les échevins Charles Toussac, Jehan de L'Isle et Gilles Marcel, le frère d'Etienne : il leur déclare que désormais il entend gouverner et ne veut plus avoir de tuteurs (1).

Dès lors l'anarchie est au comble : placée entre deux gouvernements, la France n'en a plus du tout ; les routes sont infestées de brigands : on se croirait revenu aux plus mauvais jours de la féodalité. Les environs immédiats de Paris ne sont plus sûrs. Les Parisiens voient arriver de longues files de paysans qui viennent chercher un refuge derrière les murs de la capitale avec leurs femmes, leurs enfants et leurs biens (2).

Ces souffrances et ces désordres auxquels il est urgent de remédier, hâtent la réconciliation de Marcel et de ses partisans avec le dauphin, que le défaut d'argent et la difficulté de s'en procurer rendent plus accommodant (3). Robert Lecoq est rappelé de son évêché et devient le chef tout-puissant du conseil du lieutenant du royaume. Le 7 novembre, les états se rassemblent dans une salle de ce couvent des Cordeliers où, quatre siècles plus tard, le fameux club, présidé par Marat, tiendra ses séances.

Cette réconciliation du bout des lèvres ne fait qu'inaugurer la reprise de la lutte, qui entre dans une phase

---

(1) *Grandes chroniques*, t. VI, p. 60.
(2) Continuateur de Guillaume de Nangis, t. II, p. 244 et 247.
(3) *Grandes chroniques*, t. VI, p. 62.

nouvelle souillée par des excès et par des crimes. Marcel devient plus violent parce qu'il est plus isolé, et plus isolé parce qu'il se montre plus violent. — A la session de novembre, les députés de la noblesse, de l'Eglise et du tiers sont moins nombreux qu'ils ne l'étaient aux sessions précédentes. A la nouvelle session du 2 janvier 1358, il n'y aura que très-peu de représentants du clergé et pas un seul noble (1). Ces abstentions protestent contre l'arrière-pensée d'une révolution dynastique que l'on soupçonne chez Marcel et chez les meneurs.

Cette pensée n'est encore ni bien nette, ni bien dégagée dans leur esprit. La sympathie, la pitié pour une longue infortune et pour une cruelle captivité, l'espoir de s'assurer le secours d'un allié puissant et populaire, le désir d'effrayer et de contenir le dauphin, en lui opposant un adversaire redoutable, ont bien plus directement déterminé leur résolution de mettre en liberté le roi de Navarre, Charles d'Evreux ou Charles le Mauvais (2).

Charles de Navarre a été déjà et va être plus encore le génie funeste de cette époque si troublée. Fils de Philippe d'Evreux et de Jeanne de France, fille elle-même de Louis X le Hutin, il aurait eu, sans la loi salique, des droits à la couronne supérieurs à ceux des Valois : dévoré de la passion de régner, il a tous les dons, tous les talents, toutes les perversités qui peuvent rendre malfaisante une ambition mécontente et refoulée. Petit,

---

(1) *Grandes chroniques*, p. 62 et 80. — Picot, t. I, p. 73.
(2) Acte d'accusation, p. 374. — Siméon Luce, *Chronique des quatre premiers Valois*, p. 60.

mais bien pris dans sa taille, plein d'esprit et de feu, éloquent et pathétique, il joint à l'irrésistible séduction de sa personne, de son langage, de ses manières, l'intérêt passionné qui s'attache si facilement, en France, aux victimes des rigueurs gouvernementales (1). On ne se rappelle pas qu'il a fait percer, à L'Aigle, de quatre-vingts blessures, le favori du roi Jean, le connétable Charles de La Cerda ; on ne songe pas qu'il a traité avec l'Angleterre et tenté de soulever la Normandie, au moment où l'étranger ravageait nos provinces. On ne voit en lui qu'un prisonnier souffrant et persécuté ; on s'attendrit sur son sort ; on demande sa délivrance.

Arraché de vive force de sa prison d'Arleux en Cambraisis, par les envoyés d'Etienne Marcel et de Robert Lecoq, Charles de Navarre fait à Amiens, à Paris, et à Rouen des entrées triomphales. A Paris, du haut d'un échafaud adossé aux murs de l'abbaye de Saint-Germain, il adresse aux habitants, rassemblés sur le Pré aux Clercs, un sermon qui commence avec le point du jour et fait oublier aux auditeurs l'heure de leur dîner (2).

L'agitation qu'excitent ses démarches, ses paroles, ses allusions envenimées, inquiète, à bon droit, le dauphin. Ce prince, qui va bientôt changer son titre de lieutenant du royaume contre celui de régent, ne se rassure pas, en voyant Marcel organiser ses partisans en une puissante confrérie sous l'invocation de Notre-

---

(1) Perrens, *Etienne Marcel*, p. 46.
(2) *Grandes chroniques*, t. VI, p. 63 et 65. — Siméon Luce, *Chronique des quatre premiers Valois*, p. 61, 64 et 65. — Continuateur de Guillaume de Nangis, t. II, p. 250 et suiv.

Dame et leur donner, pour signe de ralliement, le chaperon rouge et bleu (rouge et pers) (1). Un moment, il a eu la velléité d'appeler la force à son aide ; il a mandé des hommes d'armes aux environs de Paris et dans Paris même ; mais il a mieux aimé recourir à un moyen moins violent et plus habile, je serais tenté de dire plus perfide. Il est éloquent, lui aussi. Sa voix est sonore et vibrante ; sa parole est sobre et nette. Il va se servir de ce talent pour émouvoir les passions de la multitude contre les bons et gros bourgeois qui dominent. Le 11 janvier 1358, à neuf heures du matin, il arrive, à cheval, aux halles, lui sixième ou huitième : et là, devant le peuple, frappé par la nouveauté du spectacle, touché du caractère de cette démarche, il proteste de son dévouement à sa bonne ville de Paris, dénonce sa propre impuissance, accuse le gouvernement des états et termine en disant que « de toute la
» finance qui avait esté levée au royaume de France
» depuis que les trois états avaient eu le gouverne-
» ment, il n'en avoit eu denier, ni maille, mais bien
» pensoit que ceux qui l'avoient reçue, si en rendroient
» bon compte (2). »

De tels propos sont toujours agréables à la foule ; le duc de Normandie obtient un véritable succès de tribun.

Marcel voit bien le coup qui lui est porté ; il s'empresse de le parer. Le lendemain, il convoque « grant
» foison de peuple » dans l'église de Saint-Jacques de

---

(1) *Grandes chroniques*, t. VI, p. 73. — Continuateur de Guillaume de Nangis, t. II, p. 248.

(2) *Grandes chroniques*, t. VI, p. 77-78.

l'hôpital. Le dauphin s'y rend et fait répéter par son chancelier Gilles Aycelin de Montaigu, ce que la veille il a dit lui-même aux halles. L'échevin Charles Toussac, le véritable orateur de la commune, une éloquente et sympathique nature méridionale, veut répondre : le bruit, la *noise*, couvre sa voix. Ce n'est qu'après le départ du duc de Normandie qu'il parvient à se faire entendre. Un avocat, Jehan de Saint-Aude prend la parole après lui, insiste avec force sur l'apologie de Marcel et des commissaires des états et finit par arracher quelques acclamations à la mobilité passionnée de cette assemblée populaire (1).

De pareilles scènes qui rappellent le *forum antique*, n'ont pu qu'envenimer l'irritation déjà si vive de Marcel et des bourgeois parisiens contre le dauphin et ses conseillers. Il suffira d'un incident pour amener une explosion.

Quelques jours après, un valet changeur, Perrin Marc, se prend de querelle avec un trésorier du dauphin, Jean Baillet, le tue et se réfugie dans l'église Saint-Merry. Le soir même, sur l'ordre du duc de Normandie, le maréchal Robert de Clermont, suivi d'une nombreuse troupe de gens d'armes, brise les portes de l'église, arrache le meurtrier de son asile et le conduit au gibet en proférant les menaces les plus hautaines et les plus violentes contre les Parisiens les plus notables (2).

---

(1) *Grandes chroniques*, t. VI, p. 78-80.
(2) *Grandes chroniques*, t. VI, p. 82. — *Chronique des quatre premiers Valois*, p. 68.

Un défi aussi imprudent ne restera pas sans réponse. Elle se fera un peu attendre ; elle n'en sera que plus terrible. Le 22 février 1358, à l'instigation du roi de Navarre, qui médite les plus noirs desseins et sur la convocation de Marcel, tous les métiers de Paris se rassemblent en armes sur le plan Saint-Eloi. Ils ne sont pas moins de trois mille hommes. Ils s'ébranlent et se dirigent vers le Palais, sous le commandement de Marcel. Le dauphin est dans sa chambre, entouré de ses conseillers, entre autres le maréchal de France Robert de Clermont et celui de Champagne, Jean de Conflans, que les Parisiens confondent dans un même sentiment de haine. Marcel entre suivi de quelques bourgeois armés : « Sire, » dit-il au jeune prince, « ne » vous esbahissez des choses que vous véez ; car il » convient que ainsi soit fait. » A peine a-t-il prononcé ces mots que les hommes de sa suite se jettent, l'épée nue, sur messeigneurs Robert de Clermont et Jean de Conflans. Robert de Clermont veut se sauver, mais il est frappé et tombe dans une chambre de retrait du duc de Normandie. Jean de Conflans est égorgé aux pieds du lit du dauphin et sous ses yeux. Affolé et tremblant de peur, le dauphin prie Marcel de le sauver : « Sire, » vous n'avez garde, » répond le prévôt, en changeant de chaperon avec lui. L'effroi du dauphin est peut-être rassuré ; mais l'horreur qu'il éprouve devient plus profonde encore. Les assassins traînent devant lui les cadavres de leurs victimes ; ils les laissent étendus sur le perron du palais, comme un témoignage affreux de la justice ou plutôt de la fureur populaire. Personne n'ose les relever. Le soir seulement, sur l'ordre de

Marcel, de pauvres valets les chargeront sur une misérable charrette à bras et les porteront au couvent de Sainte-Katherine du Val-des-Ecoliers (1).

L'épilogue du drame qui vient de s'accomplir au palais se passe sur la Grève. Cette place a beau être alors une des plus grandes et un des marchés les plus fréquentés de Paris; elle n'en est pas moins singulièrement laide et irrégulière. C'est un rivage bas et mal défendu contre les inondations du fleuve par des palissades en bois que soutiennent des liens de fer. A un des coins de cette place s'élève une croix ornée de sculptures et exhaussée sur huit marches de pierre. Destinée à recevoir les dernières prières des patients, elle rappelle les exécutions qui, depuis 1310, se sont trop souvent renouvelées sur la Grève (2). Pour la première fois, en ce moment, cette place sert de forum; et ce forum est couvert d'une foule compacte, bigarrée, où les moines sous leur froc coudoient les bourgeois sous les armes. Tous les visages, tous les regards sont tournés vers une maison, dont le pignon est supporté par des piliers, et vers un homme qui parle d'une des fenêtres de cette maison. La maison, c'est le nouvel hôtel de ville, dont Marcel a fait récemment l'acquisition; c'est la fameuse *maison aux Piliers*. L'orateur, c'est Marcel lui-même. Il prononce l'apologie de l'assassinat qui vient d'être commis, et qui ne l'a été, déclare-t-il,

(1) *Grandes chroniques*, t. VI et suiv. — Continuateur de Guillaume de Nangis, t. II, p. 248. — *Chronique des quatre premiers Valois*, p. 68. — Eust. Deschamps, *Le Miroir de mariage*, p. 236.

(2) Le Roux de Lincy, *Histoire de l'Hôtel-de-Ville*, p. 55.

que pour le bien du royaume. Des voix parties du sein de la multitude répondent que les Pariisens avouent le fait et qu'ils sont prêts à vivre et à mourir avec le prévôt des marchands (1).

Cette amnistie ou plutôt cette approbation populaire a beau être ratifiée, le lendemain, aux Augustins, par les députés des bonnes villes qui sont encore à Paris; les partisans les plus honnêtes et les amis les plus sincères de Marcel n'en sont pas moins tout contristés (2) ; et si lui-même est peut-être préservé du remords par l'aveuglement de sa passion ou de sa logique, il ne réussit pas à se défendre d'une vive inquiétude; il échappe moins encore au châtiment qui, pour tous les révolutionnaires, punit le recours à la violence; il est obligé de gouverner par la terreur.

Le dauphin est prisonnier des Parisiens, comme Louis XVI le sera, après son retour de Varennes et pendant l'Assemblée législative. Toutes les portes et la Seine elle-même sont surveillées avec une vigilance sévère. Cependant, le maître charpentier du dauphin, Jean Paret, parvient à gagner l'agent municipal Metret, qui, sous le titre de *maître des Eaux* ou de *maître de l'Arche*, est chargé de garder le passage du Grand-Pont, plus tard le pont au *Change*. Grâce à cette précieuse complicité, le régent s'évade; mais ceux qui ont aidé sa fuite sont sévèrement punis; ils sont traînés et exécutés en place de Grève. Au moment de les frapper, le bourreau tombe d'une attaque de haut mal. Tous

---

(1) *Grandes chroniques*, t. VI, p. 88.
(2) Continuateur de Guillaume de Nangis, t. II, p. 249.

les spectateurs restent d'autant plus émus de cette scène, que leur esprit est plein d'anxiété (1).

La situation est grave et va le devenir de plus en plus tous les jours. La réaction aristocratique contre Paris vient de se dessiner nettement aux états généraux, que le régent a réunis autour de lui à Compiègne. Dans cette assemblée, les nobles, tout d'une voix, ont donné au prince le conseil de mettre à mort Marcel et ses amis. Si les Parisiens prennent fait et cause pour leurs magistrats, il faut bloquer et assiéger leur ville. Pour stimuler cette ardeur, le dauphin promettra aux gentilshommes qui viendront combattre sous ses drapeaux, le pillage de la capitale (2).

Le duel s'engage entre la noblesse et la commune parisienne, qui voit la grande majorité des communes de la langue d'Oïl se rallier à sa cause (3). A l'instigation de Marcel, cinquante villes ont adopté le signe de ralliement de ses partisans : le chaperon rouge et bleu (4); mais cet appui moral est le seul, en définitive, qu'elles puissent et veuillent prêter au prévôt des marchands. Il y a bien loin de là à cette fédération de communes françaises, qui est alors le vœu secret de

---

(1) Continuateur de Guillaume de Nangis, t. II, p. 254. — *Grandes chroniques de France*, p. 111. — Smet, *Recueil des chroniques de Flandre*, t. III, p. 190 (*Chronique des Pays-Bas, de France et d'Angleterre*, etc). — Le Roux de Lincy, *Histoire de l'Hôtel-de-Ville*, p. 233.

(2) *Grandes chroniques*, t. VI, p. 106. — Continuateur de Guillaume de Nangis, t. II, p. 254-255. — Siméon Luce, *Chronique des quatre premiers Valois*, p. 80.

(3) *Grandes chroniques*, t. VI, p. 113.

(4) Perrens, *La démocratie au moyen âge*, t. I, p. 265.

Marcel, et dont la pensée lui a été sans doute inspirée par les souvenirs de Jacques d'Artevelde et par les conseils des notables Flamands établis à Paris (1).

Cet isolement et ce péril n'ébranlent pas son courage. S'il essaie de négocier, il se prépare encore plus activement à combattre; il organise une énergique résistance; il s'empresse d'occuper le Louvre, arrête et fait conduire à l'hôtel de ville l'artillerie de cette forteresse qu'un écuyer royal, Jean de Lyons, s'apprêtait à transporter à Meaux. Les travaux des fortifications sont repris avec une nouvelle vigueur. Tous les ouvriers que la municipalité peut se procurer sont occupés soit aux fossés, soit aux remparts, qui se hérissent de machines de guerre entremêlées de loin en loin de quelques canons. L'argent ne fera pas défaut. Marcel a emprunté au prieur de Saint-Jean de Jérusalem la somme de mille moutons d'or. L'hôtel des monnaies est animé d'une activité fiévreuse (2).

Mais il ne s'agit pas seulement d'une lutte matérielle : c'est aussi une lutte d'idées qui s'apprête et commence déjà. Marcel écrit, justifie les Parisiens ou plutôt les venge de l'insulte qu'on leur fait, en les appelant des vilains : « Si vous plaise savoir, très-redouté seigneur, » mande-t-il au dauphin, « que les bonnes » gens de Paris ne se tiennent pas pour vilains ; mais » sont prudes hommes et loialx... et disent outre que

---

(1) Perrens, *La démocratie au moyen âge*, t. I, p. 164-165. — K. de Lettenhove, *Histoire de Flandre*, t. III, p. 385.

(2) Continuateur de Guillaume de Nangis, t. II, p. 256-257. — Le Roux de Lincy, *Histoire de l'Hôtel-de-Ville de Paris*, p. 234.

» tuit cil (tous ceux-là) sont vilains qui font les vilainies (1). »

Depuis longtemps, un vers qui était comme une sorte de dicton populaire disait : « Nulz n'est vilains, s'il ne vilaine (2). »

On retrouve, dans ces quelques lettres trop rares de Marcel, tout le courant d'idées qui avait traversé les poëmes satiriques et roturiers du quatorzième siècle, et qui passait maintenant des hardiesses de la spéculation et de la poésie dans la mêlée de la vie réelle. Tous les sentiments que peut réveiller une guerre sociale entre nobles et bourgeois animent la lettre que le prévôt des marchands adresse au comte de Flandre : « Si, » écrit-il, « avons bien mestier (besoin) de l'aide de notre
» Sire et de tous nos bons amis ; et ceulx qui aideront à
» deffendre le bon peuple, les *bons laboureurs* et les
» bons marchands sans lesquels nous ne pouvons vivre.
» contre ces murdriers (meurtriers), robeurs (voleurs)
» et crueux ennemis de Dieu et de la foy, acquerront
» plus grant mérite envers nostre Sire que s'ils allaient
» tout croisé contre les Sarrasins (3). »

Ce langage trahissait la sympathie de Marcel pour les Jacques, dont nous entendons déjà gronder la révolte et dont nous raconterons bientôt les excès ; mais cette sympathie, qui avait été d'abord de la complicité et peut-être même quelque chose de plus, faisait bientôt place à une protestation indignée contre les fureurs auxquelles

---

(1) K. de Lettenhove, *Histoire de Flandre*, t. III, p. 390.
(2) V. Le Clerc, *Discours sur l'état des lettres*, p. 236.
(3) Perrens. *Etienne Marcel*, p. 403 et suiv.

s'abandonnaient ces bandes sauvages. La sincérité de ce désaveu et de cette indignation aurait pu, au besoin, être attestée par les victimes mêmes de la Jacquerie. Fuyant devant le soulèvement, des gentilshommes venaient chercher un refuge à Paris avec leurs femmes, leurs enfants et leurs meubles entassés sur des charrettes (1).

Mais ce témoignage, d'autant plus significatif qu'il était involontaire, instinctif, passait inaperçu. Marcel restait compromis par sa participation momentanée au mouvement; il allait l'être plus encore par son alliance avec le roi de Navarre.

Désespérant de résister avec les seules forces des Parisiens, à la nombreuse armée féodale du dauphin, et ne reculant plus devant la perspective d'une révolution dynastique, Marcel avait appelé dans Paris Charles le Mauvais. Le 15 juin, Charles était venu, du haut d'une fenêtre de l'Hôtel-de-Ville, prêcher le peuple rassemblé sur la place de Grève : il avait rappelé ses titres à la couronne. Charles Toussac avait proposé de le nommer capitaine de Paris et même du royaume. Quelques hommes apostés dans la foule avaient crié : « Navarre! Navarre! » Le plus grand nombre des assistants avait entendu avec irritation, mais n'avait pas osé contredire ce cri, qui avait été recueilli comme l'expression irrésistible de la volonté souveraine du peuple. Le roi de Navarre avait reçu le titre et le pouvoir que les chefs de la commune avaient jugé bon de lui faire attribuer (2).

---

(1) Perrens, *Etienne Marcel*, p. 405 et suiv. — Froissart (K. de Lettenhove), t. VI, p. 49.

(2) *Grandes chroniques*, t. VI, p. 115.

La vieille loyauté (loyalty) monarchique des Parisiens était alarmée ; elle se confondait dans leur âme avec un sentiment bien autrement ombrageux et énergique, le sentiment national. Marcel ne craignit pas de l'offenser : ce fut sa perte. Le concours passionné des nobles et chevaliers qui, de tous les points du royaume et même des pays étrangers, de l'évêché de Liége, du Hainaut, de la Lorraine, avaient répondu à l'appel du dauphin, fut moins funeste au prévôt des marchands que l'assistance prêtée à sa cause par les Anglais du roi de Navarre. Les Parisiens frémirent lorsqu'ils virent ces routiers entrer dans leurs murs et les capitaines de ces routiers loger dans le palais de leur roi. Impuissants à contenir leur colère, ils fondirent sur eux, en tuèrent trente-quatre, et Marcel eut beaucoup de peine à soustraire les autres à leur fureur (1). Echauffée par ce massacre, cette fureur fut exaspérée par les ravages que les Anglais, restés hors de Paris, commirent dans les environs, pour venger leurs compagnons égorgés. Les bourgeois n'y tinrent plus : ils voulurent faire une sortie. Par complaisance, Marcel consentit à la diriger : elle eut le plus triste résultat. L'indiscipline de ces milices civiques qui, à peine hors des murs, n'observèrent aucun ordre et se répandirent dans les jardins, pour

---

(1) Jehan le Bel, *Les vrayes chroniques*, t. II, p. 227. — *Grandes chroniques*, t. VI, p. 119-128. — Lettre inédite du dauphin Charles au comte de Savoie sur la conjuration d'Etienne Marcel, dans les *Mémoires lus à la Sorbonne en 1869*, p. 238. — Eustache Deschamps, *Œuvres*, (édit. Crapelet, *Le miroir du mariage*, p. 237. — *Bibliothèque de l'Ecole des chartes*, 1re série, t. I ; L. Lacabane, *Mémoires sur la mort d'Etienne Marcel*, p. 79.

manger les fruits, leur attira un sanglant échec. Cet échec provoqua dans Paris, contre le roi de Navarre et contre Marcel, un déchaînement qui eût été bien plus violent encore, si la terreur ne l'avait contenu. Le roi de Navarre avait été obligé de se retirer à Saint-Denis. Plus que jamais, il fut suspect aux Parisiens. Le mot de trahison fut proféré contre Marcel. Sa popularité était tombée bien bas (1). On lui reprochait de sacrifier la population de Paris à son salut et à celui du petit nombre de ses amis les plus compromis. Ces reproches étaient d'autant plus amers, que les souffrances de la guerre et du blocus se faisaient déjà sentir gravement. Les approvisionnements étaient interceptés. Le pain de Gonesse et de Corbeil n'arrivait plus : le peuple avait faim (2).

La situation était telle qu'elle semblait ne pouvoir se dénouer que par la violence. Marcel conçut la pensée d'un coup d'état. Il livrerait Paris au roi de Navarre. Charles entrerait dans la ville avec ses hommes d'armes. Des signes particuliers marqueraient les portes de ses adversaires les plus dangereux. Ces adversaires seraient égorgés. Plongé dans la terreur par ce massacre, Paris reconnaîtrait Charles le Mauvais

---

(1) Froissart (K. de L.), t. VI, p. 71 et suiv. — *Grandes chroniques*, t. VI, p. 128. — Continuateur de Guillaume de Nangis, t. II, p. 261. — *Chronique des quatre premiers Valois*. — *Chronique de Jean de Nouelles* citée par Le Roux de Lincy : *Histoire de l'Hôtel-de-Ville de Paris*, p. 236.

(2) Continuateur de Guillaume de Nangis, t. II, p. 268-269. — Siméon Luce, *Chronique des quatre premiers Valois*, p. 84. — K. de Lettenhove, *Histoire de Flandre* : Lettre de Marcel au dauphin, t. III, p. 390 et 391.

comme roi de France; et l'exemple de la capitale entraînerait le pays tout entier (1).

Ce plan ou mieux ce complot fut contre-miné par un autre complot. L'échevin Jean Maillart, le chevalier Pépin des Essarts et plusieurs bourgeois conspirèrent le rappel du dauphin et la chute du prévôt des marchands. Les deux complots se rencontrèrent, dans la nuit du 31 juillet au 1ᵉʳ août, à la porte Saint-Antoine. Jean Maillart interpella vivement Marcel : « Etienne!
» Etienne! que faites-vous ici à cette heure? — Jean, à
» vous qu'en monte de le savoir? Je suis ici pour pren-
» dre garde de la ville dont j'ai le gouvernement. — Par
» Dieu, il ne va mie (pas) ainsi ; mais vous n'êtes ici
» à cette heure pour nul bien! » Et s'adressant à ceux qui étaient près de lui : « Je vous le montre, comme il
» tient les clefs des portes en sa main pour trahir la
» ville. » — « Vous mentez! » s'écria le prévôt des marchands en s'avançant sur Maillard. — « Par Dieu, » riposta Jean Maillard, « traître, mais vous mentez! » Et à ces mots, il lui asséna un coup de hache sur la tête et l'étendit à terre. Marcel tomba, en protestant qu'il n'avait voulu que rester fidèle à son serment de maintenir l'ordonnance des états. Protestation effrayante de la logique, de l'aveuglement, de la passion révolutionnaires! A côté de Marcel fut abattu son ami Jehan de L'Isle, qui se défendit comme un lion. Quatre autres des leurs restèrent sur le carreau. Leurs cadavres et celui du prévôt furent transportés et laissés tout nus dans cette même cour de Sainte-Katherine du Val-des-

---

(1) Continuateur de Guillaume de Nangis, t. II, p. 269.

Ecoliers, où les corps des maréchaux étaient restés quelque temps aussi sans honneur et sans sépulture. Devant ce spectacle et ce brusque retour des choses, les esprits sérieux et graves ne purent s'empêcher de méditer sur les mystérieux décrets de la justice divine; mais le peuple ne songeait qu'à se réjouir de la chute de Marcel. Peut-être n'allait-il pas tarder à regretter sa joie et les applaudissements qu'il donnait à la réaction royaliste (1).

Cette réaction fut bien plus sanglante, et le dauphin beaucoup moins clément qu'on ne le croit généralement sur la foi de Christine de Pisan. Soixante partisans ou complices de Marcel avaient été arrêtés et conduits au Châtelet la nuit même de sa mort. Le dauphin déclara qu'il ne mettrait jamais les pieds dans Paris tant qu'un seul de ces prisonniers serait encore en vie. Ce n'était pas seulement son effroi qui parlait de la sorte : c'était aussi son ressentiment; et ce ressentiment devait être lent à s'apaiser. Robert Lecoq s'était soustrait à ses représailles. Cinq ans plus tard, traitant avec Charles le Mauvais, le dauphin, devenu roi, essayait de se faire livrer cet ancien *leader* des états, réfugié sur le siége épiscopal de Calahorra, en Navarre. Sa politique finit par amnistier ses adversaires : son cœur ne put jamais complétement oublier ni pardonner. Depuis sa rentrée à Paris, il ne voulut plus habiter le palais qui lui rap-

---

(1) *Grandes chroniques*, t. VI, p. 132. — Froissart (K. de L.), t. VI, p. 76 et 77. — Continuateur de Guillaume de Nangis, t. II, p. 272. — *Chronique des quatre premiers Valois*, p. 84. — Léon Lacabane, *Bibliothèque de l'Ecole des chartes*, t. I, 1re série, p. 78-98.

pelait le meurtre des maréchaux et avait en face la maison de Marcel (1).

De leur côté, les Parisiens, qui, obéissant à un mouvement de loyauté patriotique, avaient renversé Marcel et rappelé le dauphin, étaient de nouveau irrités contre ce prince; ils murmuraient bien haut contre son gouvernement, qui laissait le champ libre à toutes les violences, à tous les abus de la force, à tous les pillages, et se contentait d'y joindre d'odieuses vexations fiscales. C'étaient « des *tailles merveilleuses*, » dit un chroniqueur. C'étaient de pesants monopoles que le dauphin exerçait, à son profit, dans Paris, sur le sel, sur le bois, et qu'une cherté extraordinaire de toutes les denrées rendait plus insupportable encore. Tous ces griefs, que le dauphin ne savait pas ou ne pouvait pas redresser, ravivaient, dans la plus grande partie de la bourgeoisie parisienne, en faveur du roi de Navarre, des sympathies que l'Université partageait et que le mécontentement populaire encourageait. Bien instruit de ces dispositions, le dauphin n'osait bouger de Paris : il aurait craint de ne pouvoir plus y rentrer (2).

On le voit, ni l'ordre matériel ni l'ordre moral n'étaient encore solidement rétablis; mais cette re-

---

(1) Froissart (K. de L.), t. VI, p. 78. — *Recueil des chroniques de Flandre* (Smet), t. III, p. 194. — *Mémoires* lus à la Sorbonne en 1869 : Lettre inédite du dauphin, p. 235. — *Bibliothèque de l'Ecole des chartes* 5ᵉ série, t. I : Siméon Luce, *Examen critique de l'ouvrage de M. Perrens, etc.*, p. 268, et *Pièces inédites relatives à Et. Marcel*, p. 76.

(2) Smet, *Recueil des chroniques de Flandre*, t. III, p. 197. — Jehan le Bel, *Les vraies chroniques*, t. II, p. 232 et 233. — *Chronique de Berne* apud Froissart (K. de L.), notes, t. VI, p. 486.

vanche de l'esprit de parti sur le sentiment national devait être passagère. Ce sentiment reprit bientôt le dessus. Il s'était un moment égaré dans les agitations que nous venons de rappeler ; il ne s'y était pas épuisé : il n'avait pas moins victorieusement résisté aux troubles bien autrement profonds dont les campagnes allaient conserver longtemps les traces meurtrières.

CHAPITRE III

LA JACQUERIE.

L'émotion causée dans les campagnes par le désastre de Poitiers n'avait pas été une effervescence passagère. Si cette journée néfaste avait été pour elles, comme pour la France entière, une journée de honte et de deuil, le lendemain leur avait apporté de nouvelles misères. « La noblesse, » a dit avec une juste sévérité le dernier et savant historien de la Jacquerie, M. Siméon Luce, « ne garda pour elle que la honte d'un » tel échec; elle en rejeta tout le poids sur ses vas- » saux (1). » Les gentilshommes revenaient prisonniers sur parole : à tel jour fixe, ils devaient acquitter leur rançon. Qui paierait? Le paysan, *Jacques Bonhomme*, pour lui donner le sobriquet ridicule dont les nobles venaient de l'affubler (2). Jacques Bonhomme offrait au roi son sang et sa vie. Pauvre sot! C'était

---

(1) Siméon Luce, *Histoire de la Jacquerie*, p. 37.
(2) Continuateur de Guillaume de Nangis, t. II, p. 237.

bien de cela qu'il s'agissait ! Il dut livrer à son seigneur son argent, sa substance, le fruit le plus net de sa sueur et de son travail; et la haine du gentilhomme grandit dans son cœur avec celle de l'étranger.

On peut, avec plus ou moins de facilité, pardonner à l'étranger les défaites qu'il vous a infligées et l'invasion qu'il a promenée sur votre sol. Les défaites s'oublient; l'invasion s'écoule; mais l'occupation, qui vous impose chaque jour, à chaque instant, la présence et le contact odieux de votre ennemi et de votre vainqueur, entretient et renouvelle sans cesse des souffrances dont nos vaillantes populations de l'Est pourraient nous retracer la douloureuse histoire.

Or, après Poitiers, la France eut aussi à subir une sorte d'occupation qui retomba surtout et presque exclusivement sur les classes rurales. Ce ne fut pas, sans doute, une occupation régulière, prévue d'avance par les traités ; mais elle n'en fut que plus cruelle et plus violente. Le 23 mars 1357, le prince de Galles avait signé avec le dauphin une trêve de deux ans, et s'était aussitôt empressé de congédier les troupes mercenaires qui formaient la plus grande partie de son armée. A peine licenciés, les chefs de ces bandes s'étaient jetés sur ce *bon* et *plantureux* pays de France. Cette *courtoise* et belle contrée, « à l'air attempré, aux douces rivières, » aux beaux logis, » leur était livrée sans défense ; ils allaient l'appeler *leur chambre*. Ils occupaient, dans des points stratégiques, des forteresses abandonnées ou mal défendues, et de là, comme les anciens bandits féodaux, s'abattaient sur les routes et les pays d'alentour ; puis, une fois repus, ils vendaient, à chers deniers, leurs repaires à d'autres brigands, qui apportaient dans leurs ravages une ardeur toute nouvelle et toute fraîche. Les malheureux habitants n'avaient pas un instant pour respirer (1).

C'est surtout le Champagne qui eut, avec l'Ile-de-France, le plus à souffrir de ces dévastations. L'histoire a conservé les noms de quelques-uns de ces chefs qui s'établirent entre la Loire, la Seine, la Marne et la Somme. Le plus célèbre, c'est ce brillant Eustache d'Aubrécicourt, qui, à la tête de cinq cents brigands, était maître de tout le pays entre Nogent et Pont-sur-Seine, et ne songeait à rien moins qu'à rétablir, à son profit, l'ancien comté de Champagne, encouragé dans ses rêves par l'amour d'une jeune et noble dame, Isabelle de Juliers. Nièce de la reine d'Angleterre, veuve du comte de Kent, Isabelle de Juliers s'était éprise d'une vive passion pour Eustache d'Aubrécicourt : elle lui envoyait « haquenées, coursiers, lettres amoureu- » ses et grandes signifiances d'amours; par quoy, » ajoute Froissart, « ledit chevalier en était plus hardi et » plus courageux, et faisait tant de grandes appertises » d'armes que chacun parlait de lui (2). »

Il faut toute l'imagination et toute la partialité historique de Froissart pour qualifier de *bachelleries* et d'*appertises* d'*armes* les tristes exploits qu'Eustache d'Aubrécicourt et ses pareils poursuivaient aux dépens de populations à peu près sans défense. Ils battaient les

---

(1) Siméon Luce, *Histoire de la Jacquerie*, p. 20 et suiv. — Froissart (K. de L.), t. XIII, p. 96, t. VI, p. 180 et t. VII, p. 81.

(2) Froissart (K. de L.), t. VI, p. 153-154.

grands chemins, fondant particulièrement sur gens *portant mallettes*, c'est-à-dire sur les *bons marchands*, comme les appelait Etienne Marcel. Ils enlevaient aux paysans leurs semences, leurs bestiaux et leurs instruments de labour ; ils incendiaient les moissons, coupaient les arbres fruitiers au pied, imposaient d'énormes rançons aux villages riches, livraient aux flammes les hameaux trop pauvres pour se racheter, saisissaient les habitants, égorgeaient les uns, jetaient les autres dans les cachots les plus obscurs pour les y accabler de coups et leur infliger, tous les jours et sans relâche, les tortures de la peur, de la misère et de la faim. Il faudrait le vers d'un d'Aubigné ou le burin d'un Callot pour rendre les horreurs de la guerre sans merci que ces routiers faisaient aux populations laborieuses des campagnes. Leur cruauté n'épargnait ni les enfants à la mamelle, qu'ils tuaient, ni les mères de famille, qu'ils outrageaient d'abord et traînaient ensuite de force avec eux pour les employer à leur service et leur faire porter leurs armes. Leur férocité rapace avait des aspects vraiment sataniques. A Beauvoir en Bourbonnais, les brigands avaient creusé une immense fosse. Un grand feu y était perpétuellement allumé ; ils l'appelaient l'enfer. Un de leurs prisonniers ne pouvait-il ou ne voulait-il pas se racheter ? Ils le faisaient jeter tout vivant dans cette fosse, en disant : « Menez-le en enfer (1) ! »

Sous l'influence de cette barbarie croissante, les routes se couvraient d'herbe ; dans le plat pays, en Vermandois, aux évêchés de Laon et de Reims, on ne

---

(1) Siméon Luce, *Histoire de la Jacquerie*, p. 25.

labourait, on ne semait plus ; mais « *toujours gagnaient povres brigands* (1). »

Et toujours *povres paysans* souffraient de plus en plus. Ils auraient en vain cherché, dans cette société qui semblait se dissoudre, un pouvoir qui les protégeât. Le clergé inférieur partageait leurs tribulations. Hugues de Mongeron, prieur de Broillet, au diocèse de Sens, a raconté les siennes : sa retraite dans une cabane, au fond des bois, où les Anglais finirent par le surprendre; sa fuite, par une nuit d'hiver, avec sa chemise et son chaperon pour tout vêtement (2). La papauté n'ignorait pas ces misères et n'en traitait pas moins avec les brigands, sauf à les excommunier ensuite. L'un d'eux, l'archiprêtre Regnault de Cervolles, Français d'ailleurs (car malheureusement, dans cette dévastation de la France, les Français rivalisaient avec les Anglais, même avec les Allemands), Regnault de Cervolles était reçu à Avignon, par le pape Innocent VI, « *aussi révéremment comme s'il eût été fils du roi de* » *France,* » et repartait avec un présent de 40,000 écus et le pardon de ses péchés par-dessus le marché (3).

La royauté, tenue en tutelle et sans force, loin de défendre les campagnes, leur faisait expier sa propre impuissance. Tous les hameaux, villages ou bourgs qui, « *pour racheter le feu et leurs corps,* » avaient payé rançon aux brigands, étaient coupables de lèse-majesté. Ils étaient exposés à des poursuites, s'ils n'obtenaient,

---

(1) Froissart (K. de L.), t. VI, p. 223-224. — Siméon Luce, p. 40-41.
(2) *Bibliothèque de l'Ecole des Chartes*, 4ᵉ série, t. III : J. Quicherat, p. 357-360.
(3) Froissart (K. de L.), t. VI, p. 32 et 34.

à beaux deniers comptants, de la chancellerie royale, des lettres de rémission. Ainsi l'abandon, involontaire et forcé d'ailleurs, que la royauté faisait de ses devoirs, l'aidait à battre monnaie sur le dos de Jacques Bonhomme, qui voyait une exaction de plus s'ajouter à toutes celles qu'il avait déjà endurées (1).

Il pouvait moins encore compter sur la noblesse que sur la royauté : la noblesse avait de la sympathie pour les *povres brigands*. On la soupçonnait d'être leur complice, et ces soupçons étaient transformés en accusation directe dans un apologue populaire qui courait alors de bouche en bouche :

« Il fut jadis, » racontait cet apologue, « un chien » très-vaillant. Son maître avait pleine confiance en lui : » il comptait sur son courage pour repousser le loup et » pour défendre les brebis : ce qui arriva plusieurs fois » en effet. Mais enfin, peu à peu, le loup contracta une » étroite amitié avec le chien, et le chien dit à maître » loup d'attaquer et d'enlever audacieusement les bre-» bis. Sire loup ne se le fit pas dire deux fois. Le » mâtin, aussitôt, de s'élancer sur ses traces, avec une » apparence d'ardeur, comme s'il voulait lui arracher sa » proie et la rapporter au berger. Mais à peine nos deux » complices eurent-ils atteint la lisière du bois et furent-» ils loin de l'œil du maître, que tous les deux dévorè-» rent la brebis tout entière. A plusieurs reprises, ils » renouvelèrent ce manége. Lorsque le chien revenait, » son maître, persuadé qu'il avait fait de tout son pou-» voir pour recouvrer la brebis ravie, lui prodiguait les

---

(1) Siméon Luce, *Histoire de la Jacquerie*, p. 15.

» caresses. Maintes fois, ce chien de malédiction répéta
» le même tour, si bien qu'en fin de compte, les deux
» scélérats se trouvèrent avoir dévoré toutes les brebis
» du maître (1). »

Cet apologue est parfaitement transparent : le berger, c'est le roi ; le loup, ce sont les Anglais et les brigands ; le chien, ce sont les nobles ; les brebis, c'est le menu peuple.

Pour empêcher que cet apologue ne se vérifiât jusqu'au bout et qu'elles ne fussent dévorées jusqu'à la dernière, les brebis n'avaient qu'un parti à prendre : il fallait montrer les dents, mordre, se faire un peu chiens elles-mêmes. Elles n'hésitèrent pas. Les campagnes se préparèrent à résister de vive force.

Si, le long de la Loire, les paysans se contentèrent de chercher, avec leurs familles, un refuge soit dans les îles du fleuve, soit dans des bateaux qu'ils éloignaient du rivage, ailleurs et sur plus d'un point, ils se firent des forteresses avec les églises de leur village, les entourèrent de fossés profonds, garnirent de planches les tours et les clochers, qu'ils remplirent de pierres et de balistes. Au sommet de ces tours étaient placées des guérites où des enfants faisaient le guet. De plus loin qu'elles apercevaient l'ennemi, ces sentinelles sonnaient l'alarme, soit avec une corne, soit avec les cloches. A ce signal, les paysans, dispersés dans les champs ou occupés dans leurs maisons, se hâtaient d'accourir à l'église (2).

---

(1) Continuateur de Guillaume de Nangis, t. II, p. 325.
(2) *Id., ibid.*, t. II, p. 280.

Les ordonnances royales autorisèrent, prescrivirent même de la manière la plus formelle ces résistances à main armée. Avec cette autorisation qui venait de haut lieu, les paysans se rassemblèrent dans les champs, en armes, « pour avoir avis et délibéracion comment chas- » cun pays, en droit soy, pourroit mieulx résister au » fait des Englois et autres ennemis du royaume de » France. » Des rassemblements de ce genre, agités et tumultueux, se tinrent, vers le 21 mai 1358, à Saint-Leu-de-Sérens, près de Beaumont-sur-Oise, et à Clermont-en-Beauvaisis. Les paysans étaient peut-être émus d'une ordonnance que venaient de rendre les états de Compiègne, et qui ordonnait de réparer, aux frais des vilains, les châteaux situés le long de la Marne, de l'Oise, de la Seine. Peut-être aussi des agents de Marcel s'étaient-ils mêlés à ces meetings ruraux. Quoi qu'il en soit, quelques voix s'écrièrent que tous les « nobles » de France, chevaliers et écuyers, honnissoient et » trahissoient le royaume, et que ce seroit grand bien » qui tous les détruiroit. » — Et tous les assistants de » répondre : « Il dit vrai ! honni soit cil (celui) par » qui il *demourra* que *touz* les gentilz hommes ne soient » destruits (1)... »

La violence des paysans était surexcitée par toutes les souffrances qu'ils enduraient depuis longtemps, et se mêlait chez eux à un fond d'ignorance et de barba-

---

(1) Siméon Luce, p. 55 et suiv. et 189. — Continuateur de Guillaume de Nangis, t. II, p. 263 et suiv. — Froissart (K. de L.), t. VI, p. 42 et suiv. — Smet, *Recueil des chroniques de Flandre*, t. III, p. 190. — Lettre inédite du dauphin, p. 236.

rie farouche. La grande peste de 1348 avait éteint les faibles lueurs d'instruction et de vie morale, répandues dans les campagnes. Depuis lors, il ne se trouvait que très-peu de personnes capables de montrer à lire aux enfants dans les villages (1).

Dans ces âmes, ignorantes et ulcérées, il n'était que trop facile de déchaîner tous les emportements d'une fureur bestiale. Les Jacques n'étaient plus des hommes, plus même des taureaux qui frappaient de leurs cornes; c'était quelque chose de pis encore. Les scènes par lesquelles débute la Jacquerie vous transportent en plein monde de cannibales. C'est dans Froissart qu'il faut les lire. Ici, c'est une bande de paysans, armés de bâtons ferrés et de couteaux, qui se ruent dans la demeure d'un chevalier, le saisissent, l'attachent à un pieu, le contraignent d'être témoin du déshonneur, puis de l'assassinat de sa femme et de sa fille; et, après lui avoir infligé cette atroce torture morale, le font expirer dans un lent et cruel martyre. Ailleurs, c'est une châtelaine qu'ils veulent forcer à manger de la chair de son mari, égorgé par leurs mains (2).

Ces abominables excès sont imités de proche en proche. Ces affreux soulèvements, ces *effrois*, comme on les appelle, se propagent de lieu en lieu, avec une épouvantable rapidité. Le Beauvaisis, le comté de Valois, le Soissonnais, les évêchés de Laon et de Noyon, la seigneurie de Coucy, l'Amiénois, la Picardie, la Brie, le Perthois et le Bassigny, c'est-à-dire les départements

---

(1) Continuateur de Guillaume de Nangis, t. II, p. 216.
(2) Froissart (K. de L.), t. VI, p. 49 et 51.

actuels de l'Oise, de Seine-et-Oise, de l'Aisne, de la Somme, de la Marne, de la Haute-Marne, sont bientôt tout en feu. La violence a raison du mauvais vouloir ou des scrupules des hameaux, villages ou bourgades qui ne voudraient pas se joindre à la révolte. Des nobles, comme Germain de Réveillon, sont obligés de marcher, quelque temps, à la tête des rebelles. Dans la plupart des villes ouvertes que traversent les bandes des Jacques, les habitants, moitié par peur, moitié par sympathie, dressent des tables dans les rues. Les Jacques mangent, boivent, brûlent les maisons des gentilshommes et s'éloignent, emmenant avec eux leurs femmes parées des dépouilles des châtelaines. Dans les châteaux règne la plus indescriptible épouvante. Les chevaliers et les nobles dames, emportant leurs enfants, vont chercher un refuge à dix, à vingt lieues au loin. Leurs demeures restent vides et désertes. Les Jacques les incendient sans merci. Plus de soixante châteaux deviennent la proie des flammes entre Beauvais, Corbie, Amiens et Montdidier. Plus de cent dans les évêchés de Laon, de Soissons et de Noyon (1).

Les Jacques détruisent pour détruire; ils n'ont pas de plan, pas de vue d'ensemble, pas de programme; ici, ils enveloppent le clergé dans leur haine pour la noblesse; là, ils ont des prêtres qui marchent avec eux. Ils n'en appellent pas, comme feront dans quelques années les compagnons de Wat-Tyler, aux souvenirs de l'égalité primitive, aux réminiscences de ces temps où

---

(1) Froissart (K. de L.), t. VI, p. 50-52, etc. — Siméon Luce, p. 226, et suiv. — Continuateur de Guillaume de Nangis, p. 263 et suiv.

Adam bêchait et Eve filait. Ils n'ont pas le moindre soupçon de l'idée socialiste, au nom de laquelle se soulèveront au seizième siècle les paysans de l'Allemagne. Bon nombre de ces misérables, complétement troublés et mis hors d'eux-mêmes par cette orgie de sang, ne peuvent pas rendre raison du motif qui les pousse. Ils répondent qu'ils font ce qu'ils voient faire aux autres, et ajoutent, avec l'insistance hébétée d'un homme ivre, qu'il faut détruire tous les nobles et gentilshommes du monde (1).

Furie aveugle, brutale, atrocement sanguinaire, tel est le dernier mot de cette révolte; mais cette furie elle-même a son point de départ, son inspiration dans quelque chose qui ressemble à un sentiment national, patriotique. C'est pour combattre les ennemis du royaume que les Jacques se sont rassemblés; c'est pour sauver et venger l'honneur du royaume qu'ils ont commencé le massacre des nobles. Quand le moment sera venu de combattre, ils pousseront le vieux cri de Montjoye-Saint-Denis. Des bannières fleurdelisées, flottant sur leur bandes, semblent comme le symbole de ce sentiment que leur chef, Guillaume Calle, s'applique toujours et réussit, dans une certaine mesure, à faire planer au-dessus de ce mouvement si déréglé et si criminel (2).

Guillaume Calle n'est pas un homme ordinaire. C'est un paysan de Mello, aux environs de Compiègne, mais bien supérieur à sa condition : ancien soldat, beau, élo-

---

(1) Froissart (K. de L.), t. VI, p. 53.
(2) *Chronique des quatre premiers Valois*, p. 74.

quent; instruit, il a vainement essayé, d'abord, de refuser le commandement que les Jacques lui ont offert : mais les Jacques l'ont saisi de vive force, et, bon gré mal gré, ont fait de lui leur capitaine. Guillaume Calle s'est efforcé, avec bien peu de succès d'abord, de mettre de la discipline dans ses bandes et de contenir les excès auxquels elles s'abandonnaient (1). Il voit, dans cette insurrection de paysans et dans les dispositions de bon nombre de villes qui les appellent et les soutiennent, une force réelle, qu'il ne voudrait pas laisser s'user et se perdre dans les *saturnales* sanglantes d'une destruction sans but et sans frein. L'œuvre qu'il essaierait d'accomplir et celle que Marcel poursuit, sont dirigées vers un but commun. Guillaume Calle envoie vers le prévôt des marchands les plus sages et les plus notables de ses Jacques, lui offre son appui et demande, en revanche, le secours des Parisiens (2). Ces avances sont bien accueillies; l'alliance est scellée, et Guillaume Calle vient rejoindre les commissaires de Marcel, qui, en partie pour des motifs stratégiques et des raisons de défense, réduisent en cendres les châteaux des environs de Paris. Réunissant leurs forces, ces commissaires et les chefs des Jacques marchent ensemble sur le château d'Ermenonville qui appartient à Robert de Lorris, chambellan du roi Jean. Le château est assailli, enlevé, livré au pillage, enfin rasé. Pour avoir la vie sauve, Robert de Lorris est obligé de *renier gentillesse* et de déclarer qu'il

---

(1) *Chronique des quatre premiers Valois*, p. 71. — Continuateur de Guillaume de Nangis, t. II, p. 263.

(2) *Chronique des quatre premiers Valois*, p. 73.

aime mieux les bourgeois et la commune de Paris que les gentilshommes (1).

C'est le seul moment et la seule circonstance où la Jacquerie parisienne et la Jacquerie rurale aient agi de concert. Aussitôt après le sac d'Ermenonville, Guillaume Calle et les siens se séparent des hommes de Paris, sans qu'on voie bien les motifs de cette séparation, peut-être de ce dissentiment. La sauvagerie des Jacques a-t-elle inspiré de la répulsion aux Parisiens ? Exaspérés contre la noblesse, mais toujours respectueux pour la royauté, les Jacques ont-ils refusé de prêter leur concours à l'attaque méditée par les Parisiens contre le marché fortifié de Meaux, où se sont réfugiées avec foison de nobles dames, la duchesse de Normandie, femme du régent, et sa tante, la duchesse d'Orléans ? On serait tenté de croire à ce scrupule de loyauté monarchique de la part des Jacques, lorsqu'on ne voit que des paysans réquisitionnés, levés de vive force dans la petite armée de 9,000 hommes au plus, que les deux capitaines de la commune parisienne, Jehan Vaillant, prévôt des monnaies, et l'épicier Pierres Gilles, conduisent à Meaux (2).

Le 9 juin 1538, ils font leur entrée dans la ville par la porte Saint-Rémy. Aussitôt le maire, Jean Soulas, qui est leur ami, ordonne de dresser des tables dans les rues et de servir à ses hôtes des viandes et des rafraîchissements.

---

(1) Smet, *Collection des chroniques de Flandre*, t. III, p. 192.
(2) Froissart, t. VI, p. 55. — Siméon Luce, *Histoire de la Jacquerie*, p. 158.

Leur arrivée ne laisse pas que de causer de vives et légitimes inquiétudes aux dames réfugiées dans le marché : néanmoins, elles sont protégées par les solides murailles qui entourent de toutes parts ce marché et en font une véritable forteresse dans une île isolée du reste de la ville, et formée, au nord par la Marne, au midi par le canal du Cornillon. Une protection plus puissante encore, c'est la vaillante épée du captal de Buch, Jean de Grailly, et surtout celle de Gaston Phœbus. Revenant d'une croisade contre les païens de la Prusse, ces deux chevaliers ont appris, à Châlons-sur-Marne, les périls de ces malheureuses réfugiées et se sont hâtés de voler à leur secours (1).

Gaston Phœbus, comte de Foix et de Béarn, est un des derniers représentants de ces existences féodales qui vont disparaître et un produit bien attardé, vraiment posthume, de cette brillante civilisation chevaleresque du midi de la France, que l'on serait tenté d'appeler de la *barbarie civilisée*. Galant, large, courtois, libéral, hospitalier, aimant la poésie et les chants, mais tyran domestique, séparé de sa femme, meurtrier, d'ailleurs involontaire, de son fils, violent, emporté, implacable et cruel, prompt à jouer de la dague et lent à retirer des basses fosses de son château d'Orthez les malheureux qui ont encouru son ressentiment (2), il apporte, avec lui, une réputation qui,

---

(1) Siméon Luce, p. 148 et suiv. — Froissart (K. de L.), t. VI, p. 55.

(2) Froissart (K. de L.), t. XI, p. 51-52, 70, 86 et suiv., 89, 95, 99, t. XIV, p. 342.

elle seule, est une force ; mais, ce qui vaut mieux encore, son bras est vigoureux, et, en ce moment, ses instincts chevaleresques exaltent son courage jusqu'à l'héroïsme.

Il ne veut pas attendre, derrière les murs du marché, l'assaut des vilains. Armé de toutes pièces, monté sur son cheval de bataille et suivi de vingt-cinq lances, il fait ouvrir la porte correspondant au pont étroit qui seul met en communication la ville et le marché. C'est sur ce pont que le combat s'engage. Les Parisiens et leurs paysans perdent ainsi tout l'avantage de leur nombre ; ils n'en combattent pas moins avec énergie, et pénètrent jusqu'à la barrière même du marché ; mais ils sont enfin vaincus par l'habileté mieux exercée et par les armes supérieures des gentilshommes. Leur défaite devient le signal d'un épouvantable massacre. On abat les vilains, à grands monceaux, ainsi que bêtes. Ce n'est pas l'humanité, ce n'est pas un retour de pitié, c'est la fatigue seule qui met fin au carnage. Après le carnage, c'est le pillage : après le pillage, c'est l'incendie, un incendie effroyable qui dure quinze jours et ne respecte que la belle cathédrale de Meaux. Les campagnes environnantes ne sont pas plus épargnées que la ville même. Tout le pays entre la Seine et la Marne est mis à feu et à sang. Les chaumières sont brûlées et abattues. Les paysans, leurs femmes et leurs enfants sont égorgés. L'honnête et bon chroniqueur, le carme Jean de Venette, ne peut s'empêcher de s'écrier avec un accent de douleur et d'indignation : « Oui, en vérité, les Anglais, qui étaient
» les ennemis mortels du royaume, n'auraient pas

» réussi à faire tout le mal que faisaient ces nobles français (1). »

Ce ne sont pas les Jacques qui ont attaqué le marché de Meaux; ce ne sont pas les Jacques qui ont été battus; et cependant, c'est sur eux tout particulièrement que retombent l'expiation de cette attaque et le poids de cette défaite. Leur cause est rudement atteinte ; mais un danger plus grave encore la menace.

Inquiets et irrités, les gentilshommes du pays soulevé ont réclamé du secours dans maintes contrées de la chrétienté, et sont allés trouver, en son château de Longueville, le roi de Navarre : « Sire, » lui ont-ils dit, « vous êtes le plus gentilhomme du monde. Ne souf- » frez pas que gentillesse soit mise à néant. Si ceste » gent qui se dient Jacques durent longuement et les » bonnes villes soient de leur aide, ils mettront gentil- » lesse à néant et du tout détruirent. » Charles le Mauvais ne pouvait pas négliger de répondre à cet appel. C'était une occasion d'attirer l'attention sur lui et de rallier à ses intérêts les nobles et chevaliers du royaume. Charles ne l'a pas laissé échapper; il s'est mis à la tête des gentilshomme français qui sont venus implorer son aide; il a réuni les Anglais qu'il a à son service, et, avec une troupe qui grossit à chaque pas, il chevauche vers le foyer même de la révolte, vers le Beauvaisis. Il rencontre les Jacques près de Clermont.

Guillaume Calle est aussi prudent que brave. Sa

---

(1) Siméon Luce, p. 164. — Froissart, t. VI, p. 57 et suiv. — Continuateur de Guillaume de Nangis, t. II, p. 266 et 267. — *Grandes chroniques,* t. VI, p. 113.

vieille expérience lui a fait bientôt comprendre l'impossibilité de lutter avec succès contre les hommes d'armes et les routiers du roi de Navarre. « Beaux seigneurs, » dit-il aux Jacques, « vous sçavez comme les gentils-
» hommes viennent sur nous, et sont grant gens et
» duitz à la guerre. Si vous me croyés, nous irons em-
« près Paris et là prendrons aulcune place et si aurons
» le confort et l'aide de ceux de la ville. » Mais les Jacques répondent « qu'ils ne s'enfuiront pas, et qu'ils sont
» assez nombreux pour combattre les gentilshommes. »
Et de fait, grâce aux talents de leur chef, leurs bandes ont pris peu à peu la physionomie d'une armée, et même d'une armée française. Assisté d'un frère hospitalier, Guillaume Calle les range avec une véritable intelligence militaire; il les distribue en trois *batailles*: deux *batailles* de gens de pied, chacune de deux mille hommes, et une bataille de cavaliers, la plupart couverts d'armures, comme des hommes d'armes. Sur le front de ses troupes que protége son charroi, il a distribué ses archers et ses arbalétriers. Sous leurs nombreuses enseignes fleurdelisées, au milieu de leurs acclamations nationales qui se mêlent aux roulements de leurs tambours et aux fanfares de leurs trompettes, les Jacques ont une fière et martiale attitude.

Elle donne à réfléchir au roi de Navarre et à ses capitaines ; ils ne croient pas devoir se fier seulement à la force ouverte. Charles le Mauvais fait proposer une trêve aux Jacques, et mande à Guillaume Calle de venir le trouver. Avec sa franche et simple loyauté, Guillaume Calle ne soupçonne pas de piége, ne demande pas d'otages, et se rend auprès du Navarrais : il est aussitôt arrêté. L'artifice est peu digne de gentilshommes ; mais il est habile. Privée de son chef, l'armée des Jacques n'est plus qu'une masse sans âme, sans intelligence et sans cœur. Une de leurs deux batailles à pied est prise en flanc par les Anglais qui fondent sur elle avec leurs chevaux lancés à toute vitesse. Elle est aussitôt rompue. La seconde ne résiste pas mieux à une charge non moins furieuse des gentilshommes français. Les Jacques à cheval réussissent en grande partie à se sauver ; mais leurs piétons tombent en foule sous les coups de Charles le Mauvais ; ils auraient été peut-être tous exterminés, mais un petit nombre d'entre eux est parvenu à se tapir au fond d'un immense champ de blé, dont les hautes tiges les dérobent à l'acharnement de leurs vainqueurs (1).

Ce n'est là que le commencement des représailles des gentilshommes : elles vont être implacables. Guillaume Calle est décapité à Clermont-en-Beauvaisis. Huit cents victimes sont frappées avec lui. Tout le pays aux alentours est pillé, saccagé, brûlé. Les environs de Montdidier (Somme), de Gaillefontaine (Seine-Inférieure), ne sont pas mieux traités. Les Jacques sont passés au fil de l'épée par centaines, par milliers. Ce ne sont pas des exécutions : c'est une extermination ; c'est une chasse à l'homme qui traque et frappe indistinctement l'innocent et le coupable. Avec Charles le Mauvais, le jeune Enguerrand de Coucy, le sire de Saint-Dizier et de Vitry-en-Perthois (Haute-Marne), se distinguent comme les

---

(1) *Chronique des quatre premiers Valois*, p. 72-75. — Smet, *Recueil des chroniques de Flandre*, t. III, p. 192.

plus impitoyables traqueurs de vilains. Après ces grandes battues, le meurtre isolé continue son œuvre de destruction. La royauté que les Jacques ont toujours respectée, et pour laquelle ils auraient voulu mourir, se préoccupe assez peu de leur sort : elle leur accorde les lettres de rémission ou d'amnistie ; mais la manière dont cette amnistie est observée ou violée ne lui importe guère. Un gentilhomme qui assassine un paysan en est quitte pour un pèlerinage à Sainte-Marie de Rocamadour (1).

Cependant la pacification des pays révoltés s'achève ; mais cette pacification, c'est la solitude, c'est le désert, c'est la mort : *Ubi solitudinem faciunt, pacem appellant.* Les lettres de rémission ne cessent de répéter « *que les maisons sont demourées vagues et que les » biens qui sont au pais* » périssent aux champs. Les évêchés de Laon et de Noyon mourraient de faim, s'ils ne recevaient blés et avoines du Hainaut et du Cambraisis (2).

Heureusement, l'histoire ne nous laisse pas sous l'impression de ces horribles scènes. Lorsqu'elle veut étudier, à cette époque, le sentiment national au sein des classes rurales, elle n'est pas réduite à en suivre péniblement la trace dans des égarements funestes qui ont abouti à des crimes inexpiables et à des répressions non moins atroces. Elle rencontre une légende aussi vraie que touchante, qui est comme la contre-partie de

---

(1) Froissart, t. VI, p. 58. — *Chronique des quatre premiers Valois*, p. 75. — Siméon Luce, p. 179.

(2) Siméon Luce, p. 180.

la Jacquerie. Cette légende nous montre, sous un jour singulièrement favorable, ces vilains que la Jacquerie nous a fait apparaître sous un aspect vraiment infernal. Voici ce récit, tel qu'il a été bien des fois répété, sans doute, dans les chaumières des environs de Compiègne et de Verberie, répandant dans ces humbles demeures, durant les longues et mornes veillées d'hiver, un rayon de poésie et de fierté patriotiques.

A peu de distance de Verberie, le long de l'Oise, s'élève la petite ville de Longueil, dépendant du monastère de Saint-Corneille de Compiègne. Cette ville est commandée par un château assez fort. Si les Anglais s'emparent de ce château, tout le pays environnant sera dans un grand péril. Deux cents paysans, pauvres laboureurs ou journaliers, qui ont résolu de n'admettre aucun noble parmi eux, se sont associés pour conjurer ce danger, et, avec la permission de l'abbé de Saint-Corneille et celle du régent, ils occupent le château de Longueil, s'y fortifient, s'y pourvoient d'armes, de munitions, et se donnent pour capitaine un homme de haute taille et de manières agréables, Guillaume l'Alouette, un vieux nom gaulois. Ils ont juré de défendre cette forteresse jusqu'à la mort.

Les Anglais, qui sont en garnison à Creil, viennent bientôt mettre leur constance à l'épreuve. Ils accourent pleins de mépris pour ces rustres, réussissent d'ailleurs à les surprendre, et pénètrent jusqu'à la plate-forme. Nos bons paysans ne se défendent pas d'un sentiment d'effroi. Seul, Guillaume l'Alouette s'avance au-devant de l'ennemi avec un petit nombre de braves ; il est bientôt enveloppé et frappé mortellement.

Guillaume avait à son service un valet appelé le *Grand-Ferré*, doué d'une force extraordinaire, très-bien proportionné dans sa taille, plein de vigueur et d'audace, mais aussi humble, timide et modeste que vaillant et fort. Voyant son maître abattu, il devient un héros. Il harangue les paysans restés avec lui aux étages supérieurs. « Descendons, » leur crie-t-il, « et vendons chèrement notre vie ; d'ailleurs, l'ennemi nous tuerait sans merci. » A sa voix, ces bonnes gens s'élancent par différentes portes et se mettent à frapper sur les Anglais comme s'*ils battaient du blé en grange*. Mais nul ne porte des coups aussi terribles que le *Grand-Ferré*. Dominant de sa haute taille ses compagnons et les ennemis, il ressemble à un preux, à un paladin, à un Roland, à un Olivier. Toutes les fois qu'il laisse tomber sur un Anglais sa pesante hache d'armes, c'est un bras, c'est une tête, c'est un corps qui roulent à terre. Dans moins d'une heure, dix-huit morts sont étendus à ses pieds. Avant la fin du combat, quarante ennemis ont succombé sous son bras. Frappés de terreur par l'héroïsme inattendu de cette résistance, tous les Anglais qui sont encore en état de fuir se sauvent, laissant aux mains des Jacques leur bannière, que le *Grand-Ferré* a jetée dans le fossé.

Le *Grand-Ferré* a bien vengé son maître ; la bataille finie, il peut aller recevoir les derniers adieux, recueillir les derniers soupirs de Guillaume l'Alouette et mêler ses larmes à celles des autres paysans.

Mais à peine ces pauvres laboureurs ont-ils enseveli leur capitaine en le pleurant beaucoup, parce qu'il avait été sage et bon, que les Anglais sont là de nou-

veau. Ils se sont rassemblés de toutes les forteresses voisines pour réparer leur humiliation et leur échec de la veille. Les paysans les reçoivent de pied ferme. Le *Grand-Ferré* est au premier rang. En le voyant, et surtout en éprouvant le poids de ses coups, « maint An-
» glais, » dit naïvement le chroniqueur, « aurait bien
» voulu n'être pas ce jour-là à la bataille. » Regret tardif ! Les Jacques ne prennent pas à rançon et à merci ! Il faut fuir ou mourir ! Quelques Anglais fuient ; les autres sont tués ou blessés grièvement. Et voilà les paysans une seconde fois vainqueurs, grâce surtout au *Grand-Ferré*.

A l'intrépidité d'un héros, le *Grand-Ferré* joint l'imprévoyance d'un enfant. Encore tout échauffé par le combat, il se met à boire une grande quantité d'eau fraîche ; il est aussitôt saisi d'une fièvre violente qui l'oblige à quitter Longueil et à se retirer dans sa chaumière, à Rivecourt. Il se couche, ayant à côté de son lit sa fidèle hache d'armes, si lourde qu'un homme ordinaire pourrait à peine, en s'aidant de ses deux mains, la soulever de terre à la hauteur de ses épaules. Les Anglais apprennent sa maladie. Tout joyeux, ils envoient douze des leurs chargés de rendre sa guérison à jamais impossible. La femme du *Grand-Ferré* les voit venir de loin. Elle court vers son lit et lui dit : « O mon
» cher Ferré ! voici les Anglais qui te cherchent. Que
» faire ? » Oubliant sa maladie, le *Grand-Ferré* se lève, s'arme à la hâte, saisit sa hache, sort de sa maison, et, apercevant les Anglais dans sa cour : « O bandits ! » s'écrie-t-il, « vous êtes venus me prendre dans mon
» lit ; mais vous ne me tenez pas encore ! » A ces mots,

il s'adosse à la muraille, pour ne pas être enveloppé, et, jouant de sa hache, il abat cinq Anglais et force les sept autres à prendre la fuite ; puis il revient tranquillement se remettre au lit. Renouvelant l'imprudence qui lui a déjà coûté si cher, il boit encore beaucoup d'eau froide. Sa fièvre redouble, et, au bout de quelques jours, il meurt en chrétien (1).

Une tombe obscure, dans le cimetière de son village, reçoit sa dépouille ; mais les regrets, la douleur, la reconnaissance et l'admiration de tout le pays préserveront longtemps son nom de l'oubli. Les Jacques, désormais, ont leur héros qu'ils peuvent opposer aux héros nobles et féodaux des chansons de Gestes, leur héros qui n'appartient pas seulement à leur histoire, mais à l'histoire nationale.

Ce n'est pas que l'on doive penser que l'idée de la patrie, au sens moderne et complet du mot, se fût déjà bien nettement dégagée dans ces rudes esprits. La patrie, pour eux, c'était leur village, leur champ ou leur enclos, leur chaumière, la terre où dormaient leurs pères ; la patrie, c'était leur femme, c'étaient leurs enfants ; mais en se dévouant pour cette patrie locale, pour cette patrie de clocher, ils faisaient pressentir le jour où des générations nouvelles se lèveraient pour défendre cette grande patrie dont le nom est la France, et dont le symbole est un drapeau souvent lacéré, taché de sang, mouillé de larmes, mais d'autant plus cher, d'autant plus sacré : ils préparaient les progrès ulté-

---

(1) Continuateur de Guillaume de Nangis, t. II, p. 289-293. — Smet, *Recueil des chroniques de Flandre*, t. III, p. 198, 199.

rieurs du sentiment national, auquel leurs efforts valeureux, pour repousser et combattre l'étranger, imprimaient déjà un puissant, un admirable essor.

Ce sentiment donnait à la France, au plus profond de ses deuils et de ses malheurs, une énergie de résistance et de vie dont l'étranger était frappé. Trois ans auparavant, à la nouvelle du désastre de Poitiers, Pétrarque avait presque prononcé son oraison funèbre (1); il la revoyait maintenant, encore toute meurtrie et saignant de ses terribles luttes intestines, et il ne pouvait pas s'empêcher de pressentir son relèvement (2). Oui, Pétrarque ne se trompait pas. Oui, la France allait se relever, non pas par une éclatante revanche de Poitiers, non pas par une magnifique victoire, non pas par un coup triomphant d'audace, de fortune et de génie, mais par la collaboration lente, obstinée, quotidienne d'une sagesse supérieure dans son gouvernement et d'un patriotisme persévérant chez son peuple. C'est avec cette perspective consolante sous les yeux que nous abordons l'histoire de l'humiliant traité de Brétigny.

---

(1) Victor Le Clerc, *Discours sur l'état des lettres*, p. 172.
(2) A. Mézières, *Pétrarque*, p. 326.

CHAPITRE IV

LE TRAITÉ DE BRÉTIGNY ET LA REVANCHE NATIONALE.
CHARLES V : DU GUESCLIN.

Dans le commencement de la seconde moitié du quatorzième siècle, à peu près à l'époque où nous sommes parvenus, les prédicateurs qui, alors, ne s'interdisaient guère la politique, commentaient en chaire un singulier apologue. « Il y eut, » disait cette parabole, « un roi dont le royaume subit un tel changement, que » tout à coup le bien fit place au mal, le vrai au faux, » le juste à l'injuste. Surpris et troublé, le roi interro- » gea quatre philosophes des plus habiles. Ces quatre » philosophes allèrent chacun écrire leurs réponses à » chacune des quatre portes de la ville. La réponse du » premier portait : « Le pouvoir est l'injustice, et c'est » ce qui fait que la terre est sans loi. Le jour est la » nuit, et c'est ce qui fait que la terre est sans route. » *La fuite est le combat*, et c'est ce qui fait que le » royaume est sans honneur. » Les réponses des trois autres étaient conçues dans le même esprit et rédigées

sous la même forme. Toutes les quatre s'accordaien
pour accuser l'état de confusion morale, politique e
sociale où était tombé ce malheureux royaume (1).

Ce royaume, la parabole, sans le nommer, ne l
désignait que trop clairement : c'était la France ; mai
le prince qu'elle mettait en scène ne rappelait guère l
roi Jean. Dans son bel hôtel de Savoie, près de Lon
dres, qu'Edouard III lui avait donné plutôt comme rési
dence que comme prison, le vaincu de Poitiers ne pas
sait pas son temps à réfléchir sur les malheurs de se
Etats ou à consulter des sages. Il avait avec lui son ro
des ménestriers, Coppin de Bréquin, se faisait jouer d
la harpe ou lire des romans, lorsqu'il ne trafiquait pa
de nos vins du Midi (2). Malgré les distractions, mal
gré les fêtes dont sa présence rehaussait l'éclat, l
spleen de la captivité le gagnait : il en vint à désirer s
délivrance à n'importe quel prix, « à *quel meschief qu
ce fût,* » dit Froissart (3). L'expression peut sembler sé
vère : elle n'est que juste. Pour racheter sa liberté
Jean le Bon livrait la France, le cœur léger. Par l
traité de Westminster, il abandonnait au roi d'Angle
terre non-seulement l'Aquitaine tout entière, Boulogne
le Ponthieu, mais la Touraine, l'Anjou, le Maine et l
Normandie (4). C'était détruire, d'un trait de plume
l'œuvre patiemment accomplie par la royauté depu

(1) V. Le Clerc, *Discours sur l'état des lettres*, etc., p. 133.
(2) *Bibliothèque de l'Ecole des chartes*, 4ᵉ série, t. I : Bernhard, R
cherches sur l'histoire de la corporation des ménétriers, p. 545, 546.
Picot, *Histoire des Etats généraux*, t. I, p. 57.
(3) Froissart (K. de L.), t. VI, p. 296.
(4) *Id.*, notes, t. VI, p. 489.

plus de deux siècles. C'était commettre un veritable attentat de lèse-nation. Heureusement, la nation ne permit pas qu'il fût consommé. Convoqués expressément pour ratifier ce coupable traité, les députés des trois ordres s'unirent dans une même protestation et répondirent tout d'une voix aux messagers du roi, Arnoul d'Audenham et le comte de Tancarville, « qu'ils » auraient plus cher à endurer et porter encore le grand » meschief et misère où ils étaient que le royaume de » France fût ainsi amoindri et défraudé (1). »

C'étaient de nobles paroles que le roi Jean accueillit avec colère. Elles retentissaient au fond de sa conscience, comme des reproches justement mérités; elles allaient être suivies d'effets. Le pays tenta un suprême effort. Les communes de basse Normandie, Caen entre autres, continuèrent de guerroyer contre les Anglais du Cotentin (2); ceux de Saint-Valery furent assaillis par les bonnes villes de l'Artois et de la Picardie qui combattaient sous les ordres et avec les hommes d'armes de Moreau de Fiennes. Pendant ce temps, les marins normands et picards s'apprêtaient à prendre la mer (3). Ils voulaient débarquer en Angleterre et enlever de vive force le roi prisonnier. Edouard III était très-inquiet; il craignait pour le séjour de la reine; il faisait enfermer Jean le Bon dans la tour de Londres; il l'obligeait de renvoyer plus de la moitié de sa maison; il ordonnait des levées d'hommes d'armes et d'archers :

---

(1) Froissart (K. de L.), t. VI, p. 184-186.
(2) L. Delisle, *Histoire de Saint-Sauveur-le-Vicomte*, p. 117 et 119.
(3) *Chronique des quatre premiers Valois*, p. 93.

tous les navires qui se trouvaient dans le port de l'Angleterre étaient réquisitionnés et armés en guerre (1).

Froissart a écrit quelque part que le royaume de France, *ne fut oncques* si desconfit qu'on *n'y trouvast toujours* bien quelqu'un à qui combattre (2). La France justifiait ce mot et se montrait digne de cet éloge : en continuant la guerre, elle sauvait son honneur ; mais elle était, en ce moment, trop épuisée pour faire plus. L'armement maritime qui avait causé de si vives inquiétudes à Edouard III ne put qu'enlever et piller le port de Winchelsea (3). Ce coup de main n'était qu'une diversion impuissante et un dédommagement insuffisant à l'invasion qu'Edouard III dirigeait dans les provinces du N. et de l'E. de la France. On n'avait pas de forces pour la combattre ; on la laissait passer. Elle s'avança jusque sous les murs de Paris. Il fallut traiter. Le dauphin envoya l'abbé de Cluny et l'évêque de Thérouanne, Gilles de Montaigu, chancelier de France, demander la paix à Edouard III. Celui-ci les accueillit avec hauteur et colère. Ils repartirent sans avoir rien obtenu ; mais à Gallardon, aux environs de Chartres, un ouragan furieux se déchaîna sur l'armée anglaise avec un épouvantable accompagnement d'éclairs et de tonnerres. Les grelons tombaient si drus et si gros, qu'ils tuaient hommes et chevaux ; et n'y *avait si hardi qui ne fût tout esbahi*. Edouard lui-même fut ému : « Dieu, » disait-on autour de lui, « montrait par signe qu'il vou-

---

(1) Rymer, vol. III (P. 1ª, Lond., 1825), p. 482, 475, 436, 437 et 427
(2) Froissart, *apud* V. Le Clerc, *Discours sur l'état des lettres*, p. 177
(3) Rymer, vol. III, p. 477.

» lait qu'on fît paix. » Le lendemain les prélats français revinrent dans le camp du roi d'Angleterre; leurs représentations et leurs instances, appuyées par le duc de Lancastre, le trouvèrent plus accessible. Des négociations sérieuses s'engagèrent, et au bout de vingt jours, elles aboutirent au traité de Brétigny (1360) (1).

Moins humiliant que le traité de Westminster, celui de Brétigny n'en stipulait pas moins le démembrement du royaume. Poitiers et le Poitou, Saintes et la Saintonge, La Rochelle et l'Aunis, Angoulême et l'Angoumois, Limoges et le Limousin, Périgueux et le Périgord, Agen et l'Agénois, Cahors et le Quercy, Rodez et le Rouergue, Tarbes et le comté de Bigorre étaient, avec Calais et le Ponthieu, abandonnés au roi d'Angleterre en toute souveraineté (2).

Le déchirement fut plus douloureux qu'on ne pourrait le croire. Plusieurs seigneurs du Languedoc, ainsi que les comtes de Périgord et de Comminges, dénièrent hautement au roi de France le droit de les livrer à un autre suzerain. Dans le Poitou, l'Aunis, la Saintonge, les barons, chevaliers et bonnes villes ne protestaient pas moins contre l'obligation de cesser d'être Français. Il s'écoula plus d'un an, avant que les bourgeois de La Rochelle laissassent entrer un seul Anglais dans leurs murs. Rien de touchant et de naïvement patriotique comme les lettres qu'ils écrivaient, coup sur coup, au roi de France, le suppliant, pour Dieu, qu'il ne les « voulût, ni quitter de leur foi, ni éloigner de son do-

---

(1) Froissart (K. de L.), t. VI, p. 269-290.
(2) Id., ibid., p. 282 et suiv.

» maine, et qu'ils avaient plus cher à être taillés, tous
» les ans, de la moitié de leur chevance que ce qu'ils
» fussent ès mains des Anglais (1). »

C'étaient comme les premiers bégaiements de cette langue du patriotisme, que l'Alsace-Lorraine a parlée, de nos jours, avec une émotion si éloquente et une sobriété si virile; mais ces prières, ces plaintes, ces protestations ne furent pas écoutées; elles ne pouvaient pas l'être. Dans l'été de 1361, les commissaires du roi Jean, précédés de lettres patentes, vinrent mettre les délégués d'Edouard III en possession des pays cédés à l'Angleterre. Il fallait se soumettre : on se soumit, extérieurement du moins : on se résigna en apparence. « Nous avouerons les Englès des lèvres » disaient les Rochelois; « mais li coers ne s'en mouvera jà (2). »

Cette résignation ressemblait bien à une attente de jours meilleurs. Les Français, abandonnés à la domination étrangère, avaient raison de ne pas désespérer de l'avenir. Le traité de Brétigny avait été un sévère châtiment des légèretés, des fautes, des erreurs, des violences, des excès de la nation et du gouvernement; mais, en marquant le point le plus bas auquel il semblait que la France fût alors condamnée à descendre, il pouvait être le point de départ d'une ère de relèvement et de régénération, si la royauté et le pays savaient profiter de cette cruelle leçon.

Or, en 1364, mourait le roi Jean, cet incorrigible chevalier qui n'avait rien oublié, rien appris, et qui,

---

(1) Froissart (K. de L.), t. VI, p. 324, 325 et 326.
(2) *Id., ibid.*, p. 326.

rentré en France, caressait la romanesque folie de prendre la croix et d'aller combattre les musulmans en Asie. Bien moins jeune que lui, son fils et successeur, Charles V, semblait la personnification vivante de cette sagesse que développent la réflexion, l'épreuve, la souffrance et le malheur.

Charles V, que nous avons déjà vu à l'œuvre, sous les noms de *dauphin*, de *régent*, de duc de *Normandie*, avait reçu de la nature cette intelligence vive et ce goût ou plutôt cet instinct des choses de l'art et de l'esprit, qui étaient héréditaires chez les Valois ; mais sa jeunesse avait trahi des penchants vicieux et désordonnés, dont sa panégyrique, l'Italienne Christine de Pisan, est obligée de faire l'aveu, et qui avaient leurs racines dans un certain fonds de perversité (1).

Ce fonds avait été laborieusement amélioré et ces penchants redressés par trois éducations successives. Le roi Jean avait d'abord fait donner à ses fils une instruction supérieure, par l'étendue et la solidité, à celle que recevaient alors les jeunes princes et gentilshommes. Charles V en avait profité ; il savait sa grammaire et entendait convenablement le latin (2) ; mais un enseignement plus directement utile et pratique pour le futur roi avait été tout l'ensemble de difficultés, de tribulations et de périls, avec lesquels il s'était trouvé aux prises, au lendemain de Poitiers. Sans doute, il était resté au-dessous de sa tâche : sans doute, dans ses dé-

---

(1) Christine de Pisan (collection Michaud et Poujoulat, t. I) : *Le livre des faits et bonnes mœurs du bon roy Charles*, p. 596.
(2) Christine de Pisan, *ibidem*, p. 596.

mêlés avec la bourgeoisie parisienne, il avait mon
plus de dissimulation que de courage, plus d'astu
que de véritable intelligence ; mais il avait été obligé
se replier sur lui-même, de réfléchir : son expérie
s'était hâtivement formée ; et si elle ne lui avait pas m
au cœur une loyauté irréprochable (1), elle avait façor
son esprit à l'habileté.

A l'école des agitations et des orages politiques é
venue de joindre, pour le dauphin, celle de la souffra
et de la maladie (2). Il avait été atteint d'un mal étran
mystérieux. Tous les cheveux, tous les ongles des pi
et des mains lui étaient tombés ; il était devenu au
sec qu'un bâton. Envoyé en toute hâte par son on
l'empereur Charles IV, un médecin célèbre du ter
l'avait déclaré empoisonné ; il l'avait guéri, mais n'a
pu raffermir sa santé ; il ne lui avait pas caché que
vie tenait à l'écoulement d'une petite fistule qu'il a
au bras. Dès que cet écoulement s'arrêterait, dans qu
jours il serait mort. La pâleur de son visage, sa m
droite enflée et incapable de porter la lance, ses p
pétuelles douleurs névralgiques étaient comme au
de commentaires de cet avertissement lugubre. Ento
de médecins, Charles V ne vivait que de régime
tempérance et par une sorte d'artifice savant et p
longé (3) ; mais la vie physique, si exubérante e
désordonnée chez les hommes du moyen âge, ne se
blait s'être affaiblie chez lui que pour laisser prédo

---

(1) K. de Lettenhove, *Hist. de Flandre*, t. III, p. 404, 405.
(2) Christine de Pisan (M. et Poujoulat), t. II, p. 14.
(3) Froissart (K. de Lettenhove), t. IX, p. 283 et 284.

ner la vie intellectuelle et morale. L'intelligence animait ses traits pensifs. Si le bas de sa figure, sa bouche trop grande, son menton trop court et trop fuyant avaient quelque chose de disgracieux et de vulgaire qui aurait été plus choquant encore, sans la longue barbe que Charles portait habituellement, en revanche, ses yeux, d'une expression pénétrante et scrutatrice, son front large et élevé semblaient répondre à un fécond épanouissement de la pensée ; et la pensée prenait, dans son esprit, un tour sérieux, grave, religieux (1).

Il aimait et mêlait à toutes ses journées la musique, cet art si intime et qui semble créé pour les âmes profondes et méditatives. Il se plaisait à terminer ses repas au son de douces symphonies ; tous les matins, dans sa chapelle, la messe était célébrée à chant mélodieux et solennel (2). Le roi ne manquait pas d'y assister : il se livrait à ses exercices religieux avec une assiduité étonnante de la part d'un laïque et d'un roi. Charles aurait aimé l'existence d'un clerc; il eut même, plusieurs fois, la velléité de se faire prêtre, et, s'il faut l'en croire, la jeunesse de son fils l'empêcha seule de réaliser cette pensée (3).

Mais cette piété s'alliait à une tolérance, à une largeur de sentiments et de vues remarquable pour l'épo-

---

(1) Christine de Pisan (C. Michaud et Poujoulat, t. I), *Le livre des faits et bonnes mœurs*, p. 612. Voir portraits dans Montfaucon (*Antiquités de la monarchie française*).

(2) Christine de Pisan, p. 610.

(3) L'abbé Lebeuf, *Dissertations sur l'histoire ecclésiastique et civile de Paris*. t. III, p. 427. — *Discours sur la mort de Charles V*, apud Froissart (. de L.), t. VIII, notes, p. 552.

que. Charles V protégeait les juifs contre le fanatism[e]
de ses sujets chrétiens, ordonnait de les laisser jouir [de]
leurs priviléges, défendait qu'on les contraignît d'assi[s]-
ter au culte catholique. Il ne craignait pas de conten[ir]
l'Inquisition, et méritait, du pape Grégoire XI, l'hon[o]-
rable reproche d'entraver les opérations des inquisiteu[rs]
dans le Dauphiné (1).

Ce sage prince, que Bocace dans son orgueil italie[n]
appelait bien à tort un *Sicambre* (2), n'était qu'à moi[tié]
un homme du moyen âge. Il se laissait pénétrer par [un]
esprit nouveau qui était comme un souffle avant-coure[ur]
de la *Renaissance*. Dans toutes ses résidences, dans s[on]
hôtel de Saint-Pol, dans ses châteaux de Vincennes [et]
de Beauté-sur-Marne, se trouvaient des chambres de [re]-
trait ou cabinets d'études. A l'angle nord-ouest du vie[ux]
Louvre, qui n'était qu'une massive forteresse rectang[u]-
laire, on distinguait une tour qu'on appelait *tour de [la]
Fauconnerie*, et que Charles V venait de faire répa[rer]
et orner avec un soin tout particulier. Elle se compos[ait]
de trois pièces superposées et reliées entre elles par [un]
escalier de pierre. Les lambris des murs étaient de b[ois]
d'Irlande ; ceux des voûtes étaient de cyprès. Les u[ns]
et les autres étaient également embellis de sculp[tu]-
res en bas-relief. Les fenêtres, solidement défend[ues]
par des barreaux de fer et des fils de laiton, étai[ent]
garnies de vitraux coloriés, qui tamisaient doucem[ent]
la lumière. Une lampe d'argent et trente petits chan[de]-
liers, allumés toute la nuit, permettaient de travaill[er]

---

(1) V. Le Clerc, *Discours sur l'état des lettres au quatorzième siècle*, p.
(2) *Id., ibid.*, p. 195.

à toute heure, dans ces salles à l'aspect élégant et austère (1).

Nous venons de décrire ou plutôt de visiter la bibliothèque de Charles V, la première grande bibliothèque laïque qui ait existé en France. Elle se composait de neuf cents volumes (2). Le roi aimait fort les livres ; il les aimait pour en jouir lui-même et pour en faire jouir les autres, pour en *extraire* « *la substantifique moëlle,* » comme aurait dit Rabelais. Pour se délasser de ses devoirs royaux et pour se préparer à les mieux remplir, il se renfermait dans un de ses retraits où un de ses clercs lui lisait quelque bon ouvrage d'histoire, de morale, de religion, d'économie ou de politique. Le goût de Charles V pour la lecture n'était pas universellement approuvé ; il était critiqué dans le sein du clergé ; mais peu importait au roi. Il répondait qu' « *otiosité (oisiveté) sans lettres* » *est comme sépulture d'homme vivant,* » ou bien il laissait répondre, en son nom, qu' « *un roy sans letture* » *est comme une nef sans avirons ou un oiseau sans* » *ailes* (3). »

Charles V ne s'occupait pas seulement des sciences philosophiques, morales ou politiques qui avaient un rapport direct, immédiat avec la tâche et les fonctions de roi. Il n'était pas étranger à l'arithmétique et à la géométrie ; il encourageait les sciences naturelles ; il décidait, de concert avec l'université de Paris, la construc-

---

(1) Boivin le cadet, *Mémoires de l'Académie des inscriptions et belles-lettres*, t. II, 1ʳᵉ série, p. 692 et suiv.

(2) *Id., ibid.*, p. 691.

(3) *Le Songe du Vergier*, p. 5, 134, 137.

tion d'une sorte d'observatoire et ne se cachait pas de la curiosité et de l'intérêt que lui inspiraient les sciences occultes et quelque peu mal famées, comme l'*astrologie* et l'*alchimie* (1).

S'il goûtait la science, il honorait les savants ; il les appelait des pays étrangers ; il accueillait, avec distinction les maîtres de l'Université de Paris, encourageait leurs travaux. Une miniature du temps nous représente un groupe de docteurs, coiffés du bonnet doctoral, chevauchant dans la campagne à la droite du roi (2). Charles V savait apprécier leurs conversations sérieuses et approfondies ; il les réunissait dans des conférences auxquelles ils assistait, s'il n'y prenait pas une part personnelle. Dans ces conférences, les problèmes les plus délicats et les plus brûlants de la politique, tels que les relations de la puissance temporelle et de la puissance spirituelle, étaient abordés et traités avec une pleine indépendance (3).

Ces faveurs accordées aux hommes d'étude et de sciences faisaient murmurer. Ces murmures arrivaient parfois aux oreilles du roi ; et alors, il disait avec ce calme et cette sérénité, dont il ne se départait jamais :
» Les clercs où sapience a, on ne peut trop honorer ; et
» tant que sapience sera honorée en ce royaume, il con-
» tinuera en prospérité ; mais quand déboutée en sera,

---

(1) Christine de Pisan, *Le livre des faits*, etc., t. II, p. 67, 87, 88 (E. Michaud et Poujoulat, t. II). — Abbé Lebeuf, *Dissertations*, t. III, p. 450 et 467.

(2) L'abbé Lebeuf, *Diss.*, t. III, p. 403.

(3) *Le Songe du Vergier*, l. 1, p. 1.

» il décherra (1). » Belle et profonde pensée, même sous la forme un peu lourde et traînante dont l'affuble la plume de Christine de Pisan. Pour régénérer la France et l'empêcher de retomber, Charles V sentait qu'il fallait répandre sur elle de la lumière, encore de la lumière et toujours de la lumière.

Mais il ne suffisait pas que la France devînt plus éclairée : il fallait aussi la rendre plus morale. Charles V voulait que sa cour fût une école de décence et de moralité. Jadis amant de la belle Biette de Kassinel, pour laquelle il avait imaginé une singulière *devise-rébus*, composée d'un *K*, d'un *cygne* et d'une *aile* (2), il était maintenant tendrement attaché à sa femme, la *bonne royne* Jehanne de Bourbon, dont la folie momentanée le plongea dans une profonde douleur (3). Il donnait l'exemple des vertus domestiques, évitait, dans son langage, tout ce qui aurait pu blesser l'honnêteté, montrait une sévérité inflexible à l'égard des gentilshommes coupables d'inconduite, proscrivait les habits trop courts et peu décents et ces souliers à becs racourbés, ces *oultrageuses poulaines*, « qui ressemblaient à l'ongle du diable (4). »

Tout en faisant régner autour de lui cette discipline de décence et de moralité, Charles V entourait sa cour

---

(1) Christine de Pisan, *Le livre des faits*, etc., p. 80 (Michaud et Poujoulat, t. II).

(2) *Bibliothèque de l'Ecole des chartes*, 3ᵉ série, t. III : Lucien Merlet, *Jean de Montagu*, p. 253.

(3) Siméon Luce, *Chronique des quatre premiers Valois*, p. 244.

(4) Christine de Pisan, t. I (coll. Michaud et Poujoulat), p. 627. — Froissart, t. I, d   e biographique, par K. de Lettenhove, p. 87.

d'un luxe, d'une élégance et d'un confort, dont ses prédécesseurs n'avaient jamais eu l'idée. Les partisans des vieux usages (*laudatores temporis acti*) réclamaient tout bas (1) ; mais Charles V pensait déjà, comme Voltaire, sur le *superflu*, chose si nécessaire. Il favorisait les arts ; il faisait élever, dans la cathédrale de Rouen, par Hennequin de Liége, une tombe de marbre et d'albâtre, où il voulait que son cœur fût déposé (2). Son architecte, Raymond du Temple, construisait, dans le vieux Louvre, ce magnifique escalier à hélice, respecté par les artistes de la Renaissance, et dont les marches, larges de sept pieds, avaient été fournies par les anciennes tombes du cimetière des Innocents. Charles ne se contentait pas de récompenser et d'admirer le mérite de cet artiste qu'il appelait *son bien-aimé sergent d'armes et maçon :* il avait pour lui une sollicitude affectueuse qui rejaillissait sur son fils Charlot du Temple il avait été parrain de cet enfant : il lui achetait des livres et payait les frais de ses études à l'université d'Orléans (3).

Les orfèvres et les bijoutiers parisiens étaient également, de la part du roi, l'objet d'encouragements flatteurs : leurs ouvrages embellissaient ses écrins et ses dressoirs. Les étrangers admiraient la beauté bizarre et somptueuse de ses services de tables. Une de ses salles

---

(1) Abbé Lebeuf, Vie de Philippe de Maizières, *Mémoires de l'Académie des inscriptions*, t. XVII, p. 506.

(2) Comte de Laborde, *Ducs de Bourgogne*, t. I, *Introduction*, p. 20.

(3) *Bibliothèque de l'Ecole des chartes*, t. III, 2ᵉ série, p. 55-56. J. Q. *Titres concernant Raymond du Temple.*

res, toute garnie de pierreries, représentait une nef terminée par deux dauphins et montée par deux singes qui tenaient, chacun, une paire d'avirons (1).

En composant ces collections d'objets d'art et de prix, Charles faisait de la politique, et de la bonne politique ; il tâchait de communiquer un nouvel essor à l'une des principales industries parisiennes, comme il s'appliquait à ranimer le commerce, en le rassurant, de la manière la plus solennelle, contre toute éventualité d'altération de monnaies ; il obéissait surtout à la pensée de regagner et de s'attacher Paris.

Il l'avait confié à un administrateur ferme, intelligent et habile. Nommé, en 1367, prévôt de Paris (2), le bourguignon Hugues Aubriot était digne de porter le bâton de commandement, revêtu d'étoffe d'argent, qui était l'insigne de cette charge. Chevauchant sur une mule fringante, richement caparaçonnée, au milieu de ses gardes et de ses nombreux serviteurs, montés sur de hauts destriers flamands et frisons, il aimait l'éclat du pouvoir ; mais il savait noblement en remplir les devoirs. De nombreuses rues percées, le pavé de celles qui existaient déjà, refait et réparé, l'air et la lumière introduits dans les quartiers populaires, des égoûts souterrains construits pour entraîner dans la Seine ou dans les fossés extérieurs les immondices et les eaux pluviales, témoignaient de son intelligente activité ;

---

(1) *Bibliothèque de l'Ecole des chartes*, 3ᵉ série, t. IV, Douet d'Arcq, *Notice sur un vol. des comptes des ducs de Bourgogne*, p. 136.

(2) Il importe de ne pas confondre le prévôt des marchands, qui était le chef de la municipalité parisienne avec le prévôt de Paris, officier royal, chargé de fonctions à la fois militaires, administratives et judiciaires.

mais ce n'était pas assez d'assainir matériellement Paris : Hugues Aubriot attaquait sans ménagement la corruption que cette grande ville a toujours recélée. Il contraignait, sous peine de prison, tous les oisifs, joueurs et débauchés, à travailler aux constructions qu'il poussait activement. Reprenant et achevant l'œuvre interrompue de Marcel, il entourait Paris d'un puissant système de fortifications qu'il complétait en construisant, à l'extrémité orientale de l'île de la Cité, la forteresse du Petit-Châtelet (1).

Paris devenait véritablement une place forte. Il fallait que ses habitants pussent, au besoin, en défendre les remparts. Hugues Aubriot organisa d'une manière sérieuse la garde bourgeoise, fit fabriquer une grande quantité de maillets de fer pour armer les gens des métiers, et, proscrivant tous les jeux de dés, de billards, de quilles, qui ne pouvaient développer l'habileté du corps, il enjoignit aux Parisiens de s'exercer au tir de l'arbalète et de l'arc.

Ces mesures indiquaient bien que Hugues Aubriot considérait la guerre comme prochaine. Charles V et son conseil sentaient qu'elle était inévitable. Le pays ne pouvait manquer de la préférer à cette paix menteuse et bâtarde qui exposait les populations, surtout celles de la frontière, aux continuels pillages des bandes anglaises. Dans la basse Normandie, les campagnes étaient si misérables et si dépeuplées, que, pendant l'été de 1369, on craignit de ne pouvoir pas

---

(1) *Bibliothèque de l'Ecole des chartes*, 5ᵉ série, t. III. — Le Roux de Lincy, *Hugues Aubriot*, p. 175-178.

faire la moisson faute de bras. Le 24 juillet, le bailli de Caen, Renier le *Boutelier*, dut, sur l'avis des principaux notables, prendre un arrêté qui ordonnait à tous les ouvriers de la ville de cesser leur travail et d'aller, moyennant un salaire convenable, cueillir les blés des champs (1).

Il n'était pas possible que la guerre aggravât beaucoup ces souffrances, et l'on avait le droit d'espérer qu'elle amènerait pour la France la revanche militaire. L'Angleterre ne pouvait pas rentrer dans la lutte avec les mêmes conditions de force et les mêmes chances de victoire qu'elle avait réunies précédemment. Le chevaleresque Edouard III n'était plus que l'ombre de lui-même. Son fils, le prince Noir, ressentait déjà les mortelles atteintes du mal qu'il avait contracté en guerroyant au delà des Pyrénées, et qui devait le condamner à une retraite prématurée. Le bon ange du vieux roi, la noble reine Philippa de Hainaut, mourait le 15 août 1369. Les derniers temps de sa vie avaient été attristés par la scandaleuse infidélité de son mari. Edouard III était tout entier sous le charme ou plutôt sous le joug d'une intrigante de bas étage, astucieuse et rapace, Alice Peers. Fille d'un simple tisserand, cette maîtresse du roi étalait insolemment la faveur dont elle jouissait. Non contente de briller au premier rang dans les fêtes chevaleresques, entre autres à cette joute de Smithfield, où soixante dames se rendirent à cheval, conduisant chacune un chevalier par une chaîne d'argent, Alice Peers ne craignait pas de s'asseoir au

---

(1) L. Delisle, *Histoire du château de Saint-Sauveur-le-Vicomte*, p. 152.

banc du roi, de dicter des sentences aux juges, et de faire emprisonner le *speaker* de la chambre des communes à cause des discours qu'il avait tenus contre elle (1). Le roi n'osait pas plus résister à ses volontés qu'il ne se permettait de contrarier ses caprices.

Un tel abaissement de caractère et de cœur, chez Edouard III, avait pour châtiment et peut-être pour excuse l'état mental de ce prince. Son intelligence s'était obscurcie, sa raison s'était bien affaiblie, et le temps approchait où les communes allaient croire opportun de lui infliger la tutelle d'un conseil extraordinaire et permanent de douze membres pris dans leur sein (2).

La nation avait le droit d'accuser son roi ; mais elle devait aussi s'adresser quelques reproches. Elle avait bien perdu de son élan guerrier et de son esprit militaire. Il y avait déjà quelques années qu'un édit d'Edouard III avait déploré l'abandon où le peuple des comtés laissait le noble exercice de l'arc, le remplaçant par d'autres jeux futiles, déshonnêtes même (3).

Ce relâchement du pays, cette dégradation du roi n'étaient pas sans danger en face d'un adversaire aussi attentif que Charles V. Charles était partout présent. Il voyait tout ; il était informé de tout. Les conseils les plus privés du roi d'Angleterre n'avaient pas de secrets pour lui (4). Il combattait plus victorieusement avec sa pensée que ses prédécesseurs n'avaient combattu avec

---

(1) Sharon Turner. *History of England*, vol. II, p. 238.
(2) *Id., ibid.*, p. 237.
(3) Rymer, t. III, pars 2 (Londres, 1830), p. 704.
(4) Froissart (K. de L.), t. VIII, p. 133.

la lance et l'épée (1). « Il n'y eut onc roi en France qui
» moins s'armât et qui me donnât tant à faire (2), »
disait Edouard III. Hommage indirect et d'autant plus
flatteur pour la politique de son rival. Cette politique,
si pleine de sagesse, de prévoyance et de sang-froid,
avait trouvé un bras pour la servir : j'ai nommé Bertrand Duguesclin, le simple chevalier à l'Aigle noir,
annoncé par Merlin, et qui devait restaurer et recouvrer
le royaume de Gaule au temps de misère (3).

C'était un pauvre gentilhomme breton de la Bretagne
française, né, vers 1320, au château de La Mothe-Broon,
à six lieues de Rennes. Son père, Regnault Duguesclin,
et sa mère, Jeanne de Malemains, dame de Sens, près
Fougère, prirent vite en aversion

> Cet enfant camus, noir, malostru et massant,
> Et souvent en leur cuer s'en aloient désirant
> Que fust mors ou noiez en une eaue courant (4).

L'enfant était violent : maltraité, humilié, il devint
farouche. On ne trouva pas de maître qui pût venir à
bout d'un pareil écolier. Duguesclin battait tous ceux
qu'on approchait de lui et refusait obstinément de rien
apprendre ; il ne sut jamais lire, ni écrire, ni compter.
Il n'avait pas de plus grand plaisir que de rassembler
les enfants du voisinage, de les répartir en deux troupes,
de se mettre à la tête de l'une d'elles et d'engager des

---

(1) Froissart (K. de L.), t. IX, p. 123.
(2) *Id.*, t. VIII. p. 209.
(3) Smet, *Collection des chroniques de Flandre*, t. III, p. 270.
(4) Jamison, *Bertrand Du Guesclin et son époque* (traduit par J. Bainac),
p. 3 et 4. — Cuvelier, *Chronique de Bertrand Du Guesclin*, t. I, p. 5.

batailles acharnées. On lui interdisait en vain ces passe
temps, dont il revenait

<small>Navrez et déchirez et faisant chière lie (1) (joyeux visage).</small>

Ses instincts batailleurs l'emportaient. Irrité, exaspéré
son père ne trouva rien de mieux que de mettre sou
clé l'indomptable garnement. Duguesclin resta près d
trois mois en prison ; mais un beau jour, sautant sur
chambrière, qui lui portait à manger, il lui arracha l
clés, l'enferma à sa place et se sauva à travers champ
Une fois en pleine campagne, il rencontra un valet c
charrue de son père qui menait deux juments. Le jeur
fugitif en prit une et s'élança dessus. La pauvre har
delle n'avait ni fers aux pieds, ni selle, ni bride ; el
portait tout au plus un licol. Mais la laideur et le mis
rable harnachement de sa monture n'arrêtèrent p
plus Duguesclin que les cris et les réclamations du val
ne le touchèrent. Bertrand n'en fit que rire, et, pre
sant le trot abominablement dur de sa trop peu fringan
haquenée, il arriva à Rennes chez un de ses oncles (

Cette equipée était le commencement d'une sé
d'aventures qui mêlèrent Duguesclin aux tournois, pu
aux luttes intestines de la Bretagne partagée entre l
deux compétiteurs Charles de Blois et Jean de Mor
fort. Cette existence de fatigues et de combats pass
tout entière dans les combats ou sous la tente, ache
de lui donner la physionomie d'un *routier* et d'un c

---

(1) Cuvelier, *Chronique de Bertrand Du Guesclin*, t. I, p. 10.
(2) *Id*, t. I, p. 12.

trousseur de marchands. Il était petit, fort, trapu, et *moult noir et halez* (1). Ses contemporains lui trouvaient de la ressemblance avec le sanglier et avec l'aigle. Son visage tenait de la hure, et, dans toute sa personne, il était, comme l'aigle, « *gros* et *rude, pesant* et *brun* (2). » Dans cette laideur devait percer une expression de force et de valeur martiale qui avait, sans doute, sa beauté ; car Duguesclin avait touché, sans le vouloir, le cœur d'une jeune dame, belle et spirituelle,

... La plus sage et la mieux doctrinée
Qui fust ens ou païs (3),

versée dans la philosophie, avec une teinte de prétention ou de savoir astrologique, Théophanie de Raguenel ou de Ravenel. — « Aucuns disoient qu'elle étoit fée. »— Elle devint la femme de Duguesclin.

C'est Charles de Blois qui fit le mariage. Duguesclin avait attiré son attention et sa bienveillance par les services qu'il avait rendus à sa cause. Il devait en rendre de bien plus grands à la cause royale. En 1359, Charles V, au siége de Melun, n'étant encore que régent, remarqua le brave chevalier breton, et devina le futur connétable de France. Il l'éleva rapidement dans sa confiance, qui fut justifiée d'une manière éclatante dès les premiers jours de son règne. Une armée de Navarrais se disposait à aller enlever le nouveau roi sur le chemin, et

---

(1) Cuvelier, t. I, p. 61.
(2) Froissart (K. de L.) t. VIII, notes, p. 418.
(3) Cuvelier, t. I, p. 85.

s'il le fallait, aux portes mêmes de Reims. Le fameux capitaine gascon, Jean de Grailly, captal de Buch, qui avait dans les veines du sang royal de France, et qui servait l'Angleterre, la commandait. Sa brillante valeur était encore excitée par son amour pour la sœur de Charles le Mauvais, la belle Jehanne de Navarre, qu'il avait fiancée (1). Duguesclin marcha contre lui, le battit et le fit prisonnier. Charles V apprit cette victoire la veille même de son sacre. C'étaient les *étrennes* de Duguesclin (2) Nommé, en récompense, comte de Longueville et maréchal de France, il ne méritait pas moins bien, quelques années après, la reconnaissance du roi, en conduisant en Espagne les Grandes Compagnies qui désolaient la France. A la tête de ces bandes qu'il avait entraînées, en leur parlant d'argent, de croisade d'absolution et de bons vins (3), Duguesclin renversait le roi de Castille, don Pèdre le Cruel, et, après des vicissitudes dont il subissait lui-même le contre-coup, il affermissait sur le trône de ce prince, quelque peu mécréant, ami des Juifs et meurtrier de sa femme, le bâtard Henri de Transtamare, qui donnait à la France l'alliance de la Castille (4).

L'Angleterre qui soutenait don Pèdre, avait été, en définitive, vaincue au delà des Pyrénées. Charles V n'allait pas tarder à l'attaquer en deçà.

---

(1) Cuvelier, t. I, p. 158. — Siméon Luce, *Chronique des quatre premiers Valois*, p. 144.
(2) Froissart, t. VI, p. 445 (K. de L.) — Le continuateur de Guillaume de Nangis, t. II, p. 345.
(3) Cuvelier, t. I, p. 264 et 265.
(4) Rymer, vol. III (pars 2ª), p. 850, 851.

En 1368, quelques seigneurs du Midi, les comtes de Périgord, d'Albret et de Comminges, interjetèrent appel, auprès du parlement de Paris, d'un fouage que le prince de Galles prétendait lever sur leurs terres. Après une mûre délibération éclairée par les avis des universités les plus célèbres, Charles V crut avoir le droit et le devoir d'accepter cet appel. Il cita le prince de Galles à comparaître devant lui. Le prince fit arrêter les envoyés du roi et répondit qu'il irait à Paris, mais avec le bassinet en tête et soixante mille hommes en sa compagnie. La guerre était déclarée (1).

Elle prit tout d'abord les caractères d'une guerre ou plutôt d'une revanche nationale. A Paris, le roi et la reine suivaient, pieds nus, avec tout le clergé, de solennelles processions, « suppliant dévotement à Dieu » qu'il voulût entendre à eux, et aux faits et besognes » du royaume, qui longtemps avait été en grandes tri- » bulations (2). » L'archevêque de Toulouse, Geoffroy de Vayrols, prêchait dans tout le Quercy une véritable croisade patriotique. A sa voix, les villes de ce pays, Capdenac, Figeac, Gramat, Cahors, déclaraient hautement les sentiments qu'elles avaient constamment conservés au fond du cœur, et se redonnaient à la France. Dans la Picardie, plusieurs clercs et prélats, entr'autres Guillaume de Dormans, le futur chancelier de France, ne déployaient pas moins de zèle et n'obtenaient pas un moindre succès (3). Les vaillantes popu-

---

(1) Froissart (K. de L.), t. VII, p. 292.
(2) Id., ibid., p. 341.
(3) Froissart (K. de L.), t. VII, p. 340 et 341. — Dom Vaissète, t. IV, p. 339 et suiv.

lations du littoral picard et normand, qui avaient montré tant d'énergie à la veille du traité de Brétigny, secondaient, avec un élan, un entrain admirable, le plan hardi de débarquement en Angleterre que Charles V avait conçu. Tout entier à la pensée de cette grande entreprise, qui semblait présager un duel à mort avec « sa malvoisine (1), » le roi allait s'établir à Rouen pour hâter l'équipement de sa flotte qu'il rassemblait entre cette ville et Harfleur (2). Mais si le succès final était promis à l'œuvre et aux armes de Charles V, la nation et lui-même n'étaient destinés à l'atteindre qu'après des épreuves et des traverses cruelles.

La descente que le duc de Bourgogne, Philippe le Hardi, et le nouvel amiral, Aymeri VII, de Narbonne, devaient diriger sur les côtes d'Angleterre, fut devancée par une expédition du duc de Lancastre (3), qui poussa à travers l'Artois, la Picardie, le pays de Caux, une pointe hardie jusqu'à Harfleur, sans réussir pourtant à incendier la flotte française. Dans le Midi, les villes qui avaient arboré le drapeau fleurdelisé, ne purent pas, avec leurs seules forces, lutter contre les hommes d'armes anglais (4). Limoges, que son évêque Jean de Cros avait rendu à la France, fut mis à feu et à sang par le prince de Galles (5) ; et Paris lui-même, à la fin

---

(1) Rymer, vol. III (2ᵉ partie, Londres, 1830) « *Quòd inimici nostri Franciæ et alii nos et regnum Angliæ ac totam linguam anglicanam destruere conantes, etc.* »

(2) Froissart (K. de L.), t. VII, p. 414 et 415. — *Chroniques de Saint-Denis*, t. VI, p. 317.

(3) Troisième fils d'Edouard III.

(4) Froissart (K. de L.), t. VII, p. 374 et suiv.

(5) *Id.*, t. VIII, p. 28, 29 et 40.

de septembre 1370, vit sous ses murs quelque chose de pis que la fumée d'un camp ennemi : il vit la lueur sinistre des incendies allumés par les routiers anglais de Robert Knolles. Ces routiers arrivaient du côté du Gâtinais, après avoir ravagé la Picardie et la Champagne. Le mardi, 24 septembre, Villejuif, Gentilly, Cachant, Arcueil brûlaient. De son hôtel de Saint-Pol, Charles V pouvait apercevoir les flammes. « Vous n'avez que faire, » lui répétait Clisson, « d'employer vos gens » contre ces forcenés. Laissez-les aller et eux fouler. » Avec leurs fumières, ils ne vous peuvent tollir votre » héritage. »

Ce conseil fut suivi, et bien que le roi eût sous la main douze cents hommes d'armes, sans compter les milices bourgeoises, il défendit d'accepter le combat. Les Anglais vinrent inutilement se ranger entre Villejuif et les remparts (1).

Le patriotisme des habitants frémissait (2). Ancien ouvrier drapier d'Allemagne, le général anglais semblait prendre à tâche de les narguer. Sur son bassinet s'étalait cet insolent avis :

> Qui Robert Canolles prendra,
> Cent mille nobles il aura (3).

Cette hâblerie toute germanique devait être châtiée :

---

(1) *Chroniques de Saint-Denis*, t. VI, p. 324 et 325. — Froissart, t. VIII, p. 33-35.

(2) Cuvelier, t. II, p. 145.

(3) Jehan le Bel, *Les Vrayes Chroniques*, t. II, p. 216. — Smet, *Collection des chroniques de Flandre*, t. III, p. 258. — *Nobles*, monnaie d'or d'Angleterre.

le 8 octobre, Duguesclin arrivait à Paris. Mandé en toute hâte du Midi, où il guerroyait avec le duc d'Anjou, il accourait, lui sixième, vêtu d'une simple cotte grise qui lui donnait l'air d'un paysan du Berry (1). Cette rusticité plébéienne et soldatesque de sa physionomie et de son costume, dont les Parisiens ne laissèrent pas que d'être choqués, contribuait, sans doute, avec une certaine bonhomie familière, à la popularité qui entourait son nom et dont il avait conscience. Prisonnier naguère du prince de Galles, il avait pu lui dire, avec un légitime orgueil, que, pour le racheter, il n'y avait pas de fileuse en France qui ne voulût gagner sa rançon à filer. Et Duguesclin ne se trompait pas. De riches paysans auraient mis à son service, s'il l'eût fallu, le prix de leurs chevaux, de leurs moutons, de leurs bœufs et des bonnes étoffes que leur femme avait achetées en se mariant (2).

De chef de bandes et d'aventurier, Duguesclin devenait le soldat, le général, le héros de la nation. Charles V semblait vouloir consacrer cette transformation, en conférant au pauvre chevalier breton la dignité de connétable que le dernier titulaire, Moreau de Fiennes, affaibli par l'âge et par la maladie, ne se sentait plus la force d'exercer. En la remettant au roi, il avait désigné Duguesclin comme le plus digne de lui succéder (3). Duguesclin déclina d'abord cet honneur; Char-

---

(1) Cuvelier, t. II, p. 144.
(2) Id., ibid., p. 30.
(3) *Bibliothèque de l'Ecole des chartes*, t. III, 3ᵉ série, p. 46 : F. Garnier, *Biographie de Robert de Fiennes*.

les V insista, vainquit sa résistance. Pour le remercier et l'encourager, il lui donna, avec l'épée de connétable, un astrologue, André de Sully. Duguesclin croyait beaucoup à l'influence des astres (1) ; il était toujours entouré d'astrologues, les consultait ; mais heureusement, il ne prenait pas moins conseil de son courage, de son génie militaire, et, ajoutons-le, d'un dévouement qui ressemblait bien à du patriotisme.

A peine connétable, il allait à Caen convoquer ses capitaines. Le roi n'avait pu lui remettre qu'une somme insuffisante : Duguesclin manda à sa femme de lui apporter toute sa vaisselle ; il l'engagea, la vendit (2). L'argent qu'il se procura par cet engagement ou par cette vente, lui permit de solder une armée raisonnable. Il lui avait donné rendez-vous près du château de Viré, dans les environs du Mans. Pendant qu'elle achevait de s'y organiser sous sa direction, il reçut un héraut envoyé par le capitaine anglais, Thomas Granson, qui, avec l'arrière-garde de Robert Knolles, était campé à Pont-Vallain, sur les bords de l'Aune, petit affluent du Loir. Thomas Granson demandait bataille à Duguesclin. « *Amis*, » répondit Bertrand au héraut :

> ... Par Dieu le droiturier,
> Ils ne verront briefvement, si Dieux me veult aidier,
> Plus tost, s'il plaît à Dieu que ne leur fo mestier (3).

Aussitôt largesse est faite au héraut ; on lui prodigue

---

(1) Froissart (K. de L.), t. VIII, notes, p. 418.
(2) Cuvelier, t. II, p. 159.
(3) Cuvelier, *Chronique de Bertrand Du Guesclin*, doc. inédits, t II, p. 168 et 169. — Jamison, *Du Guesclin et son époque* ; notes, p. 581.

les bons vins de France; il s'enivre, il s'endort; il ne partira que le lendemain. Duguesclin se chargera de porter lui-même sa réponse. La nuit tombée, le connétable monte à cheval, part, sans bruit, sans trompettes, n'emmenant avec lui que les hommes d'armes qu'il a pu faire avertir secrètement de ses intentions ou qui les devinent à moitié. Sa tentative est hardie. De Viré à Pont-Vallain, il y a douze lieues, quarante-huit kilomètres. Duguesclin et ses chevaliers connaissent mal les chemins. La nuit est noire; la pluie tombe à torrents; les chevaux, rudement éperonnés, se lassent : deux, dont une excellente bête aragonaise, sont déjà tombés fourbus sous le connétable; il s'élance sur un troisième. Ses hommes d'armes épuisés, transis, demandent grâce pour eux-mêmes et pour leur monture; le connétable répond à leurs plaintes, en leur promettant la victoire. Vainqueurs le lendemain, ils auront des chevaux gascons pour se remonter tout le reste de leurs jours. Duguesclin ne sera pas démenti. Au point du jour, il arrive à Pont-Vallain avec ceux de ses cavaliers qui ont pu le suivre. La pluie cesse; le soleil se lève. Les Français se rallient peu à peu, tordent leurs vêtements tout ruisselants, se réconfortent par un frugal déjeuner de pain et de vin, et, fondant sur les Anglais surpris, leur infligent une défaite complète (1).

Ce n'a été qu'une simple affaire d'arrière-garde, d'une importance peu considérable, si l'on ne songe qu'au nombre de troupes engagées, très-grande, si l'on

---

(1) Cuvelier, *Chronique de Bertrand Du Guesclin*, t. II, p. 169-178. Jamaison, *Bertrand Du Guesclin*, p. 408-412.

pense à l'effet moral qui va être produit. L'armée, déjà fort débandée de Robert Knolles, achève de se dissoudre. Un gros d'Anglais fugitifs, vivement poursuivi par le connétable, vient se réfugier sous les murs de Bressuire. Le capitaine anglais, qui a le commandement de cette forteresse, refuse de les recevoir, les laisse, sous ses yeux, passer au fil de l'épée par les Français, et n'empêche pas Duguesclin de s'emparer de la place. « Dans quelque ville ou château que le soleil pénètre, j'y
» pénétrerai aussi, » se plaît à répéter le connétable (1).

Le Poitou est entamé ; à l'est et au nord, par le Berry, la Touraine et l'Anjou, les Français l'entourent ; ils occupent déjà même, au cœur de la province, quelques points stratégiques : Châtellerault sur la Vienne, La Roche-Posay, au confluent de la Creuse et de la Gartempe. Leur présence ne produit cependant aucun mouvement en leur faveur : le pays souffre ; mais il souffre comme une sorte de proie inerte que se disputent les armées ennemies. Est-ce à dire que la douceur et l'habileté relatives de la domination anglaise aient éteint le sentiment national dans le Poitou ? Nullement. Ce sentiment est toujours très-vivant au sein des bonnes villes comme Poitiers, Niort ; mais les bourgeois, les roturiers, les vilains, sont contenus par les garnisons anglaises et par la noblesse poitevine, qui, à très-peu d'exceptions près, soutient avec zèle la cause et les armes de l'Angleterre (2). Il ne faudrait pas juger

---

(1) Cuvelier, t. II, p. 175 et suiv. — Froissart (K. de L.), t. VIII, notes, p. 413-419.

(2) Froissart, t. VIII, p. 77 et 78 ; p. 14 ; p. 164 ; p. 165 et 166.

de son attitude avec des idées qui ne seraient pas de l'époque. Dans ces hautes classes militaires, les sentiments nés des relations féodales priment encore celui de patrie. En outre, les haines, qui sont déjà très-vives entre le peuple français et le peuple anglais (1), ne sont point partagées par l'aristocratie des deux pays. Les gentilshommes de France et ceux d'Angleterre parlent une langue commune (2); ils ont à peu près les mêmes idées, les mêmes aspirations. La guerre, qui commence déjà à changer de caractère, n'a été jusqu'à présent, pour les uns et pour les autres, qu'une sorte de tournoi sanglant. Ils ne se refusent pas mutuellement des témoignages d'estime, de sympathie et d'affection (3). Les chevaliers et barons du Poitou aiment et admirent la brillante valeur de leur sénéchal, Jean Chandos (4); mais la mort de Chandos, qui périt dans une rencontre avec les Français de La Roche-Posay, n'affaiblit pas le dévouement des nobles poitevins à l'Angleterre. Heureux de l'espèce d'autonomie et de *self government* provincial qui leur est accordée (5), ils ne trahiront pas les promesses de fidélité qu'ils ont faites au prince de Galles, à son départ de l'Aquitaine (6). C'est à leurs sollicitations qu'Edouard III leur envoie, comme son lieutenant,

---

(1) Siméon Luce, *Chronique des quatre premiers Valois*, p. 93, préface, p. xxxiv et texte, p. 169 et 170.

(2) Froissart (K. de L.), t. I, introduction, p. 92.

(3) *Id.*, t. VII, p. 458.

(4) *Id., ibid*, p. 451.

(5) *Id.*, t. VIII, p. 109 et 110.

(6) *Id., ibid.*, p. 62.

Jean d'Hastings, comte de Pembroke, allié à la grande famille des Lusignan (1). Pembroke a sous ses ordres une flotte nombreuse qui amène une armée de débarquement, et porte dix mille menottes ou entraves (grésillons) pour mettre aux fers les bourgeois suspects (2).

Mais les Anglais, aussi bien que les seigneurs du Poitou, ont compté sans la flotte castillane, qui croise sur les côtes de l'Aunis, sous les ordres de l'amirante Ruy Diaz de Rojas. Il faut combattre avant d'arriver à terre. Un premier engagement se termine sans résultat décisif : il n'y a pas eu d'abordage ; mais le lendemain, 23 juin 1372, Ruy Diaz profite habilement de l'avantage que lui donne la légèreté de ses galères. Dès le commencement de la marée montante, il attaque les pesants vaisseaux anglais qui n'ont pas encore assez d'eau pour manœuvrer. Les marins espagnols les entourent, les assiègent comme autant de forteresses, les couvrent d'une grêle de traits, de matières incendiaires, ou poussent à la nage, contre leurs flancs, des brûlots chargés d'huile et de graisse. Bientôt la flotte anglaise est en feu. C'est alors une scène affreuse, vraiment infernale. Le crépitement des flammes, les cris des équipages se mêlent aux hennissements effarés des chevaux qui, affolés d'effroi ou de douleur, brisent les navires sous leurs bonds frénétiques. Les matelots et les hommes d'armes sautent à la mer, périssent dans les flots

---

(1) Froissart (K. de L.), t. VIII, p. 101, et t. I (détails biographiques), p. 90.
(2) Arcère, *Histoire de La Rochelle*, t. I, p. 251.

ou se rendent. Le comte de Pembroke lui-même es[t] obligé d'amener son pavillon (1).

C'est la politique que Charles V qui triomphe; mai[s] ce triomphe sera aussi celui du parti français dans l[e] Poitou. Ce parti est prêt à se soulever, pourvu qu'[il] sente derrière lui des forces suffisantes pour l'ap[-]puyer (2). Charles V le comprend bien, et il donne a[u] connétable, aux ducs de Berry et de Bourbon, son frèr[e] et son beau-frère, l'ordre de pousser vivement la guerre[.] Ces généraux opérant dans le Berry et dans la haut[e] vallée de l'Indre, venaient de mettre le siége devant l'im[-]portante place de Sainte-Sévère. Pour le leur faire lever[,] le lieutenant d'Edouard III en Aquitaine, Jean d[e] Grailly, que la défaite de La Rochelle, a privé de pré[-]cieux renforts, est obligé de composer à la hâte un[e] armée avec des hommes d'armes empruntés aux diffé[-]rentes garnisons (3). A peine ceux de Poitiers ont-ils quitt[é] le château de cette ville, que les trois quarts des habi[-]tants se prononcent hautement pour la France. Le mair[e] Jean Regnault veut leur résister. On est sur le point d'e[n] venir aux mains, lorsque les deux partis comprennen[t] que cette lutte serait encore plus stérile que sanglant[e.] Il y a pour les uns et pour les autres un moyen plu[s] sûr de soutenir leur cause. Le maire fait prévenir [le] commandant anglais de Poitiers, Thomas de Percy[,] qui est alors auprès du captal de Buch. Les bourgeois

---

(1) Froissart (K. de L.), t. VIII, p. 123-140, et notes, p. 434. Siméon Luce, *Chronique des quatre premiers Valois*, p. 232-234.
(2) Froissart (K. de L.), t. VIII, p. 142 et 143.
(3) *Id., ibid.*, p. 157.

dévoués à la France, envoient les plus notables d'entre eux avertir Duguesclin. Ces délégués trouvent le connétable, et les ducs de Bourbon et de Berry dans une bonne abbaye, près de la Souterraine, vainqueurs de Sainte-Sévère, et en train de se remettre des fatigues du siége. A peine Duguesclin a-t-il entendu leur message, qu'il sent bien que la possession de Poitiers sera comme le prix de la course. C'est le moment ou jamais d'exiger de ses hommes d'armes cette rapidité d'évolutions jusqu'alors inconnue dans les armées féodales. Il fait sauter en selle ses cavaliers les mieux montés, et les entraîne vers Poitiers, à marches forcées, à travers un pays sauvage, coupé de landes, de bruyères et de bois.

L'approche des Français excite dans Poitiers une émotion indicible. Les quelques anglais de la garnison courent se renfermer dans le château, en jetant au peuple l'accusation de trahison. Le peuple répond par les cris de Montjoye Saint-Denis ! et vole au remparts. Bien des spectateurs se rappellent, sans doute, que, seize ans auparavant, du haut de ces mêmes remparts, ils ont vu accourir l'épouvantable déroute des vaincus de Maupertuis; et, maintenant, par cette même route de Chauvigny, où se pressaient jadis les flots précipités des fuyards, ils voient arriver les Français en bel arroi, triomphants, pennons et bannières au vent. A la tête des hommes d'armes chevauchent les bons bourgeois de Poitiers qui sont allés les quérir. Après eux, voici venir le connétable, dans une attitude à la fois martiale et pacifique, monté sur une belle mule d'Espagne, agitant à la main une branche d'arbre garnie de ses feuilles. « *Véez*, » crie-t-il aux habitants de Poitiers,

Véez (voyez) la fleur de lys qui vous vient visiter.

C'est la France elle-même relevée et triomphante qui frappe à leurs portes. Ces portes s'ouvrent. Clergé, peuple et moines se portent au-devant des bannières et des chevaliers français, et les accueillent en entonnant un *immense Te Deum*. Le cortége triomphal se déroule encore dans les rues de Poitiers, que Thomas de Percy et ses Anglais apparaissent en vue de la ville. Les cris et les chants de fête, qui proviennent à leurs oreilles, leur apprennent qu'ils arrivent trop tard ; ils n'ont plus qu'à tourner bride. Ils ne pourraient même pas sauver leurs compagnons d'armes réfugiés dans le château, qui tombera le lendemain sous les attaques combinées des bourgeois de Poitiers et des soldats de Duguesclin (1).

La nouvelle de l'entrée du connétable dans la capitale du Poitou, est accueillie par Charles V avec une joie et une reconnaissance pieuses. C'est un grand succès, et en même temps la promesse de succès nouveaux qui ne vont pas tarder à se succéder. Toutes les villes d'Aquitaine, La Rochelle en tête, avec son maire Chauderier, se donneront successivement à la France, ou seront reconquises par elle. En vain, l'Angleterre fera encore à deux reprises traverser nos provinces par ses armées.

---

(1) Froissart (K. de L.), t. VIII, p. 159-165, et notes, p. 438-441. — Siméon Luce, *Chronique des quatre premiers Valois*, p. 237 et 238. — Cuvelier, t. II, p. 251-270. — Bouchet, *Annales d'Aquitaine*, p. 217.

Leurs ravages n'empêcheront pas Charles V et Duguesclin de consommer, à peu près avant de mourir, la grande œuvre de la délivrance de notre territoire.

Au soir d'une journée si bien remplie, il semble qu'un chrétien et un sage, comme Charles V, aurait dû s'endormir dans une douce et joyeuse sérénité ; et, pourtant, au moment d'entrer dans son repos, il est inquiet et troublé. Son cœur est oppressé par la pensée des lourdes taxes qu'il a levées sur ses peuples sans les consulter. Sans doute, il a fait écrire dans le *Songe du Vergier*, que « les rois de
» France, ne reconnaissant seigneur sur terre, ont
» droit de mettre sur leurs sujets des impositions
» extraordinaires, à condition de ne les exiger que
» pour des causes impérieusement justes, et d'en con-
» sacrer tout le produit au bien et à la défense du
» royaume (1) ; » mais cette affirmation même, ou mieux cette apologie, pouvait indiquer plutôt les doutes que la sécurité de la conscience royale ; maintenant Charles V ne doute plus : il se repent. Il a pitié de ces *pauvres gens tant travaillés* et grevés ; il pressent peut-être que leur patience est à bout. Le grondement sourd des mécontentements populaires qui ont déjà fait explosion dans le Midi l'alarme pour l'avenir et pour la durée de son œuvre. L'œuvre d'un homme, même celle d'un roi, participe de la fragilité de sa vie ; et, si c'est l'œuvre d'une haute et patiente sagesse, elle a bien des chances de ne pas résister à la réaction aveugle des égoïsmes et des passions. Charles sent autour de lui, dans sa

---

(1) *Le Songe du Vergier*, p. 139.

propre famille, ces passions et ces égoïsmes ; et il ne peut s'empêcher de trembler pour cette France, qu'il vient de relever et qui va retomber si bas (1). De ces appréhensions, de ces alarmes, de ces remords de Charles V, à sa dernière heure, se dégage une haute moralité ; et cette moralité, c'est la condamnation expresse du gouvernement personnel et du pouvoir absolu, prononcée, sous les clartés mystérieuses de la mort, par le prince même dont la sagesse semblait avoir supprimé les défauts de ce pouvoir et de ce gouvernement.

(1) Froissart (K. de L.) t. VIII, p. 284-286.

LIVRE II

CHARLES VI

CHAPITRE PREMIER

LA CRISE DÉMOCRATIQUE ET SOCIALE AU QUATORZIÈME SIÈCLE.

S'il fallait en croire certains publicistes, la France aurait traversé quatorze siècles de gloire, de prospérité et de grandeur continues, avant d'arriver à la période, bientôt centenaire, de luttes intestines, de malheurs, d'anxiétés, de douleurs où nous sommes engagés. Une telle vue donnerait quelque chose de désolant aux épreuves, souvent terribles, qui forment la suite et le fond de notre histoire depuis 1789. Elle pourrait nous amener à nous demander si de telles agitations, sans précédent, ne sont pas les convulsions qui annoncent et précèdent la mort. Heureusement, l'histoire ne justifie pas cette appréciation; elle nous fait voir le présent sous un jour moins désespérant et le passé sous un aspect moins idéalement beau, calme et grand. Elle nous montre la France poursuivant ses destinées, développant son génie, grandissant, se perdant, puis se retrouvant elle-même au milieu de secousses et d'ébranlements qui auraient pu mettre en péril l'existence d'une nation moins fortement trempée, moins puissamment organisée pour la vie.

A peine le gouvernement sage, éclairé, libéral, patriotique et réparateur de Charles V vient-il de refaire la France et l'Etat, qu'une nouvelle crise commence. Bien autrement grave que celle dont la défaite de Poitiers a été le signal, elle est destinée à exercer une action profonde sur le sentiment national; elle nous fait assister à la lutte de ce sentiment contre les passions qu'elle déchaîne; il résiste d'abord longtemps et victorieusement; on dirait même qu'il emprunte parfois une vie factice peut-être, aux agitations auxquelles le royaume est en proie; mais, subissant enfin l'influence de la lassitude et de l'abattement général qui saisit le pays après bien des malheurs, des égarements, des violences et des crimes, il semble enveloppé dans cette ruine morale et matérielle de la France que consacre le fatal traité de Troyes, ce testament anticipé de notre patrie dressé en faveur de l'Angleterre par une Allemande et par un prince français traître à son pays; et c'est pourtant dans les douleurs et dans les hontes de cette double ruine que ce sentiment puisera une énergie nouvelle pour racheter et sauver la nation, la nation tombée bien bas, la nation arrivée au fond de l'abîme par une série de cercles, qui, semblables à ceux de l'enfer de Dante, nous offrent des images de plus en plus tristes et lamentables. C'est d'abord cette agitation démocratique et sociale qui, en Flandre, en Angleterre, en France, soulève les classes laborieuses et populaires des villes et des campagnes, travaillées par je ne sais quelle contagion internationale de colères et de revendications.

La haute bourgeoisie de Paris et des bonnes villes, que son patriotisme, le malheur des temps, l'emportement de la lutte ont, à la suite de Marcel, jetée un instant dans les voies de la révolution, ne jouera pas d'abord un rôle actif dans ce mouvement démocratique, qui est d'ailleurs en partie dirigé contre elle; elle s'appliquera à le contenir, y réussira dans une certaine mesure et voudra remplir la tâche, souvent ingrate et difficile, de médiatrice entre le peuple, dont plusieurs griefs lui paraissent justes, et la royauté, dont elle ne cessera de recommander le respect aux factieux.

L'habileté supérieure de Charles V a renoué l'ancienne et traditionnelle alliance de la royauté et de la bourgeoisie compromise et même brisée par les tendances chevaleresques et féodales des deux premiers Valois : il y a pleinement réussi. Touchée de ses habiles avances, la bourgeoisie restera dévouée à la royauté ; mais elle est elle-même une aristocratie. Retranchée dans ses corporations comme dans de véritables forteresses féodales, elle a la suzeraineté du travail comme la noblesse a celle de la terre. Autour et au-dessous d'elle se presse tout un peuple de vassaux qui ne vivent que pour elle et par elle, d'une vie d'ailleurs misérable et précaire. Ce sont ces ouvriers que l'on voit se réunir, les uns tous les matins, les autres tous les lundis, en différents endroits, sur les *places jurées*, comme on dit alors, attendant que les maîtres viennent les embaucher et les louer, tantôt pour la journée, tantôt pour la semaine (1).

Une sorte d'antagonisme, qui est bien près de dégénérer en hostilité, commence à se produire entre le patron et l'ouvrier, entre le maître et le compagnon, pour parler le langage de l'époque. Travaillant ensemble, côte à côte, dans le même atelier, les compagnons et les maîtres ont jusqu'alors toujours vécu de la même manière et dans des conditions qui rendaient à peine sensible la distance des uns aux autres. Maintenant, les liens de cette famille patriarcale du travail se détendent, en attendant de se rompre. De plus en plus exclus des priviléges de la maîtrise, les ouvriers ne tardent pas à songer qu'ils ont entre eux des intérêts communs ; ils s'associent à part, dans une pensée de lutte et de combat à l'égard de leurs maîtres. A Paris, à Amiens, et sans doute aussi dans d'autres villes, ils organisent des confréries particulières que la royauté autorise plus d'une fois et que les ombrages des gros bourgeois ne cessent de poursuivre. Les échevins d'Amiens défendent aux ouvriers du métier de draperie de s'assembler plus de quatre à la fois et d'avoir une bourse commune. Une ordonnance qui émane de la même source accuse les ouvriers tanneurs de conspirer pour faire, sans raison légitime, augmenter leurs salaires (2).

Ces conspirations sont comme les premiers essais d'une association plus vaste qui rassemblera tous les

---

(1) Levasseur, *Histoire des classes ouvrières*, t. I, p. 235.
(2) *Id., ibid.*, p. 497.

ouvriers d'un même métier, « d'un même devoir, » et que l'on appellera le compagnonnage. De bizarres formules, des cérémonies étranges, empruntées aux souvenirs de la Passion, présideront à l'initiation des nouveaux membres dans cette société secrète qui aura son mot de passe, ses signes particuliers (1). Ce n'est pas ici le moment d'exposer ces épisodes de la vie des ouvriers : il nous suffit de marquer l'importance sociale que ces nouveaux venus commencent à prendre ; ils composent dès lors une classe distincte qui prétend jouer un rôle dans l'Etat comme elle occupe une place dans la société ; ils le disent bien haut : leur tour est venu de gouverner et ils ne s'en tireront pas plus mal que les grands (2).

De semblables prétentions sont d'autant plus redoutables qu'elles se mêlent à des souffrances réelles. Le maigre salaire des ouvriers est lourdement grevé par les contributions indirectes, dont les exigences de la guerre ont fait une nécessité au gouvernement de Charles V. Le fisc prélève douze deniers par livre sur toute denrée vendue, un treizième ou un quart du prix du vin, suivant qu'il est débité en gros ou en détail et au broc : de là, avec l'impôt du fouage, qui est de quatre francs par feu dans chaque ville fermée, des charges qui, à la longue, doivent amener, sinon la misère, du moins une gêne extrême dans les pauvres ménages (3).

Tant que Charles V a régné, les ouvriers se sont

---

(1) Levasseur, *Histoire des classes ouvrières*, t. I, p. 498 et suiv.
(2) *Le Religieux de Saint-Denys*, édit. Bellaguet, t. I, p. 22.
(3) *Chroniques de Saint-Denis*, t. VI, p. 321.

résignés ou soumis ; ils n'ignoraient pas sa sollicitude paternelle à leur égard. Ils savaient que ce prince ne gaspillait pas l'argent de la France. S'il eût commis le moindre gaspillage, il aurait trop craint d'entendre crier contre lui, au jour du jugement, le sang et la sueur de ses sujets, suivant l'énergique expression du *Songe du Vergier* (1). S'il demandait aux pauvres gens une partie du fruit de leur travail, ce n'était pas pour se livrer lui-même à d'égoïstes jouissances : c'était pour mener son œuvre à bien ; car il ne voyait dans la royauté qu'un grand devoir et une laborieuse mission à remplir. Il a entendu un jour un chevalier dire : « C'est » eureuse chose être prince. » — « Certes, » a-t-il répondu, « c'est plus charge que gloire. » — « Et, sire, » s'est écrié le chevalier, « les princes sont si aises ! » — « Je ne sçay, » a continué le roi, « en signorie félicité, excepté en une chose. » — Plaise nous dire en quoi, » a demandé le chevalier. — « Certes, » a répliqué le roi, en puissance de faire bien à autrui (2). »

Ce sentiment élevé n'est malheureusement point partagé (Charles V ne le sait que trop) par ses frères, les ducs de Bourgogne, d'Anjou et de Berry, qui vont, après sa mort, gouverner au nom de leur jeune neveu Charles VI.

Trop dominé par sa femme, la fière et implacable Marguerite de Flandre (3), fastueux et magnifique,

---

(1) *Le Songe du Vergier*, p. 139.
(2) Christine de Pisan, *Le livre des faits*, etc. (C. Michaud et Poujoulat), t. II, p. 96.
(3) Froissart (K. de L.), t. XV, p. 54.

Philippe le Hardi est surtout un chevalier ; mais sa bravoure chevaleresque n'a pas l'impétueuse témérité de celle de son père, le roi Jean ; elle est guidée par une sagesse prévoyante et subordonnée à une habileté qui ne recule malheureusement pas devant la perfidie et la trahison (1). Les ducs d'Anjou et de Berry ont pris, le dernier surtout, une part honorable à la revanche qui a rendu à la France ses provinces ravies par le traité de Brétigny. Le duc d'Anjou est beau, instruit, éloquent. La bibliothèque de la tour de la Fauconnerie n'a pas d'emprunteur plus assidu et plus indiscret. Il a voué une foi, une affection inaltérables à sa femme Marguerite, fille de Charles de Blois, qu'il a épousée dans sa jeunesse (2). Le duc de Berry est une fine et élégante nature, amie de la science et des savants, éprise des choses de l'art et de l'esprit. Son château de Mehun-sur-Yèvre, qu'il fait élever par Adrien Beaupneveu, et celui de Bicêtre, que les Parisiens détruiront en 1413, témoignent, avec le vieux palais de Poitiers restauré sous ses auspices, de son goût distingué pour l'architecture (3); mais ses qualités brillantes et celles du duc d'Anjou sont déparées par le mélange d'une prodigalité sans bornes et d'une rapacité sans pitié et sans conscience. Charles V a été obligé de retirer au duc d'Anjou le gouvernement du Languedoc, qu'il ruinait, accélérant, par ses exactions, un mouve-

---

(1) K. de Lettenhove, *Histoire de Flandre*, t. IV, p. 3 et 4, et p. 61-62.

(2) Christine de Pisan, *Le livre des faits*, etc., t. II, p. 15. — V. Le Clerc, *Discours sur l'état des lettres*, p. 195. — *Le Religieux de Saint-Denys*, t. I, p. 328-330.

(3) Christine de Pisan (*ibid.*), t. II, p. 17. — Froissart, t. XIV, p. 197.

ment de dépopulation qui, dans les sénéchaussées de Toulouse, de Carcassonne et de Beaucaire, réduisait le nombre de feux de cent mille à trente mille (1). Le duc de Berry n'a guère mieux traité les vassaux de *sa comté* de Poitou (2). Il a besoin d'argent, de beaucoup d'argent, pour défrayer le faste vraiment pantagruélique de sa table. Il lui faut pour sa maison, les dimanches et jours de fête, trois bœufs, trente moutons, cent soixante douzaines de perdrix et lapins à l'avenant (3).

L'avénement de ces princes au pouvoir, le rententissement de leurs querelles, le bruit trop fondé qui attribue au duc d'Anjou le vol, avec effraction et menace de mort, d'un trésor considérable scellé par ordre de Charles V dans un mur du château de Melun, irritent le menu peuple et semblent mettre un terme à sa longue patience. Les remords et les dernières volontés de Charles V, ordonnant de laisser cheoir les subsides extraordinaires, autorisent, jusqu'à un certain point, les requêtes que les pauvres gens vont adresser aux nouveaux maîtres du royaume, mais ne justifient point la forme violente sous laquelle ils les présentent. Presque aussitôt après le sacre du jeune roi, trois cents hommes, appartenant, dit le Religieux de Saint-Denis, à la classe la plus infime de la plèbe, mettent le poignard sur la gorge au prévôt des marchands, Jean dit *Culdoë*, un honnête et faible bourgeois, et le contraignent d'aller signifier au régent, duc d'Anjou, le vœu

---

(1) Dom Vaissète, *Histoire du Languedoc*, t. IV, p. 368.
(2) *Le Religieux de Saint-Denys* (documents inédits), t. I, p. 93.
(3) Victor Le Clerc, *Discours sur l'état des lettres*, etc., p. 198.

formel du peuple, que les taxes, tour à tour établies et condamnées par Charles V, soient abolies. Le duc d'Anjou ne croit pas le gouvernement assez fort pour résister à cette sommation populaire. Le lendemain, sur le perron du palais, devant le connétable de Clisson, les ducs de Berry et de Bourgogne et sous les yeux de vingt mille Parisiens habillés de blanc et de vert, le chancelier Miles de Dormans accorde à la multitude la ratification de ses volontés et termine son long discours par une déclaration que l'on dirait d'une autre époque : « Oui, » s'écrie-t-il, « les rois auraient beau » le nier cent fois, c'est par la volonté des peuples » qu'ils règnent; c'est la force des peuples qui les rend » redoutables (1). »

Cette condescendance du pouvoir est aussitôt suivie d'excès déplorables de la part de la foule : la populace se répand dans la ville, enlève et brise les coffres, où sont enfermés les produits des contributions, jette l'argent dans la rue, et lacère les registres royaux. Peut-être, livrée à elle-même et à la brutalité de ses instincts de désordre, se serait-elle bornée à ces actes de violence plus bêtes en somme que malfaisants; mais elle a, dans ses rangs, bon nombre de nobles qui ne veulent pas laisser échapper cette occasion de se libérer, à bon marché, des gros intérêts qu'ils sont obligés de servir aux juifs leurs créanciers ; ils excitent le fanatisme et la cupidité des mutins, qui se ruent sur le *ghetto* de Paris en criant: « Aux juifs ! aux juifs ! » Ces malheureux sont

---

(1) *Le Religieux de Saint-Denys*, t. I, p. 12, 26-28, 44, 7 et suiv. — *Chronique des quatre premiers Valois* (Siméon Luce), p. 291.

assaillis dans leurs maisons; plusieurs sont frappés mortellement; un de leurs rabbins est égorgé; les autres, tout tremblants, vont demander un asile aux prisons du Châtelet. Les pleurs des enfants qu'on arrache à leurs mères pour les baptiser de vive force, répondent aux cris des femmes, dont les unes se précipitent affolées de terreur, les autres se traînent péniblement sous le poids des objets précieux qu'elles essaient vainement de soustraire au pillage. Les pillards n'ont qu'à choisir dans cette collection ou plutôt dans cet amas de richesses. Les uns s'emparent des colliers, des ceintures, des bagues et autres joyaux; les autres se saisissent des manteaux de soie et des vêtements de prix; quelques-uns jettent la vaisselle d'argent par les fenêtres pour l'emporter ensuite chez eux. Il en est qui préfèrent soustraire les obligations souscrites par les nobles et par les bourgeois (1).

Le lendemain, l'intervention, un peu tardive, de la royauté répare, autant que possible, le mal dont les juifs ont été victimes, mais n'efface pas l'effet moral que doivent laisser après elles de semblables scènes. Quelque déplorables qu'elles puissent être, elles sont moins inquiétantes que la fermentation qui travaille les masses populaires et dont cette émeute n'est qu'un des symptômes.

Les gens de petit état se rassemblent souvent pendant la nuit, conspirent presque ouvertement, déclament contre les nobles, contre les gens d'église, contre les

---

(1) *Le Religieux de Saint-Denys*, t. I, p. 52 et suiv. — *Chronique des quatre premiers Valois*, p. 292.

— 139 —

riches bourgeois. « L'esprit de nouveauté, » dit le Religieux de Saint-Denis, « s'est tellement emparé d'eux, » qu'il ne semble plus leur manquer qu'un chef pour » se soulever (1). »

A défaut de ce chef, ils reçoivent d'Angleterre un exemple et de Flandre des instigations qui les poussent à la révolte (2).

Il se produit, en ce moment, de l'autre côté du détroit, un mouvement religieux et social, dont Wiclef est le *Luther* et John Ball, le *Carlostadt*. John Ball est un prêtre du comté de Kent, que l'archevêque de Cantorbéry a longtemps retenu en prison et chez lequel la captivité a exalté jusqu'à la fureur les visions d'une sorte de mysticisme égalitaire. Les vers satiriques de Robert Longlande, dans sa vision de Pierce Plowman, ont frayé la voie à ses prédications de prêtre et de tribun. John Ball harangue les paysans, les dimanches, à la sortie de la messe, dans le cimetière de l'église. « Bonnes gens, » leur dit-il, « les choses ne peuvent » bien aller en Angleterre ni ne iront jusques à tant » que les biens iront de commun, et qu'il ne sera ni » vilains ni gentilshommes. Si nous venons tous d'un » père et d'une mère, Adam et Eve, en quoi peuvent- » ils, ces gentilshommes, dire ne montrer qu'ils sont » mieux seigneurs que nous, fors parce qu'ils nous font » gagner et labourer ce qu'ils dépendent. Ils sont vestu » de velours fourrés de vair et de gris, nous sommes » vesti de pauvres draps. Ils ont les vins, les espisses

---

(1) *Le Religieux de Saint-Denys*, t. I, p. 22.
(2) *Id., ibid.*, t. I, p. 132-134.

» et les bons pains, et nous avons le seigle, la paill
» et buvons l'aige (l'eau). Ils ont le séjour et les beau
» manoirs ; et nous avons la peine et le travail, et la plui
» et le vent aux champs. Nous sommes appelé serf e
» batu, si nous ne faisons incontinent leur service
» Alons au roy; il est jeune (c'est Richard II, fils d
» prince de Galles, et petit-fils d'Edouard, il règne de
» puis 1377), et lui remonstrons notre servitude et
» disons que nous vollons qu'il soit autrement, ou nou
» y pourvoyrons de remède (1). »

Les paysans applaudissent et se séparent en chantar
le vieux refrain :

When Adam delv'd and Eve span,
Who was the gentleman ?

« Lorsque Adam bêchait et qu'Eve filait, où don
était le gentilhomme ? »

Profondément frappés des discours de John Ball, il
s'en répètent mutuellement les paroles. Elles fermen
tent dans leur cœur et montent à leur cerveau, ave
les fumées de l'ivresse, au milieu des jurons et de
blasphèmes, dans les nuits de débauche et d'orgie pas
sées à la taverne ; car ce n'est pas impunément qu
l'Angleterre s'est enrichie de nos dépouilles et gorgé
des productions de nos belles et plantureuses campagnes
Comme pour nous venger de nos défaites, un goû
effréné de plaisirs matériels a gagné de proche en pro
che toutes les classes de la société anglaise, depuis le

---

(1) Froissart (K. de L.), t. IX, p. 388-389.

plus hautes jusqu'aux plus basses. Impatients de jouir et corrompus, les paysans anglais ne veulent plus supporter l'oppression qui pèse sur eux et dont Froissart lui-même reconnaît le poids accablant. Si la coutume est dure pour les serfs, la législation n'est pas moins tyrannique pour les laboureurs libres qu'elle attache réellement à la glèbe (1). Les uns et les autres sont poussés à bout. Ils se soulèvent en masse dans les comtés de Kent, d'Essex, de Sussex, de Surrey, de Hertford, de Cambridge, de Suffolk, de Norfolk. Le peuple des villes fait cause commune avec eux. Apprentis et ouvriers courent les rejoindre (2); et un beau jour de juin (1381), Londres voit arriver à ses portes, et se masser sur les hauteurs de Blackheath, une armée de soixante à cent mille insurgés.

A leur tête est le prêtre John Ball, avec Wat-Tyler, un ancien valet qui a suivi les armées françaises en France et n'a pas oublié les coups de son maître, le riche John Lyons. Les sentiments et l'attitude du peuple de Londres (3) obligent les magistrats de la cité d'ouvrir aux paysans les portes que le lord maire avait d'abord fait fermer à leur approche. Les révoltés en-

---

(1) Wallon, *Richard II*, t. I, p. 20-21. Une loi rendue sous Edouard III et dont, à chaque session, le parlement demande avec instance l'aggravation, ordonne que tout homme, libre ou serf, valide et de moins de soixante ans, ne vivant ni de métier ni de négoce, et n'ayant ni revenus ni terre, sera contraint de travailler au service de quiconque l'en requerra, au taux du salaire en usage dans la vingtième année du règne.

(2) Wallon, *Richard II*, t. I, p. 56.

(3) « Le peuple de Londres, et surtout les plus pauvres, étaient pour nous » (Confession de Jacques Straw, un des meneurs, *apud* Wallon, *Richard II*, t. I, p. 94).

trent dans Londres, l'œil hagard, mourant de faim
de soif. Pour apaiser ces hôtes terribles, on leur pr
digue les boissons et les vivres ; ils s'enivrent avec
grenache et du malvoisie. Echauffés par le vin et g
dés par la populace de Londres, ils se répandent da
les rues et, s'ils s'abstiennent généralement du pillag
ils saccagent, tuent, détruisent, et grimpent, pour l
démolir, au comble des édifices avec une *agilité de r*
et de diable (1).

Après une longue orgie de vin et de sang, ils se ra
semblent et viennent camper devant la Tour de Lo
dres, effrayant de leurs clameurs le jeune roi qui e
avec sa mère, enfermé dans cette forteresse. Le lenc
main, leurs cris redoublent. Bientôt, ils ne se conte
tent plus de crier ; ils menacent de prendre la To
d'assaut si le roi ne vient les trouver. Le roi leur don
rendez-vous dans la prairie de *Mile's-end*. A peine a-t
quitté la *Tour*, que Wat-Tyler, John Ball et quatre ce
des leurs l'envahissent ; ils mettent en pièces le lit de
princesse douairière de Galles, que ses femmes vienne
d'emporter à la hâte, évanouie dans un bateau, déca
tent un sergent d'armes, un frère mineur, qui remp
les fonctions de médecin, le prieur de Saint-Jean
Jérusalem, Robert de Hales, que son titre de trésor
désigne à leur colère et l'archevêque de Cantorbér
Simon Sudbury, chancelier du royaume. Devenus
véritables bêtes fauves, les Jacques jouent avec la tê
du malheureux prélat, la roulent à coups de pieds da
les carrefours de la ville, promènent celle de leurs

(1) Wallon, *Richard II*, p. 67.

tres victimes à la pointe de leurs lances, et vont enfin décorer le pont de Londres de ces hideux trophées (1).

Parmi les témoins de ces excès abominables, que suivra une répression implacable, se trouve un Français, une moine de Saint-Denis, le futur historien de Charles VI. « Sachez, » lui dit un des assistants, « qu'en » France vous verrez, et sous peu, des violences plus » atroces encore (2). »

Ces paroles laisseraient peut-être soupçonner des communications entre les paysans révoltés d'Angleterre et ces *meetings* nocturnes où notre menu peuple vient s'encourager lui-même à la rébellion. L'histoire ne peut pourtant pas les ressaisir; elle n'accuse que l'influence morale, exercée dans notre pays par le spectacle, par les idées, par les passions de cette *Jacquerie* d'outre Manche; mais elle dénonce nettement les excitations répandues dans la population ouvrière de nos grandes villes par les délégués du commun et des menus métiers de Gand (3).

Poussé à bout par les exactions du comte de Flandre Louis II, le peuple de Gand s'est révolté. S'organisant en une puissante confrérie, dite des *Chaperons blancs*, il a mis à sa tête Philippe d'Artevelde, le fils du fameux brasseur du commencement de la guerre de Cent ans et le filleul de la noble reine d'Angleterre, Philippa de Hainaut (4). L'opposition de la haute bour-

---

(1) Froissart (K. de L.), t. IX, p. 400-404.
(2) *Le Religieux de Saint-Denys*, t. I, p. 134.
(3) *Id.*, p. 130.
(4) K. de Lettenhove, *Histoire de Flandre*, t. III, p. 240 et 471.

geoisie est réduite au silence ou brisée par la terreur. Toute la puissante cité de Gand, qui peut, dans un moment de péril, mettre sur pied quatre-vingt mille soldats, et qui ne saurait être bloquée que par une armée de deux cent mille hommes, est aux mains de Philippe d'Artevelde. Elle devient le centre d'une insurrection populaire, qui a gagné de proche en proche les villes et les campagnes d'Ypres, de Courtray, de Bergues, de Cassel, de Poperinghem, de Furnes, tout le pays connu sous le nom de *Franc de Bruges*. Les paysans laissent leur charrue, les ouvriers les outils pour prendre les armes (1).

Ceux de France les imitent, en suivant leurs instigations. Dans les villes, le peuple s'arme, se donne des chefs militaires (2). Celui de Paris a déjà fait la loi aux oncles du roi, il ne se laissera pas retirer les concessions qu'il a arrachées à leur faiblesse. Ces princes essaient pourtant de les reprendre par ces moyens d'astuce et de dissimulation, dont la violence hypocrite est un aveu d'impuissance et qui n'ont jamais réussi qu'à provoquer la révolte.

Le dernier jour de février 1382, un héraut à cheval se présente aux halles; il raconte qu'on a volé quelques plats d'or dans le palais et promet une bonne récom-

---

(1) *Le Religieux de Saint-Denys*, t. I, p. 117. — « Le Franc de Bruges quatrième membre de la Flandre flamingante, est tout le plat pays et quartier de Bruges, ainsi appelé autrefois parce que la plupart des eschevins dudit Franc estoient nobles gens et des plus grans du pays. *Collection des chroniques belges*, t. IV : le président Vielant, *Antiquités de Flandre*, p. 237 et et 241.

(2) *Le Religieux de Saint-Denys*, t. I, p. 130.

pense à ceux qui les rapporteront ; puis, quant il voit le peuple tout entier aux commentaires de cette nouvelle, il rassemble son cheval, pique des deux et jette derrière lui, en fuyant à toute vitesse, l'avis que le lendemain on commencera à lever de nouveau les impositions abolies solennellement au palais. A ce coup, le peuple est vivement ému. Il se demande si cette proclamation furtive n'est pas un mensonge. Elle n'est que trop vraie. Le lendemain, un collecteur veut exiger la taxe d'une pauvre femme qui vend du cresson, Perrotte la Morelle (1). Aussitôt quelques jeunes gens, ouvriers ou apprentis, se jettent sur le collecteur et le tuent. La nouvelle de ce meurtre et de ce commencement de sédition se répand rapidement dans la ville. Des brouillons parcourent les rues et les carrefours brandissant des épées, poussant des vociférations terribles et appelant le peuple aux armes pour défendre sa liberté. Bientôt après, un rassemblement furieux couvre la place de Grève, force l'Hôtel-de-Ville, dont il pille l'arsenal, s'en distribue les armes, lances, épées, et surtout ces lourds maillets de plomb ou de fer, qui vont laisser leur nom à cette révolte, connue dans l'histoire sous la dénomination de révolte des *Maillotins*. Une fois armée, l'émeute se livre à la chasse des collecteurs, les égorge sans pitié, arrache l'un d'eux de l'église Saint-Jacques et de l'autel de cette église sur lequel il a cherché un asile, tenant embrassée la statue de la Vierge. Leurs maisons sont saccagées : la façade de l'une d'elles est détruite de fond en comble. Les

---

(1) K. de Lettenhove, *Histoire de Flandre*, t. IV, p. 475.

mutins se ruent dans les caves, défoncent les barriques, boivent avec une avidité bestiale ; puis, ivres de fureur et de vin, ils continuent leurs excès, que la nuit n'interrompt pas. Repoussés de l'abbaye de Saint-Germain-des-Prés, où il croient savoir que des collecteurs se sont réfugiés, ils courent briser les portes des prisons du Châtelet et de l'évêché. Les prisonniers sont rendus à la liberté ; mais parmi ceux du Châtelet, quelques-uns sont trop éprouvés par les souffrances de leur captivité pour être en état de prêter main-forte à leurs libérateurs : il faut les transporter à Notre-Dame ou à l'Hôtel-Dieu (1).

Ce sont quelques bras de moins pour l'émeute ; mais peu lui importe. Les bras ne lui manquent pas. Si elle avait seulement une tête pour les conduire ! Or, dans une des cellules de l'évêché, elle vient de retrouver Hugues Aubriot. Condamné au pain de douleur et à l'eau d'angoisse, l'ancien prévôt de Paris expiait, dans cette rigoureuse pénitence, le tort d'avoir traité les gens d'Eglise sans ménagement et bravé le fanatisme de son temps, en faisant rendre aux mères juives les enfants qu'on leur avait pris pour les baptiser. Le tribunal ecclésiastique qui l'a jugé aurait voulu l'envoyer au bûcher ; mais il a été sauvé par la protection des princes du sang, et plus encore par la popularité qui entourait son nom, et que la passion inique de ses juges n'a fait que raviver. Les émeutiers crient qu'ils veulent le mettre

---

(1) *Le Religieux de Saint-Denys*, t. I, p. 136 et 138. — *Chronique des quatre premiers Valois* (Siméon Luce), p. 298. — Pichon, *Suite des Chroniques de Saint-Denis*, apud Froissart (K. de L.), t. IX, notes, p. 567.

à leur tête. Il serait pour le moment périlleux de résister à leur volonté. Cependant la première pensée du prévôt a été de l'essayer ; l'instinct du magistrat s'est réveillé soudain chez le prisonnier ; il déclare qu'il ne sortira pas ; il s'arme d'une hache pour repousser ses libérateurs ; mais il doit céder à la menace d'une mort certaine ; les révoltés le placent sur un petit cheval et le reconduisent à son hôtel, en répétant qu'ils vont faire de lui leur capitaine. La nuit venue, Hugues Aubriot sortira de sa demeure, passera la Seine dans une barque conduite par des enfants, manquera d'être noyé par ces bateliers inexpérimentés, et ira se cacher au fond de sa province, la Bourgogne (1).

Après avoir gouverné Paris pendant plus de douze ans, il lui répugnerait de prendre le commandement de ce ramassis de factieux, dont il serait, sans doute, impuissant à contenir les excès. Dans leurs rangs figure tout le personnel ordinaire des insurrections que nous verrons reparaître dans nos journées révolutionnaires : voici les repris de justice, les criminels ; voilà les hommes du peuple égarés par la colère et la passion dans la complicité de ces misérables ; enfin, derrière les uns et les autres regardez passer cette longue cohue de badauds qui viennent jouir de l'émeute comme d'un spectacle et, sans le vouloir, lui prêtent des forces, lui inspirent de l'audace (2).

L'émeute a d'ailleurs le champ libre : le gouverne-

---

(1) *Bibliothèque de l'Ecole des chartes*, 1ʳᵉ série, t. III : Le Roux de Lincy, *Hugues Aubriot*, p. 200. — *Chronique des quatre premiers Valois*, p. 298.

(2) *Le Religieux de Saint-Denys*, t. I, p. 140.

ment ne fait rien pour la réprimer. A peine a-t-elle commencé d'éclater que les magistrats de la cité, l'évêque, le prévôt de Paris et quelques conseillers du roi se sont hâtés de prendre la fuite et de se mettre en sûreté. Le poëte contemporain Eustache Deschamps a pittoresquement décrit cette débandade :

> Là veissiez les gens du roi epars,
> Qui fuioient au travers et au lonc,
> Pour yssir (sortir) hors. Lors crioient les gars :
> Fuiés ! Fuiés pour les maillés de plomb.
> Prélas, noble conseil, por les mastins,
> Laissent Paris, fuient comme renars :
> L'un par Saine, l'autre à autres chemins.
> Tels fu gouteux qui saulte comme lipars (léopard) (1).

Abandonnée, la bonne beurgeoisie ne s'abandonne pas elle-même ; elle prend l'initiative qu'elle saura prendre encore à la veille du 14 juillet 1789. Craignant un pillage général, les bourgeois s'arment au fond de leurs demeures, prêts à se prêter main-forte. Plus de dix mille descendent dans les rues à l'appel de leurs capitaines; ils ferment les portes de la ville qu'ils surveillent avec un soin jaloux, tendent les chaînes, distribuent des postes dans les places et dans les rues, désarment les émeutiers qui passent isolés devant eux et rétablissent l'ordre, sans effusion de sang, aidés par l'avocat général Des Mares et par l'autorité que son âge, son talent, sa renommée, prêtent à sa parole et à ses conseils (2).

(1) *Bibliothèque de l'Ecole des chartes*, 2ᵉ série, t. I : Ballade inédite d'Eustache Deschamps, p. 369.
(2) *Le Religieux de Saint-Denys*, t. I, p. 140.

Cette autorité morale appuyée sur les forces militaires de la garde bourgeoise, est la seule que le peuple puisse reconnaître en ce moment; il est frémissant; il a l'orgueil surexcité de sa force et pas du tout le repentir des excès dont il s'est rendu coupable. Averti que la cour, pour le punir, a donné l'ordre d'arrêter au pont de Charenton l'arrivage des vivres, il la menace d'une représaille terrible. Si elle persiste, il va sortir en masse et tout détruire sur son passage. Il serait imprudent de braver ce désespoir; il vaut mieux négocier; le conseil du roi entre en pourparlers avec sa bonne ville. Paris prétend traiter non-seulement pour lui, mais pour la France : il est convenu que le roi rétablira dans tout le royaume les coutumes et franchises en vigueur du temps de Louis IX et de Philippe le Bel; une amnistie générale couvrira tous les méfaits de la dernière révolte. Cette dernière clause est omise dans les lettres royales qui sont, avec une sorte de retard affecté, délivrées aux Parisiens. Aussitôt nouveaux éclats de colère populaire. Ce n'est pas que cette omission semble inquiéter beaucoup le peuple : il est trop nombreux pour souffrir que personne soit puni; il est assez fort, avec ses maillets, pour protéger la vie de ses complices, comme pour défendre la liberté de la ville et celle de tout le royaume. Il tourne en dérision la remise d'impôts que le roi vient d'accorder. Le roi pouvait-il faire autrement ?

Il y a dans ces propos comme une déclaration de guerre. Pour la rendre plus manifeste, les Parisiens saisissent le trésor du roi et celui du duc de Bourgogne. La témérité de ce défi ne laisse pas que d'alarmer les bourgeois paisibles qui s'entretiennent, avec non moins d'anxiété de l'arrivée prochaine des ducs d'Anjou et de Bretagne, mandés, dit-on, avec de nombreux hommes d'armes. Quelques notables se rendent auprès du roi et du duc de Bourgogne; leur initiative réussit, et, après des conférences, auxquelles prennent part l'Université, les quarteniers, les cinquantainiers et les dizainiers, la paix est publiée dans Paris le mardi, 11 mars. Le roi pardonne aux séditieux, en exceptant les plus coupables qui sont déjà enfermés au Châtelet. Les chefs de la milice parisienne les y ont conduits dès la nuit précédente. La voix du héraut qui proclame l'amnistie royale retentit encore que deux de ces malheureux sont amenés et décapités aux Halles. Le lendemain, cinq autres têtes sont abattues. Le jeudi, ce sont dix exécutions, cinq à la porte Saint-Denis, cinq à Montfaucon.

Ce qui rend ces rigueurs plus odieuses, c'est qu'elles sont, en même temps, des moyens de battre monnaie. Comptant sur l'effroi qu'elles ont dû répandre, le roi convoque, le vendredi, une députation de chaque corporation et demande aux députés quel secours ses finances peuvent attendre de leur zèle. La réponse des délégués est un refus formel. Ce refus prouve seulement que l'intimidation n'a pas été suffisante. On va l'augmenter. Le samedi, le prévôt de Paris, qui a bien quelque pusillanimité à se faire pardonner, ordonne de formidables apprêts de supplice aux Halles et sur différents points de la ville; il fait venir deux bourreaux pour aider celui de Paris; mais le peuple de la rue Saint-Denis s'émeut; et, devant cette émotion, qui pourrait devenir inquiétante, le prévôt annonce solennellement, de la part du roi, que les supplices sont finis.

Dans cette déclaration, il n'y a ni clémence, ni loyauté, ni sincérité ; elle ne suspend, en réalité, ni les arrestations, ni les exécutions ; seulement, dès lors, les arrestations sont clandestines ; le sang ne coule plus sur les échafauds en grand apparat ; mais les victimes sont, pendant la nuit, jetées à la Seine (1). C'est la conduite bassement perfide d'un gouvernement qui n'est pas assez généreux pour renoncer à sa vengeance, pas assez honnête pour garder sa parole, pas assez fort pour terroriser en plein jour. Sa situation est grave. Rouen a devancé l'exemple de Paris. Orléans et Amiens viennent de le suivre. Plus ardent et plus fougueux que le peuple du Nord, celui du Midi a, dès l'année précédente, alarmé par ses complots et ses violences démagogiques, les nobles et les riches. Au mois de septembre 1381, Béziers, la ville aux têtes chaudes, aux passions violentes et radicales, a été, pendant dix-sept jours, la proie d'une émeute qui a coûté la vie au viguier épiscopal, aux consuls et à plusieurs bourgeois brûlés dans une tour de l'hôtel de ville. Deux mois plus tard, la vigilance du capitaine de la ville déjouait une véritable conspiration dont les complices avaient résolu d'égorger tous ceux qui seraient riches de cent livres et au-dessus (2).

Malgré cette velléité d'un communisme niveleur, le mouvement, dans les villes, reste en somme plus politique que social ; il est au contraire bien plus social que

---

(1) *Chronique de Berne*, apud Froissart (K. de L.), t. IX, notes, p. 510-512. — Juvénal des Ursins (Michaud et Poujoulat), t. II, p. 349. — *Le Religieux de Saint-Denys*, t. I, p. 140.

(2) Dom Vaissète, t. IV, p. 378 et 379.

politique dans les campagnes, où il a deux principaux foyers, les rochers du Vivarais et les montagnes de l'Auvergne, s'étendant de là, d'un côté, sur les plaines du Languedoc, de l'autre, sur les plateaux encore en partie incultes et stériles du Poitou. Les paysans du Vivarais unissent à l'âpreté du montagnard le tempérament emporté des natures méridionales. Il faudra même, sous Louis XIV, de rigoureuses exécutions militaires pour mater leur humeur indomptable. A la fin du dix-huitième siècle, le marquis de Mirabeau ne pourra se défendre d'un sentiment d'effroi, en assistant au mont Dore, à une fête rustique et à une rixe de vilains d'Auvergne. Ces rebelles, que les intendants du grand roi auront tant de peine à dompter, ces *animaux sauvages*, dont les grands corps, les physionomies hâves et farouches donneront le frisson à l'*Ami des hommes* (1), sont les fils, déjà un peu apprivoisés, de nos paysans révoltés du quatorzième siècle, les *Tuchins*, comme on les appelle. Ces Tuchins sont las d'être, comme va bientôt le dire une complainte populaire, les fondements de cette société de prélats, de nobles et de bourgeois (2) ; ils semblent vouloir la jeter à bas ; ils lui déclarent du moins une guerre sans merci. Marchant par bandes, armés de bâtons de chêne, de vieux arcs, de méchantes épées, toutes couvertes de rouille, ils sont les maîtres de la campagne et font au loin régner la terreur. On se raconte, avec effroi, les atroces supplices qu'ils ont

---

(1) Lucas-Montigny, *Mémoires de Mirabeau*, t. II, p. 187.
(2) *Complainte du povre commun et des povres laboureurs de France*, apud E. de Monstrelet (Douët d'Arcq), t. VI, p. 179.

infligés à l'écuyer écossais Patrick et à un prêtre qui se rendait à la cour pontificale ; ils ont fait périr l'écuyer, en le coiffant d'un trépied de fer rouge. Par mépris pour sa dignité ecclésiastique, ils ont coupé au prêtre l'extrémité de ses doigts, lui ont arraché la peau de sa tonsure et ont fini par le brûler vif. Nul voyageur du clergé, de la noblesse ou de la bourgeoisie n'ose plus traverser le pays qu'ils occupent, sans s'affubler d'un vêtement rustique ; et ce déguisement même n'est bientôt qu'une précaution insuffisante. Le pseudo-Tuchin doit montrer ses mains. Si elles ne sont pas calleuses, si son langage et ses manières trahissent de l'élégance, il est perdu (1).

C'est comme une seconde Jacquerie, moins emportée, plus réfléchie et tout aussi implacable que la première. Par contre-coup, les souvenirs irritants de l'ancienne Jacquerie se réveillent en Champagne et dans le Beauvaisis. Un nouveau massacre se prépare, plus effroyable qu'en 1358. Les fils des Jacques n'attendent, pour le commencer, que la nouvelle de la défaite de la grande armée féodale que le jeune roi, les ducs de Berry et de Bourgogne, viennent de conduire en Flandre contre Philippe d'Artevelde, au secours du comte Louis de Mâle (2). — Ces princes vont combattre en *un si fort pays et merveilleux et à si orgueilleux peuple* qu'ils décident de renvoyer à Péronne, le jeune frère du roi, le futur duc d'Orléans (3). En cas d'un désastre, qui ne

(1) *Le Religieux de Saint-Denys*, t. I, p. 306-308, 310. — Dom Vaissète, t. IV, p. 380 et suiv.
(2) Froissart (K. de L.), t. IX, p. 147.
(3) Cont. des chr. de Baude d'Avesne, *apud* K. de L., *Hist. de Flandre*, t. III, p. 509.

semble que trop facile à prévoir, il faut au moins qu'un des fils de Charles V échappe à la mort.

Ces craintes sont rassurées et l'attente des vilains est trompée. La cause de noblesse et de gentillesse est sauvée. Le 27 novembre 1382, Philippe d'Artevelde est vaincu et tué à Rosebecque : laissant au comte de Flandre le soin de poursuivre ses représailles sur ses vassaux, Charles VI et ses deux oncles se hâtent d'amener Paris leur armée victorieuse. — C'est là qu'ils veulent recueillir, pour leur part, les fruits de la victoire de Rosebecque.

Pendant cette pénible campagne de Flandre, où la noblesse française, menacée dans sa fortune, dans son existence même, a montré une constance et un courage vraiment remarquables, la bourgeoisie parisienne achevé de s'armer, sans doute pour se prémunir contre les éventualités menaçantes, soit d'un nouveau soulèvement démagogique, soit d'une réaction aristocratique; mais si elle a l'intention de montrer sa force au roi et aux nobles qui reviennent victorieux et irrités, elle repousse bien loin la pensée d'engager une lutte ouverte avec eux (1).

C'est le 11 février 1383 que Charles VI et ses troupes doivent faire leur entrée à Paris. Vingt mille bourgeois bien équipés, s'avancent à la rencontre du roi et se rangent en bel arroi du côté de Montmartre, entre Saint Lazare et Paris. « Véez là (voilà) orgueilleuse ribaudaille ! » s'écrient les gentilshommes qui entourent le jeune prince. Le connétable Olivier de Clisson chevauche

(1) Froissart (K. de L.), t. IX, p. 146-147.

vers les Parisiens, leur déclare que le roi et ses oncles ne peuvent oublier des injures trop récentes, leur enjoint de rentrer dans leurs hôtels et de déposer leurs armures. Aussitôt, après leur retraite, des hommes d'armes se jettent sur les barrières de bois placées devant les portes pour qu'on ne pût entrer sans permission dans la ville; ils les brisent à coups de hache; ils arrachent même les portes de leurs gonds, et le cortége royal passe dessus, « comme pour fouler aux pieds, » dit le moine de Saint-Denis, « l'orgueil léonin des Parisiens. »

L'armée tout entière escorte le roi dans l'attitude du combat. La ville est occupée militairement. La Bastille, le grand et le petit Châtelet, le Temple, remplis d'hommes d'armes, sont comme autant de forteresses qui tiennent Paris en bride. Paris ne bougera pas; il ne peut pas bouger. Les chaînes des rues sont enlevées et un ordre sévère enjoint aux bourgeois d'apporter toutes leurs armes soit au château du Louvre, soit à celui de Vincennes (1). — Ils obéissent. — La suppression de leurs franchises municipales les trouve aussi résignés.

La terreur plane sur la capitale. De nombreuses arrestations s'opèrent, bientôt suivies d'exécutions. L'effet douloureux qu'elles produisent est encore accru par le sentiment d'épouvante et de pitié avec lequel on apprend et l'on se répète, à voix basse, la fin horrible de la femme d'une des victimes : jeune encore, enceinte, elle

---

(1) Froissart (K. de L.), t. IX, p. 192-197. — Siméon Luce, *Chronique des quatre premiers Valois*, p. 309. — *Le Religieux de Saint-Denys*, t. I p. 234.

n'a pu résister à la nouvelle du supplice de son mar[i]
affolée de douleur, elle s'est précipitée par la fenêtre
s'est écrasée sur le pavé de la rue (1).

Il ne faudrait pas faire aux hommes qui dirigent cet[te]
implacable réaction l'honneur de croire qu'ils obéi[s]sent à la pensée de rétablir l'ordre. Non, assurémen[t]
telle n'est pas leur préoccupation. Au désordre qui r[é]gnait avant leur victoire, ils substituent un aut[re]
désordre ; à l'anarchie d'en bas, l'anarchie d'en hau[t.]
Ils se sentent forts et ils veulent user de leur force,
ils ont une occasion d'assouvir leurs passions vindic[a]tives, haineuses et cupides ; ils ne la laisseront p[as]
échapper : ils ne cherchent pas les vrais coupables ;
ne s'en prennent pas de nouveau aux démagogues d[é]cimés; ils frappent la haute bourgeoisie, dans laque[lle]
ils sentent une puissance rivale, la bourgeoisie, q[ue]
Charles V a protégée contre leurs représailles, la bou[r]geoisie qui est riche et qu'il faut dépouiller, outrag[er,]
déshonorer (2). Les formes les plus élémentaires de
justice sont odieusement violées à l'égard des victim[es]
les plus illustres de cette proscription.

Pendant une longue vie pure et sans tache, l'avoc[at]
général Jean des Mares, a témoigné de ses lumière[s,]
de son zèle, de son dévouement, dans les conseils [du]
roi. Dans les derniers troubles, il n'a cessé de remp[lir]
les devoirs pénibles de médiateur entre le roi et [les]
Parisiens ; mais trop dévoué au duc d'Anjou qui, pa[rti]
pour la conquête de son royaume de Naples, n'est pl[us]

(1) *Le Religieux de Saint-Denys*, t. I, p. 236.
(2) *Id., ibid.*, p. 238-240.

là pour le protéger, il a eu le malheur de blesser l'orgueil des ducs de Bourgogne et de Berry.

Il faut qu'il meure. On ne trouverait peut-être pas de de juges pour le condamner, s'il pouvait prononcer sa défense : on ne lui permettra pas de se défendre. Frappé d'une sentence qui est une double iniquité, il est traîné à l'échafaud avec quatorze malheureux condamnés comme lui. On croirait déjà voir passer une des fatales charrettes, une des *bières roulantes* de 93. Assis sur une planchette au-dessus de tous ses autres compagnons d'infortune, Des Mares ne cesse de protester contre l'injustice de sa condamnation. « Où sont, » s'écrie-t-il, « ceux qui m'ont jugé à mort ? Qu'ils vien- » nent avant et me montrent la cause et raison pourquoi » ils m'ont jugé à mort ! » Le peuple reçoit ces protestations avec une piété silencieuse. Tous les cœurs sont émus ; mais toutes ces bouches sont fermées par la terreur. Seulement, au moment où le bourreau va abattre la tête du vieillard, quelques voix s'élèvent dans la foule : « Maître Jehan, » disent-elles au condamné, « cryés merci au roi qu'il vous pardonne vos fourfais ! » Pour toute réponse, Jehan rappelle ses bons et loyaux services aux rois Philippe, Jean et Charles, et, ajoute qu'il ne doit plus crier merci qu'à Dieu ; et sa tête tombe au milieu de l'émotion générale. Les yeux des assistants sont baignés de larmes (27 janvier 1383) (1).

Le drame des représailles aristocratiques qu'une centaine d'exécutions en place de Grève, sans compter les

---

(1) Froissart (K. de L.), t. IX, p. 198-199. — *Le Religieux de Saint-Denys*, p. 244. — Juvénal des Ursins (Michaud et Poujoulat, t. II).

noyades, finissent par épuiser, se termine par un odieuse comédie de clémence et d'amnistie. Cette amnistie, c'est la spoliation de ceux auxquels on daigne faire grâce, et on leur fait grâce parce qu'on aime mieux leur argent que leur sang. — L'argent, voilà ce que veulent ces vengeurs de la cause de *noblesse* et de *gentillesse*. Cette réaction, dont nous ne pouvons pas suivre en détail les mesures violentes et révolutionnaires aboutit, à Paris, dans les autres villes et dans les campagnes, à une plate et vulgaire question d'argent. Ce qui ne veut pas dire que l'état devienne moins besogneux ou que le trésor public se remplisse (1).

Cette répression, que ne conduit et ne modère aucune pensée digne d'un homme d'Etat, n'est pas un dénouement ; elle clôt seulement la première époque d'une crise qui prendra, plus tard, de plus redoutables proportions et a déjà causé un mal profond à la France. Les luttes intestines qu'elle a provoquées ont eu surtout un résultat funeste : c'est l'atteinte qu'elles ont porté à l'idée nationale. Elles ont enlevé à cette idée la plupart des forces qu'ont prises les haines sociales. Elles n'ont pu être soutenues qu'avec des alliances qui, dans toute autre circonstance, auraient froissé le patriotisme français. Les bourgeois et surtout les menus gens des villes, ont tendu la main à Philippe d'Artevelde, et Philippe d'Artevelde, tout Anglais de cœur, avait quatre cents archers anglais dans son armée (2).

(1) Froissart (K. de L.), t. IX, p. 197-198. — *Le Religieux de Saint Denys*, p. 347-348.
(2) Juvénal des Ursins (Michaud et Poujoulat, t. II), p. 351.

La noblesse a prêté son appui au comte Louis de Flandre, et ce comte s'est souvent attiré publiquement, par ses sentiments antifrançais, les reproches et l'indignation de sa pieuse et sainte mère, Marguerite de Flandre, fille de Philippe le Long, qui l'a menacé un jour de le renier pour son fils, en mutilant et jetant aux chiens le sein qui l'avait nourri (1).

Plus regrettables encore que ces alliances, la victoire de l'aristocratie et la réaction despotique qui l'a suivie ont, en frappant la grande bourgeoisie parisienne, sinon éteint, du moins affaibli un puissant foyer de vie patriotique en France. Sans doute, ce sentiment national est encore bien vivant dans notre pays; sans doute, quelques années plus tard, pendant une grande cérémonie funèbre célébrée à Saint-Denis, il sera profondément remué, lorsque l'évêque d'Auxerre, prononçant l'oraison funèbre de Duguesclin, rappellera comme ce connétable a fièrement porté l'épée de la France (2) ; mais on peut prévoir que la source de ces émotions généreuses ira tarissant de plus en plus, au fur et à mesure que la France s'engagera plus avant dans la voie des querelles et des dissensions civiles.

---

(1) *Le Religieux de Saint-Denys*, t. I, p. 158. — K. de Lettenhove, *Histoire de Flandre*, t. III, p. 406 et 407.

(2) Martène, *Thesaurus anecdotorum*, p. 1502.

CHAPITRE II

LE GOUVERNEMENT PERSONNEL ET LA FOLIE DE CHARLES VI.

Les agitations démocratiques et sociales qui re[m]
plissent notre histoire de 1380-1382 et que term[in]
une si violente réaction aristocratique, ne sont qu[e]
des accès de la maladie morale qui tourmente sour[de]
ment, pendant cette époque, l'Europe en général et [la]
France en particulier. Sans être des moralistes b[ien]
profonds ou bien exercés, les chroniqueurs conte[m]
porains nous en signalent la nature et les princip[aux]
symptômes.

C'est d'abord, comme à la veille de Poitiers, la [re]
cherche raffinée d'un luxe qui est déjà poussé bien l[oin]
dans les maisons des bourgeois comme dans les manc[irs]
des gentilshommes.

Ne jugez pas des hôtels de la bourgeoisie parisien[ne]
par le côté qui donne sur la rue. Il est quelque[fois]
pittoresque, le plus souvent laid et austère ; mais [la]
façade du jardin et l'intérieur sont couverts de son[

tueux ornements (1). Le confort traditionnel, les immenses lits montés sur marches et garnis de draps bien blancs, les fourrures de prix, les grands feux flambant dans les larges cheminées (2), ne suffisent plus aux riches habitants de ces hôtels. Avec le bien-être, il leur faut les jouissances de l'œil et de l'oreille. Tel bourgeois a chez lui une salle de concert toute garnie d'instruments de musique : harpes, violons, orgues, psaltérions (3). Christine de Pisan, la célèbre femme-auteur du quatorzième siècle, va rendre visite à une simple marchande, et ne voit chez elle que tapisseries de Chypre rehaussées d'or, tissus de soie et d'argent, tapis somptueux, riches bijoux (4).

Ces hôtels bourgeois ne peuvent pas rivaliser pourtant avec les châteaux des nobles et seigneurs, dont les appartements sont décorés et meublés avec une rare magnificence. Le chevalier le plus pauvre a sa vaisselle d'or et d'argent. Le seul mobilier du château de La Ferté-Bernard, qui appartient au célèbre Pierre de Craon, s'élève à plus de 40,000 écus d'or (5).

Le luxe des ameublements est encore effacé par celui de la toilette. Au lieu de la simplicité digne et sévère de l'époque précédente, qui donnait un cachet de décence et de bon goût à la longue robe flottante ou *cotte hardie* portée par les gentilshommes, ce ne sont que

---

(1) E. Renan, *Discours sur l'état des beaux-arts au quatorzième siècle* (XXIV° vol. de l'*Histoire littéraire de la France*), p. 674.
(2) *Id., ibid.*, p. 674.
(3) *Id., ibid.*, p. 575.
(4) *Id., ibid.*, p. 674-675.
(5) *Le Religieux de Saint-Denys*, t. I, p. 8.

vêtements collants ou bizarres, faits d'étoffes éclatantes ou variées et sur lesquels les caprices de l'imagination et les singularités de la mode répandent, avec un faste parfois ridicule, les fourrures, les perles, les joyaux. On verra même un jour le duc d'Orléans, le prince poëte, s'affubler d'une robe madrigal du caractère le plus étrange. Sur une des manches sont écrites, en broderie, les paroles de la chanson : « Madame, je me » sens plus joyeux; » et cinq cent soixante-huit perles répandues sur les deux manches figurent les notes de cette même chanson (1).

En commettant de telles excentricités, les seigneurs perdent le droit de critiquer et de railler la mise, au moins aussi excentrique, des dames. Seul, un moraliste honnête et un excellent père de famille, qui écrit pour l'instruction de ses filles, le chevalier de La Tour-Landri, peut, dans son indignation trop peu mesurée, vouer à l'enfer la femme vêtue selon les modes nouvelles. Ces modes ont un double tort : elles ont été empruntées, par une anglomanie peu intelligente, aux femmes qui accompagnaient en France les hommes d'armes anglais et qui représentaient je ne sais quelle fraction de monde; de plus, elles sont le comble de l'extravagance. Coiffées de leurs gigantesques hennins, les dames rappellent à La Tour-Landri *les cerfs branchus qui baissent la tête au menu boys.* Garnies d'étoffes et de dentelles de prix, ces coiffures sont à la fois si

---

(1) Chéruel, *Dictionnaire historique des institutions*, etc., *de la France* 1re partie, p. 518 et suiv. — Comte de Laborde, *Les ducs de Bourgogne* t. III, p. 267.

hautes et si larges, que dames et demoiselles ne peuvent passer par la porte d'une chambre qu'en travers et en se courbant (1).

Le mot de travestissement est le seul qui se présente à l'esprit devant ces étranges apparitions. Ni le roi ni ses courtisans ne le désavoueraient. Le roi aime à se déguiser lui-même, soit en Allemand, soit en bohémien (2). Toute la haute société, qui gravite autour de lui, s'affuble de ce qu'elle appelle elle-même le *costume de folie*, celui qui semble convenir le mieux au tourbillon de la vie mondaine et voluptueuse de la cour. Les fêtes succèdent aux fêtes ; les bals se prolongent avant, dans la nuit, brillants, magnifiques, au grand scandale des bourgeois du voisinage, dérangés dans leur sommeil par les éclats retentissants de la musique de danse (3).

Toute cette ardeur passionnée de plaisirs indique moins une saine et joyeuse exubérance de vie qu'une excitation maladive et fiévreuse ; de même, le caractère peu réservé, burlesque, même indécent des danses, répond à des désordres qui ne sont pas seulement des désordres de goût.

La morale privée et domestique reçoit tous les jours

---

(1) Chéruel, *loco citato*. — V. Renan, *Discours sur l'état des beaux-arts*, p. 670.

(2) *Le Religieux de Saint-Denys*, t. I, p. 567.

(3) Les orchestres sont déjà nombreux. Les instruments alors connus, la plupart d'origine orientale et que l'Allemagne se charge de nous fournir, sont : le violon, la musette allemande, le canon ou demi-flûte, la flûte bohémienne, la trompette, le cor sarrazinois, la harpe, la guitare mauresque, les nacaires ou cymbales (Chéruel, t. II, p. 844).

des atteintes dont Charles V a senti le besoin de la venger et que Gerson va bientôt dénoncer du haut de la chaire (1).

La morale publique n'est pas moins obscurcie et violée ; la politique semble n'être plus que l'art de se venger ou de se débarrasser d'un homme qui vous a offensé ou qui vous gêne (2).

La pensée du crime n'est pas seulement dans les consciences qu'elle pervertit ; elle est aussi dans les imaginations qu'elle trouble et qui ne savent plus contenir leurs soupçons et leurs terreurs. Dans le courant du mois de juillet 1390, le bruit se répand que les fontaines et les puits ont été empoisonnés dans le pays chartrain et qu'ils le seront bientôt dans les autres provinces du royaume. On arrête des mendiants qui sont désignés par la rumeur publique ; on les met à la torture ; on leur arrache l'aveu qu'ils se sont effectivement

---

(1) L'abbé Bourret, *Essai historique et critique sur les sermons français de Gerson* (p. 145). L'opportunité des sévérités du prince et des accusations du prédicateur serait, au besoin, démontrée par le nombre beaucoup trop considérable d'aventuriers qui traînaient et déshonoraient dans les grandes compagnies un nom qu'ils n'avaient pas le droit de porter légitimement.

(2) Montagu, cardinal-archevêque de Reims, et son successeur, Ferry Cassinel, périssent d'une mort rapide, mystérieuse, où les contemporains n'hésitent pas à reconnaître un empoisonnement : le premier a eu le tort de donner au roi le conseil de gouverner par lui-même (a) ; nommé réformateur dans le Languedoc, le second s'est permis de prendre sa mission au sérieux et de soumettre à une enquête sérieuse les exactions des officiers du duc de Berry (b).

(a) Juvenal des Ursins (Michaud et Poujoulat, II), 376.
(b) *Le Religieux de Saint-Denys*, t. I, p. 626.

prêtés à l'accomplissement de cet atroce dessein et qu'ils l'ont exécuté au moyen d'un poison composé d'ongles et de chairs de pendus, mêlés avec du sang de crapauds et autres animaux immondes. Mais ce n'est pas encore assez d'horreur ou plutôt d'absurdité. Au moment où les principaux de ces malheureux présentaient leur tête au bourreau, ils ont déclaré qu'ils avaient reçu ce poison de gens qui portaient un long manteau noir par-dessus une robe blanche. Sur ce simple indice, la crédulité populaire s'est empressée d'accuser tout l'Ordre des Frères prêcheurs ou des Dominicains, qui a d'ailleurs le tort grave de combattre l'Immaculée Conception (1).

Ces progrès de l'erreur et du mal ne sont pas combattus par l'Eglise ; l'Eglise est elle-même rongée par l'égoïsme (c'est Gerson qui l'affirme) et par le schisme, qui n'est que le fruit de cet égoïsme.

Deux antipapes règnent à la fois, l'un à Rome, l'autre à Avignon. L'antipape d'Avignon, Clément VII, a beaucoup trop conservé sur le trône pontifical les allures et le caractère de l'ancien comte et capitaine de *condottieri*, Robert de Genève. Un seule chose semble le préoccuper : se procurer à tout prix de l'argent, et, avec cet argent, se ménager, en tout lieu, des protections qui le maintiennent dans sa dignité (2). Il n'estime guère la théologie. Un jour, un homme puissant lui recommandait ses deux neveux, dont l'un étudiait le droit et l'autre la théologie, à Paris : « Quelle folie, » a-t-il répondu,

---

(1) *Le Religieux de Saint-Denys*, p. 682.
(2) *Id.*, p. 692.

« d'occuper d'une pareille chose une personne que vous
» aimez ? Tous ces théologiens ne sont que des rê-
» veurs (1). » Ce qu'il y a de bien plus regrettable que
ce dédain, c'est son indifférence pour les maux faits à
l'Eglise par ses déplorables exactions ; et ces exactions
sont pourtant moins odieuses que les traitements tyranniques infligés aux partisans de son rival par ordre du
roi de France ; ils sont battus, martyrisés ; on leur
écrase le pouce dans des étaux de bois (2).

Ces désordres de l'Eglise, ces violences commises au
nom de l'un de ses chefs sont autant de coups portés à
la religion : elle languit et dépérit. Les prêtres, réduits
à la mendicité, sont contraints de se faire les serviteurs
des laïques et de profaner leur caractère par les plus
vils emplois. Le culte divin est partout négligé. Dans
certains endroits, il est complétement abandonné (3).

Si l'on pense moins à Dieu, en revanche l'on
croit beaucoup plus au diable. C'est le règne des sorciers, des enchanteurs. On redoute et l'on consulte
même à la cour, ces hommes, qui s'en vont, répète-t-on
avec effroi, errer pendant la nuit autour des gibets et
qui composent des sortiléges avec les os des morts (4).
L'aimable et spirituel duc d'Orléans leur accorde lui-
même beaucoup trop de faveur (5). Tout le merveilleux
sombre, infernal du théâtre de Shakespeare est dans l

---

(1) *Le Religieux de Saint-Denys*, t. I, p. 697.
(2) Smet, *Collection des chroniques de Flandre*, t. III, p. 27-29.
(3) Lettre de Clémengis, apud *Le Religieux de Saint-Denys*, t. II
p. 166-170.
(4) *Le Religieux de Saint-Denys*, t. II, p. 547 et 22.
(5) *Id., ibid.*, p. 2.

drame que déroule devant nous l'histoire de cette époque.

Les acteurs plus ou moins inconscients de ce drame ne sont pas bien sûrs de n'être pas le jouet de puissances mystérieuses et malfaisantes. En même temps, leur esprit est vivement frappé par le spectacle des phénomènes extraordinaires qui semblent accuser une perturbation de la nature. Le 5 novembre 1386, la ville de Nantes a été réveillée par un tremblement de terre qui s'est reproduit, le 28 mai 1387, accompagné d'un grand orage et de violents coups de tonnerre. Dans la nuit de Noël 1388, les vents se déchaînent des quatre points cardinaux avec une fureur inouïe. Pendant huit jours, cet ouragan sévit sans interruption. Les arbres les plus élevés sont déracinés; les branches les plus grosses sont arrachées du tronc et dispersées au loin comme des fétus de paille. Les tours et les clochers de plusieurs églises sont renversés. De riches édifices sont détruits ou découverts en maint endroit. Bouleversé jusqu'au fond de ses abîmes, l'Océan rejette sur ses rivages une grande quantité de poissons dont les cadavres, exhalant une odeur fétide, obligent les habitants des côtes à quitter leurs demeures et à chercher au loin un asile. Ailleurs, la mer sort de son lit et submerge de pauvres gens dans leurs cabanes. Que signifie cette tempête épouvantable? N'est-ce pas que les temps sont accomplis, que l'arrivée dernière du Fils de l'homme est proche et que le monde va finir? Bien des gens le croient (1).

---

(1) *Le Religieux de Saint-Denys*, t. I, p. 698.

Ces terreurs, les troubles des imaginations et des conciences, les impressions laissées par les crimes qui se consomment impunément, les excitations fièvreuses d'une vie de plaisirs et de débauches, finissent par produire en France une véritable épidémie de folie, à laquelle l'histoire ne semble pas avoir assez pris garde et que le Religieux de Saint-Denis signale pourtant de la manière la plus formelle. Le malheureux Charles VI ne sera qu'une des victimes de cette contagion (1).

Toutes ces perturbations morales, intellectuelles, religieuses, physiques même, cachent et entretiennent à la fois une agitation plus sourde, mais non moins dangereuse, qui travaille tout particulièrement les classes moyennes et inférieures. La réaction qui a suivi la bataille de Rosebecque, a laissé d'âpres ressentiments dans le cœur de ceux sur lesquels elle s'est appesantie. Frappée dans la personne de ses représentants les plus marquants, dépouillée, rançonnée, privée de ses magistrats électifs, atteinte dans les plus précieux privilèges de ses corporations dont les maîtres ont été cassés par ordonnance royale, la bourgeoisie parisienne n'a point perdu le souvenir des violences qu'elle a dû subir jusqu'au sein de la famille, de la part de ces seigneurs cruels et félons « ne *cremant* (craignant) *Dieu, ni sa justice* (2). » Si quelques ménagiers de Paris ont laissé s'amortir un peu ces haines dans les douceurs de leur

---

(1) « Multi in regno Franciæ, nobiles et ignobiles, morbo simili laborabant » (*Le Religieux de Saint-Denys*, t. II, p. 404).

(2) *Le ménagier de Paris*, apud V. Le Clerc, *Discours sur l'état des lettres*, 238-239.

existence confortable et dans l'oubli de la politique (1), d'autres les conservent vivaces et irréconciliables. Elles animent surtout ce second ou, si vous aimez mieux, cet arrière-ban de la bourgeoisie auquel appartiennent les bouchers et qui est, par ses idées, par ses instincts, plus en rapport avec le peuple.

Maté et déconcerté depuis la bataille de Rosebecque, le peuple des villes et des campagnes ne cesse de frémir et de murmurer. Les oncles du roi, qui gouvernent en maîtres, semblent vouloir le pousser à un nouveau soulèvement, tant ils l'accablent sous des charges aussi écrasantes qu'inutiles. En 1386, le projet, toujours ajourné, de descente en Angleterre et la réunion à L'Ecluse d'une flotte de treize cent quatre vingt-sept navires qui ne mettra jamais à la voile, deviennent le prétexte de tailles que Froissart lui-même qualifie de grandes et vilaines, et qui n'épuisent pourtant pas les misères du pauvre laboureur (2).

Deux ans après, il faut encore que les contribuables de France fassent, pour les seuls intérêts du duc de Bourgogne, les frais d'une ruineuse expédition contre le duc de Gueldre. Mais cette fois c'en est trop. Le cri du mécontentement public monte jusqu'aux oreilles du roi et amène une véritable révolution de palais, qui est tout un changement de politique (1388). Dans une assemblée des princes du sang, des principaux comtes et barons de sa cour, Charles VI remercie ses oncle et

---

(1) Le Roux de Lincy, *Histoire de l'Hôtel-de-Ville*, p. 241. — *Le Religieux de Saint-Denis*, t. IV, p. 476.

(2) Froissart (K. de L.), t. XIII, p. 4.

fait décider qu'il gouvernera désormais par lui-même (1). Ces paroles veulent dire que le gouvernement va passer aux mains des anciens conseillers de Charles V.

Ces conseillers sont des hommes de naissance obscure ou de famille bourgeoise. Les princes du sang vont les appeler dédaigneusement *des marmousets*; mais ces *marmousets* doivent une véritable autorité à la confiance dont les a honorés Charles V, à sa tradition, dont ils sont les héritiers (2). Les trois principaux d'entre eux, Bureau de La Rivière, Jean de Mercier, sire de Noviant, et Jean de Montaigu, forment un triumvirat étroitement uni; ils se sont mutuellement promis, pour les bons comme pour les mauvais jours, secours, assistance, amitié. Ils peuvent compter sur le précieux appui d'Olivier de Clisson, breton comme Duguesclin, son compagnon d'armes et son successeur dans la dignité de *connétable* (3).

Sous leurs auspices semble véritablement commencer un nouveau règne. La cour est entourée de toutes les espérances, de toutes les poésies de la jeunesse. La reine Isabeau de Bavière est dans tout le premier épanouissement de sa beauté. Musicienne comme une Allemande, elle joue de la harpe (4) avec un talent qui, chez sa belle-sœur, la duchesse d'Orléans, Valentine Vis-

---

(1) *Le Religieux de Saint-Denys*, t. I, p. 553-557.
(2) *Id., ibid.*, p. 569.
(3) *Le Religieux de Saint-Denys*, t. II, p. 11.
(4) Extraits des comptes royaux relatifs à Charles VII, à la suite de la *Chronique de Charles VII*, par Jean Chartier (Vallet de Virville, t. III, p. 258).

conti (1), répond aux sentiments plus profonds d'une âme plus cultivée, plus délicate, plus élevée. Le roi est un beau et brillant chevalier. Son visage encadré d'une longue chevelure blonde, ses yeux vifs, ses traits harmonieux, sa taille bien prise et au-dessus de la moyenne, ses membres robustes, ses larges épaules composent un ensemble qui exprime à la fois l'élégance et la force. Habile dans tous les exercices du corps, dans le maniement de l'arc, du javelot, du cheval, il a montré, de bonne heure, une vive prédilection pour les armes ; il était encore tout enfant qu'on voyait suspendus au chevet de son lit une épée et un casque. Ses goûts rappellent beaucoup plus les goûts de son grand-père et de son aïeul que ceux de son père. On lui reproche de sacrifier un peu sa dignité royale à sa passion pour les tournois. La fougue l'emporte, chez lui, sur le sentiment des bienséances ; il ne sait pas se modérer et se contenir. Il est libéral jusqu'à la prodigalité. Là où son père eût donné 100 écus, il en donnera 1,000. Il ne maîtrise pas mieux son amour pour le plaisir et s'abandonne à des excès non moins dangereux que répréhensibles (2).

Mais toute cette intempérance peut bien n'être qu'une exubérance de vie et de jeunesse. Le fond de la nature et du cœur de Charles VI est bon, humain, généreux, compatissant. Bien dirigé, le jeune roi peut faire beaucoup de bien et réparer beaucoup de mal.

A peine a-t-il échappé à la tutelle de ses oncles, que

---

(1) Comte de Laborde, *Les ducs de Bourgogne*, t. III, p. 153.
(2) *Le Religieux de Saint-Denys*, t. I, p. 564-566, 24, 608.

tout un ensemble de mesures réparatrices témoigne d'u[n] noble effort pour guérir les plaies encore saignantes [du] royaume. Un des impôts les plus lourds est remis [au] peuple. Tous les baillis sont changés. Paris ne recouv[re] pas sa municipalité élective ; mais le roi nomme prév[ôt] des marchands Jean Juvénal des Ursins, dont le cho[ix] est accueilli avec une véritable faveur par la bourge[oi]sie parisienne (1). La sollicitude royale s'étend aux pr[o]vinces les plus éloignées. Un docteur en théologie, [de] l'Ordre de Saint-Bernard, Jean de Granselve, du diocè[se] de Toulouse, vient courageusement à la cour et, [en] présence même du duc de Berry, dénoncer les exactio[ns] de ce prince dans le Languedoc et supplier le roi de pr[é]venir la ruine de ce malheureux pays. Le roi l'écou[te] avec bienveillance, le prend sous sa protection, et l[ui] promet de visiter la province (2).

Il tiendra parole ; dans le mois de novembre 1389, a[c]compagné de ses conseillers et d'une suite dont il [a] formellement exclu ses oncles, il arrive dans le Mid[i ;] il séjourne tour à tour à Montpellier, à Béziers, à To[u]louse. L'aspect des villes et des campagnes, dont plus [de] 40,000 habitants ont émigré, chassés par la misère, p[é]nètre son cœur de douleur et d'indignation (3). Il v[oit] de nombreuses maisons abandonnées ou détruites ; [on] dirait que l'ennemi vient de passer là. Non, ce n'e[st] pas l'ennemi, c'est le fisc dévorant du duc de Berry.

---

(1) *Le Religieux de Saint-Denys*, t. I, p. 568.

(2) *Le Religieux de Saint-Denys*, p. 574. — Lettre de Charles VI [au] duc de Bourgogne, *apud* Froissart (K. de Lettenhove), t. XIV, not[e] p. 396-397.

(3) *Le Religieux de Saint-Denys*, t. I, p. 618-626.

faut faire justice. Charles ne la refusera pas aux réclamations de cette province si cruellement opprimée. De ses fenêtres, à Béziers, il a pu assister au supplice de l'infâme Bétisac, le conseiller, l'âme damnée de son oncle (1). De retour à Lyon, il retire au duc de Berry le gouvernement du Languedoc, où trois réformateurs, Ferry Cassinel, archevêque de Reims, Jean d'Estouteville et Pierre de Chevreuse, sont chargés d'exercer une sévère enquête sur les exactions commises par les officiers du dernier lieutenant royal (2).

Ce sont là de très-bonnes inspirations et des actes vraiment louables de fermeté et de justice. Malheureusement, le roi, trop distrait par ses fêtes et ses plaisirs, ne poursuit pas cette œuvre réparatrice avec une application suffisante; ses conseillers, les Marmousets, n'y apportent pas assez d'élévation, de tact, de désintéressement, d'abnégation patriotiques. Ils renouvellent et continuent bien les traditions administratives de Charles V, mais ils ne font que trop sentir que l'âme élevée et droite de ce prince n'est plus là. Revêtus d'un pouvoir à peu près sans limites, disposant de toutes les charges, des fermes de tous les impôts, ne laissant arriver aux fonctions de l'Etat que les candidats qui leur témoignent un dévouement à toute épreuve, ils ne songent pas assez que le premier devoir d'un homme politique est de s'oublier soi-même. Les présents qu'ils reçoivent et qu'ils provoquent peut-être, les pensions exagérées qu'ils se font servir, réunissent dans leurs mains des

---

(1) Froissart (K. de L.), t. XIV, p. 70.
(2) *Le Religieux de Saint-Denys*, t. I, p. 632.

richesses immenses ; ils achètent des palais plus somptueux que ceux du roi, des domaines qui rivalisent avec les *latifundia* des propriétaires fonciers les plus considérables ; avec un mauvais goût qui trahit le *parvenu*, ils veulent prendre le pas sur les plus grands seigneurs du royaume; « ils volent de si haute aile, » observe l'honnête Juvénal des Ursins, « qu'à peine les ose-t-on regarder. » En même temps, s'abandonnant avec trop peu de discrétion à l'esprit qui, de Philippe de Nogaret à Pierre de Cugnières, de Pierre de Cugnières à Raoul de Presle, n'a cessé d'animer les légistes du conseil royal, ils se montrent trop disposés à sacrifier à l'omnipotence de la royauté l'indépendance et les intérêts de la puissance spirituelle ; ils écartent ou méprisent les grandes questions religieuses qui agitent alors les consciences. Cette attitude attire sur eux le mécontentement de l'Eglise et de l'Université de Paris, tandis que le peuple, toujours courbé sous de lourdes taxes, leur retire sa sympathie et que les princes du sang, les sires des fleurs de *lys* conspirent sourdement leur disgrâce (1).

Cette disgrâce va être accélérée par un crime et par un grand malheur public : la tentative d'assassinat dirigée sur Olivier de Clisson et la folie de Charles VI.

C'est le jour du saint sacrement (1392) : il y a eu fêtes, joutes et souper à l'hôtel de Saint-Pol. Après le souper, le bal a commencé et s'est prolongé jusqu'à une heure après minuit. Le connétable s'est retiré le dernier ; sur la place, devant l'hôtel, il a trouvé ses

---

(1) *Le Religieux de Saint-Denys*, t. I, p. 692 ; t. II, p. 10, 12 et 14. — Juvénal des Ursins (Michaud et Poujoulat, t. II, p. 289).

chevaux et ses gens qui l'attendaient ; il est monté à cheval, les valets ont allumé leurs torches et la petite caravane nocturne s'est acheminée à travers les rues sombres et boueuses du vieux Paris. Le connétable n'est escorté que par huit personnes sans armes ; il cause paisiblement avec un écuyer d'un dîner qu'il doit donner, le lendemain, à quelques seigneurs de la cour. Tout à coup, arrivés au carrefour de Sainte-Catherine, les hommes de sa suite et lui-même sont l'objet d'une brusque agression. Les torches sont arrachées aux mains des valets qui les portent, éteintes et jetées contre terre. Clisson croit d'abord à une espièglerie du duc d'Orléans : « Monseigneur, » dit-il, « par ma foi, c'est » mal fait ; mais je le vous pardonne ; car vous êtes » jeune. » L'erreur du connétable n'est pas longue. Un cavalier fond sur lui en tirant son épée et criant : « A mort ! à mort ! Clisson, si vous faut mourir. » — « Qui es-tu, qui dis de telles paroles ? » reprend le connétable. — « Je suis, » riposte le cavalier, « Pierre de Craon, votre ennemi ! Vous m'avez tant de fois » courroucé que ci le vous faut paier et amender. » Et se tournant vers les cavaliers armés qui le suivent : « Allons, » leur dit-il, « j'ai celui que je cherche et que » je veux avoir (1). »

Protégé par la cuirasse qu'il porte sous ses vêtements, le connétable se défend énergiquement avec son bras et avec un couteau, long de deux pieds, la seule arme qu'il ait à sa disposition. Les assassins effrayés à la pensée de la grande dignité dont est revêtue leur

---

(1) Froissart (K. de L.), t. XV, p. 1-9.

victime, ne frappent d'ailleurs qu'avec une certain[e]
hésitation. Mais enfin, un coup d'épée plus vigoureu[se]ment asséné sur la tête de Clisson, le jette à bas d[e]
son cheval. Dans sa chute, il heurte et pousse un[e]
porte entre-bâillée; la porte s'ouvre et Clisson « vie[nt]
cheoir du chef, par dedans la maison, » qui appartie[nt]
à un boulanger déjà levé pour vaquer à ses besogne[s].
Les meurtriers du connétable ne peuvent aller, ave[c]
leurs chevaux, l'achever dans cet asile improvisé qu[e]
vient de lui ménager une circonstance vraiment prov[i]dentielle. « Allons ! allons ! » dit Pierre de Craon à s[es]
hommes, « nous en avons assez fait. S'il n'est mort,
» mourra-t-il du coup de la tête; car il a été féru (frapp[é)
» de bon bras. » A ces mots, lui et les siens pique[nt]
des deux et se sauvent au galop par la porte Sain[t-]
Antoine. Depuis le retour triomphal du roi et de s[es]
oncles à Paris, en 1383, les portes arrachées de leu[rs]
gonds par l'orgueil des vainqueurs et par l'ordre du co[n]nétable lui-même, permettent d'entrer dans la ville [et]
d'en sortir à toute heure (1).

La nouvelle du crime qui vient d'être commis pa[r]vient au roi au moment où il va se mettre au lit. « [Sus]
tôt ! » s'écrie-t-il, « aux torches ! aux torches ! Je
« vueil (veux) aller voir. » Il jette sur lui une simp[le]
houppelande et court à la maison du boulanger. D[ès]
qu'il aperçoit Clisson couvert de sang, mais respira[nt]
encore : « Connétable, » lui demande-t-il, « comme[nt]
» vous sentez-vous ? » — « Cher sire, petitement [et]
» faiblement. » — « Et qui vous a mis à ce parti (da[ns]

_____
(1) Froissart (K. de L.), t. XV, p. 9-11.

» cet état) ? » — « Sire, Pierre de Craon et ses com-
» plices, traîtreusement et sans nulle défiance. » Le
roi promet au connétable une vengeance éclatante; puis
appelle médecins et chirurgiens, assiste au premier pansement et le suit avec une anxieuse sollicitude. Les
médecins le rassurent. Dans quinze jours ils s'engagent
à le lui rendre chevauchant (1).

La présence et le concours de Clisson seront nécessaires à la vengeance que le roi a résolu de tirer de ce
crime ; car Pierre de Craon a trouvé en haut lieu complicité et protection. Sans doute, ce chevalier félon et
pervers, chassé successivement pour ses méfaits de la
cour, des hôtels d'Orléans et d'Anjou, a voulu assouvir sa haine personnelle sur le connétable, qu'il soupçonne de l'avoir perdu dans l'esprit de Louis d'Orléans;
mais ses soupçons et sa haine ont été encouragés au
crime par le duc de Bretagne, ennemi mortel du connétable. Le crime consommé, Pierre de Craon s'est
réfugié auprès de ce duc. Le duc l'a accueilli avec
des paroles où perçait un véritable dépit : « Vous
» êtes un chétif, » lui a-t-il dit, « quand vous n'avez
» su occire un homme auquel vous étiez au-dessus. »
— « Monseigneur, » a répliqué Craon, « c'est bien
» diabolique chose. Je crois que tous les diables de
» l'enfer, à qui il est, l'ont gardé et délivré de nos
» mains (2). »

Tout chétif que puisse être Craon, le duc de Bretagne lui rendra le service que les diables d'enfer ont

---

(1) Froissart, t. XV, p. 11-13.
(2) *Id., ibid.*, p. 20.

rendu au connétable. Sommé de par le roi de Franc[e] d'avoir à livrer le coupable, il répond qu'il l'a vu, de[]puis l'attentat, qu'il l'a reçu, qu'il lui a fait bon visage[,] mais qu'il ignore maintenant le lieu de sa retraite (1)[.]

A cette réponse, dont chaque mot ressemble à un[e] bravade, le roi et ses conseillers prennent la résolutio[n] de marcher en armes sur la Bretagne. Les ducs d[e] Berry et de Bourgogne sont convoqués avec leurs che[]valiers, pour cette expédition que l'on vient de décide[r] sans prendre leur avis. C'est un manque d'égards. I[ls] en sont blessés (2). Pourquoi d'ailleurs iraient-ils ven[]ger le plus puissant protecteur de ces *Marmousets* qu[i] leur ont enlevé le pouvoir et ne leur permettent pa[s] de le ressaisir ? Le matin du jour qui a précédé la nui[t] du crime, le duc de Berry a été averti des machination[s] de Pierre de Craon, et il n'a pas daigné prévenir l[e] roi (3). Le duc de Bourgogne est encore animé de sen[]timents plus hostiles à l'égard du connétable ; i[l] partage toute la haine que ressent pour Olivier de Clis[]son la duchesse, sa femme, cousine du duc de Breta[]gne (4).

La lenteur et le mauvais vouloir que ces princes d[u] sang et la noblesse, à leur exemple, mettent à répondr[e] au mandement du roi, causent à ce prince, dont l[a] santé a été récemment éprouvée par de fâcheux acci[]dents, une impatience, une irritation maladives ; il souf[]

---

(1) *Le Religieux de Saint-Denys*, t. II, p. 8.
(2) *Id., ibid.*, p. 10.
(3) Froissart, t. XV, p. 17.
(4) *Id.*, t. XIV, p. 317.

fre des retards qu'on impose à son ardeur, des supercheries par lesquelles on essaie de le dissuader et de le faire revenir sur ses pas. Cet agacement, cette excitation, cette colère de chaque instant finissent par aboutir à un état de maladie bien caractérisé. Dans les premiers jours d'août, au Mans, où Charles VI est obligé de s'arrêter pour attendre ses oncles, il donne, par ses propos et par ses gestes, des signes non équivoques de démence. A peine un peu rétabli, il veut partir. Ses oncles l'engagent à se reposer encore. Réellement, il est tout fiévreux et nullement en « *point de chevaucher.* » Il répond qu'il se trouve mieux à cheval qu'au repos, et, pour couper court à toute représentation, il ajoute : « Qui me conseille autrement n'est pas à ma plaisance » et ne m'aime pas bien (1). »

Le 5 août 1392, l'armée reçoit l'ordre du départ ; elle s'ébranle dans la direction de la Bretagne. On arrive bientôt dans la forêt du Mans. A peine Charles VI y est-il entré, qu'un homme qui n'est sans doute que l'instrument d'une dernière machination pour faire avorter l'expédition, sort des broussailles, tête et pieds nus, couvert d'un méchante cotte de bure blanche en haillons, s'élance hardiment au-devant du roi, saisit la bride de son cheval, et s'écrie : « Roi, ne chevauche plus » avant ; mais retourne, car tu es trahi. » Suivant le récit de Froissart, les hommes d'armes fondent aussitôt sur ce misérable et le chassent en l'accablant de coups. D'après le moine de Saint-Denis, cette apparition déguenillée et presque spectrale s'attache au roi

---

(1) Froissart (K. de L.), t. XV, p. 28-38.

pendant une demi-heure, en lui répétant son avertissement lugubre (1).

Cette insistance n'était pas nécessaire pour frapper le roi et pour troubler son imagination, dont les souffrances vont encore s'accroître d'un grand malaise physique. Vers midi, il sort, avec son armée, des ombrages de la forêt et débouche dans une grande plaine ouverte et sablonneuse. Le soleil, un brûlant soleil d[u] mois d'août, y darde impitoyablement ses rayons. L[e] roi tout affaibli et qui n'a presque rien mangé et rie[n] bu avant de monter à cheval, suffoque sous la jacque d[e] velours noir dont il est affublé; sa tête est en feu, m[al] garantie contre la chaleur par un chaperon écarlate (2) surmonté d'un petit chapeau de perles blanches, qui e[st] un présent et un souvenir de la reine.

Tandis que toutes ces causes physiques et moral[es] d'ébranlement travaillent à la fois le cerveau et la raiso[n] du pauvre prince, un bruit de fer retentit tout d'u[n] coup à ses oreilles. Deux pages chevauchaient à côté [de] lui. L'un d'eux s'est endormi sur son cheval et [la] pointe de la lance qu'il tenait à la main est venue frap[per le casque en acier poli de son camarade. A ce cl[i]quetis, le roi se redresse en sursaut, enfonce ses ép[e]rons dans les flancs de son cheval, tire son épée,

---

(1) Froissart, t. XV, p. 37. — *Le Religieux de Saint-Denys*, t. II, p.
— La *Chronique des quatre premiers Valois* parle d'une double appariti[on] p. 323-324.

(2) « Le chaperon était une espèce de coiffure en usage principaleme[nt]
» aux quatorzième et quinzième siècles ; elle était en drap, bordée
» fourrures, avec une longue queue qui retombait par derrière » (C[héruel, *Dict. hist. des institutions*, etc., *de la France*, 1ʳᵉ partie, 134).

tourne sur les deux pages, en criant : « Avant ! avant sur ces traîtres ! » Les pages se sauvent au galop, l'un d'un côté, l'autre de l'autre. Le roi brandit son épée avec fureur, fond sur le duc d'Orléans qui évite avec peine ses coups, tue quatre hommes d'armes et un chevalier gascon, le bâtard de Polignac. « Haro ! le grand méchief ! » s'écrie le duc de Bourgogne. « Monseigneur est tout dévoyé ! »

Cependant le roi poursuit sa course furibonde ; son cheval et lui-même sont en nage ; personne n'ose l'approcher. Heureusement, son épée finit par se briser dans ses mains. Alors un chevalier de Normandie, son chambellan, Guillaume Martel, s'élance sur la croupe de sa monture, le saisit à bras-le-corps et le contient fortement. Les autres seigneurs approchent, enlèvent au malheureux prince son tronçon d'épée, le descendent de cheval et le couchent doucement à terre. Ses trois oncles, Bourbon, Bourgogne et Berry et son frère d'Orléans, l'entourent ; il ne les reconnaît pas. Sa fureur n'est point apaisée. Ses yeux roulent dans leur orbite avec une violence convulsive ; il faut le ramener au Mans, lié sur un chariot. Puis l'affaissement arrive, un affaissement qui ressemble à la mort. Charles reste deux jours sans connaissance et sans mouvement. Sa poitrine seule conserve un reste de chaleur et de vie qu'on distingue à peine aux légers battements de son cœur (1).

Sa jeunesse et le fond robuste de sa constitution résisteront pourtant. Transporté au château de Creil, dont

---

(1) Froissart, t. XV, p. 38-42. — *Le Religieux de Saint-Denys*, p. 11 et 20.

le bon air aide à son rétablissement, il y recouvre la santé et la raison, grâce, en partie, aux soins intelligents et habiles d'un grand médecin, Guillaume de Harcelli, qui a le défaut d'aimer trop à dîner aux dépens du prochain, mais le rare mérite de ne point partager les absurdes préjugés et les niaises superstitions de ses contemporains (1).

La guérison du roi sauve la vie à ses conseillers, mais ne peut pas arrêter le cours de leur disgrâce, dont sa maladie a été le signal. Trop de haines s'acharnent après eux. Il faut que le duc de Berry venge le supplice de Bétisac. La duchesse de Bourgogne stimule et enflamme le ressentiment de son mari; elle réclame la tête des *Marmousets* (2).

Clisson et Jean de Montaigu ont senti venir l'orage. Le premier a mis entre ses ennemis et lui-même les murs de ses châteaux-forts; le second s'est réfugié à Avignon (3); mais Jean Le Mercier n'a pas su fuir; Bureau de la Rivière ne l'a pas voulu. Enfermés tour à tour dans les prisons du Louvre et de la Bastille, ils y subissent, pendant plus de quinze mois, une cruelle et douloureuse captivité, tandis que des libelles diffamatoires, composés à l'instigation des ducs de Berry et de Bourgogne, demandent leur mort et que pendant longtemps le peuple se rassemble, tous les jours, sur la place de Grève, pour assister à leur exécution. Ils accueilleront comme une grâce la sentence qui les exilera

---

(1) Froissart, t. XV, p. 47, 48-50; t. V, notes, p. 511; et t. XV, p. 78.
(2) Froissart, t. XV, p. 53 et 54.
(3) *Id., ibid.*, p. 59 et 60.

du royaume, en leur rendant leurs biens et ne leur permettra d'y rentrer qu'avec le consentement exprès du roi, de ses oncles et de son frère (1).

Leur chute est au moins honorée par la noble attitude de l'un d'eux, Bureau de la Rivière, dont le stoïcisme chrétien fait songer à celui du chancelier de L'Hospital. Une jeune et vaillante dame, la duchesse de Berry, ose seule prendre sa défense ; mais le public pense tout bas ce qu'elle ne craint pas de dire tout haut. La sympathie, la pitié, s'attachent à ces malheurs immérités dont la victime sait commander le respect par sa grandeur d'âme. D'abord rendue à Bureau de la Rivière, cette justice s'étendra bientôt à ses compagnons de disgrâce (2). La France n'aura que trop l'occasion de déplorer leur chute en attendant, pendant plus de quarante années (et quelles années !) le retour du gouvernement aux traditions administratives qu'ils représentent.

Néanmoins, sur le moment même, les effets de la réaction qui les précipite du pouvoir et y ramène les princes du sang sont, dans une certaine mesure, atténuée et corrigés par l'émotion que vient de causer à la France entière la maladie du roi. Le gouvernement et la nation ont paru sentir que la main ou plutôt la verge de Dieu était sur eux (3). Le gouvernement, le pauvre malade lui-même une fois guéri, semblent vouloir se laisser

---

(1) Froissart, t. XV, p. 60, 63-65. — *Le Religieux de Saint-Denys*, t. II, p. 26-28. — Douët d'Arcq, *Choix de pièces inédites relatives au règne de Charles VI*, t. I, p. 117-119.

(2) Froissart, t. XV, p. 68-69. — *Le Religieux de Saint-Denys*, p. 26.

(3) *Le Religieux de Saint-Denys*, p. 98 et 128.

momentanément guider par un esprit plus sérieux, plus élevé, plus patriotique. Au sein de la nation, il y a eu un immense élan de douleur, de piété, d'amour pour le roi. Charles VI en conservera le surnom de *Bien-Aimé*. On aurait dit que tous les Français pleuraient la mort d'un *fils unique*. Le peuple suivait, pieds nus, de longues et solennelles processions ou bien assistait avec une ferveur inexprimable, aux prières dites dans les églises pour désarmer la justice de Dieu. Ces prières exaucées, la France et surtout Paris veilleront sur leur roi avec une sollicitude passionnée (1).

Cette sollicitude n'est que l'un des aspects les plus touchants du patriotisme qui se ranime et grandit alors à la suite de ce profond ébranlement imprimé à la conscience et au cœur du pays. En 1394, on peut craindre que la guerre ne recommence sérieusement avec l'Angleterre. Une ordonnance royale prohibe les dés et autres jeux de hasard et recommande, en échange l'exercice de l'arc et de l'arbalète. L'empressement de la nation à répondre à cette invitation est vraiment admirable. Tous, même les enfants et les vieillards rivalisent de zèle. Des villes comme Tournai, instituent des concours de tir. Dans peu de temps, les Français ont surpassé les plus fameux archers anglais par leur vigueur à lancer des flèches et par leur adresse à atteindre le but (2).

---

(1) Froissart, t. XV, p. 47, et fragment de chronique bourguignonne, etc., dans les notes du même volume, p. 368. — *Le Religieux de Saint-Denys*, t. II, p. 22 et 93. — *Chronique des quatre premiers Valois*, p. 324.

(2) *Le Religieux de Saint-Denys*, t. II, p. 128. — Smet, *Recueil de chroniques de Flandre*, t. III, p. 291.

Malheureusement, ce mouvement patriotique, qui aurait pu conjurer pour la France bien des maux et des misères, est entravé, découragé, arrêté par les maîtres de l'Etat à l'instigation de la haute aristocratie dont il ne tarde pas à exciter le vaniteux égoïsme (1). Le cœur du roi s'y serait associé; mais, hélas! sa raison est irrévocablement frappée; même, dans ses moments de lucidité, ses facultés intellectuelles, notamment sa mémoire, qui était excellente, restent à moitié paralysées; on ne doit pas le perdre de vue (2) : ses accès très-longs reviennent à des intervalles qui se rapprochent de plus en plus. Ils sont précédés d'intolérables souffrances qui arrachent au pauvre roi des cris déchirants : « Au nom
» de Jésus-Christ, » dit-il en pleurant, « s'il en est parmi
» vous qui soient complices du mal que j'endure, je
» les supplie de ne point me torturer plus longtemps
» et de me faire promptement mourir (3). » En même temps, il demande qu'on lui ôte son couteau; il donne l'ordre qu'on en fasse autant à tous les gens de sa cour. Bientôt, ce ne sont plus que des paroles et des gestes insensés. Il soutient qu'il ne s'appelle pas Charles et qu'il n'est pas roi de France. Aperçoit-il ses armes avec celles de la reine, il les efface avec fureur. Il prétend qu'il n'a jamais été marié; il ne reconnaît ni sa femme ni ses enfants. Lorsque la reine s'approche de lui, il s'impatiente, il s'irrite : « Quelle est cette
» femme dont la vue m'obsède? » s'écrie-t-il. « Sachez

---

(1) *Le Religieux de Saint-Denys*, t. II, p. 130.
(2) E. de Monstrelet (Douët d'Arcq), t. I, p. 8 et 9.
(3) *Le Religieux de Saint-Denys*, t. II, p. 544-546.

» si elle a besoin de quelque chose, et délivrez-moi,
» comme vous pourrez, de sa présence (1). » Si elle ne
s'éloignait, il la battrait, car sa démence devient parfois
de la frénésie ; il frémit, il s'agite ; il croit sentir mille
pointes de fer s'enfoncer dans son corps. Il s'imagine
que ses ennemis sont à sa poursuite ; il fuit devant eux,
il épuise ses forces à courir dans l'hôtel de Saint-Pol,
dont, crainte d'accident, on a fait murer presque toutes les entrées (2). On essaie de le calmer au son de la
harpe. La duchesse d'Orléans réussit d'ordinaire à lui
rendre un peu de calme ; il l'aime et l'appelle *sa chère*
sœur.

Si la nation n'est pas folle comme son roi, elle ne
reste guère sage pourtant. Sous un gouvernement qui
comprime ses élans généreux et qui, avec le duc d'Orléans, va exercer sur elle une tyrannie spoliatrice, elle
retombe lourdement dans ses misères, dans ses superstitions, dans ses désordres, dans ses vices. L'immoralité
et la corruption de la vie parisienne frappent profondément les contemporains, ceux-là même qui n'ont peut-
être pas le moins de reproches à se faire. Un jour, un
homme qui désire être mis en rapport avec le diable
va trouver un nécromancien et lui demande si Paris ne
sera point détruit, vu la dissolution de ses habitants
et les maux infinis qui s'y font tous les jours. Le nécromancien répond que Paris ne sera pas détruit entièrement, mais qu'il souffrira beaucoup (3).

---

(1) *Le Religieux de Saint-Denys*, t. II, p. 89.
(2) *Id., ibid.*, p. 402-404.
(3) Juvénal des Ursins (Michaud et Poujoulat, t. II, p. 426).

Pour un oracle du diable, ce n'est vraiment pas mal répondu.

De grandes souffrances, de violentes convulsions, telles que 92 et 93 en amèneront seuls de semblables, sont en effet réservées à Paris. Les passions révolutionnaires, dont la première explosion a marqué le commencement du règne de Charles VI, n'attendent qu'une occasion pour éclater une seconde fois. Elles la trouveront dans la sanglante rivalité des maisons d'Orléans et de Bourgogne. Envenimée par ces passions mêmes et devenue la querelle des Armagnacs et des Bourguignons, cette rivalité imprimera d'abord une énergie nouvelle au sentiment national, en appelant à la vie politique une classe et des hommes tout neufs; mais les excès qui en signaleront le cours finiront par user et envelopper dans une mort apparente l'âme, le cœur, le génie de la France !

C'est un grand drame historique, un drame à la Shakespeare, qui s'ouvre devant nous ; il est précédé d'un prologue, qu'il faut tout d'abord étudier. Ce prologue comprend le rôle politique du duc d'Orléans, ses débats avec le duc de Bourgogne Jean sans Peur et son tragique assassinat.

CHAPITRE III.

LE DUC D'ORLÉANS ET JEAN SANS PEUR.

La biographie du duc d'Orléans peut se résumer dans quelques mots : beaucoup de mal causé par un homme qui aurait pu faire beaucoup de bien ; beaucoup de malédictions, et des malédictions méritées, accumulées sur une tête qui aurait pu s'attirer la reconnaissance et les bénédictions publiques.

Né en 1371, fils de Charles V et frère du roi régnant, Louis, duc d'Orléans, est un des types les plus achevés, les plus gracieux, les plus poétiques de cette brillante famille des Valois. — Fringant cavalier, beau danseur, causeur charmant, il a cette beauté élégante et distinguée qui semble le rayonnement extérieur de l'intelligence. Ses traits fins, délicats, expressifs, dans leur régularité toute grecque, reflètent l'esprit, la douceur, la bonté. Son cœur est naturellement généreux et sensible : il donne aux pauvres largement et de sa propre main ; pendant la semaine sainte, il ne néglige pas de visiter l'Hôtel-Dieu et de faire d'abondantes aumônes aux malades ; il n'est ni vindicatif, ni cruel il a toujours une réponse bonne et bienveillante pour ceux qui s'adressent à lui. Sa parole est pleine de charme et d'affabilité, et, lorsqu'il le faut, cette grâce de langage devient, sans peine et sans effort, de l'éloquence, une éloquence « qui surpasse, » dit le moine de Saint-Denis, « celle des plus fameux orateurs, » sans excepter même les vénérables docteurs de l'Uni- » versité de Paris. » — S'il est moins versé que ces doctes personnages dans les subtilités de la dialectique, le duc d'Orléans est, en revanche, servi par une mémoire prodigieuse, qui rassemble et met rapidement à sa disposition toutes les ressources d'un esprit heureusement doué et non moins bien cultivé (1).

Son père lui a fait donner une solide instruction. Louis d'Orléans ne cesse de la féconder par la lecture ; et ses lectures ne sont pas frivoles. Il emprunte aux écoliers du collége de Presle, pour le lire et le faire transcrire, un manuscrit de la *Cité de Dieu* (2). Le moine augustin Jacques le Grand, qui lui dira plus tard de dures vérites du haut de la chaire, lui dédie une imitation française de son ouvrage latin, le *Sophologium*, et cette dédicace est un hommage au savoir du prince que l'auteur a « aperçu non mie tant seulement par relacion, » mais aussi par expérience (3). » Les livres sont les bienvenus chez Louis d'Orléans ; il ne recule pas devant des dépenses considérables pour s'en procurer.

---

(1) Christine de Pisan (Michaud et Poujoulat, t. II, p. 29). — *Le Religieux de Saint-Denys*, t. III, p. 36.
(2) Comte de Laborde, *Ducs de Bourgogne*, t. III, p. 167.
(3) V. Le Clerc, *Discours sur l'état des lettres au quatorzième siècle*, p. 199.

Quatre copistes travaillent sans cesse à accroître les richesses de sa bibliothèque (1).

Ce sont les goûts intelligents et sérieux de Charles V avec un sentiment plus fin, plus délicat, plus artistique. Les poëtes partagent, avec les traducteurs et les savants, les libéralités du duc d'Orléans, qui aime s'entourer d'artistes, musiciens, peintres, architectes. Secondé par sa femme, l'Italienne Valentine Visconti, il fait preuve d'un goût supérieur dans la transformation de son château de Pierrefonds, dans la décoration et l'ameublement de son hôtel de Nesle, dont les appartements, les tentures historiées excitent l'admiration générale et dont les jardins sont les plus beaux de tout Paris (2).

Tous ces éloges, que l'histoire ne saurait refuser à ce prince, sont, pour elle, l'occasion d'autant de regrets. Le duc d'Orléans a des qualités brillantes, exquises; il n'a pas de vertus; il n'a pas même le sens de l'honnêteté. Sa conduite ne sera jamais soumise à la règle, au devoir. Sa vie morale, livrée à toutes les inspirations mobiles de son imagination, de son cœur, de ses instincts, de ses passions, présentera de ces contradictions étranges, dans lesquelles un moraliste superficiel serait tenté de voir les indices d'une véritable hypocrisie. — Le duc d'Orléans est religieux, dévôt même ; il va souvent trouver, aux Célestins, pour prier avec lui, l'ancien conseiller de son père, Philippe

---

(1) V. Le Clerc, p. 280.
(2) Comte de Laborde, *Ducs de Bourgogne*, p. 80, 118. — E. Renan, *Discours sur l'état des beaux-arts au quatorzième siècle*, p. 663 et suiv.

de Maizières, l'auteur du *Songe du vieux Pèlerin* (1), qui est venu passer les derniers jours de son pèlerinage dans le calme et la retraite de ce couvent; il porte à son cou des reliques et un *morceau* de la *Vraie Croix* (2); mais cette piété fervente, sincère, répond seulement aux aspirations mystiques du jeune prince; elle ne réagit point sur ses mœurs; elle ne lui refait pas une conscience. — Après avoir entendu cinq ou six messes aux Célestins, il va achever dans les plaisirs (pour ne pas prononcer un mot plus sévère et plus dur), une journée commencée dans la dévotion et dans la prière. Le matin, c'est un ascète; le soir, c'est un don Juan, qui pourrait, comme celui de Mozart, dérouler la liste trop longue de ses coupables victoires (3).

Ces dissipations, ces pratiques religieuses, ces jouissances artistiques, ces études sérieuses ne suffisent point à l'ardeur de sa jeunesse : il a de l'ambition, une ambition que stimulent peut-être sa femme et son beau-père Galéas Visconti, le duc de Milan. Un moment, il a eu la pensée de se créer une grande principauté au delà des Alpes, en se faisant donner, comme fief, par le pape d'Avignon, le domaine de l'Eglise en Italie, tout au moins Boulogne, la Romagne et les Marches (4); puis, voyant la santé et la raison de Charles VI de plus en plus ébranlées, il a ramené ses visées sur la France; il

---

(1) Christine de Pisan, p. 29.
(2) Comte de Laborde, *Ducs de Bourgogne*, t. III, p. 120.
(3) *Apologie du duc de Bourgogne*, par J. Petit, *apud* E. de Monstrelet Douët d'Arc, t. I, p. 230).
(4) Douët d'Arc, *Choix de pièces inédites*, t. I, p. 112-115.

se dit qu'après le roi, la première place dans l'état appa[rtient] à son frère. De plus, il est jeune, entreprenan[t]. Ses oncles de Berry et de Bourgogne vieillissent : il l[es] évincera. Pour parvenir plus sûrement à son but [et] pour mieux garder, après l'avoir conquise, la positio[n] qu'il envie, il cherche et contracte de tout côté, d[es] alliances : aujourd'hui avec l'empereur Wenceslas (1[)] qui lui abandonne le gouvernement du duché de Luxe[m]bourg ; demain avec le duc de Lancastre, cousin [du] roi d'Angleterre, qui, pour le moment banni en Franc[e] n'en est pas moins une véritable puissance (2).

Le succès finit par couronner ses menées. Un be[au] jour, en 1401, il se trouve, avec la reine Isabeau [de] Bavière, à la tête du gouvernement, maître de tail[le] en plein drap (3).

Pauvre France ! En quelles mains vient-elle d'ê[tre] livrée ! On ne sait pas encore, on saura bientôt ce qu'[est] la reine. A son arrivée en France, c'était une in[gé]nue allemande des plus accomplies, mise très-simp[le]ment, très-timide, ne sachant pas un mot de frança[is], osant à peine remuer les yeux et la bouche. De to[ute] cette ingénuité, de toute cette simplicité, il ne re[ste] plus guère de trace (4). Avec cette exagération et [ce] mauvais goût qui trahissent son origine étrangère, [la] reine donne l'exemple et introduit la mode des toilet[tes] fastueusement tapageuses et outrageusement déco[lletées].

---

(1) Douët d'Arc, *Choix de pièces inédites, etc.*, p. 140.
(2) *Id., ibid.*, p. 157.
(3) *Le Religieux de Saint-Denys*, t. III, p. 24.
(4) Froissart (K. de L.), t. X, p. 349-350.

tées (1). Elle sait maintenant notre langue; mais elle n'est devenue pour cela ni meilleure Française, ni moins bonne Allemande. Toute-puissante en France, elle profite du pouvoir que lui a délégué le pauvre roi pour enrichir sa patrie de naissance. Elle est prise en flagrant délit. Les Messins arrêtent six chevaux chargés d'or monnayé qu'elle expédiait en Allemagne; et les conducteurs de ces chevaux avouent que ce n'est pas la première fois qu'ils ont transporté de pareilles sommes outre Rhin (2). Le duc d'Orléans ne voit rien et ne veut rien voir. Aurait-il le droit de ne pas fermer les yeux? Il ne fait pas des deniers publics un usage moins répréhensible; il les emploie à construire ou à réparer ses châteaux de La Ferté-Milon et de Pierrefonds (3).

Et cet argent, si odieusement détourné, ce n'est pas seulement l'argent de la France, c'est la substance, c'est le pain quotidien des pauvres gens; on l'arrache à leur misère par de lourdes taxes et à l'aide de collecteurs impitoyables. Bon nombre de ces malheureux ont été, en 1404, réduits à vendre tout leur mobilier, jusqu'à la paille de leur lit, et n'ont pas même réussi, au moyen de ce sacrifice extrême, à payer la moitié de la somme exigée d'eux (4). Ruinés par les collecteurs, les pauvres ménages de la campagne, l'homme, la femme elle-même, doivent encore subir les insultes, les brutalités, les voies de fait des hommes d'armes. Ces gens

---

(1) Brantôme, *Vie des dames illustres* (Marguerite de France), édition de Londres, 1779, t. II, p. 192.
(2) *Le Religieux de Saint-Denys*, t. III, p. 232.
(3) *Id., ibid.*, p. 230.
(4) *Id., ibid.*, p. 230.

de guerre, que le gouvernement ne sait pas employe[r] contre l'ennemi et dont il ne se donne pas la peine d[e] contenir les instincts d'indiscipline et de désordre, de[] viennent le fléau du pays qu'ils devraient défendre. I[ls] ne se résignent pas à ne rien prendre là où il n'y [a] rien : il faut remplir leur bourse ; il faut leur servi[r] abondamment à boire et à manger. « Et pensez, » s'écri[e] un grand sermonnaire chrétien de l'époque, « que c[e] » n'est pas là un cas isolé ; il y a de par le royaum[e] » des milliers et des dix milliers de gens qui souffren[t] » des maux encore cent fois plus cruels ! » Les campa[] gnes restent incultes et se dépeuplent, désolées par l[a] plus affreuse des épidémies, celle de la faim. A ces ra[] vages se joint la contagion de nombreux suicides ame[] nés par la misère (1).

Pourtant, de par le roi, il est défendu de se plain[] dre ; car le produit des taxes précédemment levées [a] servi à conquérir de nombreuses forteresses en Limou[] sin et en Guyenne. Le duc d'Orléans le fait proclame[r] dans les rues ; mais on n'est pas dupe de ce mensong[e] et on ne respecte pas cette défense. On se plaint, [et] bien haut. Ce ne sont pas seulement des plaintes : c[e] sont des imprécations. On supplie Jésus-Christ d'en[] voyer un vengeur qui délivre le peuple de la tyrann[ie] du duc d'Orléans (2). Effrayé par les éclats de ce mé[] contentement populaire et craignant pour sa vie, c[e] prince fait défendre, sous peine de prison, de porte[r]

---

(1) Œuvres de Gerson (édit. Dupin), t. IV, col. 609 (Sermon : *Viv[at] rex*, 1405).

(2) *Le Religieux de Saint-Denys*, t. III, 230.

des poignards ou des couteaux autres que ceux qui servent pour les repas (1).

Ce ne sont pas seulement ses propres souffrances que le peuple transforme en autant d'accusations contre la mauvaise administration du duc d'Orléans et de la reine. Tendrement attaché à son roi, il est indigné en songeant que ce pauvre malade est à peu près abandonné et que son corps, rongé par la vermine et par les poux, se couvre de pustules sur plusieurs points (2). Non moins infidèle à ses devoirs de mère qu'à ceux d'épouse, la reine laisse le dauphin dans un véritable dénûment ; elle semble avoir oublié qu'il est son fils. Bientôt le jeune prince pourra dire que depuis trois mois il n'a pas reçu les caresses de sa mère (3).

Les torts de la reine sont aussi les torts du duc d'Orléans. A ces griefs si légitimes et malheureusement trop fondés, l'ignorance et la superstition du peuple en ajoutent d'autres qui sont accueillis même en haut lieu (4) et qui préparent contre ce prince, à la fois

---

(1) *Le Religieux de Saint-Denys*, t. III, p. 232.

(2) *Id., ibid.*, p. 338.

(3) *Le Religieux de Saint-Denys*, t. III, p. 292. — Les comptes royaux publiés par M. Vallet de Viriville, à la suite de son édition de Jehan Chartier (t. III, édit. Jannet, p. 252-254 et suiv.), nous montrent cependant Isabeau de Bavière s'occupant avec une véritable sollicitude de ses enfants en bas âge, contradiction apparente qu'il n'est pas impossible d'expliquer. Qui sait? Dans cette nature incomplète et vulgaire, l'amour maternel est peut-être moins un sentiment qu'un instinct, et cet instinct, sans véritable tendresse, s'affaiblit au fur et à mesure que les objets de ses soins sortent de la première enfance.

(4) Seconde lettre du roi Henry (IV) d'Angleterre, répliquant à la seconde lettre du duc d'Orléans, *apud* Eng. de Monstrelet (Douët d'Arcq), t. I, p. 62 et 64.

malheureux et coupable, de redoutables colères. O[n] l'accuse d'être en relations avec l'enfer. C'est avec se[s] sortiléges sataniques qu'il a ensorcelé le roi, qu'il [a] égaré sa raison et qu'il le fait lentement dépérir (1). S[a] femme, la noble et intelligente Valentine Visconti, e[st] encore moins épargnée que lui-même par ces calom[]nies. Un moment même, l'exaspération populaire a é[té] telle contre la duchesse, que son mari a dû l'éloign[er] de Paris (2). La populace serait peut-être venue [la] déchirer jusque dans son hôtel de Nesle. Mille brui[ts] injurieux ont couru et courent encore à sa honte. Ta[n]tôt on prétend qu'elle a essayé d'empoisonner le da[u]phin (3), tantôt on répète qu'au moment de son dépa[rt] de Milan, son père lui a dit : « Adieu, belle-fille, [je] » ne vous veux jamais voir que vous ne soyez reine [de] » France (4). » Et l'on craint que, par la grâce [de] Satan, elle ne le soit bientôt.

Il est facile de comprendre que le duc d'Orléans [ne] réponde que par le mépris et le dégoût à de semblabl[es] rumeurs ; mais il ne devrait pas traiter avec le mêm[e] dédain les reproches et les leçons qu'attirent soit [à] lui-même, soit à la reine, les scandales et les déso[r]dres de la cour et du gouvernement.

Ces désordres, ces scandales trouvent enfin une vo[ix] courageuse pour les dénoncer du haut de la chair[e.] Prêchant devant la reine, le jour de l'Ascension (1406[)]

---

(1) Apologie du duc de Bourgogne, par J. Petit, *apud* Eng. de Mo[n]trelet, t. I, p. 213 et 217.
(2) *Le Religieux de Saint-Denys*, t. II, p. 404.
(3) Froissart (K. de L.), t. XV, p. 260-261.
(4) Apologie, *apud* Monstrelet, t. I, p. 229.

le moine augustin Jacques Legrand accuse et châtie, avec une impitoyable éloquence, les déréglements qu'elle souffre autour d'elle et dont elle donne peut-être l'exemple. Terminant son énergique peinture par un trait qui porte fort et juste, il invite la reine à parcourir la ville sous le déguisement d'une pauvre femme. Elle entendra ce que chacun dit (1).

Le retentissement de cette mâle et forte parole arrive jusqu'aux oreilles de Charles VI, alors dans un éclair de raison. Il en est tout réjoui ; il veut entendre le vaillant prédicateur.

Le dimanche de la Pentecôte, l'éloquence et l'intrépidité du simple moine semblent grandir avec le devoir qu'il se sent appelé à remplir. Le roi et tout le conseil sont là pour l'écouter. Il faut qu'il soit comme la voix du pays. Il prend pour texte cette parole de l'évangile selon saint Jean (chapitre XIV, verset 26) : « *Le Saint-Esprit vous enseignera toute chose.* » Après un exorde religieux, il tourne droit sur la politique et lance cette déclaration hardie : « L'Etat est mal gouverné. »

Aussitôt, soit par un mouvement spontané, soit à l'instigation de ceux qui l'entourent, le roi se lève, quitte son oratoire, et vient se placer en face du prédicateur. Jacques Legrand n'en est pas troublé ; il prend le roi à partie et lui démontre ce qu'il vient d'affirmer. Les preuves ne sont pas difficiles à trouver ; mais il faut oser les présenter. Jacques Legrand n'hésite pas un instant ; puis, donnant comme sanction à ses paroles

---

(1) *Le Religieux de Saint-Denys*, t. III, p. 268.

les menaces de la justice divine, il conclut par ces mots d'une effrayante solennité : « Si tant de méfaits durent » encore, il est à craindre que Dieu, qui dispose à son » gré de la couronne des rois, ne transporte bientôt le » sceptre à des étrangers, et que le royaume ne soit » divisé en lui-même. » Ce n'est pas la phrase, mais c'est le souffle de Bossuet (1).

Le roi emporte de ce sermon une vive impression; il médite des réformes sérieuses; mais, peu de jours après, sa raison le trahit de nouveau.

Beaucoup moins sage que le pauvre fou, le duc d'Orléans ne semble pas s'apercevoir que c'est à lui surtout que le prédicateur a adressé le reproche *de se vêtir de la substance, des larmes et du sang* du malheureux peuple (2). Il reste sourd et indifférent, mais voici que le ciel lui-même semble l'avertir à son tour.

Par une belle après-midi de juillet, il se promène avec la reine dans la forêt de Saint-Germain; la reine est en voiture, le duc et quelques dames d'honneur l'escortent à cheval; tout à coup un orage éclate, si violent, que le duc est obligé de se réfugier dans la voiture de la reine. Bientôt, effrayés par la foudre, les chevaux s'emportent et prennent leur course affolée dans la direction de la Seine; quelques pas de plus et la voiture va être précipitée dans le fleuve. Heureusement, les traits se rompent ou le cocher parvient à les couper. Louis d'Orléans et Isabeau de Bavière sont sauvés. En rentrant à Paris, ils apprennent que le tonnerre est

---

(1) *Le Religieux de Saint-Denys*, t. III, p. 270 et suiv.
(2) *Id., ibid.*, p. 272.

tombé dans l'appartement du dauphin et a tué un jeune écuyer, aux côtés mêmes du prince (1).

N'y a-t-il pas là des signes éclatants de la colère divine ? N'est-ce pas le commencement d'une punition qu'il faut arrêter et conjurer ? Bien des personnes pieuses et sages le pensent et le disent au duc d'Orléans. Le duc lui-même se laisse toucher cette fois. Il prend et annonce la résolution de mettre, dans ses affaires, un ordre qui sera de bon augure pour celles du royaume. Il fait publier, à son de trompe, à Paris et à Saint-Denis, que tous ses créanciers aient à se présenter, à partir du dimanche suivant, à l'hôtel de Nesle. On leur paiera le montant de leur créance. Plus de huit cents accourent de tout côté ; mais, déception amère ! les uns essuient un refus péremptoire, les autres, des délais qui équivalent à un refus ; les étrangers et ceux qui sont venus de loin sont traités seuls avec un peu plus d'égards. On leur remboursera, s'ils veulent, le tiers de l'argent qui leur est dû. Tous murmurent. Les gens du duc leur ordonnent de partir sur-le-champ. « *Andate, canaglia !* » Ne sont-ils pas trop heureux, en vérité, ces *messieurs Dimanche*, que monseigneur d'Orléans ait songé à eux (2) !

Et les choses continuent d'aller leur ancien train. L'impatience et l'irritation publiques grandissent encore. Elles finissent par gagner le roi lui-même, qui juge du désordre de l'Etat par celui de sa propre maison. Mais

---

(1) *Le Religieux de Saint-Denys*, t. III, p. 282. — Juvénal des Ursins (Michaud et Poujoulat), t. II, p. 435.

(2) *Le Religieux de Saint-Denys*, t. III, p. 282.

il sent bien qu'avec sa raison intermittente, il ne peut se promettre d'y remédier lui-même : il appelle le duc de Bourgogne (1).

Le duc de Bourgogne n'est plus Philippe le Hardi, c'est le fameux Jean sans Peur, cette étrange, cette énigmatique figure de nos guerres civiles du quinzième siècle. Les portraits du temps qui nous ont conservé ses traits semblent exprimer l'énigme de son caractère et raconter sa vie morale. Les grandes lignes de son visage annoncent une volonté énergique ou plutôt une persévérance opiniâtre ; son front caché sous un vaste bonnet, ses sourcils contractés, ses yeux enfoncés et pénétrants, tantôt fixes, tantôt voilés par une large paupière, donnent à sa physionomie un air de profondeur ; mais cette profondeur peut être celle d'une forte pensée ou de desseins sinistres. La franchise, la loyauté, l'épanouissement manquent à son regard, comme l'éloquence et la facilité même manquent à sa parole. Il y a dans tout cet ensemble un air de mystère que le goût prononcé du duc de Bourgogne pour la solitude rend plus suspect encore. Souvent, dans ses chasses, il fait dresser une tente au milieu des bois et y passe plusieurs jours. Ces retraites ne seraient-elles pas autant de rendez-vous avec le diable, dont l'influence sur le gouvernement des royaumes va être développée dans un traité bizarre dédié à Jean sans Peur lui-même (2) ?

Un jour, cette dédicace pourra ressembler à une ironie

---

(1) *Le Religieux de Saint-Denys*, t. III, p. 292.
(2) *Chronique de Chastellain* (édit. K. de Lettenhove), en note, t. Ier p. 18. — Montfaucon, *Monuments de la monarchie française*.

satirique. Jean sans Peur ne la mérite pas encore. Il est jeune comme homme (1) : il a trente-six ans, juste l'âge du duc d'Orléans ; il est plus jeune encore comme prince, il répond avec élan à l'appel du roi. A la tête de six mille hommes, il accourt, mais pas assez vite pour trouver encore, à son arrivée, Charles VI bien portant et sain d'esprit (2).

A son approche, Isabeau de Bavière et le duc d'Orléans s'enfuient rapidement à Melun, laissant l'ordre de leur amener le dauphin. La présence au milieu d'eux du représentant naturel du roi les fera considérer comme les légitimes dépositaires du pouvoir. Mais le duc de Bourgogne déjoue leur calcul. A Louvres, en *Parisis*, il apprend le départ du jeune prince, il se lance à sa poursuite, l'atteint à Juvisy, fait retourner sa voiture et le ramène avec lui à Paris (3).

Son entrée est celle d'un libérateur. Les rois de Navarre et de Sicile se portent à sa rencontre avec une multitude de bourgeois. Le lendemain, le recteur et la plus grande partie des maîtres de l'Université vont lui rendre visite au Louvre (4).

Cet accueil indique bien à Jean sans Peur qu'il y a en ce moment pour lui, en face du duc d'Orléans, un

---

(1) Il est né à Dijon, le 12 mai 1370 (K. de Lettenhove, *Histoire de Flandre*, t. III, p. 449).

(2) *Le Religieux de Saint-Denys*, t. III, p. 292. — Monstrelet (Douët d'Arcq), t. I, p. 108, dit pourtant le contraire : « Le roy estoit de sa maladie retourné en santé. »

(3) *Le Religieux de Saint-Denys*, loco citato. — Monstrelet, t. I, p. 109-110.

(4) Monstrelet, t. I, p. 111-113.

grand rôle vraiment patriotique et bienfaisant à rempl[ir] dans l'Etat. Le duc de Bourgogne semble le comprendr[e] et, le lendemain de son arrivée, dans un grand co[n]seil auquel ont été appelés bon nombre de délégués d[e] l'Université, il fait exposer ses vues, ses sentiments ses intentions politiques par un habile orateur, orig[i]naire de l'Artois, Jean de Nieles. C'est à la fois un r[é]quisitoire et un programme. Le réquisitoire rassemble [et] résume tous les griefs du pays contre l'administratio[n] du duc d'Orléans. Le programme répond aux vœux d[u] patriotisme français, en rappelant que le moment e[st] venu de faire rude guerre aux Anglais affaiblis p[ar] leurs dissensions intestines. Ce discours, que le moin[e] de Saint-Denis qualifie de *très-éloquent*, est comme u[n] engagement que prend le duc de Bourgogne de sati[s]faire à la fois ces vœux et ces griefs. Pour rendre c[et] engagement plus solennel encore, il fait de ce dis cours une circulaire qu'il envoie aux bonnes villes après l'avoir, au préalable, soumise à l'approbation d[es] docteurs de l'Université et des principaux notables d[e] Paris (1).

Une pareille attitude est intelligente. Le duc d'O[r]léans se charge lui-même de la faire paraître plus habil[e]. Infidèle à ses habitudes de courtoisie, il rudoie l'Unive[r]sité dont une députation est venue le trouver à Melun il la renvoie à ses livres et à ses chaires (2). Il lui défen[d] de se mêler de politique; il ne veut rien entendre. [Il] répond par un manifeste à celui du duc de Bourgogne

---

(1) *Le Religieux de Saint-Denys*, t. III, p. 296-300.
(2) Monstrelet, t. I, p. 122. — *Le Religieux de Saint-Denys*, t. III, p. 31[...]

dont il ne réfute que très-faiblement les accusations (1), Il rassemble des troupes. En dépit du zèle que déploient les médiateurs, comme les ducs de Berry et de Bourbon, malgré les processions solennelles qui se font à Paris en faveur de la paix, tout semble se disposer à la guerre civile. Paris prend l'aspect du combat; toutes les portes sont fermées, excepté celles de Saint-Jacques, Saint-Denis, Saint-Martin, Saint-Honoré. Les bourgeois sont invités à se munir d'armes; on leur rend les chaînes des rues enlevées après la sédition des Maillotins; on en forge de nouvelles : plus de six cents en huit jours. Il est défendu, sous peine d'amende, aux serruriers de vaquer à toute autre besogne (2).

Le 22 septembre 1405, la bataille que l'on prévoit depuis quelques jours semble imminente. Les hommes d'armes bourguignons courent prendre position à Montfaucon, le peuple de Paris s'apprête à soutenir leur résistance. Les écoliers s'arment de leur côté au quartier latin. On vient d'apprendre que le duc d'Orléans a donné la veille, autour de Melun, à ses capitaines, un magnifique banquet qui a été comme le signal de l'entrée en campagne. Son armée marche sur Paris. Déjà les premières colonnes débouchent vers le pont de Charenton (3).

Pour arrêter l'effusion du sang, les médiateurs redoublent d'efforts. Ils empêchent qu'on n'en vienne

---

(1) Douët d'Arcq, *Choix de pièces inédites relatives au règne de Charles VI*, t. I, p. 273-283.

(2) Monstrelet, t. Ier, p. 113. — *Le Religieux de Saint-Denys*, t. III, p. 306.

(3) Monstrelet, t. I, p. 123 et 124.

immédiatement aux mains ; peu après, ils ont le bon heur de voir leur arbitrage accepté par les deux rivaux qui semblent un moment se réconcilier. On dirait même que leur rivalité haineuse s'est changée en une émulation courtoise d'attentions, de politesses, de prévenances et de largesses. Jean sans Peur donne, dans son hôtel d'Artois, un superbe festin au duc d'Orléans (1). Celui-ci marie deux de ses fils ; le duc de Bourgogne vient prendre une part brillante aux joutes célébrées Compiègne pour ce double mariage. Il reçoit, des mains de son ancien rival, un harnais de drap noir à la devise d'Orléans (2).

Ces apparences sont bien trompeuses. Cette réconciliation sera éphémère. Elle n'aurait pu être sérieuse qu'à la condition d'éveiller dans le cœur de ces deux princes un zèle ardent pour la chose publique. Malheureusement ce ne sont pas leurs griefs réciproques qu'ils oublient l'un et l'autre, c'est le bien de l'Etat. Trompant les espérances qu'il a d'abord donné lieu de concevoir, Jean sans Peur ne se préoccupe pas plus que duc d'Orléans des misères du royaume. Les souffrances des peuples ne sont pas soulagées et le gouvernement marche encore peut-être plus mal qu'auparavant. Le conseil du roi est travaillé par des dissensions et de tiraillements perpétuels. Le duc d'Orléans et Jean sans Peur ne cherchent qu'à se contrarier et à se nuire mutuellement. On essaie d'assoupir leurs ressentiments en les éloignant tous les deux à la fois. Jean sans Peur v

---

(1) Comte de Laborde, *Les ducs de Bourgogne*, t. III, p. 16.
(2) *Id., ibid.*, p. 21.

commander une expédition contre Calais; le duc d'Orléans va conduire une armée contre les places anglaises de la Guyenne. Ils reviennent plus irrités que jamais l'un contre l'autre. Les apprêts fastueux du duc de Bourgogne ont rendu son échec plus mortifiant; il en accuse la jalousie du duc d'Orléans. Il laisse répéter autour de lui que des lettres, expédiées par le duc de Berry et par le conseil secret, ont interdit à tous les sujets du roi de se joindre à l'expédition contre Calais, sous peine de perdre la vie et les membres (1).

La campagne du duc d'Orléans a été plus déplorable encore. Il a inutilement assiégé, pendant trois mois d'hiver, la ville de Bourg; son insuccès, deux fois mérité, semble la juste punition de la conduite qu'il a tenue pendant tout le siége. Tout entier plongé dans le plaisir et dans la mollesse, il a gaspillé au jeu la solde de son armée dont les soldats désertaient ou mouraient de froid, de faim, de misère et de maladie. Mécontent de lui-même, il ne pardonne pas au duc de Bourgogne les torts qu'il doit se reprocher et le mépris des gens de guerre qu'il s'est attiré à bon droit (2).

La haine des deux princes, que des misérables s'attachent encore à exciter par leurs rapports, s'envenime à un tel point que leur oncle, le duc de Berry, pressentant un malheur, tente encore une fois de les réconcilier. Le dimanche, 20 novembre 1407, ils entendent la messe et communient ensemble (3).

---

(1) Smet, *Recueil des chroniques de Flandre*, t. Ier, p. 250.
(2) *Le Religieux de Saint-Denys*, t. II, p. 450-458. — Monstrelet, t. I, p. 132-138.
(3) Juvénal des Ursins (Michaud et Poujoulat), t. II, p. 445.

C'est tout simplement un sacrilége que le duc [de] Bourgogne ajoute d'avance à son crime : il a sa ban[de] d'assassins toute prête.

Le mercredi, 16 novembre, une troupe d'hommes [et] de chevaux est entrée à huit heures du soir dans u[ne] maison ou hôtel bourgeois de la vieille rue du Templ[e] à l'Image-Notre-Dame, près de la porte Barbette et res[té] inhabité depuis la Saint-Jean dernière. La porte de c[et] hôtel s'est aussitôt refermée sur ces hôtes étranges [et] ne s'est un instant rouverte que le lundi suivant, po[ur] recevoir de nouveaux hommes et de nouveaux chevau[x]. On aurait dit que cet hôtel continuait d'être désert. L[es] allures mystérieuses de ces singuliers locataires exc[i]taient l'étonnement des voisins ou faisaient naître [en] eux des soupçons. On craignait que ce ne fussent [de] mauvaises gens. C'étaient les *bravi* du duc de Bou[r]gogne. A leur tête était Raoul d'Auquetonville, un a[n]cien conseiller général sur le fait des subsides, que [la] reine et Louis d'Orléans avaient fait destituer. S[es] hommes et lui-même guettaient la victime que Jean sa[ns] Peur avait désignée à leurs coups et qui ne soupçonn[ait] pas les embûches tendues sur ses pas. Rien n'eût é[té] plus facile au duc d'Orléans que d'écraser cette poign[ée] d'assassins. Il avait, dans Paris, plus de cinq cents ch[e]valiers à ses ordres; mais il aurait cru manquer à [la] loyauté chevaleresque en se faisant suivre d'une esco[rte] armée.

C'est avec une suite tout à fait pacifique de cinq [ou] six hommes à cheval et de trois ou quatre valets à pie[d] qu'il est allé, sans armes, sans cuirasse et en simp[le] robe de damas noir, passer la soirée du 23 novemb[re] chez la reine. La reine était retirée dans son hôtel de la porte Barbette, malade et affligée de la mort d'un enfant nouveau-né. Le duc d'Orléans causait avec elle, lorsque tout d'un coup un valet du roi, Thomas de Courteheuse, vient le prévenir que son frère le demande à Saint-Pol. Ce valet est un traître ; cet avis est une trahison ; mais le duc d'Orléans est bien loin de penser à un piége. Il prend congé de la reine, monte sur sa mule et se met à cheminer gaiement : il chante et joue avec son gant.

Cette sérénité joyeuse contraste d'une façon saisissante avec l'obscurité de cette nuit froide et brumeuse, qui semble faite exprès pour le crime et avec l'horreur de l'assassinat, au devant duquel le duc d'Orléans s'avance si plein d'insouciance. A peine est-il arrivé à la hauteur de la maison à l'Image-Notre-Dame, que douze ou quatorze assassins, les uns à pied, les autres à cheval, s'élancent de leur embuscade, armés d'épées, de haches, de becs de faucon, se jettent sur la suite du prince, la dispersent ou la mettent hors de combat (1) et fondent sur le prince lui-même, en criant : « A mort! à mort! » — « Je suis le duc d'Orléans, » s'écrie le malheureux. — « C'est ce que nous cher- » chons, » répondent les meurtriers. Un premier coup de hache fait voler au loin la main gauche de la victime ; un second coup, asséné sur le crâne, la jette à bas de sa monture. Louis d'Orléans veut se relever, il retombe sur ses genoux. Les assassins le frappent sans relâche d'estoc et de taille. Il essaie en vain de parer

---

(1) De Laborde, *Les ducs de Bourgogne*, t. III, introduction, p. vi.

les coups avec son bras. « Qu'est-ce? D'où vient cecy demande-t-il. Les meurtriers ne répondent pas ; frappent : le duc est abattu et renversé à terre tout son long : les meurtriers frappent encore, sans s'[in]quiéter de savoir s'ils ne s'acharnent pas sur un ca[da]vre. Enfin, un homme de haute taille sort de la mai[son] fatale, coiffé d'un grand chaperon vermeil, dont la c[or]nette est rabattue sur ses yeux ; il s'approche du co[rps] sanglant et mutilé du duc d'Orléans, l'examine à [la] lueur d'un falot de paille, et, s'adressant aux me[ur]triers : « Eteignez tout, » leur dit-il, « allons-nous-e[n,] « il est mort : ayez cœur d'homme ! »

A ces mots, toùs les assassins s'éloignent par la [rue] des Blancs-Manteaux, laissant derrière eux l'hôtel [de] l'Image-Notre-Dame en flammes, éteignant toutes [les] lumières qu'ils trouvent sur leur passage, décoch[ant] des flèches, semant des chausse-trappes, et cria[nt] « Au feu ! au feu ! » — « Au meurtre ! au meurtre [»] répondent deux voix de femme. — « Haro ! haro [! »] répète une voix d'enfant. C'est celle du page Jacques Merré, qui s'est fait blesser mortellement auprès de [son] maître. Expirant, il rassemble ce qui lui reste de fo[rce] pour donner l'alarme. On accourt, on s'attroupe à [ses] cris de détresse. Des témoins du crime, que la peu[r a] retenus chez eux, se hasardent dans la rue, et, [à la] lueur de l'incendie, contemplent un horrible specta[cle.] Le duc d'Orléans est là devant eux, gisant dans la b[oue] ensanglantée ; la main gauche est séparée du poig[net,] le bras droit est rompu en mille endroits. La tête [est] labourée de deux larges blessures, dont l'une va [de] l'œil gauche à l'oreille droite, et l'autre s'ouvre bé[ante] sur le derrière du crâne entre les deux oreilles (1).

L'émotion qui a saisi la vieille rue du Temple s'étend et se propage rapidement. Deux écuyers du duc d'Orléans accourent tout effarés à l'hôtel de la reine, et jettent, en arrivant, ce mot sinistre que l'expression de leur visage ne commente que trop : le meurtre ! Le connétable est bientôt averti à son tour. Sur son avis et sur ses ordres, le prévôt de Paris, Guillaume de Tignonville, se rend en toute hâte à l'hôtel du maréchal de Rieux, où l'on a transporté le corps du duc d'Orléans : il se concerte avec le prévôt des marchands, fait fermer les portes, tandis que des postes nombreux s'échelonnent le long des rues (2).

C'est, dans ce premier moment, un sentiment général de consternation et d'horreur, qui est doublé d'une vague panique. Plusieurs gentilshommes se revêtent de leurs armes par un mouvement spontané et courent à l'hôtel de Saint-Pol, protéger le roi qu'ils croient menacé (3).

Cependant, le connétable a ordonné de conduire les restes de la victime dans l'église voisine des Blancs-Manteaux ; il les confie à la garde et aux prières de ces religieux. Le lendemain, le roi de Sicile (4), les ducs de Bourbon et de Berry, se rendent dans cette chapelle

---

(1) Monstrelet, t. I. p. 154-158. — *Le Religieux de Saint-Denys*, t. III, p. 736-738. — Raymond, *Enquête du prévôt de Paris sur l'assassinat du duc d'Orléans* (*Bibliothèque de l'Ecole des chartes*, 6ᵉ série, t. I, p. 215-241).

(2) E. de Monstrelet, t. I, p. 257. — *Enquête, etc.*, p. 217.

(3) E. de Monstrelet, t. I, p. 161.

(4) Le fils du duc d'Anjou.

ardente pour jeter de l'eau bénite sur le corps de leu
cousin et neveu. Le duc de Bourgogne les accompagn
Il ne craint donc pas que les blessures du mort ne
rouvrent et ne saignent à son approche? Il rend, jus
qu'au bout, les derniers devoirs au duc d'Orléans.
est aux premiers rangs du cortége funèbre qui, le ven
dredi, 25, s'achemine lentement des Blancs-Manteau
aux Célestins; il conduit le deuil, il tient un des coin
du drap mortuaire, « *en faisant pleurs et grands gémiss
ments* (1). » Sa présence et son attitude, dans cette céré
monie, paraîtront bientôt un scandale même à ses plu
chauds partisans (2). Et pourtant cette douleur n'es
elle tout entière qu'un masque, qu'un artifice, qu'u
mensonge, qu'une hypocrisie? Je n'oserais pas le sou
tenir. Qui sait si, dans ces premiers moments, le crime
enfin consommé, n'apparaît pas au meurtrier dar
tout ce qu'il a d'affreux (3)? Son imagination, son cœu
sa conscience même semblent agités et troublés. Lors
que le prévôt de Paris vient demander aux princes d
sang la permission de fouiller dans leurs hôtels, l
duc de Bourgogne change de visage; il prend à part l
duc de Berry et le roi de Sicile, et, les larmes aux yeux
« C'est moi qui ai tout fait, » leur dit-il, « le diabl
» m'a poussé. »

(1) Juvénal des Ursins (Michaud et Poujoulat), t. II, p. 445. — Mons
trelet (Douët d'Arcq), t. I, p. 160.

(2) « *Dont plusieurs maintinrent qu'il fu mal conseillié* » (Chronique ano
nyme du règne de Charles VI, dite des Cordeliers, publiée par M. Douë
d'Arcq, à la suite de Monstrelet, t. VI, p. 195).

(3) « Perfecto demum scelere, magnitudo ejus intellecta est » (Tacite
Annales, l. XIV, ch. X).

Ce qu'il y a de plus triste, c'est que cette œuvre du diable trouve dans le peuple de Paris indifférence, approbation même. « *Le bâton noueux est plané,* » dit-on par allusion au bâton noueux qui figure dans les armes du duc d'Orléans et au rabot que l'on voit dans celles de Bourgogne. Le mot fait fortune : on en rit et on applaudit au terrible « *raboteur.* » Naguère on demandait un vengeur. Dieu ou le diable l'a suscité. Noël au bon duc (1) !

---

(1) Chronique anonyme, *loco citato*, p. 195 : « De celle mort fut le
» commun peuple moult joyeux. »

CHAPITRE IV.

LES CABOCHIENS ET LA TERREUR AU QUINZIÈME SIÈCLE.

L'élan de joie et de reconnaissance populaire qui a accueilli le crime de la vieille rue du *Temple* accusait les progrès de ce désarroi de la conscience publique, que les trente premières années du quinzième siècle devaient porter jusqu'aux dernières limites ; néanmoins, au milieu de cette anarchie morale grandissante, l'idée patriotique et le sentiment national n'étaient pas encore aussi ébranlés que nous serions tentés de le croire.

On éprouvait pour le pauvre roi, qui était comme le symbole vivant de la patrie, une sympathie mêlée d'affection et de respect, dont le malheur de ce prince n'était pas la seule cause. On était vivement touché à la pensée que l'instinct français, patriotique, résistait chez lui aux plus tristes égarements de la raison. Qu'il entendît, au plus profond de ses crises, prononcer le nom des Anglais, aussitôt son regard s'animait, son visage prenait l'expression et l'attitude du combat (1).

(1) Juvénal des Ursins (Michaud et Poujoulat, t. VI), p. 473.

Dans ses passagères lueurs de bon sens, il s'inquiétait des maux et des dangers du royaume. Le pays les discernait plus nettement; il voulait remédier aux uns et conjurer les autres.

Les exigences légitimes et les inspirations plus ou moins passionnées de cette sollicitude pouvaient aboutir, soit à des réformes bienfaisantes, soit à une révolution destructrice. Le malheur des temps voulut que la révolution l'emportât avec Jean sans Peur et les bouchers qui la conduisaient ; mais ce fut l'honneur de l'Université de Paris d'avoir demandé, essayé, espéré des réformes.

Cette Université était alors une grande puissance intellectuelle, morale, religieuse et politique. L'abaissement de l'Eglise, souvent déshonorée par l'ignorance et l'indignité de ses bénéficiaires, le schisme qui durait encore, et qui était comme un véritable interrègne de la papauté, donnaient une importance et une autorité plus considérables à cette « *fille aînée* » des rois de France. Elle se croyait le droit et le devoir de s'occuper un peu, même beaucoup, des affaires de son père. Elle travaillait à procurer la paix dans l'Eglise. Pourquoi ne s'attacherait-elle pas à la rétablir dans l'Etat ? Les papes du moyen âge avaient bien souvent interposé leur autorité dans les querelles des peuples et des partis. L'Université voulait imiter leur exemple. Elle était l'œil du royaume, une sentinelle placée sur une tour élevée pour signaler de loin tout danger qu'elle verrait poindre à l'horizon (1). Elle n'avait de

---

(1) Gerson, *Œuvres*, éd. Dupin, t. IV. Sermon : *Vivat rex* (1405), col. 590.

parti que celui de la justice et de la vérité (1). Elle po[u]vait mettre au service de cette vérité et de cette justic[e] une des voix les plus éloquentes de l'époque : celle [de] Gerson, dont le souvenir mérite une place dans cet[te] histoire, car ce grand docteur a été aussi un gran[d] citoyen (2).

Jean Gerson, ou plutôt Jean Charlier, naquit le [14] décembre 1363, au village de Gerson, près de Réth[el] (aujourd'hui dans le département des Ardennes). Il f[ut] l'aîné d'une famille de douze enfants, sept filles et cin[q] garçons. Son père Arnoulf Charlier et sa mère Elisa[beth] Lachardenière étaient de simples cultivateur[s] pauvres et **honnêtes** (3). Un grand esprit de piété ré[gnait dans **cette** famille. Gerson a quelque part appe[lé] sa mère « une autre sainte Monique. » Arnoulf Charli[er] aimait **non-seulement** à retracer à ses enfants l[es] grandes **scènes** de la vie et de la mort du Christ, ma[is] à les figurer, à les représenter à leurs yeux, à les jou[er] même, si ce mot n'est pas trop profane. Plus d'un[e] fois, il se plaça contre la muraille, debout, les br[as] ouverts, dans la position d'un homme crucifié. Gerso[n] avoue que cette image frappa vivement son imaginati[on] d'enfant et descendit d'année en année plus avant da[ns] sa mémoire. Elle devait rester gravée dans ses souv[e]nirs jusqu'à sa vieillesse. Qui sait si les impressions [de] cette première éducation de la famille ne corrigeaie[nt]

---

(1) Gerson, *Œuvres*, t. IV, col. 590.
(2) **Schmidt**, *Essai sur Jean Gerson*, p. 53.
(3) Schwab, *Johann Gerson*, p. 55. — Schmidt, *Essai sur Jean Gerso[n]*, p. 5.

pas d'avance pour Gerson l'influence desséchante et pédantesque de la scholastique universitaire dont il devait recevoir les leçons? A quatorze ans, il allait continuer à Paris ses études commencées aux écoles de Reims (1).

La reine Jeanne, femme de Philippe le Bel, avait, en 1304, fondé, dans l'Université de Paris, le collége de Navarre. Ce collége, situé sur la montagne Sainte-Geneviève, et dont les bâtiments, presque entièrement reconstruits, sont aujourd'hui occupés par l'Ecole polytechnique, était destiné aux écoliers trop pauvres pour payer les frais de leur séjour et de leurs études à Paris. Jean Charlier fut un des boursiers de Navarre ; il est, dès 1377, inscrit sur les registres de ce collége sous ce nom que, dès l'année suivante, il changeait pour celui de Gerson. C'était alors l'usage général. Ecoliers et maîtres quittaient leur nom de famille pour prendre celui du village où ils étaient nés. Le mot de *Gerson* avait pour le jeune écolier un attrait tout particulier ; en hébreu, il signifie *pèlerin*, et l'illustre docteur aima toujours à se représenter sous cette image la vie humaine en général et la sienne en particulier (2).

La discipline du collége de Navarre était sévère ; aujourd'hui elle nous semblerait, et à bon droit, odieuse et brutale. Le roi était le premier boursier et sa bourse servait à payer les verges dont on fustigeait les écoliers.

---

(1) Schwab, p. 56 et 57.

(2) Schwab, p. 66. — L'abbé Bourret, *Essai historique et critique sur les sermons français de Gerson.*—Gerson, t. III (Dupin), col. 1598 : « Pelerins,
» voires sommes-nous, hors mis de nostre cité, de nostre païs, de nostre
» héritage, de nostre finable félicité, ou désert de ce présent monde, en
» la valée de plour, en la région de povreté. »

Il paraît qu'on en usait beaucoup. A côté de ces grossières excitations au travail, les natures fines et délicates trouvaient à Navarre des stimulants d'un autre ordre plus appropriés à l'élévation de leurs goûts et de leurs aspirations. Leur esprit y recueillait l'enseignement de professeurs distingués. Après y avoir terminé ses études littéraires et philosophiques, sanctionnée par le diplôme de licencié ès arts, Gerson y prépara sous la direction de l'illustre nominaliste Pierre d'Ailly son doctorat en théologie. En 1392, il obtenait ce dernier grade ; il avait déjà débuté lui-même comme professeur. Ses leçons avaient été remarquées : elles n'eurent pas seulement le mérite de former des disciples comme Nicolas de Clémengis, elles eurent l'honneur d'être écoutées par le maître lui-même, Pierre d'Ailly qui ne craignit pas d'aller s'asseoir, avec les autres écoliers, au pied de la chaire de son ancien élève (1).

Dès cette époque même de sa vie, Gerson était disputé aux devoirs sévères de l'enseignement par des missions moitié politiques, moitié religieuses, et par des prédications à la cour dont le retentissement le fit, en 1395, nommer chancelier de Notre-Dame, charge de laquelle relevait la collation des grades universitaires. Mais les misères de ce rôle illustre et de cette haute position, les concessions que des intérêts puissants ne craignaient pas de demander à la délicatesse de sa conscience, la pensée du temps qu'il devait réserver pour ses prédications devant la cour et qu'il considérait comme perdu, redoublèrent ses aspirations vers la retraite. Ame pro-

---

(1) *Gersoniana*, l. II, *apud* Gerson, Œuvres (Dupin), t. I, p. xxxiv.

fondément chrétienne, cœur d'artiste, aimant à s'épancher dans les élans de la prière ou dans les confidences de la musique, nature rêveuse, retenue seulement par la rigueur de sa logique et la sévérité de son orthodoxie aux limites de l'idéalisme panthéistique des mystiques allemands du quatorzième siècle, Gerson ne se sentait pas fait pour l'action, il la redoutait, il fallut d'impérieux devoirs et d'irrésistibles nécessités pour le jeter dans la mêlée des idées, des intérêts et des passions politiques de son temps (1).

C'est en 1405 que Gerson prononça le premier de ses grands sermons politiques. Le texte en est *Vive le roi : vivat rex*. La division, beaucoup trop compliquée et factice, gêne le libre mouvement de la pensée, mais n'empêche pas plusieurs passages d'avoir cette véritable éloquence qui jaillit de *l'abondance du cœur*. Ce n'est pas seulement le docteur que l'on retrouve dans ce sermon, c'est aussi l'homme.

Fils de paysans, comme le chroniqueur Jean de Venette, Gerson était profondément navré des misères qui affligeaient les campagnes et dont il trace un tableau poignant (2). Français, il était humilié du désarroi du gouvernement, dont tous les secrets étaient livrés à l'étranger par l'indiscrétion de ses conseillers ; il souffrait de cette anarchie oppressive qui réduisait sa patrie à envier le sort des pays dont le chef pouvait se vanter d'avoir le monopole du vol et du pillage (3). Chrétien,

---

(1) Gerson, *Causæ propter quas cancellariam demittere volebat* (Dupin), t. IV, col. 725-728.

(2) Gerson, *Œuvres* (Dupin), t. IV, col. 609.

(3) *Id., ibid.*, col. 604 et 609.

prêtre, docteur, Gerson ne détestait pas moins, à c[e]
point de vue, des désordres dont la prolongation em[-]
pêchait le gouvernement de songer sérieusement [à]
guérir les maux et le schisme de l'Eglise (1).

A tous ces titres, Gerson conjurait les maîtres d[u]
royaume de n'attendre pas même la nuit pour com[-]
mencer à porter remède aux misères qu'il signalait.

Le temps nous manquerait si nous voulions suivre
dans leurs détails, les réformes qu'il indique, et don[t]
les unes ont pour objet la santé du roi, les autres, e[n]
plus grand nombre, celle du corps mystique de l'Etat[.]
Ce qui est plus remarquable que chacun des vœux d[e]
l'orateur pris isolément, c'est l'esprit général qui les
anime ; c'est la philosophie politique dont Gerso[n]
rappelle les vérités et les principes aux seigneurs qu[i]
l'écoutent.

Il proteste énergiquement contre la doctrine absolu[-]
tiste qui donne au prince tous les droits, aux sujets
tous les devoirs. Ils ont mutuellement des obligations
réciproques. Les rois doivent aux sujets foi, protection,
défense; les sujets doivent aux rois fidélité, aide, obéis[-]
sance. Malheur au souverain qui voudrait rompre à son
profit cette harmonie, cette solidarité ! Il n'y a de domi[-]
nation légitime que celle qui se contient et se limite. Le
prince qui abuse de son pouvoir mérite de le perdre (2).

Voilà, certes, une énergique parole qui en fait pres[-]
sentir de plus énergiques encore. Après avoir insisté
sur les lois de cette morale politique, Gerson affirme

---

(1) Gerson, *Œuvres*, t. IV, col. 625 et suiv. (*Veniat pax*).
(2) Gerson, t. IV (*Vivat rex*), col. 600 et 624.

que ces lois ont leur sanction. Pour le prouver, il invoque l'histoire. Il montre que les tyrans, détestés de Dieu et des hommes, meurent rarement dans leur lit. Leur sécurité est à la merci du désespoir du plus faible et du plus petit, qui préfère sa vengeance à sa vie (1). Est-ce à dire que le tyrannicide soit légitime? Quelques paroles de Gerson sembleraient autoriser à lui prêter cette conclusion (2) ; mais je crois que ce serait aller au delà de sa pensée ; on ne la dépasserait pas moins, si l'on faisait de lui l'apologiste du droit d'insurrection ; il présente aux rois oppresseurs le meurtre et la révolte comme une conséquence, un châtiment ordinaires, presque inévitables de leurs oppressions ; mais il ne les reconnaît pas comme des droits aux sujets opprimés. Il voit, au moins, dans le recours du peuple à ces moyens violents, de grands dangers et une source de maux pires que ceux de la tyrannie (3).

Il faut bien l'avouer pourtant, Gerson ne s'explique pas sur ces questions si délicates et si brûlantes avec toute la netteté désirable. Ses hésitations, j'allais presque dire ses contradictions, trahissent le trouble de son esprit et de sa conscience ; et ce trouble accuse l'influence secrète d'un courant révolutionnaire qui parfois, déjà, fait dévier la pensée honnête de ces théologiens réformateurs. Le moment viendra où il entraînera les

---

(1) Gerson, t. IV, p. 600.
(2) *Id.*, p. 624 : « Et si eos (subditos) manifeste et cum obstinatione, in injuriâ et de facto prosequatur princeps, tum regula hæc naturalis : *Vim vi repellere licet*, locum habet. Et id Senecæ in tragædiis : *Nulla Deo gratior victima quam tyrannus.* »
(3) Gerson, t. IV, p. 600.

uns à la dérive et rejettera les autres vers la réaction car, grossissant de jour en jour, il ne tardera pas, apr[ès] la mort du duc d'Orléans et avec l'aide de Jean sa[ns] Peur, à rompre toutes les digues ; le duc de Bourgog[ne] aura besoin de rallier à lui toutes les colères, tout[es] les ambitions, toutes les envies, tous les ressentiment[s,] tous les instincts bons ou mauvais qui travaillent sou[r]dement la bourgeoisie inférieure et le bas peuple de[s] grandes villes en général et de Paris en particulier. L[a] démagogie l'aidera à s'affermir dans un pouvoir conqu[is] par le crime.

Il a pu croire, un moment, que ce crime allait avoi[r] pour lui des suites fâcheuses. La rapidité de sa fuite et l[a] précaution de couper derrière lui le pont de Saint-Maxenc[e] l'ont seules dérobé à la poursuite de l'amiral Clignet d[e] Brabant, qui courait après lui, par ordre du conseil (1)[.] Une fois en Flandre, au milieu de ses vassaux, il s[e] rassure, et, en se rassurant, il bannit toute ombre d[e] repentir et de remords. Il colore son crime, il l'excuse[,] ici par les nécessités d'une légitime défense (2), là pa[r] l'avis unanime des barons du conseil qui ont jugé l[a] mort du duc d'Orléans nécessaire au bien de l'Etat (3)[.] En le frappant, le duc de Bourgogne n'a fait que prévenir ses coups ; il a vengé l'Eglise et la morale ; il a châtié les atteintes portées à l'honneur conjugal du

---

(1) Smet, *Recueil des chroniques de Flandre*, t. I, p. 355. — Mémoires de Pierre de Fénin (Michaud et Poujoulat), t. X, p. 575.
(2) *Collection des chroniques belges*, t. I. — Smet, *Recueil des chroniques de Flandre*, t. I, p. 354.
(3) *Id., ibid.*

roi (1); il a préservé le sien (2). Les bons Flamands le croient sur parole. S'il le faut, ils se lèveront en masse pour le défendre (3). C'est le tour des conseillers du roi de s'alarmer. Ils redoutent surtout une alliance de Jean sans Peur avec les Anglais (4). Pour conjurer ce danger, le duc de Berry et le roi de Sicile courent trouver le duc de Bourgogne à Arras, en dépit du froid le plus rigoureux et malgré une neige épaisse qu'il a fallu faire balayer sur les chemins par des escouades de paysans. Leur démarche, leurs instances trouvent Jean sans Peur intraitable. Il entend que le roi et son conseil le félicitent et le remercient *pour avoir fait cette besogne* (5). Et ce qu'il entend se réalisera point par point.

Malgré la défense du roi, il vient à Paris; mais il y vient avec un long cortége, presque avec une armée d'hommes d'armes, d'archers, d'arbalétriers : autour de lui se serrent douze gardes du corps d'une force et d'une hardiesse peu communes, que font paraître bien redoutable sa chétive personne. Le peuple l'acclame à son passage; la cour n'osera rien lui refuser (6).

Le 8 mars 1408, sur sa demande ou plutôt sur ses

---

(1) *Collection des chroniques belges.* — K. de Lettenhove, *Chroniques relatives à l'histoire de la Belgique sous la domination des ducs de Bourgogne* : Jean Brandon, t. III, p. 110-111.

(2) *Collection des chroniques belges* (Borgnet). — Jean de Stavelot, p. 127.

(3) Monstrelet, t. I, p. 171.

(4) K. de Lettenhove, *Histoire de Flandre*, t. IV, p. 151.

(5) Smet, *Collection des chroniques belges*, t. I : *Corpus chronicorum Flandriæ*, p. 355. — Monstrelet, t. I, p. 173.

(6) Monstrelet, t. I, p. 174, 175, 176. — Pierre Cauchon, *Chronique normande* (Ch. de Beaurepaire), p. 222.

ordres, le dauphin, Louis de Guyenne, représentant [le] roi de France, le duc de Berry, le roi de Sicile, tou[s] les princes du sang, tous les membres du grand con[-]seil, la plupart de ceux du Parlement et de la Chambr[e] des comptes, le recteur de l'Université, accompagné [de] nombreux maîtres et clercs, se réunissent avec une fou[le] de bourgeois, dans la grande cour de l'hôtel Saint-Po[l] et, pendant quatre mortelles heures, assistent à l'inter[-]minable défilé des monstrueux sophismes qu'un de[s] docteurs les plus en renom, un orateur regardé pa[r] les contemporains comme l'émule de Gerson, Jea[n] Petit, a rassemblés pour justifier le meurtre du du[c] d'Orleans. Et quand je me sers du mot *justifier*, je m[e] trompe ; c'est *glorifier* qu'il faudrait dire. Abominabl[e] glorification qui semble renouveler le crime, en pro[-]diguant l'insulte à la victime ! Après lui avoir fa[it] arracher la vie par Raoul d'Auquetonville, le duc d[e] Bourgogne lui fait enlever l'honneur par Jean Petit (1[).] Et la cour et le roi lui-même, une fois rétabli, se ren[-]dent, par faiblesse, complices de cet homicide moral, e[n] ratifiant les conclusions de l'apologiste de Jean san[s] Peur (2).

Royauté, justice, science, université, tout plie devan[t] le crime audacieux et fort. Seule, la douleur d'un[e] femme ne pliera pas.

Le duc d'Orleans reposait à peine depuis quinze jour[s]

---

(1) Discours de Jean Petit pour la justification du duc de Bourgogne *apud* E. de Monstrelet (Douët d'Arcq. t. I, p. 177-242).

(2) « Lettres du roy Charles de France sur le fait du pardon de l[a] mort du duc d'Orléans, » dans *Chronique anonyme du règne de Char[-]les VI* : Monstrelet (Douët d'Arcq), t. VI, p. 196-198.

dans sa chapelle des Célestins, qu'une litière, toute tendue de deuil et conduite par quatre chevaux blancs, caparaçonnés de noir, amenait à l'hôtel de Saint-Pol la veuve de la victime, Valentine Visconti. Suivie de son plus jeune fils et de sa belle-fille, qui n'avait pas vingt ans, et qui avait été déjà veuve d'un roi détrôné et assassiné, la duchesse se jetait aux pieds du roi, fondant en larmes, éclatant en sanglots (1) ; mais ces sanglots et ces larmes demandaient justice et vengeance, car la douleur de la noble italienne recèle des trésors d'énergie et a des traits vraiment cornéliens :

> Plus ne m'est rien,
> Rien ne m'est plus,

dit Valentine Visconti, rien que le devoir de défendre et de venger la mémoire de celui que le crime lui a ravi. Elle ne le laissera pas sous le coup des outrages de Jean Petit ; elle charge Jean de Sérisy, abbé de Saint-Fiacre, de répondre. Au milieu des artifices, des longueurs, des subdivisions de sa dialectique pédantesque, Jean de Sérisy trouve çà et là quelques cris du cœur ; mais c'est la présence, c'est l'attitude de Valentine Visconti et de ses enfants qui donnent à cette apologie son pathétique le plus émouvant. Les conseillers du roi, devant lesquels elle est prononcée, sont touchés ; on promet à la duchesse de faire droit à ses justes plaintes. Jean sans Peur sera puni avec sévérité et rigueur (2).

(1) Monstrelet, t. I, p. 167. — Guillaume Cousinot, *Geste des nobles* Vallet de Viriville), p. 118.
(2) Monstrelet, t. I, p. 269, 336, 348.

Beau mouvement que nous admirerions plus volo[n]tiers, si nous ne savions pas en ce moment le duc [de] Bourgogne bien loin de Paris. Il marche contre l[es] Liégois, qui ont chassé leur évêque, son beau-frèr[e,] Jean de Bavière. L'expédition est difficile et dangereus[e.] On pense qu'il n'en reviendra pas. Les Liégeois se so[nt] levés en masse, hommes, femmes, enfants, moines[,] prêtres. Un grand nombre de chevaliers des Ardenn[es] les appuient; mais l'heure du châtiment n'a pas e[n]core sonné pour le meurtrier. Il enveloppe ses ennemi[s,] les prend comme dans un immense filet. La chevale[rie] bourguignonne n'a plus qu'à tuer ; elle tue sans piti[é ;] vingt-quatre mille victimes de tout âge et de tout se[xe] couvrent le champ de bataille de Hasbain (1). [En] apprenant cette victoire, des ambassadeurs anglai[s] qui se trouvent en France, saluent le vainqueur [du] nom de *Jean sans Peur* qui lui restera dans l'h[is]toire. Ah ! décidément, c'est la douleur, c'est la piti[é,] c'est la conscience qui ont tort! C'est le crime qui [a] raison.

La cour se hâte de fuir ou de se courber devant s[on] triomphe. Le roi est alors malade ; on l'embarque s[ur] un bateau couvert; on l'emmène, à l'insu des Parisien[s,] d'abord à Montargis, puis à Tours. Les conseillers q[ui] hier encore, parlaient le plus haut contre le duc [de] Bourgogne, baissent la tête, se taisent ou changent [de] langage. Quelques jours après, le 17 novembre 140[8,]

---

(1) Smet, *Recueil des chroniques de Flandre*, t. III, p. 339. — *Id.*, t. [II,] *Corpus chronicorum Flandriæ*, p. 251. — *Chroniques belges* (Borgne[t),] Jean de Stavelot, p. 119. — *Le Religieux de Saint-Denys*, t. IV, p. 142[.]

Jean sans Peur arrive à Paris, et son entrée est une bruyante ovation (1).

Cette ovation sera le coup mortel pour Valentine Visconti. Le 4 décembre, elle meurt « de courroux et de deuil ; » mort cruelle, pleine de douleurs, de regrets et de craintes ; triste fin d'une existence qui n'a jamais connu le bonheur et qu'achève de briser le spectacle du crime impuni et victorieux (2).

Les fils de Valentine Visconti, dont l'aîné sera le malheureux poëte Charles d'Orléans, conserveront, gravés au plus profond de leur cœur, le souvenir qu'elle laisse à leur affection et l'exemple qu'elle lègue à leur piété filiale (3) ; mais ils sont jeunes, sans appui, sans protection. Trois mois ne se sont pas écoulés depuis qu'ils ont fermé les yeux à leur mère, qu'ils sont contraints de tendre la main au puissant meurtrier de leur père. C'est sur une estrade dressée dans la cathédrale de Chartres que se joue cette *comédie* de réconciliation.

Comédie ! le mot est peut-être bien impropre ; la mise en scène et les sentiments qu'éprouvent les différents personnages conviendraient bien plutôt à une tragédie. Six cents hommes d'armes accompagnent le duc de Bourgogne. Six cents hommes d'armes escor-

---

(1) Monstrelet, t. I, p. 389-392. — *Le Religieux de Saint-Denys*, t. IV, p. 182. — Guillaume Cousinot, *Geste des nobles*, p. 124. — Pierre Cauchon, *Chronique normande*, p. 243.

(2) Monstrelet, t. I, p. 393 et 394. — Juvénal des Ursins (Michaud et Poujoulat, t. II), p. 444.

(3) Monstrelet, t. II (*Lettres du duc d'Orléans et de ses frères au roi*), p. 129.

tent les enfants d'Orléans qui montent sur l'estrade a
le roi, le dauphin, duc d'Aquitaine, le duc de Berr
et tous les membres du conseil. Assisté par le co
de Hainaut et par l'évêque de Liége, Louis de Baviè
ce prélat joueur et prodigue (1) qui repousse, com
une insulte, le titre de prêtre, le duc de Bourgog
triomphe insolemment : il renouvelle ou fait renouve
l'apologie de son crime ; il faut que les fils de la v
time entendent déclarer que leur père a été tué
punition de sa coupable conduite et pour le bien
l'Etat. Ils ne peuvent protester contre l'outrage de se
blables paroles que par leur confusion et leur doule
ils essaient de se dissimuler derrière le roi et pleur
à chaudes larmes. Ils sont trop vrais pour déguiser l
souffrance et leur indignation. Une première fois, l'a
cat du duc de Bourgogne les prie d'ôter de leur co
haine et vengeance ; ils ne répondent pas ; le roi l
répète, comme un ordre, la requête que vient
leur adresser son beau cousin de Bourgogne. Ils n'os
pas désobéir au roi : on apporte un missel tout ouve
et les fils de Louis d'Orléans d'une part, Jean s
Peur de l'autre, jurent, sur les saints Evangiles, p
et réconciliation (2).

A la marge de ce traité qu'il enregistre, le greffier
Parlement écrit ces mots : « *Pax ! pax, inquit prophe
et non est pax.* » (Paix, dit le prophète, et ce n'est

---

(1) Smet, *Recueil des chroniques de Flandre*, t. I : *Corpus chronico
Flandriæ*, p. 251. — Jean de Stavelot, p. 95.

(2) *Le Religieux de Saint-Denys*, t. IV, p. 198 et 200. — Monstre
t. I, p. 397 et 40⁰. — Smet, *Recueil de chroniques belges*, t. I : *Cor
chronicorum Flandriæ*, p. 357.

la paix (1). Ce scribe obscur a plus de sens et de sagacité que Gerson, que les docteurs de l'Université, qui croient encore à la possibilité de conjurer la guerre civile. Elle est fatalement inévitable. Différée, arrêtée une première fois, elle éclate enfin avec violence, dans les derniers jours d'août 1411 et se prolonge jusqu'en juillet 1412.

Les enfants d'Orléans ont rallié à leur cause la plus grande partie de la noblesse française; ils ont trouvé un protecteur puissant dans le comte Bernard d'Armagnac, dont Charles d'Orléans a épousé la fille et qui sera le véritable chef du parti (2). Leur armée, grossie de *condottieri* et d'aventuriers de tout pays, s'est surtout recrutée dans les populations de la Garonne et des Pyrénées : populations braves, courageuses, légères de tête. Les femmes y sont fortes et habiles et font le labour. Les hommes, grands joueurs de dés et de cartes, gueux au milieu d'un des plus fertiles pays du monde, y naissent arbalétriers, soldats, hommes d'armes et surtout grands pillards (3). Ils rivalisent avec les cavaliers de la Lombardie par la souplesse de leurs chevaux et par la précision rapide de leurs voltes au galop (4). Leurs allures, leur langage, leurs costumes de fantaisie, les casaques de leurs chefs garnies de

---

(1) K. de Lettenhove, *Histoire de Flandre*, t. IV, p. 156. — Gerson, *Opera*, édit. Dupin, t. IV, p. 625 et suiv. Sermon : *Veniat pax*.

(2) Monstrelet, t. II, p. 65.

(3) Description de la France au quinzième siècle, attribuée à Gilles Bouvier dit Berry, apud Pierre Clément, *Jacques Cœur*, p. 124.

(4) Monstrelet, t. II, p. 102. — Chastellain, *Chronique* (K. de L.), t. I, p. 109.

cloches d'argent à grands battants étonnent les ger
du Nord ; leurs brigandages les irritent, leurs cruauté
les terrifient et les exaspèrent (1).

Pour combattre cette véritable invasion du Midi, Jea
sans Peur n'a pas seulement les chevaliers bourguignor
et flamands : Paris est avec lui et pour lui ; le roi
le dauphin sont à ses côtés, et leur présence donne
sa cause une sérieuse autorité morale. Le duc de Bou
gogne les conduit devant Bourges où, pendant près (
quarante jours, il assiége sans résultat le duc de Ber
et les principaux Armagnacs. Las de subir sa domin
tion, le dauphin fait ralentir les attaques, défend
bombardement de la place et, obligeant le duc de Bou
gogne à traiter, le contraint de manquer à la paro
qu'il a donnée aux Parisiens et à lui-même de pouss
la guerre à outrance (2).

Les velléités d'indépendance et d'ambition, manife
tées par ce jeune dauphin qui semble vouloir devenir
régent du royaume, alarment Jean sans Peur (3). Po
les décourager et les contenir, pour leur enlever le poi
d'appui qu'elles pourraient trouver dans la haute bou
geoisie parisienne, le duc de Bourgogne imprime une no
velle énergie ou plutôt une nouvelle violence au gouve
nement révolutionnaire qui, sous ses auspices et depu
le commencement de la guerre entre les Armagnacs
les Bourguignons, domine Paris et tend à l'opprimer (4

---

(1) *Le Bourgeois de Paris* (Michaud et Poujoulat, t. II), p. 632. — *Le Re
gieux de Saint-Denys*, t. IV, p. 452.

(2) Monstrelet, t. II, p. 282-283.

(3) *Id., ibid.*, p. 335.

(4) Monstrelet, t. II, p. 344 et suiv. — Smet, **Recueil des chroniques**

Les bourgeois notables qui le subissent et qui vont bientôt en souffrir ne devront accuser qu'eux-mêmes. Inaugurant ces fatales traditions d'indifférence et d'abdication politiques auxquelles leurs descendants ne resteront que trop fidèles, ils ont accueilli, sans empressement, la restauration municipale qui, en 1411, a achevé de rendre à la capitale ses magistrats électifs et ses chefs militaires (1). Peu jaloux des droits qui leur étaient rendus et déclinant les devoirs que l'exercice de ces droits leur aurait imposés, ils ont laissé le pouvoir passer aux mains du peuple et de la puissante corporation des bouchers (2).

Bien que remontant à la plus haute antiquité et se rattachant peut-être aux anciens colléges gallo-romains, cette corporation ne figure pas au nombre des *six corps* de métiers qui représentaient, dans le Paris du quatorzième siècle, une sorte d'aristocratie industrielle et répondaient assez bien aux arts majeurs de Florence. Groupés autour de l'Eglise *Saint-Jacques de la Boucherie*, qui est à la fois leur centre religieux et civil, les bouchers forment une classe, presque une caste à part; ils constituent comme une cité dans la cité. On ne fraie pas avec eux. On les redoute, parce qu'ils sont puissants; on les envie parce qu'ils sont riches; mais on les méprise parce qu'ils exercent un métier déclaré infamant par les ordonnances royales. L'aspect de leurs

---

Flandre, t. I : *Corpus chronicorum Flandriæ*, p. 361. — Cet appel à la violence sanguinaire des bouchers était une tradition des comtes de Flandre (K. de Lettenhove, *Hist. de Flandre*, t. IV, p. 181).

(1) *Le Religieux de Saint-Denys*, t. IV, p. 476.
(2) Guillaume Cousinot, *Geste des nobles*, p. 145.

maisons, le sang qui s'en échappe en ruisseaux, les odeurs infectes qui s'en exhalent, complètent l'impression mêlée d'effroi et de répulsion qu'inspirent leur figure rouge sanguine, ignoble même, et leurs mœurs brutales. On sait qu'ils ne craignent pas de défendre leurs priviléges la hache ou le couteau à la main. Plus d'une fois les écoliers ont été troublés dans les tavernes, où ils célébraient de joyeux banquets, par une descente armée de bouchers, qui contestaient aux taverniers le droit de vendre de la viande. Attaqués eux-mêmes, les étudiants ont dû riposter, et les éclats de la fête ont fait place au tumulte d'une rixe sanglante (1).

Ces habitudes de violences et les sentiments qu'elles inspirent aux *honnêtes gens* peuvent devenir une force, un prestige, un titre à la faveur populaire dans des moments d'agitations et de troubles. Soutenus par le menu peuple qui trouve enfin des chefs, favorisés par Jean sans Peur, appuyés par cette populace d'écorcheurs, de fripiers, de gens des *halles* (2) qui, en 93, fourniront leurs recrues les plus ardentes aux clubs des Jacobins et des Cordeliers, les bouchers ou leurs valets, les Tybert, les Saint-Yon, les Legoix, les Denisot de

---

(1) Levasseur, *Histoire des classes ouvrières*, t. I, p. 279 et suiv. — Chéruel, *Dictionnaire historique, etc.*, 1re partie, p. 85 et suiv. — Requête adressée par les habitants de la rue Sainte-Geneviève contre les bouchers de la boucherie Sainte-Geneviève, *apud* Levasseur, *Histoire des classes ouvrières*, t. I, p. 532 et 533.

(2) Monstrelet, t. II, p. 163. — Chronique de Jean Raoulet, à la suite de la chronique de Jean Chartier (Vallet de Viriville), t. III, p. 163. — Chronique des Cordeliers, *apud* Monstrelet, Douët d'Arcq, t. VI, p. 219.

Chaumont, les *Caboche*, sont tout-puissants à l'Hôtel-de-Ville et dans les conseils du capitaine bourguignon de Paris (1). Jacobins du quinzième siècle, ils composent le noyau du parti *cabochien*, qui rallie quelques représentants de la bourgeoisie moyenne, même de gros bourgeois trop prudents pour rompre avec la faction dominante (2) et surtout une partie notable de l'Université, entraînée par les enseignements d'Aristote (3).

La juxtaposition de ces éléments disparates explique d'avance les contrastes, les incohérences, les contradictions que présentera l'histoire des Cabochiens.

Leur domination sera souillée par des violences et des tyrannies que l'on saurait amnistier ; mais pour les juger avec impartialité il faut songer à quel degré de barbarie stupide la magistrature poussait alors le mépris de la vie et de la liberté de l'homme (4). Une autre circons-

---

(1) Monstrelet, t. II, p. 344. — Pierre Cauchon, *Chronique normande*, p. 257. Les Orléanais aux Parisiens : « Issiés, truanz, bourgois, bou-
» chiez, tripiez. » — *Le Religieux de Saint-Denys*, t. IV, p. 444.

(2) Monstrelet, t. II, p. 352.

(3) *Le Bourgeois de Paris* (Michaud et Poujoulat), t. II, p. 637.

(4) *Bibliothèque de l'Ecole des chartes*, 6ᵉ série, t, I, p. 373. — Registre criminel du Châtelet de Paris : « Un ménétrier, Guillaume Guéroult,
» povre et ancien homme, a volé 19 écuelles d'étain. Le délit constaté, il est
» sommé de confesser ses autres méfaits. » — « Plus autre chose n'avait
» méfait, » répond-il. Les juges déclarent que « veue ladite confession,
» on ne pouvait pas épargner ledit prisonnier à être mis à la torture. »
La torture ne parvient pas à arracher d'autres aveux au vieillard ; il est condamné à mort. La peine capitale est prodiguée avec autant de barbarie que de stupidité. Sorcières brûlées vives, juifs pendus pour vol entre deux chiens, telles sont les odieuses images que les registres du Châtelet ne font que trop souvent passer devant nous.

tance bien autrement atténuante pour ces excès de
cabochiens qu'il faut condamner, c'est la vie puissant[e]
que leur âme rude et neuve communique au sentime[nt]
national. Leur langage a autant de sincérité que d'élé[-]
vation et de justesse, lorsqu'ils parlent de la France, d[e]
l'Etat et de la patrie. « En temps de nécessité comm[e]
» le nôtre, » écrivent en 1413 le prévôt des marchands[,]
les échevins, bourgeois et manants de Paris, au maire[,]
échevins, bourgeois et manants de Noyon, chacun s[e]
doit employer et préférer la *pitié* du pays à toutes le[s]
autres (1). »

On croirait entendre Jeanne Darc : le parti qui a e[u]
l'honneur de trouver ces paroles à l'honneur, plu[s]
grand encore, de s'en inspirer. Ses représentants haïs[-]
sent les Anglais; ils sont les premiers debout pou[r]
chasser ceux qui, à la faveur de nos troubles, ont pri[s]
pied en Normandie (2). Leur zèle pour la défense d[u]
territoire n'est égalée que par leur sollicitude pour l[e]
bien de l'Etat. Ils ne se contentent pas de protéger e[t]
d'encourager le beau travail de la réforme que l'Univer[-]
sité et les Etats de 1413 poursuivent silencieusement[;]
ils veulent, eux aussi, collaborer à cette œuvre : ils s'e[n]
prennent aux abus vivants. Ils prétendent redresse[r]
l'éducation du dauphin (3). Il est irréligieux, lent dan[s]

---

(1) *Bibliothèque de l'Ecole des chartes*, 2ᵉ série, t. II : Correspondanc[e]
entre le corps municipal de la ville de Paris et celui de la ville de Noyon[,]
p. 63.

(2) Monstrelet, t. II, p. 299-300.

(3) *Bibliothèque de l'Ecole des chartes*, 2ᵉ série, t. II : Correspondanc[e]
entre le corps municipal de la ville de Paris et celui de la ville de Noyon[,]
p. 61.

— 233 —

l'expédition des affaires, négligent dans l'accomplissement de ses devoirs. On le corrigera, dût-on le mettre aux arrêts dans l'hôtel de Saint-Pol (1). Il a pour les plaisirs et pour les fêtes une passion inquiétante. On lui rappellera que ce sont les excès de leur jeunesse qui ont fait tomber son père dans une maladie incurable et périr le duc d'Orléans d'une mort ignominieuse. On le menacera de transférer ses droits à son frère puîné, s'il ne veut pas réformer ses mœurs.

C'est le carme Eustache de Pavilly qui lui infligera cette dure leçon. Ce moine est, avec le chirurgien Jean de Troyes, l'orateur du parti. Leur éloquence ou plutôt leur rhétorique a parfois des recherches et des élégances fleuries qui contrastent étrangement avec les violences qu'elles sont destinées à couvrir. Un jour, répétant tous les deux la même métaphore, ils insistent sur le devoir d'arracher des alentours du jeune prince les *mauvaises herbes* qui pourraient empêcher la fleur de sa jeunesse de produire les *doux fruits* que l'on doit en espérer. Or ces mauvaises herbes ce sont, avec Louis de Bavière, le frère d'Isabeau, la plupart des officiers du dauphin ; ce sont quatorze ou quinze dames de la cour des plus nobles et des plus considérées. En vain, arrachées de leur asile, frémissant d'indignation sous les mains brutales que les bouchers osent porter sur elles, ces dames fondent en larmes ; en vain le dauphin proteste, menace et pleure ; en vain la reine donne tous les signes d'une émotion dont le contre-coup la laissera malade jusqu'à la mort ; ces farouches jardiniers ne se laissent

(1) Monstrelet, t. II, p. 346.

pas émouvoir ; il faut que leur sarclage s'achève. Les mauvaises herbes son entraînées hors du palais. Jetées dans des bateaux, les dames sont conduites par la Seine à la Conciergerie. Louis de Bavière et ses compagnons de captivité traversent lentement les rues de Paris à cheval, deux par deux, sous une forte escorte d'hommes armés qui les amènent aa Louvre (1).

On croirait assister à une scène de la Terreur ; et, en effet, la terreur règne à Paris. Véritables aïeux du conventionnel Legendre, les bouchers laissent aux jacobins de 93 peu de pratiques terroristes à inventer. L'emprunt forcé, le régime des suspects, les certificats de civisme, les emprisonnements en masse sont à l'ordre du jour.

Les Cabochiens fixent la part pour laquelle chaque notable doit être compris dans l'impôt et le tiennent en prison jusqu'à ce qu'il ait payé. Cette rançon acquittée le sauve pour le moment, mais ne suffit pas à garantir sa sécurité pour l'avenir. Malheur à lui, s'il ne peut pas obtenir le chaperon blanc (c'est le certificat de civisme de l'époque) (2). Or, n'en a pas qui veut : et quand on le refuse à un bourgeois, c'est un signe qu'on le tient pour Armagnac. Une fois rejeté dans cette catégorie de suspects, il y a bien des motifs de craindre pour sa vie ou tout au moins pour sa liberté. Il devra se considérer comme trop heureux si quelque méchant drôle,

---

(1) Monstrelet, t. II, p. 351-355, et t. VI (additions) : Lettres patentes du 18 septembre 1413, p. 118-119. — *Le Religieux de Saint-Denys*, t. V, p. 12, 30, 38, 42.

(2) Chronique des Cordeliers, *apud* Monstrelet, t. VI, p. 217.

criant après lui : « Voilà un *Armagnac !* » ne le fait pas assassiner en pleine rue. Il aura soin de se montrer le moins possible ; mais réussira-t-il à se faire assez oublier pour n'être ni pillé, ni traîné dans ces prisons où sont entassés tant de malheureux (1)? Ces prisonniers, hommes et femmes, s'attendent aux plus cruels traitements. Ils savent qu'on a laissé mourir de froid, de misère ou de faim, plusieurs de ceux qui les ont précédés dans ces geôles infernales. Peut-être ont-ils vu passer la charrette qui allait jeter dans les fossés de la ville les cadavres de ces malheureux (2). Leur sera-t-il moins affreux ? Leur innocence n'est pas un motif suffisant d'espérer. Les plus hauts placés auront la faveur d'être traduits devant un tribunal révolutionnaire où siégeront les principaux chefs du parti cabochien : Thomas Legoix, Jean de Troyes et Pierre Cauchon, le futur bourreau de Jeanne Darc (3). Les autres, le vulgaire obscur, pourront bien être expédiés sans jugement : l'échafaud est en permanence aux halles ; et la Seine reçoit les victimes que l'on aime mieux « *mettre hors de ce monde* » d'une façon plus clandestine (4).

---

(1) Juvénal des Ursins (Michaud et Poujoulat, t. II), p. 482-484, 466. — Gerson, *Opera*, t. IV. Sermon prêché en 1413, p. 658.

(2) Monstrelet, t. II, p. 224-225. — Douët d'Arc, t. I, *Choix de pièces inédites sur le règne de Charles VI* : rapport du premier président Henri de Marle sur les conférences d'Auxerre, p. 356.

(3) Douët d'Arc, t. I, p. 357.

(4) Monstrelet, t. II, p. 362 et 371. — Monstrelet, t. VI, lettres patentes, p. 120-121 : « Et plusieurs autres crimes et énormités ont faictes et » perpétrées, tendans à conclusion de faire extirper et mourir toute » noblesse et clergié, et tous bons marchans et bourgeoix, afin de régner, » dominer et gouverner tout notre royaume à leur voulonté, et pour » induire les autres populaires à leurs faulses et desloialles intencions. »

Un des traits les plus caractéristiques de ces temps de tyrannie démagogique, c'est un mélange d'oppression sans bornes pour les uns et de licence sans limites pour les autres. En 1413, un prud'homme ou, si vous aimez mieux, un honnête homme, ose à peine passer son chemin, tandis qu'un misérable assassin marche tête levée (1). Le haut du pavé appartient à des bandes d'ouvriers qui dépensent leur temps à monter la garde et qui ont perdu l'habitude du travail. Ne gagnant rien, il faut qu'ils pillent : « et aussi, » raconte Juvénal des Ursins, « le font-ils de leur autorité pure et privée. » Leurs chefs ne les gênent pas; ils pillent eux aussi à leur manière. Menant un train de vie vraiment royal, ils consacrent une partie de l'emprunt forcé à en payer les dépenses (2).

Les hautes classes laissent le champ libre à ces excès qui servent l'ambition du duc de Bourgogne. Beaucoup de nobles et de notables (3) ont quitté Paris; les bons bourgeois qui sont restés ont commis la faiblesse de sanctionner les violences des Cabochiens, en y assistant en armes, lorsqu'ils ne se faisaient pas remplacer par leurs valets (4); mais, à travers la pusillanimité de leur attitude, leurs vrais sentiments finissent par percer : ils sont humiliés et fatigués de cette anarchie tyrannique et craignent qu'elle n'ait les suites les plus

---

(1) Gerson, *Opera*, t. IV : « Sermon prêché en 1413 devant le roy, » p. 660.

(2) Juvénal des Ursins (Michaud et Poujoulat), t. II, p. 482.

(3) Monstrelet, t. II, p. 163 et 361-362.

(4) *Le Religieux de Saint-Denys,* t. V, p. 46. — Gerson, t. IV : Sermon, 1413 (*Rex in sempiternum vive*), p. 663.

fâcheuses pour la France. Un religieux, menant vie contemplative, a eu une étrange vision : il a vu le roi d'Angleterre « en grand orgueil et état » au plus haut des tours de Notre-Dame; de là, ce prince excommuniait le roi de France, qui était assis sur une pierre, dans le parvis, au milieu d'un groupe de personnes en deuil (1).

Il faut empêcher cette vision de se réaliser. Il faut en finir avec les Cabochiens. Déjà d'amers reproches leur ont été adressés en face par des représentants de la bourgeoisie. Ils ont répondu avec assez de bonheur et d'à-propos; mais ce que ces réponses ont pu avoir de juste et de vrai n'empêche pas le vide de se produire autour d'eux. La plus grande partie de l'Université les a abandonnés; elle n'a pas voulu se rendre complice de leurs attentats; elle a été bien plus irritée encore des atteintes portées à ses priviléges par la fiscalité niveleuse de cette démagogie, qui a prétendu la soumettre à l'emprunt forcé (2).

Gerson a défendu ces immunités pécuniaires avec la fermeté convaincue qu'il aurait pu mettre à la défense d'un droit. Cette énergie n'a été qu'une des formes du courage qui a honoré son attitude dans ces temps désastreux. Au milieu du silence général, il a flétri cette tyrannie d'en bas, avec les mâles accents d'un homme qui a d'avance accepté la mort et d'un chrétien qui attend « une prébende plus riche et plus heureuse dans

---

(1) Juvénal des Ursins, p. 483.
(2) Monstrelet, t. II, p. 355-356. — *Le Religieux de Saint-Denys*, t. V, p. 64.

» la grande Eglise du Ciel (1). » Les Cabochiens se so[nt] vengés en saccageant sa maison ; lui-même n'a échapp[é] à la mort qu'en se réfugiant sous les voûtes de Notr[e] Dame. Cette persécution a puni son intrépidité ; elle n[e] l'a pas découragée. En la communiquant à plus de cen[t] jeunes maîtres de l'Université qui, pour servir la caus[e] de l'ordre, n'hésiteront pas à compromettre leur ave[-] nir, leur existence, la vie même de leurs parents, Ger[-] son a ménagé un secours précieux à la conspiration lib[é-] ratrice qu'organisent en ce moment même, dans un[e] austère maison du cloître Notre-Dame, Ancennes, Ger[-] vaisot de Mérilles et Juvénal des Ursins (2).

Ancennes et Gervaisot de Mérilles sont des quart[e-] niers ou chefs militaires de la cité. Ancien prévôt de[s] marchands de Paris, Juvénal des Ursins est le chef pieu[x] et vénéré d'une famille patriarcale de onze enfants. U[n] rêve lui a fait comprendre que le moment était venu d[e] ne plus reculer devant les derniers sacrifices. A troi[s] reprises, au point du jour, il a cru entendre une voi[x] qui lui disait · « *Surgite, quum sederetis, qui manduca* » *tis panem doloris* : debout ! vous qui êtes assis, man[-] » geant le pain de la douleur ! » Juvénal n'en doute pas[,] c'est un ordre du Ciel. Dieu, qui l'avertit, ne pourra man[-] quer de l'aider (3).

Déjà les circonstances semblent prendre un tour plu[s]

---

(1) Schwab, p. 454.

(2) Juvénal des Ursins, p. 483. — *Le Religieux de Saint-Denys*, t. V[,] p. 64. — Gerson, *Opera*, t. IV : Sermon : *Rex in sempiternum vive*[,] p. 661. — Thomassy, *Jean Gerson et le grand schisme d'Occident*, p. 2[?] et suiv.

(3) **Juvénal des Ursins** (Michaud et Poujoulat), t. II, p. 485.

— 239 —

favorable. Au commencement de juillet 1413, le roi recouvre la santé (1) et voit bientôt arriver à l'hôtel de Saint-Pol des députés envoyés par les chefs du parti armagnac. Ces chefs ont repris les armes, à l'instigation du duc de Guyenne et pour le délivrer (2); mais l'épuisement de leurs finances ne leur permet pas de soutenir la lutte. Depuis le commencement de la guerre, le duc d'Orléans a dépensé 1,100,000 écus (3). Ses amis et lui-même offrent la paix; ils en ont besoin; elle ne serait pas moins bienfaisante pour le royaume; elle conjurerait les périls dont le menacent les Anglais; mais ce serait la fin du règne démagogique des Cabochiens, et les Cabochiens n'en veulent à aucun prix. Ils ont beau faire : malgré leurs menaces et leurs listes de proscription (4), les conférences de Pontoise n'aboutissent pas moins au résultat que réclament les intérêts de l'Etat et qui répond aux vœux, aux prières des gens d'ordre et de bien. Se sentant vivement ébranlés, les terroristes n'abandonnent pourtant pas la partie. Qui sait s'ils ne pourront pas empêcher la ratification de la paix. Le roi a soumis le traité à l'examen de l'Université, du Parlement, de la Cour des comptes, de la bonne ville de Paris et de quelques membres des Etats qui ne sont pas encore repartis; il leur a demandé leurs rapports et leurs avis pour le jeudi, 3 août. Les Cabochiens parviennent à faire prolonger le délai jus-

---

(1) Monstrelet, t. II, p. 373. — Juvénal des Ursins, p. 485.
(2) *Id., ibid.*, p. 382. — Guillaume Cousinot, *Geste des nobles*, p. 145.
(3) Chastellain, *Chronique* (édit. K. de Lettenhove), t. II, p. 163
(4) *Le Religieux de Saint-Denys*, t. V, p. 90.

qu'au samedi. Quarante-huit heures en temps de ré[volution], c'est beaucoup! Il s'agit de les bien em[ployer] (1).

Le mercredi, 2, une réunion tumultueuse, à laquel[le] assistent plus de mille personnes, se tient à l'Hôtel-d[e] Ville. Les chefs du parti démagogique y sont en nom[bre], mais ils ne dominent pas les délibérations. I[ls] essaient de l'intimidation. L'intimidation ne réussit p[as] à rétablir leur ascendant. En vain, un des fils de Je[an] de Troyes s'écrie : « Il y a ici des gens qui ont trop [de] » sang et qui ont besoin qu'on leur en tire avec l'épée. Un quartenier, le charpentier Guillaume Cirace, fait tai[re] toutes ces « rodomontades en déclarant qu'il y a da[ns] » Paris autant de frappeurs de cognée que d'assom » meurs de bœufs et de vaches (2). »

Voilà à quels arguments on est venu sous la domina[tion] des bouchers. Celui du brave charpentier a s[a] éloquence, nul n'ose y contredire. Les partisans de [la] paix obtiennent ce qu'ils veulent ; ils font décider qu'o[n] ne délibérera pas sur la paix séance tenante et sous [la] pression des Cabochiens, mais le lendemain et p[ar] *quartiers*. En 93, on aurait dit par *sections*. Le lende[main], leur victoire est plus complète encore. Sauf deu[x] quartiers, tous se prononcent pour la paix : l'exemp[le] et l'impulsion ont été donnés par celui de la cité. Juvé[nal] nal des Ursins l'a entraîné (3).

---

(1) Mandements royaux, *apud* Monstrelet, t. II, p. 393-394.
(2) *Le Religieux de Saint-Denys*, t. V, p. 126. — Juvénal des Ursin[s], p. 486.
(3) Juvénal des Ursins, t. II, p. 486.

Le 9 *thermidor* des Cabochiens est arrivé. Le vendredi, une imposante manifestation, dont l'initiative paraît encore revenir à Juvénal des Ursins, consomme leur chute.

De bon matin, tout est en mouvement à l'hôtel Saint-Pol. A dix heures, l'Université, le Parlement, la Chambre des comptes, le chapitre de Notre-Dame, arrivent processionnellement et se rangent dans la cour de l'hôtel. Le roi, les ducs de Guyenne et de Berry sont aux fenêtres; le théologien Ursin de Tarenvède leur adresse une harangue sur les bienfaits de la paix. A peine a-t-il achevé qu'un grand bruit d'armes et de chevaux se fait entendre. Ce sont les bourgeois qui viennent prendre le dauphin. Fidèle à la promesse qu'il leur a donnée la veille, le dauphin est déjà, sous sa robe de soie, revêtu de ses armes; il monte à cheval; le vieux duc de Berry chevauche à ses côtés. Des archers et des arbalétriers précèdent les deux princes : une longue cavalcade, mêlée d'un nombre infini de gens de pieds, s'avance à leur suite, au petit pas, en s'acheminant sur le Louvre. On délivre les prisonniers ; on revient triomphalement à Saint-Pol par la place de Grève et par l'Hôtel-de-Ville. « Noël! Noël! » crie le peuple. « Voilà bien une autre chevauchée que celle des Cabochiens! » Les bourgeois sont ravis et un peu humiliés de leur facile victoire. Ce n'a été qu'une simple promenade. Les Cabochiens avaient passé la nuit en armes à l'Hôtel-de-Ville. Abandonnés peu à peu de leurs défenseurs, ils ont dû renoncer à toute pensée de résistance ; ils se sont mussés *(cachés)* comme renards ou ont pris la fuite par les portes de la ville, que Juvénal des Ursins a fait, à dessein, laisser toutes grandes ouvertes (1).

Le contre-coup de la disgrâce qui les frappe atteint pêle-mêle tout ce qui a été fait de bien ou de mal sous leur domination. La sage ordonnance qu'ont dressée l'Université et les Etats de 1413 est annulée. Les conseillers du roi qui l'ont votée avec le plus d'enthousiasme sont les plus empressés à la faire abroger. « Coqs de » clochers qui changent à tout vent, » ne peut s'empêcher de s'écrier le Religieux de Saint-Denis (2).

Ces honteuses volte-face et les sentiments d'horreur inspirés aux esprits modérés, comme Gerson, par les excès de la démagogie, vont frayer la voie à une réaction qui, passant sur la tête des honnêtes vainqueurs du 4 août, fera bientôt à la *terreur rouge* succéder une *terreur blanche*.

---

(1) *Le Religieux de Saint-Denys*, t. V, 126-30. — Juvénal des Ursins (Michaud et Poujoulat), t. II, p. 484. — *Le Bourgeois de Paris* (Michaud et Poujoulat), t. II, p. 638. — Monstrelet, t. II, p. 395-396, et t. VI (Chronique des Cordeliers, t. VI, p. 218). — *Id.*, t. I, mandements royaux, p. 395-396, et t. VI, lettres patentes, p. 120-122. — Guillaume Cousinot, *Geste des nobles*, p. 148. — Félibien, *Histoire de Paris*, t. IV. — *Bibliothèque de l'Ecole des chartes*, 2ᵉ série, t. II ; Correspondance entre Paris et Noyon, p. 67.

(2) *Le Religieux de Saint-Denys*, t. V, p. 154.

CHAPITRE V.

LES ARMAGNACS ET LA TERREUR BLANCHE.

Les partis ont, si l'on peut ainsi parler, des mots d'ordre de *parade* qu'ils n'adoptent que pour les démentir dans la pratique. On dirait, qu'une fois cet hommage illusoire rendu aux instincts honnêtes de l'opinion ou aux scrupules de leur propre conscience, ils sont plus à l'aise pour se livrer à leurs passions égoïstes, haineuses ou vindicatives. Les *thermidoriens* de 1413 ont, eux aussi, pris une belle devise : le *droit chemin* (1). Malheureusement elle ne sera vraie que dans le premier moment de leur victoire. L'esprit de modération, de sagesse et de patriotisme qui a semblé marquer d'un caractère tout particulier la journée du 4 août, fait, dès le lendemain, place à la passion réactionnaire, dont les inspirations violentes et brutales, servies par toutes les forces de l'Etat, préparent une nouvelle phase de la querelle des Armagnacs et des Bourguignons. Cette rivalité sanglante, qui a été d'abord celle de deux hom-

(1) Juvénal des Ursins, p. 490.

mes, de deux familles, de deux classes, de deux principes, finira par jeter la division dans tous les rangs de la société, par armer, les uns contre les autres, les habitants d'une même ville, par mettre aux prises les villages avec les villages, les hameaux avec les hameaux. Semblable à ces terribles épidémies qui absorbent, en les transformant, toutes les maladies ordinaires, elle s'emparera et se fortifiera de tous les éléments de désordre et de mal qu'elle trouve dans cette société si profondément troublée. Le sentiment national succombera aux atteintes de cette contagion morale et il ne pourra même renaître que sous les auspices et j'allais ajouter, sous la forme de l'esprit de parti, épuré, élargi, sanctifié par Jeanne Darc, qui l'élèvera de nouveau à la hauteur du patriotisme.

Triste et lamentable histoire que celle qui va se dérouler devant nous ! Le commencement nous retrace d'abord la proscription de tout ce qui rappelait la domination des bouchers. Les personnes n'étaient pas plus épargnées que les idées. Un cousin germain du chirurgien-orateur Jean de Troyes périssait aux Halles sur l'échafaud (1). Deux neveux de Jean Caboche étaient traînés dans les rues de Paris, puis décapités. Les petits enfants eux-mêmes étaient maltraités, battus, foulés dans la boue, lorsqu'ils avaient l'imprudence de chanter une chanson populaire, dont le refrain était : « *Duc de Bourgogne*, *Dieu te remaint* (conserve) *en joie* (2). »

Ce n'était encore là qu'un prélude. Dès les premiers

---

(1) Monstrelet, t. II, p. 402.
(2) *Le Bourgeois de Paris* (Michaud et Poujoulat), t. II, p. 641.

jours de septembre 1413, les princes du parti armagnac entraient dans Paris avec force sonneries de trompettes et grand déploiement de forces (1). Les hommes d'armes, qui les escortaient, fiers et hautains, traitaient les hommes du peuple parisiens comme les habitants d'une ville conquise, les appelant *faux-traîtres et chiens de Bourguignons*. Leurs insultes, leurs provocations, restaient sans réponse ; mais cette résignation n'empêchait pas les rigueurs des nouveaux maîtres du pouvoir. Le 12 et le 13 décembre 1413, cent sept personnes, toutes les notabilités de la démagogie cabochienne, étaient bannies ; elles se réfugièrent auprès du duc de Bourgogne (2). Trompées par ces illusions dont les exilés subissent trop facilement le mirage, elles persuadèrent à Jean sans Peur que rien ne serait plus facile que d'enlever Paris d'un coup de main. Jean sans Peur les crut ; au mois de février 1413, il marcha sur Paris, se prétendant appelé par le roi et par le duc de Guyenne. Il avait compté sur une émeute ; mais Paris était véritablement en état de siége. Les princes, les barons, les magistrats du Parlement eux-mêmes, parcouraient les rues, à cheval, en armes, à la tête des troupes ; tous les bourgeois, marchands, gens de métier, avaient reçu l'ordre de rester dans leurs maisons, dans leurs boutiques, dans leurs ateliers ; il leur était défendu, sous peine du gibet, de prendre les armes, de s'approcher des remparts ou des portes. Personne ne bougea. Jean sans

---

(1) Monstrelet, t. II, p. 402. — Félibien, *Histoire de Paris*, t. II, p. 772.
(2) Douet d'Arcq, *Choix de pièces inédites, etc.*, t. I, p. 367-369. — *Le Religieux de Saint-Denys*, t. V, p. 234.

Peur vint inutilement ranger ses troupes en bataille devant la porte Saint-Honoré (1) : après une heure et demie d'attente, il se retira assez piteusement et dut reprendre le chemin de ses Etats. Les Armagnacs lui firent expier cette équipée ; ils lui prirent Compiègne, lui saccagèrent Soissons, décapitèrent un de ses meilleurs capitaines, Enguerrand de Bournonville, et lui dictèrent la paix d'Arras (2).

Jean sans Peur battu ou désarmé, ils eurent les mains plus libres pour sévir à Paris. Une des clauses, ou plutôt un corollaire du traité d'Arras, stipulait une amnistie. Or, en temps de révolution, une amnistie n'est souvent qu'une proscription détournée. Cinq cents Cabochiens ou Bourguignons furent exceptés de celle qui venait d'être solennellement jurée (3). A cette rigueur on en ajouta une autre plus odieuse. Les femmes des exilés furent elles-mêmes chassées de Paris. Et ce n'était pas un simple exil qui leur était infligé : on ne leur laissait pas la liberté et la consolation d'aller rejoindre leurs maris. « C'était moult grand'pitié de les » voir partir sous la garde de sergens très-cruels. » On les reléguait dans différentes villes : la plupart étaient conduites à Orléans, ce qui était alors considéré comme une insulte par une honnête femme (4).

Les Armagnacs semaient pour l'avenir des germes de terribles représailles ; mais, dans ce moment, ils étaient

---

(1) *Le Religieux de Saint-Denys*, t. V, p. 234-244.
(2) *Le Religieux de Saint-Denys*, t. V, p. 326 et suiv. — Monstrelet, t. II, p. 10, 24, 36 et suiv.
(3) *Le Religieux de Saint-Denys*, t. V, p. 404.
(4) *Le Bourgeois de Paris* (Michaud et Poujoulat), t. II, 644.

les plus forts. L'esprit aristocratique de la réaction qu'ils conduisaient se dessinait de plus en plus ; ils ne se croyaient presque plus obligés de ménager la haute bourgeoisie qui leur avait ouvert les portes de Paris. Les délégués de cette bourgeoisie étaient allés, à la nouvelle de la paix d'Arras, exprimer au duc de Berry leur étonnement de n'avoir point été consultés. « Cela, » leur avait répondu le vieux duc, « ne vous » touche en rien, ne entremettre ne vous devez de » votre sire le roy, ne de nous qui sommes de son » sang et lignage ; car nous nous courrouçons l'un à » l'autre quand il nous plaît ; et quand il nous plaît, la » paix est faite (1). »

Cet esprit, qui ne pouvait qu'aliéner au gouvernement la plus grande partie de la nation, ne devait pas être changé par la retraite momentanée des princes. Un peu de lassitude les avait décidés à rentrer dans leurs domaines ou dans leurs apanages. Ils laissaient le champ libre au dauphin duc de Guyenne, qui témoignait de nouveau la fantaisie de gouverner (2) et qui était capable de s'entêter dans ce caprice ambitieux, quelque mal qui pût en résulter pour l'Etat ; car il était d'un caractère opiniâtre et fâcheux ; mais il manquait entièrement de l'activité et de l'énergie qui sont les premières conditions de l'exercice du pouvoir. Prodigue, fastueux, immoral, dur pour sa femme, la fille du duc de Bourgogne, que ses malheurs et ses vertus rendaient si intéressante et qu'il reléguait loin de lui, seule,

---

(1) Monstrelet, t. III, p. 242.
(2) Id., ibid., p. 69.

presque prisonnière à Marcoussis, à Saint-Germain-en-Laye (1), il rappelait beaucoup trop sa mère Isabeau de Bavière. Une obésité précoce, dont il était affligé à vingt ans, était l'indice et le châtiment du genre de vie qu'il menait. « Paresseux, inutile, lâche et paoureux, » dit un chroniqueur, « il répugnait aux exercices physiques et chevaleresques, où son père avait déployé autrefois une si brillante dextérité; il ne s'adonnait pas davantage aux travaux de l'esprit. Bien qu'il sût le latin et qu'il eût l'esprit bon, » s'il faut en croire les registres du Parlement, il se servait aussi peu de son intelligence que de son instruction. Son passe-temps favori était de s'enfermer dans un des réduits les plus secrets de l'hôtel Saint-Pol et d'y jouer, pendant de longues heures, de la harpe ou de l'épinette, le piano de l'époque.

Il possédait à un haut degré le sentiment musical; il se plaisait aux sons de l'orgue, il avait un bel orchestre, une chapelle composée de nombreuses voix, jeunes et fraîches ; pour la renforcer, il empruntait souvent des enfants de chœur à Notre-Dame ou à la Sainte-Chapelle du Palais ; mais la musique, cette grande excitatrice de l'âme, ne paraissait éveiller en lui aucun sentiment généreux, elle ne réussissait pas à secouer la torpeur monotone qui pesait sur ses journées ; il restait longtemps à table, dînait à quatre heures du soir, soupait à minuit, se couchait avec le jour et ne se levait guère qu'à une heure relativement avancée de l'après-midi (2).

(1) Monstrelet, t. III, p. 70-76.
(2) Félibien. *Histoire de Paris*, t. II, p. 779, et t. IV, p. 560. — *Le Religieux de Saint-Denys*, t. V, p. 590.

En face de ce lieutenant du roi de France, lourd, appesanti, qui mangeait et dormait beaucoup trop, il y avait en Angleterre un roi élégant, svelte, infatigable et si agile qu'il pouvait, disait-on, chasser le daim à pied : c'était Henri V. Epris de la musique, passionné pour les livres de l'antiquité, il avait étudié à Oxford, au *Queen's college*, sous la direction de son oncle, le cardinal de Beaufort (1); au sortir de l'université, il avait passé une jeunesse pleine de désordres et de débauches, que Shakespeare a mise sur la scène; mais les folies et les scandales de son inconduite avaient été bien moins coupables que les desseins formés contre son père Henri IV par l'impatiente perversité de son ambition. En proie à des attaques d'épilepsie, le vieux roi était rongé par la lèpre : le prince de Galles avait voulu lui persuader d'abdiquer. Ne pouvant y réussir, il avait préparé les moyens de le dépouiller de vive force (2); mais une fois devenu roi lui-même, le diable s'était fait saint. Il avait pris la gravité ecclésiastique au point qu'il eût pu servir d'exemple aux prêtres mêmes (3). C'est qu'il avait à se faire pardonner son péché originel. Son père, qui avait renversé et emprisonné le roi Richard II, mort ou plutôt assassiné mystérieusement dans le château de *Pontefract*, lui avait moins légué un sceptre qu'une usurpation. En s'alliant avec l'Eglise pour persécuter les *novateurs religieux*, les *Lollards*, cette royauté révolutionnaire avait compromis la popularité

---

(1) Sharon Turner, *Hist. of England*, t. II, p. 376.
(2) *Id., ibid.*, p. 372-373.
(3) Walsingham, cité par Michelet, *Hist. de France*, t. IV, p. 345.

qui avait entouré ses débuts. Elle s'entendait reprocher son origine. On racontait qu'Henri IV mourant avait un moment recouvré ses sens pour retirer la couronne à son fils qui l'avait déjà prise. « Beau fils, » lui avait-il dit, « comment y auriez-vous droit? car je n'y en eus oncques point, et ce, sçavez vous bien (1). »

Sans doute, Henri V le savait bien ; mais ce qu'il savait mieux encore, c'est qu'il avait à sa disposition une réponse à peu près infaillible à ces rumeurs, à ces reproches, à ces accusations : c'était la guerre et la victoire. L'Eglise d'Angleterre désirait la guerre, la nation la réclamait, car l'une cherchait une diversion au penchant que manifestait la noblesse de porter ses investigations sur les questions religieuses (2), l'autre voulait des conquêtes et de l'or : « Richesse, richesse », dit une vieille ballade anglaise, « réveille-toi; reviens dans ce pays (3). »

Le meilleur moyen de la faire revenir, c'était de l'aller chercher en France.

Ces calculs et ces convoitises, toutes britanniques, étaient assez difficiles à reconnaître sous les formes onctueuses dont les recouvrait la pieuse diplomatie d'Henri V. Le dévot monarque citait Jérémie, le Deutéronome, protestait sans cesse de son grand désir de maintenir la paix (4). Il fallut bien du temps pour s'apercevoir de ce que cachait cette comédie. Elle cessa

---

(1) Monstrelet (Douët d'Arcq), t. II, p. 338.
(2) Sharon Turner, *Hist. of England*, t. II, p. 393.
(3) Michelet, *Histoire de France*, t. IV, p. 242.
(4) *Le Religieux de Saint-Denys*, t. V, p. 504, 528.

brusquement, lorsque les apprêts d'Henri V furent terminés. Le dénoûment fut une lettre de défi adressée au roi de France. Le dauphin, qui ne manquait pas d'esprit, répondit par une mordante allusion à la jeunesse dissipée d'Henri V, en lui envoyant des balles de jeu de paume. Henri répliqua qu'il porterait lui-même à son adversaire des balles de Londres, qui étaient un peu plus fortes, et que les portes de Paris ne seraient pas des raquettes capables de les renvoyer (1). C'était dire en langage symbolique : A Paris! à Paris! La nation le répétait avec son roi ; elle accourait en foule sous ses drapeaux. Jamais armée anglaise plus nombreuse n'avait encore passé la mer. Six mille hommes d'armes, cinquante mille archers, avec une quantité plus considérable d'ouvriers, de soldats irréguliers et de troupes légères s'embarquèrent à Southampton sur plus de quatorze cents vaisseaux de différente grandeur. Au moment où cette flotte appareillait, on vit nager des cygnes à côté des navires. La présence de cet oiseau fut considérée comme un heureux augure (2).

L'Angleterre se reprenait à la guerre avec une ardeur vraiment nationale. La France n'aurait, à coup sûr, pas déployé moins d'élan, si elle avait été mieux dirigée. Les communes s'armaient rapidement. Les bourgeois de Paris offraient six mille hommes, complétement équipés, en demandant seulement qu'ils fussent placés au premier rang, si on livrait bataille. Mais cette offre fut mal accueillie, ce mouvement fut découragé par les

---

(1) Sharon Turner, *Hist. of England*, t. II, p. 393.
(2) *Le Religieux de Saint-Denys*, t. V, p. 532.

railleries et les sarcasmes des gentilshommes. Obéissaient-ils à un sentiment de morgue aristocratique ou à une pensée de défiance ? Quoi qu'il en soit, dominé par leur influence, le gouvernement ne fit même pas appel aux vaillantes populations maritimes de la Normandie, qui avaient, sous le règne de Charles V, montré tant d'énergie et de patriotisme (1). De l'aveu des habitants des côtes, il aurait suffi d'une poignée d'hommes résolus pour empêcher le débarquement des Anglais. On les laissa, tout à leur aise, mettre à terre leurs troupes, leurs tentes, leurs bagages, leur grosse artillerie, leur matériel de siége ; ils ne furent pas plus contrariés dans les travaux d'investissement et d'approche qu'ils entreprirent autour de Harfleur (2).

Harfleur était une des clés militaires et un des ports de commerce les plus importants de la Normandie. Une garnison de deux cents hommes d'armes environ s'y était enfermée. Secondée par les habitants, elle soutint, avec un rare courage, le siége qui fut poussé avec une vigueur implacable. Exposés à mille morts, soit sur les remparts, soit au milieu des ruines des maisons qui s'écroulaient autour d'eux, sous un bombardement sans merci, passant les nuits sans sommeil et toujours sous les armes, repoussant les assauts, répondant par des sorties, ces vaillants défenseurs se multiplièrent pendant près d'un mois. D'un jour à l'autre, ils espéraient voir poindre à l'horizon une armée de secours ;

---

(1) *Le Religieux de Saint-Denys*, t. V, p. 548.
(2) *Id., ibid.*, p. 534.

elle ne vint pas, et, le 18 septembre 1415, ils rendirent la ville aux Anglais (1).

Comme après tous les siéges fameux, des gens qui n'avaient pas été à la peine répétèrent bien haut qu'on s'était rendu trop tôt (2). Si ces accusations semblent avoir été injustes, le cri de la douleur et de la colère publique ne fut que trop légitime. Ces pauvres habitants qui s'éloignaient en pleurant de leurs demeures, ces malheureuses femmes qui partaient avec cinq sous pour toute ressource et leur jupe pour tout bagage (3), n'étaient-ils pas comme autant de témoins à charge qui accusaient l'étrange attitude des gentilshommes et des hauts dignitaires de l'armée? Ce fut comme un déluge de chansons satiriques contre la noblesse. On cria à la trahison du connétable d'Albret. N'avait-il pas été à Rouen pendant tout le siége? N'avait-il pas entendu les échos lointains du canon qui battait les remparts de Harfleur? Comment n'avait-il pas marché? Comment n'avait-il pas appelé à lui les gens de guerre qui couvraient tout le pays depuis Paris jusqu'à la Normandie (4)?

Le connétable devait répondre à l'accusation de trahison en se faisant tuer à quelques jours de là à Azincourt. Il aurait pu se disculper de son inaction, en accusant le désarroi du gouvernement et de l'adminis-

---

(1) *Le Religieux de Saint-Denys*, t. V, p. 536-542. — Monstrelet, t. III, p. 85.

(2) Juvénal des Ursins (Michaud et Poujoulat), t. II, p. 508.

(3) *Le Religieux de Saint-Denys*, *loco citato*. — Monstrelet, t. III, p. 94.

(4) *Le Religieux de Saint-Denys*, t. V, p. 540-542. — *Le Bourgeois de Paris* (Michaud et Poujoulat). t. II, p. 645.

tration. Le trésor était vide ; on essayait de le remplir à la hâte par des tailles exorbitantes qui ne rendaient pas ; les paysans fuyaient devant les collecteurs et allaient se cacher au fond des bois, comme des bêtes fauves (1). Si l'argent faisait défaut, les hommes ne manquaient pas ; mais, suivant un mot célèbre auquel il est permis de donner un effet rétroactif, c'étaient des *hommes armés*, ce n'était pas encore *une armée*. Et quels hommes, grand Dieu ! Si les chefs, si les principaux chevaliers et gentilshommes étaient braves et bons Français, les soldats n'étaient guère que des *condottieri*, un ramassis de bâtards, d'exilés, de proscrits, toute la bohème du monde militaire et chevaleresque (2). Très-aises de vivre grassement aux dépens du paysan, ils n'étaient nullement pressés de se trouver tête à tête avec l'ennemi. Leur humeur indisciplinée et pillarde augmentait singulièrement les difficultés que les princes et le connétable rencontraient dans l'organisation de leur armée ; ils les surmontèrent pourtant ; et, quand on sut que la France venait de mettre en ligne plus de cent mille hommes, le mécontentement public fit place à un sentiment de sécurité et d'espérance. Le bruit se répandit même à Paris que la victoire était certaine. Décimée par les maladies, l'armée anglaise était perdue ; elle voulait gagner Calais ; mais elle avait trouvé tous les passages de la Somme occupés ; elle était de toutes parts enveloppée ; dans quelques jours, elle se-

---

(1) *Le Bourgeois de Paris, loco citato.* — *Le Religieux de Saint-Denys*, t. V, p. 536-538.

(2) *Le Religieux de Saint-Denys*, t. V, p. 544.

rait inévitablement forcée de mettre bas les armes (1).

C'était probable, ce n'était pas certain. Sobres, austères, moraux, comme devaient l'être plus tard les Suédois de Gustave-Adolphe et les puritains de Cromwell, les Anglais obtenaient assez aisément des vivres du paysan, qui les préférait à l'homme d'armes français. La discipline sévère qu'ils observaient, donnait à leurs mouvements une précision rapide qui leur permit de dérober quelques marches au connétable, et de franchir la Somme dans le voisinage de Nesle. Il y avait là un gué qu'un homme du pays leur indiqua. Ils l'atteignirent, après avoir traversé, sur deux longues et étroites chaussées, un marais large d'un mille, à travers lequel coulait un petit ruisseau qui se rendait dans la Somme (2).

Le roi d'Angleterre et ses chevaliers étaient délivrés d'un grand péril, mais ils étaient bien loin encore d'être sauvés. Les Français les avaient rejoints et continuaient de les harceler avec des forces quatre fois supérieures aux leurs. Malgré la défense du duc de Bourgogne, les Picards se levaient en armes pour seconder le connétable. Ce furent des Picards qui barrèrent le chemin à l'armée anglaise près d'Azincourt (aujourd'hui dans le département du Pas-de-Calais), à trois lieues de Hesdin et à neuf de Calais (3).

---

(1) *Le Religieux de Saint-Denys*, t. V, p. 552.
(2) *Le Religieux de Saint-Denys*, t. V, p. 548, 552, 556. — Monstrelet, t. III, p. 96 et 97. — Michelet, *Histoire de France*, t. IV, p. 258-260. — Sharon Turner, *Hist. of England*, t. II, p. 424.
(3) Lefèvre de Saint-Remi, cité par M. Bellaguet, *apud Le Religieux de Saint-Denys*, t. V, p. 547. — *Le Religieux de Saint-Denys*, p. 552. — K. de Lettenhove, *Histoire de Flandre*, t. IV, p. 196-197.

Dans cette position critique, Henri V et ses principaux capitaines tinrent conseil ; ils résolurent de demander libre passage aux chefs français, offrant, en échange, de restituer Harfleur et de réparer tout le dégât qu'ils avaient pu commettre. Le prince de Galles, à la veille de Poitiers, avait fait des offres semblables ; mais les princes français, qui craignaient seulement de voir leurs adversaires leur échapper, repoussèrent, avec hauteur, ces propositions. Ils étaient persuadés qu'il suffirait d'une charge vigoureuse, peut-être même de la vue de tant de seigneurs de haut parage, pour mettre en fuite les hommes d'armes du roi d'Angleterre et pour frapper de terreur ces archers déguenillés, sans souliers, sans chaperon, et dont quelques-uns étaient même trop faibles pour supporter le poids de leurs armes (1). Pourtant, les gens de guerre les plus expérimentés, le maréchal de Boucicaut, le connétable lui-même n'auraient pas voulu qu'on se montrât si prompt. Ils se rappelaient que la présomption du roi Jean avait été cruellement punie ; ils savaient que les batailles rangées contre les armées anglaises n'avaient jamais encore réussi aux Français ; ils prévoyaient qu'Henri V et ses soldats se battraient avec une énergie désespérée et que ce beau désespoir pourrait bien les secourir (2).

Bien loin de s'abandonner à ces réflexions, le plus

---

(1) Monstrelet, t. III, p. 106. — Sharon Turner, *Hist. of England*, t. II, p. 447.

(2) *Le Religieux de Saint-Denys*, t. V, p. 554-556. — Juvénal des Ursins, p. 519. — *Chroniques belges* (de Ram) : Edmond de Dynter, *Chronica nobilissimorum ducum Lotharingiæ ac Brabantiæ*, t. III, p. 300-301.

grand nombre des chevaliers français, s'il faut en croire un historien anglais, jouaient aux dés le roi d'Angleterre et ses principaux capitaines. On n'attendait que le lendemain pour mettre la main sur l'ennemi et se saisir de la victoire; et, néanmoins. au milieu de toute cette présomptueuse confiance, on ne pouvait se défendre de je ne sais quels mauvais pressentiments. L'attitude et l'aspect général de l'armée présentaient une indéfinissable tristesse. Couverte de ses armes, elle restait sous la pluie qui tombait à torrents, muette et taciturne. La nuit était silencieuse. La musique manquait; les chevaux même ne hennissaient pas (1). N'était-ce pas un fâcheux présage ?

Le lendemain, pourtant, 25 octobre 1415, au retour de la lumière, ces impressions s'effacèrent comme de mauvais rêves. Pour avoir le cœur plus léger, les hommes d'armes français voulurent le décharger de leurs ressentiments mutuels; et par un de ces admirables élans dont notre nature garde le privilége, même au milieu de ces corruptions, on les vit se jeter avec effusion dans les bras les uns des autres. Quelque temps après, vers dix heures du matin, ils poussaient, avec une allégresse martiale, le vieux cri de : Montjoie ! Montjoie ! De leur côté, les Anglais faisaient entendre un formidable *hurrah!* Le vieux chevalier, Thomas de Erpingham, venait de jeter en l'air son bâton, en criant:

---

(1) Monstrelet, t. III, p. 101-102 : « Avoient-ilz peu de instrumens de
» musique pour eulx resjouir et à peine hennissoient nulz de leurs che-
» vaulx toute la nuit, dont plusieurs avoient grant merveille, disans que
» que c'estoit signe de choses à venir. »

« Now strike ! » (Maintenant frappez !) La bataille commençait (1).

Déployés sur une seule ligne, rangés sur quatre hommes de profondeur, adossés au village de Maisoncelles, couverts, sur leurs flancs, par des broussailles et des bois inaccessibles, les Anglais avaient su habilement enlever aux Français les avantages de leur supériorité numérique (2). De leur côté, les Français ne négligèrent rien pour assurer le succès des dispositions savantes prises par l'ennemi. Ils refirent toutes les fautes déjà commises à Poitiers, en les aggravant par des fautes nouvelles.

Comme à Poitiers, on avait décidé que les hommes d'armes combattraient à pied; mais à cette réminiscence on avait ajouté de déplorables innovations : on avait mis pied à terre dans une grande plaine fraîchement labourée, détrempée par la pluie, un véritable marais, où les hommes enfonçaient jusqu'à mi-jambe. On avait transformé l'avant-garde, où tous les princes avaient voulu figurer, et les deux autres batailles en d'épaisses phalanges de trente-deux rangs de profondeur, si serrés les uns contre les autres que les combattants avaient à peine la liberté de leurs mouvements. Comme à Poitiers, on avait retaillé les lances; comme à Poitiers, on n'avait pas voulu faire attaquer les archers anglais par la *piétaille* française. Tout ce qui n'était pas noble ne devait avoir part, dans cette

---

(1) *Le Religieux de Saint-Denys*, t. V, p. 558-562. — Monstrelet, t. III, p. 105-106.

(2) Sharon Turner, *Hist. of England*, t. II, p. 443-445.

journée, ni à la peine, ni à l'honneur. Comme à Poitiers, on avait confié à une colonne d'attaque, composée des cavaliers les mieux montés, le soin d'aller rompre les archers anglais. Elle était forte de mille hommes et commandée par l'amiral Clignet de Brabant et par Guillaume de Saveuse (1).

Les mêmes fautes amenèrent les mêmes conséquences. Les cavaliers qui devaient charger les archers anglais montrèrent de l'indécision, de la mollesse. Blessés, exaspérés par les flèches de l'ennemi qui obscurcissaient l'air, leurs chevaux s'effarèrent. Devenus ingouvernables, ils se rejetèrent sur l'avant-garde où ils portèrent le désordre. La voyant ébranlée, les Anglais marchèrent résolûment sur elle. Leurs archers, jetant arcs et flèches, saisirent les pesantes haches qui pendaient à leur ceinture ou ces lourds maillets de plomb qui, maniés avec toute la vigueur d'acier de leurs muscles anglais, devenaient, dans leurs mains, des armes terribles. Un seul coup, asséné sur la tête d'un homme d'armes, le laissait mort ou étendu sans connaissance (2).

La seconde bataille n'essaya pas de secourir la première; à peine entrée en ligne, elle put pressentir qu'elle ne serait pas plus heureuse. L'effroyable poussée qui partait des profondeurs de cette masse énorme renversait les premiers rangs. Vivants, morts et mou-

---

(1) *Le Religieux de Saint-Denys*, t. V, p. 556-558. — Juvénal des Ursins, p. 519. — *Chroniques belges* : Edmond de Dynter, *chronica nobilissimorum, ducum Lotharingiæ et Brabantiæ*, t. III, p. 301. — Pierre de Fénin (Michaud et Poujoulat), t, II, p. 587.

(2) Monstrelet, t. III, p. 107-108. — *Le Religieux de Saint-Denys*, t. V, p. 562.

rants formèrent bientôt un horrible entassement qui atteignit la hauteur de la taille d'un homme. Montés sur ce rempart de chair humaine, qui les avait d'abord protégés, les Anglais lançaient à coups sûrs leurs projectiles sur la bataille des Français. Elle commençait à s'ébranler ; elle fut rompue par une charge de cavalerie anglaise qui s'élança, avec grands cris, d'un bois placé derrière ses lignes (1).

Restait l'arrière-garde. Elle considéra la journée comme perdue : elle était encore à cheval ; elle en profita pour piquer des deux et pour se sauver. Peut-être, en fuyant, put-elle entendre de loin les cris des prisonniers français que les Anglais égorgeaient. Effrayé d'une attaque dirigée sur les bagages et sur les derrières de son armée par quelques gentilshommes et six cents paysans picards, Henri V avait donné à ses soldats l'ordre de faire immédiatement main-basse sur les Français qu'ils avaient pris à rançon. Le massacre s'arrêta lorsque le roi fut rassuré ; mais de nombreuses victimes avaient déjà péri. Il ne resta plus aux mains des Anglais que quatorze cents prisonniers ; mais dix mille cadavres étaient étendus à terre (2).

Parmi ces morts, on retrouva le frère cadet de Jean sans Peur, le duc Antoine de Brabant. Pour arriver à temps à la bataille, il avait laissé derrière lui la plus grande partie de ses troupes, les gens de ses bonnes villes et ses harnais de guerre. Il avait revêtu à la hâte

---

(1) *Le Religieux de Saint-Denys*, p. 562-564. — Sharon Turner, t. III, p. 448-449.

(2) Monstrelet, t. III, p. 109 et 119.

les armes d'un de ses chambellans, s'était fait une huque avec le pennon d'une trompette et s'était jeté, sans casque, dans la mêlée. Son dévouement, son courage, sa mort avaient, au moins, sauvé l'honneur de la maison de Bourgogne, si gravement compromis par l'attitude honteuse de Jean sans Peur. Allié et complice des Anglais, dont le roi et les principaux seigneurs allaient recevoir des marques de sa libéralité (1), Jean sans Peur avait fait garder étroitement, dans le château d'Aire, son propre fils, le comte de Charolais, qui brûlait de marcher contre les ennemis héréditaires du royaume ! Charolais recouvra sa liberté trop tard pour combattre; il ne put que rendre les derniers devoirs aux Français qui étaient tombés pour leur pays et dont les restes gisaient nus et dépouillés sur la plaine : il les fit ensevelir dans une grande fosse commune, que bénit l'évêque de Thérouanne (2).

La France était cruellement battue, mais ce n'était pas encore assez. Le monarque piétiste qui venait de la battre voulut lui prouver qu'il avait été la verge de Dieu chargée de punir ses péchés : il le dit sur le champ de bataille; il le répéta au duc d'Orléans, auquel il aurait dû pourtant épargner ces homélies, si orgueilleuses dans leur humilité (3). Relevé à moitié

---

(1) Comte de Laborde, *Les ducs de Bourgogne*, t. V, p. 131-132. — *Chroniques belges* : Edmond de Dynter, *Chronica nobilissimorum ducum Lotharingiæ et Brabantiæ*, t. III, p. 301-302.

(2) *Chroniques belges* (K. de Lettenhove) : Gilles de Roy, p. 168. — *Le Religieux de Saint-Denys*, p. 568. — K. de Lettenhove, *Histoire de Flandre*, t. IV, p. 197-199.

(3) *Le Religieux de Saint-Denys*, 568. — Monstrelet, t. III, p. 111 :

mort lui-même de dessous les cadavres, ce fils de Valentine Visconti, ce prince-poëte qu'un historien-poëte lui-même a appelé le Béranger du quinzième siècle, jeûnait, ne voulait pas être consolé et portait le deuil de sa patrie, comme il avait, pendant sept années consécutives, porté celui de son père (1).

La nation n'imita pas cette noble attitude ; elle n'eut ni ce deuil viril qui se console par l'action, ni ce deuil silencieux et résigné qui laisse sa dignité au malheur. On ne sut pas crier aux armes comme en 1356. Jacques Bonhomme ne demanda pas à marcher dans la *grand'compagnie* du roi; mais la noblesse fut injuriée; Charles VI et le Dauphin, qui étaient restés à Rouen, furent accueillis, à leur retour à Paris, avec colère et dédain. On ne fit pas nettoyer les rues; le parlement et les autres cours ne suspendirent pas leurs séances. « Pour la perte de ses gens, » disait-on en parlant du roi, « il n'y fallait pas faire si grande solennité. » On entendait à Paris des propos bien autrement fâcheux et graves. C'étaient ceux des Parisiens, des Français, qui se réjouissaient de la défaite d'Azincourt. Ils y voyaient le gage d'une prochaine revanche de la cause bourguignonne (2).

Jean sans Peur s'était, en effet, avancé rapidement avec ses hommes d'armes, le long de la Marne, jus-

---

« Nous n'avons point faict ceste occision, ains a esté Dieu tout puissant, comme nous créons, pour les péchez des Français. »

(1) Michelet, *Histoire de France*, t. IV, p. 275. — Félibien, *Histoire de Paris*, t. II, p. 772.

(2) Juvénal des Ursins, p. 524 et 513. — *Le Religieux de Saint-Denys* t. V, p. 582.

qu'à Lagny ; mais là, sa lenteur, ses hésitations qui devaient lui laisser les sobriquets dérisoires de *Jean de Lagny, Jean le Long, Jean qui n'a hâte*, déjouèrent ses plans et permirent de mettre entre Paris et lui une barrière de troupes royales (1).

La situation était telle qu'elle semblait ne pouvoir être sauvée que par la dictature. Cette dictature, ce n'était pas la main flasque et molle du dauphin, duc de Guyenne, qui eût été capable de l'exercer. Le roi offrit l'épée de connétable, le commandement de toutes les places fortes, l'administration souveraine des finances, en un mot le pouvoir le plus étendu et le plus discrétionnaire au comte Bernard VII d'Armagnac (2).

Bernard d'Armagnac était un bandit féodal et un Français médiocre. Il y avait sur son passé une tache de sang. Il avait dépouillé son parent, le comte de Fezenzaguet, en le faisant jeter, avec ses fils, les yeux crevés, dans une citerne (3). Pendant la guerre civile, qui avait abouti au traité de Bourges, il avait porté sur ses armes la croix rouge d'Angleterre ; mais, avec tous ses instincts pervers, ce n'était pas un homme sans mérite ; c'était la tête et le bras de son parti. On pouvait espérer que son ambition et son orgueil satisfaits lui tiendraient lieu de patriotisme. Il avait d'ailleurs cette main de fer dont le besoin se faisait si vivement sentir.

Sa rigueur inflexible rétablit la discipline dans l'ar-

---

(1) Pierre de Fénin (Michaud et Poujoulat), t. II, p. 582. — *Le Religieux de Saint-Denys*, t. V, p. 584.

(2) *Le Religieux de Saint-Denys*, t. V, p. 584.

(3) Michelet, t. IV, p. 175.

mée ; et sa victoire à Valmont, sur le comte de Dorset, refoulé et serré de près dans Harfleur, fit croire aux patriotes que la France venait de trouver un nouveau Du Guesclin (1).

Mais cet espoir de revanche fut de courte durée. Le comte d'Armagnac dut abandonner le siége de Harfleur pour revenir à Paris. Il fallait surveiller de près les menées, les complots des Cabochiens.

Dès lors, la conquête anglaise eut le champ libre. Au moment de se rembarquer pour l'Angleterre, après la bataille d'Azincourt, Henri V avait annoncé l'intention de revenir bientôt en France avec des forces plus nombreuses et, s'adressant aux princes ses prisonniers : « C'est vous, mes chers cousins, » leur avait-il dit ironiquement, « qui paierez, je l'espère bien, tous les frais de la guerre (2). » Quant aux hommes, aux soldats, enivrée de sa victoire, la nation ne devait pas les lui marchander (3). Cinquante mille archers le suivirent, dans l'été de 1417, à la conquête de la Normandie (4).

A son approche, les habitants furent saisis d'une indescriptible panique et se sauvèrent dans les places fortes.

Caen fit une belle résistance. Ce fut le *Strasbourg* de l'époque. La plupart des maisons furent ruinées par un bombardement de seize jours qui tua bon nombre d'habitants. L'assaut fut plus meurtrier encore. Aux

---

(1) *Le Religieux de Saint-Denys*, t. V, p. 756.
(2) *Id., ibid.*, t. V, p. 580.
(3) Juvénal des Ursins, p. 523.
(4) *Le Religieux de Saint-Denys*, t. VI, p. 100.

abords du Vieux-Marché, où se concentrèrent les derniers efforts de la résistance, le sang s'écoulait par les rues en longs ruisseaux. La boucherie dura jusqu'à l'arrivée d'Henri V. Saisi d'horreur et de pitié à l'aspect d'une femme décapitée qui serrait encore dans ses bras l'enfant qu'elle allaitait, il ordonna d'arrêter le carnage, mais le pillage continua (1).

La prise de la ville de Caen, complétée bientôt par la capitulation du château, fut suivie de rapides et faciles conquêtes. Henri V les dut moins à ses armes qu'à sa politique. Inexorable pour les habitants qui lui résistaient et qu'il faisait périr comme rebelles à leur roi légitime, il promettait, sur sa parole de prince, à ceux qui se soumettaient, exemption perpétuelle de tout impôt, liberté entière pour vaquer aux soins de l'agriculture et du commerce, rétablissement des *us et coutumes* du bon roi saint Louis. Cette manière de traiter les populations était habile, surtout avec les sentiments de lassitude et de découragement qui les gagnaient : « S'il est le plus fort, » disaient-elles, « eh bien ! qu'il soit » notre maître, pourvu que nous puissions vivre au » sein de la paix, du repos et de l'aisance (2). »

Si les paysans et les bourgeois de la Normandie, dont le reste du pays n'allait que trop suivre l'exemple, s'abandonnaient ainsi lâchement eux-mêmes, ils pouvaient dire comme explication, sinon comme excuse de leur conduite, que le gouvernement les avait abandonnés le premier. Au moment où il était réduit aux der-

(1) Vallet de Viriville, *Histoire de Charles VII*, t. I, p. 58-59.
(2) *Le Religieux de Saint-Denys*, p. 162-164.

niers abois, le commandant de Caen, le sire de Mantenay, avait fait prévenir le connétable de sa situation désespérée. Le connétable avait répondu : « Nous som-
» mes actuellement fort occupés à repousser les agres-
» sions du duc de Bourgogne. Nous ne pouvons donc
» faire droit à votre demande. Nous vous engageons
» néanmoins à vous défendre avec le même courage (1). »

L'aveu était bien significatif. Le connétable déclarait qu'il n'y avait plus de gouvernement français (2). Lui-même n'était plus le dictateur de la France, mais le chef d'un parti. A ce titre, il exerçait dans Paris une tyrannie d'autant plus impitoyable qu'elle se sentait en présence d'une conspiration permanente. Le comte d'Armagnac gouvernait la capitale avec bien plus de rigueur et de dédain qu'il n'en avait jamais apporté dans le commandement de son armée. D'un trait de plume il abattait la puissante forteresse de la démagogie cabochienne, rasait la grande boucherie du Châtelet, supprimait les priviléges et détruisait la corporation des bouchers (3). Suivant l'exemple donné par la réaction de 1383, il enlevait aux bourgeois leurs armes et les chaînes des rues (4). Mais ce n'était pas assez de désarmer la révolte, il en poursuivait la pensée jusque dans l'intimité de la vie privée. Des réunions qui n'avaient rien de public étaient défendues ou du moins surveillées avec un singulier raffinement de minutie

---

(1) *Le Religieux de Saint-Denys*, t. VI, p. 106.
(2) *Id., ibid.*, p. 110.
(3) Levasseur, *Histoire des classes ouvrières*, t. I, p. 416. — Félibien, *Histoire de Paris*, t. II, p. 780.
(4) *Le Religieux de Saint-Denys*, t. VI, p. 10.

vexatoire. Il fallait une permission expresse du prévôt de Paris pour célébrer entre parents et amis la plus innocente fête de famille, comme un mariage : et la police entendait bien être conviée à la fête. Elle y déléguait, aux frais du nouveau marié, des commissaires ou sergents, qui étaient là pour recueillir, étouffer ou punir toute velléité de murmure contre le gouvernement. C'était là un espionnage ouvert, déclaré; ce n'était pas le plus dangereux. On redoutait bien autrement les espions secrets qui parcouraient les rues et se répandaient dans les maisons. Leurs délations remplissaient les prisons, que l'on vidait de temps à autre, soit par des exécutions publiques, soit par de mystérieuses noyades (1). Ces noyades, dont l'effet terrifiant était encore accru par la défense de se baigner dans la Seine, étaient un supplice sournois et sinistre emprunté à l'Italie, à Venise. Le patient était jeté à l'eau dans un sac sur lequel était écrit : « *Laissez passer la justice du roi.* » D'illustres victimes périrent de cette mort infâme et lugubre : tel, par exemple, le capitaine Louis de Bosredon, le maître d'hôtel d'Isabeau de Bavière (2). Au moment même où il était noyé, la reine était reléguée à Tours, sous la surveillance de trois gardiens insolents et brutaux. Ce n'étaient pas les prétendus débordements de cette princesse, alors infirme, que le connétable poursuivait, c'était son trésor qu'il

---

(1) *Le Bourgeois de Paris* (Michaud et Poujoulat), t. II, p. 647-648.
(2) Vallet de Viriville, *Histoire de Charles VII*, t. I, p. 37 et suiv. — *Le Religieux de Saint-Denys*, t. VI, p. 72. — Monstrelet, t. III, p. 175-176, 228-229.

voulait saisir (1), car il était d'une rapacité insatiable. Les lourdes taxes, dont on voyait les produits expediés en grande partie dans ses domaines du Midi, étaient, de toutes les oppressions infligées au peuple de Paris, celle que ce dernier supportait le plus impatiemment (2).

Il n'y tenait plus : toutes ses espérances se tournaient vers le duc de Bourgogne. Jean sans Peur marchait sur Paris, précédé de manifestes populaires, qui étaient accueillis avec enthousiasme à Reims, à Châlons, à Troyes, à Auxerre, à Amiens et dans mainte autre bonne ville. Avec son armée s'avançaient de nombreux corps francs révolutionnaires : ici des bannis cabochiens, là des bandes de paysans ou de religieux qui, las d'être pillés, s'étaient mis à piller à leur tour et étaient devenus des brigands opulents et redoutés (3).

C'était la révolution qui, avec Jean sans Peur, venait frapper aux portes de Paris. C'était la révolution qui, avec le comte d'Armagnac, s'efforçait de les fermer aux Bourguignons ; c'était la révolution qui, avec Perrinet Le Clerc, allait les leur ouvrir.

Où donc était la France ?

Elle était dans l'âme de ces vingt-cinq mille artisans ou bourgeois de Caen, qui préféraient toutes les souffrances, toutes les misères de l'exil à la douleur de renier leur patrie et partaient, en longues files, n'empor-

---

(1) Vallet de Viriville, p. 42. — *Le Religieux de Saint-Denys*, t. VI, p. 72.

(2) Vallet de Viriville, t. I, p. 65.

(3) *Le Religieux de Saint-Denys*, t. VI, p. 88. — Juvénal des Ursins, p. 537.

tant avec eux que les vêtements dont ils étaient couverts (1). Elle était dans le cœur de cette noble châtelaine, de cette vaillante Perrette de La Rivière, qui, digne veuve d'un soldat tombé pour son pays, arrêtait pendant six mois entiers, devant son château de La Roche-Guyon, les forces d'Henri V et, repoussant fièrement les faveurs et les offres de son vainqueur, sortait de son manoir, pauvre et dénuée, avec ses trois jeunes enfants, voués, comme elle, à la pauvreté. Mais au moins elle allait en faire des Français, et elle-même ne se mettait pas « *ès mains des anciens ennemis de ce royaume* (2). »

Honneur à ces infortunes! Honneur à ces dévouements! Honneur à ces sacrifices! Ils défendaient contre la mort, qui semblait l'envahir, le cœur même de la France. Ils conservaient, comme au fond d'un sanctuaire, le feu sacré de la patrie.

(1) *Le Religieux de Saint-Denys*, t. VI, p. 108. — Vallet de Viriville, *Histoire de Charles VII*, t. I, p. 59.
(2) Juvénal des Ursins, p, 545.

CHAPITRE VI.

LES MASSACRES DES PRISONS.

La guerre et l'invasion étrangères sont pour le sentiment national une rude, mais bienfaisante école. Cette salutaire influence réparait ou atténuait le mal que les violences croissantes de la guerre civile faisaient au cœur et à la conscience de la France. Elle retardait, sans pouvoir le conjurer, le suicide apparent ou momentané de la nation et de la royauté françaises. Ce suicide, que rappelle l'odieux traité de Troyes et qui sembla marquer la fin de notre histoire nationale, fut hâté par deux grands crimes : les massacres des prisons et l'assassinat de Jean sans Peur à Montereau.

Il était facile de prévoir que l'on marchait vers de sanglantes catastrophes. Ces catastrophes devaient être d'autant plus terribles que, plus longtemps différées, elles laisseraient à plus de colères, de ressentiments et de vengeances le temps de s'amasser.

Or, l'année 1417 s'était achevée sans amener de résultats décisifs. Jean sans Peur, avec ses troupes, avait paru sur les hauteurs de Montrouge ; mais il n'avait pas osé attaquer Paris et ses partisans n'avaient point osé remuer (1). Le connétable d'Armagnac les tenait de trop près et d'une main trop inflexible; il ne prenait pas la peine de dissimuler l'oppression qu'il faisait peser sur Paris. On aurait dit qu'il jouait avec les haines qu'il accumulait sur lui. A la tyrannie il joignait l'insulte et le mépris sous leur forme la plus grossière et la plus brutale. De pauvres ouvriers venaient-ils lui demander le salaire du travail qu'il leur avait commandé : « N'avez-vous point, » leur répondait-il, « un petit » blanc pour acheter une corde pour vous aller » pendre (2) ? »

Paroles odieuses et bien imprudentes ! Un Français peut se laisser opprimer, il ne se laisse pas insulter impunément; mais que pourrait craindre Bernard d'Armagnac ? N'a-t-il pas ses hommes d'armes ? N'a-t-il pas sous la main tout ce qui reste de forces matérielles et morales au gouvernement ? Il tient sous sa tutelle le roi, dont la folie furieuse a fait place à un hébêtement paisible, et le nouveau dauphin, qui sera un jour Charles VII.

Avec les idées et la foi monarchique de l'époque, cette tutelle donne à la cause du connétable un réel et sérieux prestige. Pour le contrebalancer, le duc de Bourgogne s'est hâté d'aller délivrer à Tours la reine, qui se prétend, de par le roi, la véritable régente du royaume. Touchée de l'empressement avec lequel Jean sans Peur a répondu à son appel, Isabeau lui a promis une recon-

---

(1) Montrelet, t. III, p. 216.
(2) *Le Bourgeois de Paris* (Michaud et Poujoulat), t. II, p. 650.

naissance et un dévouement sans bornes. « Très-cher cousin, » lui a-t-elle dit, « entre tous les hommes du » royaume, je vous dois aimer; jamais je ne vous fau- » drai (1). » Et elle ne tiendra que trop parole pour le malheur du pays.

Le souvenir qu'Isabeau de Bavière a laissé, sinon dans notre histoire, du moins dans notre légende, est celui d'une sorte de génie malfaisant. Cette légende est à la fois trop sévère et trop flatteuse pour celle qui en est l'objet. Impuissante pour le bien, Isabeau n'a pas de ces énergiques et violentes passions qui prêtent au moins je ne sais quelle grandeur sinistre aux héroïnes du mal. Vieillie avant l'âge, atteinte d'une obésité qui la rend difforme, souffrant de la goutte, à peu près infirme, obligée de renoncer à l'exercice du cheval, qu'elle aimait passionnément, pour se faire traîner en chaise roulante ou porter en litière, elle est comme l'image vivante de la plus vulgaire médiocrité (2). L'idée de la mort qui commence à l'effrayer, sans la rendre pieuse, ne parvient pas à donner plus de sérieux et d'élévation à ses pensées et à ses sentiments. Pour fortifier sa santé, elle boit de l'or potable et des pierres précieuses sous forme d'élixir. Pour sauver son âme, elle fait faire, à prix d'argent, des dévotions et des pèlerinages par procuration et continue de ne se préoccuper que de sa toilette, de ses volières, de ses bêtes, oiselets chanteurs, chat-huant, singe et léopard (3).

---

(1) Monstrelet, t. III, p. 229.
(2) Vallet de Viriville, *Histoire de Charles VII*, p. 35 et suiv.
(3) Extraits des comptes royaux publiés par M. Vallet de Viriville, à la

Dominée par la peur au point de n'oser dormir que dans des retraits construits exprès et sous la protection de gardiennes qui se relaient pour la veiller (1), elle n'a ni l'ambition ni l'orgueil du pouvoir ; mais sa vanité de femme, peut-être même de reine, ne pardonne pas au connétable les rigueurs et les disgrâces par lesquelles il a brutalement répondu à ses avances, à ses flatteries, à ses présents (2). Pour satisfaire ses rancunes, elle se donne au duc de Bourgogne et va devenir la complice de son machiavélisme, comme elle a été jadis celle des dilapidations du duc d'Orléans.

Elle suit Jean sans Peur à Chartres, puis à Troyes, où elle établit, à son instigation, une sorte de gouvernement rival de celui de Paris.

Ces deux gouvernements ne réussissent pas à se détruire l'un l'autre ; mais on peut craindre qu'ils ne détruisent la France. Maîtres de toute la Normandie située sur la rive gauche de la Seine, Henri V et ses capitaines poursuivent leurs conquêtes sans rencontrer de résistance. Peu susceptibles de remords patriotiques, Jean sans Peur et Bernard d'Armagnac ne voudraient cependant pas jouer, à leurs dépens, le jeu de l'étranger ; ils souffrent l'un et l'autre que des conférences s'ouvrent à Montereau pour travailler à leur réconciliation : ils y envoient des fondés de pouvoirs. Le pape Martin V, l'élu du concile de Constance, y délègue les cardinaux

---

suite de la chronique de Jean Chartier, t. III, p. 275, 276, 277, 278, 283, 286, 287, etc. — Vallet de Viriville, *Histoire de Charles VII*, t. I*ᵉʳ*, p. 36.

(1) Extraits des comptes royaux, p. 276-276.
(2) *Le Religieux de Saint-Denys*, t. VI, p. 254.

des Ursins et de Saint-Marc. De longues et laborieuses négociations s'engagent ; elles semblent aboutir enfin à un résultat heureux. Le 18 mai 1418, la nouvelle se répand à Paris que la paix est faite. Aussitôt la joie publique éclate en transports bruyants ; on danse dans les rues ; on les parcourt au son de la musique ; les tables se dressent aux portes des maisons, chargées de vins et de mets que les bourgeois et leurs femmes offrent généreusement aux passants (1).

Allégresse prématurée ! Le chancelier déclare que le roi scellera le traité, s'il le veut, mais que pour lui il n'y apposera point les sceaux. Le connétable qualifie de traîtres tous ceux qui seraient tentés de conseiller cette paix. Ces déclarations, qui tombent au milieu des espérances des Parisiens comme un coup de foudre, sont accueillies par eux avec une morne consternation. Cette fois, leur patience est à bout ; on peut entendre dans les masses populaires ce grondement sourd qui annonce de formidables explosions (2).

Un incident, frivole en apparence, va les provoquer.

Pierre Le Clerc, bon prud'homme et riche marchand de fer sur le *Petit Pont*, est *quartenier* et chargé de la garde de la porte de Saint-Germain-des-Prés. Le plus souvent, il s'en remet à son fils, Perrinet, du soin de cette garde. Un soir, au moment où il vient d'établir le guet, Perrinet est grossièrement injurié et battu. Il porte plainte ; mais ceux qui l'ont frappé sont les serviteurs d'hommes puissants au conseil ; leur violence

---

(1) *Le Religieux de Saint-Denys*, t. VI, p. 208 et 228.
(2) Monstrelet, t. III, p. 257.

reste impunie. Ne pouvant obtenir justice de cette lâche agression, Perrinet Le Clerc songe à en tirer vengeance. Il s'assure la complicité d'une dizaine de jeunes gens de son âge, parmi lesquels se trouve un des fils du boucher Thybert, et, d'accord avec eux, il va trouver à Pontoise le capitaine bourguignon, Jean de Villiers, sire de L'Isle-Adam (1).

Dans la nuit du samedi 28 au dimanche 29 mai 1418, vers deux heures du matin, le seigneur de L'Isle-Adam arrive à cheval, avec les sires de Chastellux, Gui de Bar et cinq cents chevaliers ou écuyers, armés de pied en cap, devant la porte de Saint-Germain-des-Prés. Non moins exact au rendez-vous, Perrinet Le Clerc est là avec les clés qu'il a dérobées sous le chevet de son père. La porte s'ouvre. L'Isle-Adam et ses cavaliers entrent. Dès qu'ils sont entrés, Perrinet Le Clerc referme la porte et jette les clés par-dessus la muraille. Il n'y a pas de milieu pour les conjurés : il faut réussir ou succomber.

Les Bourguignons s'avancent sans bruit jusqu'à la hauteur du Châtelet. Là ils trouvent quatre cents Parisiens qui les attendent en armes pour les seconder. Unis et mêlés les uns aux autres, les hommes d'armes de L'Isle-Adam et les soldats-citoyens de Paris se divisent en deux colonnes qui se mettent à parcourir les rues, en criant : « Vive le roi et le duc de Bourgogne ! » que ceux qui veulent la paix se joignent à nous ! » A cet appel, le peuple accourt en foule. Grossissant à chaque pas, l'une de ces deux troupes se précipite vers

---

(1) Juvénal des Ursins (Michaud et Poujoulat), t. II, p. 537.

l'hôtel de Saint-Pol, en brise violemment les portes et pénètre jusqu'à la chambre du roi. Le roi est réveillé en sursaut ; mais, hélas ! sa raison, sa mémoire ne se réveillent pas. Il ne se doute nullement de tout ce qui s'est passé et de tout ce qui se passe. Apercevant les chevaliers bourguignons, il s'informe de la santé de son beau cousin de Bourgogne et demande pourquoi celui-ci a tant tardé à venir le voir. On lui répond à la hâte ; on le fait lever, on le met à cheval et on le promène dans Paris comme une sanction vivante de la révolution qui s'accomplit sans obstacle (1).

Surpris et troublés, les chefs armagnacs n'essaient ni de se rallier, ni se défendre. Le prévôt de Paris, Tanneguy-Duchâtel, saisit le jeune dauphin, l'enveloppe dans un drap et l'emporte à la Bastille, d'où il l'emmènera à Melun. Le connétable se déguise sous les haillons d'un mendiant et va chercher un refuge dans la maison d'un simple maçon qui, le lendemain, saisi d'effroi, le livrera à ses ennemis (2). Ceux de ses chevaliers qui peuvent se sauver courent rejoindre à la Bastille Tanneguy-Duchâtel, et c'est tout au plus s'ils se sentent à l'abri derrière les créneaux de cette forteresse (3).

Les horribles clameurs de la populace arrivent à leurs oreilles. L'émeute triomphe. Des bandes de gens sans aveu, armés de bâtons ferrés, de vieilles cuirasses,

---

(1) Monstrelet, t. III, p. 259-262. — *Le Religieux de Saint-Denys*, t. VI, p. 232. — *Le Bourgeois de Paris*, p. 650. — Guillaume Cousinot, *Geste des nobles* (Vallet de Viriville), p. 159.

(2) Monstrelet, t. III, p. 263-264.

(3) Juvénal des Ursins, p. 651.

d'épées rouillées parcourent les rues, accompagnées de quelques hommes d'armes bourguignons, arrêtent tous les Armagnacs qu'elles peuvent rencontrer ou vont les saisir chez eux. Bientôt le Palais, le grand et le petit Châtelet, les abbayes de Saint-Martin, de Saint-Magloire sont remplis de prisonniers arrêtés sans ordre, sans mandat d'arrêt, par les seuls caprices ou par les seules vengeances de ces êtres que recèlent les profondeurs de Paris et que les jours d'orage et de trouble font comme sortir de dessous terre (1).

Les propriétés ne sont pas mieux respectées que la liberté individuelle. Les hôtels des bourgeois que l'on accuse ou que l'on soupçonne d'appartenir au parti vaincu sont au pillage; le magnifique mobilier du connétable, du chancelier, de l'évêque de Clermont, devient la proie des pillards. Le collége de Navarre est saccagé ; la bibliothèque est dévalisée; les cellules des étudiants sont envahies; accablés eux-mêmes de mauvais traitements, les étudiants ne sont protégés contre la mort que par l'arrivée du sire de L'Isle-Adam. Le capitaine bourguignon ne peut d'ailleurs pas empêcher la foule de les traîner en prison, où ils retrouvent plusieurs écoliers et maîtres de l'Université, entre autres le célèbre théologien Benoît Gentien (2).

Cependant, le lundi 30 mai le parlement essaie de mettre un terme à ces excès ou tout au moins de les contenir ; il prend un arrêté « *pour faire cesser les vols*

---

(1) Juvénal des Ursins, p. 651. — *Le Religieux de Saint-Denys*, t. VI, p. 232-236. — Félibien, *Histoire de Paris*, t. IV, p. 266.

(2) *Le Religieux de Saint-Denys*, t. VI, p. 234.

et emprisonnements qui se font sans autorité (1). »
Arrêté impuissant! Il n'y a point de force armée, point de magistrats pour en appuyer les interdictions. Les autorités instituées par la révolution ont bien de la peine à n'être pas ses complices. Le nouveau prévôt de Paris, Guy de Bar, les chefs des hommes d'armes bourguignons ne sont nullement pressés de réprimer une licence qui sert trop bien leur cupidité. Ils pillent eux aussi, seulement d'une manière moins bruyante, plus méthodique et plus sûre : mettant à rançon les gens riches qui se rachètent de la mort ou de la prison, ils amasseront bientôt au moins cent mille écus chacun (2).

L'anarchie appelle l'anarchie. A chaque instant, de nouveaux éléments viennent augmenter la confusion dont Paris offre l'image. On dirait une immense curée. Voici les bannis cabochiens qui rentrent, pleins de haine et impatients d'assouvir leur vengeance. Voici les paysans du sire de L'Isle-Adam qui accourent pour profiter de l'occasion et imiter l'exemple de leur maître (3). Les Armagnacs eux-mêmes contribuent à rendre plus difficile le rétablissement d'un peu d'ordre au milieu de ce chaos. Le 1ᵉʳ juin, plus de cinq cents d'entre eux pénètrent en armes par la porte Saint-Antoine pour s'emparer du roi et délivrer le connétable. Ils se font battre et leur tentative avortée a pour seul résultat de déchaîner contre leurs partisans un redou-

---

(1) Félibien, *Histoire de Paris*, t. II, 788.
(2) Juvénal de Ursins (Michaud et Poujoulat), t. II, p. 542.
(3) Juvénal des Ursins, p. 542.

blement de fureur qui n'épargne pas même les femmes (1).

Tandis que les passions cupides ou féroces du peuple sont à ce point surexcitées, son imagination est vivement frappée par les ravages d'une épidémie pestilentielle (2). Dans ces grandes calamités publiques, la colère, la terreur, la superstition populaires ont besoin de trouver des coupables. Ici, les coupables, ce sont les Armagnacs, dont on ne cesse d'ailleurs de redouter les représailles.

Il suffira d'une panique pour porter la populace à quelque abominable extrémité contre les malheureux qu'elle a entassés dans les prisons.

L'oisiveté du dimanche est particulièrement dangereuse, lorsque le peuple est dans cet état d'excitation, de trouble, presque de délire. C'est un dimanche que commenceront les massacres de septembre; et ces massacres ne seront que la répétition des scènes odieuses et terribles qui se préparent.

Le dimanche 12 juin, dans la soirée, une foule immense se précipite aux abords de l'Hôtel-de-Ville. Le bruit a couru que l'on a vu des hommes d'armes armagnacs au village de Saint-Marcel. Le peuple et les chevaliers bourguignons se sont armés à la hâte. Ce n'était qu'une fausse alerte; mais qu'importe? « Il faut, » s'écrient les malfaiteurs qui se sont glissés au milieu de l'émeute et qui en forment comme l'état-major, « il

---

(1) *Le Religieux de Saint-Denys*, t. VI, 236. — Monstrelet, t. III, p. 264, 265.

(2) Juvénal des Ursins, p. 543. — *Le Religieux de Saint-Denys*, t. VI, p. 270.

» faut en finir avec ces traîtres d'Armagnacs, sans quoi
» ni les bourgeois ni la ville n'auront jamais de re-
» pos (1). » Tous les autres d'applaudir. En vain, au
moins pour la forme, le prévôt de Paris, Guy de Bar,
veut les apaiser. « Maudit soit de Dieu, » répondent-ils,
« qui aura ja pitié de ces fauls traistres armagnacs an-
» glais, ne que de chiens ! Car par eulx est le royaume
» de France détruit et gâté ; et si l'avoient vendu aux
» Anglais. »

A minuit, ivres de fureur et de vin, les massacreurs, au nombre de quatre-vingt mille, s'il faut en croire Monstrelet, se ruent vers le palais ; un seul cri s'échappe de toutes ces bouches avinées et féroces : « Tuez ! tuez ces chiens traîtres arminaz. » Bientôt après, la cour est jonchée de cadavres. Le connétable, le chancelier de France viennent d'être égorgés. Ces abominables tueries se prolongent toute la nuit et jusqu'au lendemain à dix heures. Les massacreurs se portent successivement à toutes les prisons. Au petit Châtelet étaient enfermés beaucoup de personnages considérables, des prélats, de savants professeurs. On les élargit ; on les appelle l'un après l'autre ; et, au moment où chacun d'eux se baisse pour passer le guichet, il tombe frappé de plusieurs coups d'épée ou de hache. Bientôt le sang des victimes forme une mare, dans laquelle les pieds des massacreurs plongent jusqu'à la cheville. Seuls les prisonniers du grand Châtelet et leurs gardiens se défendent. Trouvant des armes sous la main, ils opposent aux massacreurs une résistance désespérée qui

---

(1) *Le Religieux de Saint-Denys*, t. VI, p. 244.

dure plus de deux heures. Pour en venir à bout, on met le feu dans certaines parties de la prison, on escalade les murs, on pénètre par les toits. Les prisonniers sont précipités du haut des tours et des fenêtres. Les assassins les reçoivent sur la pointe de leurs bâtons ferrés et de leurs piques et les achèvent avec une férocité satanique. Les capitaines et les hommes d'armes bourguignons, L'Isle-Adam, le vidame d'Amiens, le seigneur de Chevreuse, Jean de Luxembourg, le prévôt de Paris et bien d'autres, dont les noms mériteraient d'être arrachés à l'oubli pour recevoir la flétrissure de l'histoire, assistent à ces massacres, impassibles, à cheval et en armes; ils veillent sur les égorgeurs, ils les protégeront, s'il en est besoin ; il les encouragent. « Mes enfants, » ne cessent-ils de leur répéter, « mes enfants, vous faites bien ! »

Ainsi protégée et stimulée, la fureur des assassins ne s'arrête que lorsqu'ils sont las de tuer. Huit cents cadavres, si l'on admet le chiffre donné par les registres du parlement, seize cents, s'il faut en croire ceux de l'Université, jonchent les approches des différentes prisons. On les emporte à pleines charretées ; on ensevelit les uns dans les cimetières des principales églises de Paris ; on jette les autres dans des fosses communes creusées en plein champ, en terre profane ; ou bien encore on les abandonne sans sépulture autour du gibet le plus voisin. Pendant trois jours, les restes du capitaine armagnac Raymonet de la Guerre, du chancelier et du connétable doivent subir les outrages et les profanations de ces êtres sans respect et sans pitié, de ces jeunes *barbares* de la civilisation, que Monstrelet appelle *les mauvais enfants* et que nous nommons aujourd'hui les *gamins de Paris*. On remarque avec horreur, sur le corps du connétable, une écharpe sanglante qu'un boucher a dessinée sur sa poitrine, en lui enlevant une bande de chair depuis l'une des épaules jusqu'au côté opposé (1).

C'est à Dijon que le duc de Bourgogne apprend ces massacres : il ne se hâte pas de revenir à Paris. Dans ce retard y a-t-il un calcul et dans ce calcul y a-t-il du machiavélisme? Je ne sais ; mais ce qui est certain, c'est que son arrivée tardive et celle de la reine, le 14 juillet, sont accueillies par les manifestations les plus bruyantes et les plus joyeuses. Les séditieux, les Cabochiens, les démagogues saluent avec enthousiasme leur ancien et fidèle protecteur. Les bourgeois paisibles se flattent de l'espoir que la présence de Jean sans Peur ramènera peut-être un peu d'ordre. Jamais, même après la bataille de Hasbain, le duc de Bourgogne n'a eu un aussi beau triomphe. On se presse autour de lui, une pluie de fleurs tombe des fenêtres sur ses chevaliers et sur la litière d'or de la reine (2).

Au milieu de cette ovation, un homme se détache de la foule, s'avance fièrement vers le duc, l'appelle : « *mon beau frère de Bourgogne,* » et lui tend un main que que Jean sans Peur n'ose lui refuser (3). Cet homme,

---

(1) Juvénal des Ursins, p. 541. — Pierre de Fénin (Michaud et Poujoulat), t. II, p. 595. — *Le Bourgeois de Paris*, p. 653. — *Le Religieux de Saint-Denys*, t. VI, p. 244-250. — Monstrelet, t. III, p. 269-271. — Félibien, *Histoire de Paris*, t. IV, p. 568.

(2) Monstrelet, t. III, p. 272-273. — *Le Religieux de Saint-Denys*, t. VI, p. 252. — Juvénal des Ursins, p. 542.

(3) Juvénal des Ursins, p. 543.

c'est le bourreau de Paris, c'est Capeluche ! Ce bourreau est, à cette heure, une puissance dans la capitale ; il en est comme le grand juge. Parfois, vous rencontrez dans la rue le cadavre d'un homme ou d'une femme. Passez ! C'est la justice du roi ! du roi Capeluche ! Ce roi de la populace a son armée : trois ou quatre mille hommes soumis aveuglément à ses ordres, également prêts à tuer ou à mourir pour lui. Comme en 1792, à côté de la multitude qui égorge dans un accès de folie et de rage, il y a les bandes et comme les soldats réguliers de l'assassinat. Capeluche, qui les commande, ne veut pas les laisser oisifs. En vain, le duc de Bourgogne lui remontre que les prisonniers appartiennent à la justice, à la loi. Capeluche méprise ces remontrances. Dans la nuit du 21-22 août, il monte à cheval, se met à la tête de ses satellites, les conduit au Châtelet, à la Bastille. Le lendemain, deux cents malheureux ont cessé de vivre. Les douces paroles, les supplications de Jean sans Peur n'ont pas même pu sauver quelques chevaliers enfermés à la Bastille et pour lesquels plusieurs seigneurs de la cour avaient chaudement imploré sa recommandation (1).

C'en est trop : il faut en finir avec cette dictature hautaine de l'anarchie et de l'assassinat. L'orgueil, la fierté de Jean sans Peur ne peuvent pas pardonner à Capeluche. Capeluche mourra. A force de belles pro-

---

(1) *Le Religieux de Saint-Denys*, t. VI, p. 262-268. — Pierre de Fénin (Michaud et Poujoulat), t. II, p. 594. — *Le bourgeois de Paris*, p. 655. — Vallet de Viriville, *Histoire de Charles VII*, t. I, p. 124. — Chronique de J. Raoulet (publiée par Vallet de Viriville, à la suite de la chronique de Jean Chartier, t. III), p. 163.

messes, on décide sa garde à marcher contre les Armagnacs de Monthléry. A peine est-elle partie que Capeluche est arrêté. Deux jours après, il meurt aux halles sur l'échafaud, avec un sang-froid terrible, qui fait frémir les assistants, présidant lui-même à tous les apprêts de son supplice et donnant les instructions les plus précises à son valet qui va lui abattre le poing et la tête (1).

Seul de tous les égorgeurs, Capeluche est frappé par la justice humaine ; mais la plupart de ses complices ou de ses soldats n'échapperont pas à la justice de leur conscience ou, pour mieux dire, à celle de Dieu. Sept ou huit cents de ces misérables sont atteints de la peste et transportés à l'Hôtel-Dieu. L'horrible maladie à laquelle ils succombent est bien moins affreuse que le désespoir de leurs derniers moments. En vain, les dames de l'Hôtel-Dieu les invitent à se repentir de leurs forfaits, à les confesser : « A quoi bon ? » répondent-ils. Non, ils ne crieront pas merci à Dieu, car Dieu ne leur pardonnerait point. Un notable de Sénlis a été témoin de leurs crimes ; il y a même trempé ; puis il est reparti pour Senlis. Soudain, la pensée de ce qu'il a vu, de ce qu'il a fait, le saisit avec une violence telle que sa raison s'égare. Il sort précipitamment de son hôtel, criant dans les rues : « Je suis damné! » et court se jeter dans un puits la tête la première (2).

Ces débordements de la démagogie, les inquiétudes qu'ils inspirent au duc de Bourgogne, le rapprochent

---

(1) Félibien, *Histoire de Paris*, t. IV, p. 570. — Monstrelet, t. III, p. 289-291. — Juvénal des Ursins, p. 543. — *Le Bourgeois de Paris*, p. 656.
(2) Juvénal des Ursins, p. 543.

de la bonne bourgeoisie. Le 30 août, il mande auprès de lui les principaux bourgeois et *chefs d'hôtel*. Les massacres d'août et de juin et les mesures à prendre pour en prévenir le retour, composent l'ordre du jour de cette réunion. Elle offre une sorte de *comique* lugubre dans les confidences mutuelles que se font le duc de Bourgogne et ses interlocuteurs. Le duc aurait résisté aux égorgeurs ; mais il a craint que les bourgeois n'eussent donné leur approbation et leur consentement à cette *entreprise* (cette époque si violente a de singuliers euphémismes). De leur côté, les bourgeois ont eu la même bonne intention, et ils n'ont été arrêtés que par la pensée que la main du duc de Bourgogne était peut-être dans ces assassinats. Maintenant, le malentendu est expliqué, il faut se promettre réciproquement d'opposer une vigoureuse résistance à l'anarchie (1); car le gouvernement a besoin de retrouver toute sa liberté et toute sa vigueur d'action pour faire face aux difficultés et aux périls de la tâche : tâche terrible qui sera comme une pierre de touche pour le duc de Bourgogne. Il offrait naguère au roi et aux grands seigneurs d'Angleterre des colliers d'or, des perles, des diamants, des rubis (2). Il doit maintenant les combattre et défendre le royaume contre leurs progrès tous les jours plus menaçants. Inspiré par cet esprit patriotique, que les Cabochiens ont jusqu'à présent mêlé à tous leurs excès, Paris lui donne l'exemple. Mal remis des saturnales

---

(1) Monstrelet, t. III, p. 290. — Félibien, *Histoire de Paris*, t. IV, p. 510.
(2) Comte de Laborde, *Les ducs de Bourgogne*, t. I, p. 131.

sanglantes auxquelles il vient d'assister, désolé par la contagion qui redouble ses ravages, il s'associe, par l'ardeur de sa sollicitude et par les secours qu'il lui envoie, à l'héroïque résistance de Rouen assiégé par les Anglais et défendu par la commune bourguignonne, que la révolution vient de rétablir dans toutes ses prérogatives et dans tout son pouvoir (1).

Henri V a, vers le mois de juin 1418, envoyé sommer les Rouennais par le duc d'Exeter; mais ils ont repoussé cette sommation avec mépris; excités par le capitaine des arbalétriers de la ville, Alain Blanchart, et par le chanoine Robert Delivet, qui vont devenir les héros de ce siége, ils sont résolus et prêts à se défendre. Les murailles et les tours, qui avaient été élevées par saint Louis, étaient dans un grand état de délabrement; on les a réparées à la hâte; on a abattu tous les édifices extérieurs qui auraient pu servir d'abri à l'ennemi; on a coupé les arbres, détruit les jardins; on a même brûlé les herbes et les bruyères, de sorte que la terre est entièrement nue (2).

Tous ces apprêts donnent bien à comprendre à Henri V que la conquête de Rouen sera difficile; il s'applique à l'investir de toutes parts; mais les assiégés ne cessent de contrarier ses opérations. Tandis que cent canons tirent du haut des remparts, les défenseurs de Rouen, miliciens et hommes d'armes, s'élan-

---

(1) Monstrelet, t. III, p. 293. — *Le Bourgeois de Paris*, p. 651.

(2) Monstrelet, t. III, p. 282. — Chéruel, *Histoire de Rouen sous la domination anglaise*, p. 34 (La plupart des détails que nous donnons sur le siége de Rouen sont empruntés à cette excellente étude, trop rare aujourd'hui).

cent par toutes les portes à la fois. Pour se protéger contre ces sorties, les Anglais enveloppent en vain la place d'un grand fossé tout hérissé de pieux. Des galeries couvertes permettent à leurs différents corps d'armée de se porter rapidement au secours les uns des autres (1).

L'obstination que les assiégeants et les assiégés déploient également les pousse à la cruauté. Henri V croit effrayer les Rouennais en faisant attacher au gibet quelques-uns des leurs qui ont été pris. Les Rouennais répondent en soumettant un chevalier anglais au même supplice (2).

Ils sont bien loin d'avoir peur : ils sont surexcités; l'exaltation religieuse se joint, dans leur cœur, à l'exaltation patriotique. Le chanoine Delivet lance l'anathème contre Henri V et son armée, qui rencontrent devant eux une résistance de plus en plus intrépide. Sur leurs murs, les assiégés se comportent vaillamment, afin que l'ennemi ne puisse pas soupçonner leur détresse (3).

Cette détresse s'aggrave de jour en jour. Dès le mois d'octobre, la famine sévit. Un morceau de pain, moitié grand comme la main, coûte 15 fr.; et, même en le payant à ce prix, on en trouve bien peu, et celui qu'on peut se procurer n'est fait que de son et de balle d'avoine écrasée. La viande manque plus encore. Un quartier de cheval vaut 1,500 fr.; une tête de cheval, 150 fr.; un chien, 150 fr.; une souris, 8 fr. (4)

---

(1) Chéruel, p. 46.
(2) *Id., ibid.*, p. 54.
(3) *Id., ibid.*, p. 54.
(4) *Id., ibid.*, p. 51.

Tandis que des milliers de Rouennais périssent de faim, les Anglais nagent dans l'abondance. L'Angleterre ne les oublie pas. Londres envoie au roi un vaisseau chargé de vin et de cervoise. La Normandie et ses plantureuses campagnes sont là, d'ailleurs, à la discrétion de l'assiégeant. Huit mille Irlandais les parcourent en tout sens. A moitié sauvages, à peine vêtus, un de leurs pieds chaussé et l'autre nu, armés de petits javelots et de couteaux « d'estrange façon, » ils se répandent au loin dans cet admirable pays de Caux et reviennent dans le camp anglais avec les produits de leurs razzias, les uns montés, sans selle, sur leurs petits chevaux de montagne qu'ils manient avec une remarquable dextérité, les autres chevauchant les vaches qu'ils ont volées (1).

Toute cette affluence de biens, à côté d'un si cruel dénûment, forme un contraste dont la brutalité odieuse finit par éveiller, même dans le cœur d'Henri V, une velléité de pitié. C'est pendant la fête de Noël, cette trêve naturelle de Dieu, cette journée sur laquelle semblent planer les mots de *paix sur la terre* et de *bonne volonté parmi les hommes*. Ce serait une impiété que de laisser, à deux pas de soi, des chrétiens mourir de faim. Le roi, qui connaît au moins la lettre de l'Evangile, fait apporter du pain et du vin aux assiégés. Ceux-ci refusent avec fierté ; et cependant le nombre des victimes de la famine s'élèvera bientôt parmi eux à cinquante mille ! Et cependant, douze mille malheureux qu'ils ont été obligés de renvoyer comme

---

(1) Monstrelet, t. III.

bouches inutiles, achèvent lentement d'expirer sous leurs yeux dans les fossés. Pour un survivant, il y a dix ou douze morts ! Parfois, un panier vide descend du haut des remparts et remonte, hissant un petit enfant qui vient de naître. La pauvre créature est baptisée, puis rendue à sa mère, c'est-à-dire à la mort (1).

Le duc de Bourgogne n'ignore pas ces souffrances. Le 27 octobre, un envoyé de Rouen, un vieux prêtre, est venu tout en larmes, pousser contre lui et contre le roi, en plein conseil, le *grand haro* de Normandie (2). C'était un appel désespéré et menaçant à l'aide, au secours.

Jean sans Peur a promis de répondre en personne à cet appel. Dans les premiers jours de novembre, il part avec le roi, qui est allé solennellement prendre l'oriflamme à Saint-Denis ; mais à peine en mouvement, il s'arrête longtemps à Pontoise, longtemps à Beauvais et se borne, pour tout exploit, à faire manger par ses hommes d'armes le pays environnant. En vain, un dernier message de Rouen lui apprend que les défenseurs de la place ne peuvent plus tenir ; il se contente de répondre en secret aux assiégés qu'il n'a pas les moyens de les secourir ; il les engage à traiter avec les Anglais, en s'efforçant d'obtenir les meilleures conditions possibles (3).

---

(1) Monstrelet, t. III, p. 299. — Chéruel, p. 57.

(2) « Le cri ou clameur du *haro* était, dans les anciennes coutumes de » Normandie, un appel solennel à la justice et à la protection. » Chéruel, *Dictionnaire historique des institutions, etc., de la France*, 1re partie, p. 531. — Monstrelet, t. III, p. 294 et suiv. — Guillaume Cousinot, *Geste des nobles* (Vallet de Viriville), p. 175.

(3) Monstrelet, t. III, p. 303. — *Religieux de Saint-Denys*, p. 298.

Ce parti douloureux est le seul qu'il leur reste à prendre. « La faim a fini par briser les dures murailles de
» pierre, » s'écrie avec un accent de triomphe un poëte anglais contemporain. Une députation rouennaise, composée de quatre chevaliers, de quatre clercs et de quatre bourgeois tirés au sort, se rend au couvent des Chartreux, où Henri V a son quartier général, et obtient une audience de ce prince : « Nous vous prions et con-
» jurons, » lui disent-ils, « par l'amour de celui qui
» mourut le vendredi-saint et de sa chère mère, de
» nous accorder votre pitié, ainsi qu'aux pauvres gens
» qui meurent dans les fossés. » — « Et qui, » répond le roi avec hauteur et dureté, « qui les a chassés dans
» les fossés de la ville ? Ce n'est pas moi ; vous le sa-
» vez bien (1). »

L'accueil n'est pas encourageant. Des conférences s'ouvrent cependant ; elles se prolongent et se renouvellent plusieurs jours et sont enfin rompues. L'Anglais se montre trop hautain ; les Rouennais ne sauraient accepter ses conditions : réduits à ces cruelles extrémités, ils ne consultent que leur désespoir : ils vont eux-mêmes saper un pan de leur mur, ils le jetteront dans le fossé, puis, mettant au milieu d'eux leurs femmes et leurs enfants, ils sortiront par cette brèche et iront où Dieu voudra les conduire (2). Averti de cette résolution désespérée, qui ressemble à celle que prendront un jour les défenseurs de Missolonghi, le roi d'Angleterre s'effraie à son tour ; et tout d'un coup, les assiégés

---

(1) Chéruel, p, 59.
(2) Monstrelet, t. III, p. 305.

voient arriver dans leurs murs, comme parlementaire, l'archevêque de Cantorbéry qui, par ordre d'Henri V, leur accorde une capitulation honorable. C'est le 13 janvier 1419. Le 19, les Anglais prennent possession de Rouen. La ville les reçoit avec « visage de morte, » pour emprunter à la langue d'Agrippa d'Aubigné une de ses énergiques expressions. La population a l'air d'un peuple de spectres. Un témoin oculaire, un vainqueur, un Anglais, ne peut dominer un sentiment de compassion à l'aspect de ces malheureux qui n'ont « *que* » *la peau et les os*. Les yeux caves, le nez effilé, ils » peuvent à peine respirer et parler. Leur teint est » livide comme le plomb et semblable à celui des morts. » Dans chaque rue, on voit des cadavres étendus et des » centaines de moribonds demandant du pain à grands » cris : pendant longtemps, ils mourront si vite, qu'on » n'aura pas le temps de les enterrer. »

Ces habitants, accablés par la contagion de la faim, ne semblent pas dangereux. Henri V n'en a pas moins exigé quatre-vingts otages. A peine entrés dans la ville, les Anglais les arrachent à leur famille et les conduisent au château. Au nombre de ces otages figure, avec le chanoine Delivet, avec Jourdain, capitaine des canonniers, le brave Alain Blanchart. Tous rachètent leur vie à prix d'argent. Seul, Alain Blanchart est trop pauvre ; et il subit, sur la croix, le supplice dû à ses méchantes actions, dit, avec dédain, un biographe anonyme d'Henri V ; mais la mémoire de ce héros populaire ne sera pas à la merci d'un chroniqueur de cour. Rouen, qui inscrira son nom à côté de celui de Jeanne Darc, a recueilli et répétera, avec un patriotique orgueil, ses dernières et fières paroles. « Je n'ai pas de bien, » fait dire la légende locale à Alain Blanchart ; « mais si » j'avais de quoi payer ma rançon, je ne voudrais pas » racheter les Anglais de leur déshonneur (1). »

La nouvelle de la chute de Rouen cause aux Parisiens une profonde émotion ; elle les afflige, elle les trouble, elle les alarme (2). Rouen est une des clés de la Seine : aux mains du roi d'Angleterre, elle va aggraver les privations et la cherté excessive, dont ils se plaignent. Bloquées par les Armagnacs, les rivières nourricières de Paris ne l'alimentent plus. Les arrivages sont difficiles, insuffisants. On se croirait en 1793, à voir ces longues queues faméliques qui se pressent aux portes des boulangers. Les mesures prises par le comité des subsistances que Jean sans Peur a institué à l'Hôtel-de-Ville ne font pas moins songer à cette douloureuse époque. On décrète un maximum : aussitôt les marchands cessent d'aller chercher du blé au dehors ; les boulangers cessent de cuire. La Commune révolutionnaire de 93 aurait bien dû se souvenir de cette leçon (3). Les Parisiens de 1419 semblent tout prêts à profiter de celle que leur infligent tant de maux et de dangers. La tristesse, la crainte, la fatigue font également désirer la fin de ces querelles intestines, « sans lesquelles toute » Normandie serait encore française, ni le noble sang » de France ainsi répandu (4). » C'est un des Bourgui-

---

(1) Monstrelet, t. III, p. 305 et suiv. — Chéruel, p. 60 et 65.
(2) Félibien, *Histoire de Paris*, t. II, p. 794.
(3) *Le Bourgeois de Paris*, p. 659. — *Le Religieux de Saint-Denys*, p. 286.
(4) *Le Bourgeois de Paris*, p. 663.

gnons les plus fougueux, c'est l'auteur anonyme connu sous le nom de *Bourgeois de Paris*, qui parle ainsi. Ces paroles, empreintes d'une douleur vraiment patriotique, indiquent bien que la réconciliation est le vœu des esprits, comme elle est le besoin du moment et peut encore être le salut du pays. Le duc de Bourgogne essaierait en vain de résister à cette pression impérieuse de l'opinion.

Sa popularité décline; il a laissé succomber Rouen; il ne vient pas rassurer, tout au moins partager les anxiétés des Parisiens qui souffrent et ne savent pas la veille s'ils ne mourront pas de faim le lendemain. Comme s'il voulait fuir les embarras et les devoirs de son rôle, il se tient à distance de ses chers Parisiens. De Pontoise il se rend à Provins, en attendant d'aller s'établir à Troyes. Ses partisans les plus dévoués murmurent contre lui (1). Le Parlement a déjà écrit et envoyé des députés au dauphin (2).

Impuissant à dominer la situation, Jean sans Peur a essayé d'en sortir par l'issue que semblait lui offrir une alliance avec l'Angleterre; mais il avait donné à Henri V trop de motifs de ne pas le craindre; la hauteur de ce prince a fait échouer les conférences de Meulan (3). Le duc de Bourgogne a alors accueilli les avances des principaux conseillers du dauphin : Tanneguy-Duchâtel et Barbazan. Gagné par leurs instances, alarmé par les négociations que les Armagnacs poursuivent avec les

---

(1) Monstrelet, t. III, p. 303.
(2) Félibien, *Histoire de Paris*, t. II, p. 796.
(3) Monstrelet, t. III, p. 321.

Anglais (1), il se rend à Corbeil ; le dauphin est à Melun. Ce rapprochement est un premier pas vers la paix ; mais ce n'est pas encore la paix : il s'en faut bien. Les premiers pourparlers échouent contre des obstacles qui paraissent insurmontables ; pourtant, les cardinaux envoyés par le pape ne se découragent pas ; la dame de Giac, qui inspire au dauphin une affection respectueuse et exerce sur le duc de Bourgogne une influence toute puissante, court trouver les deux princes dans leur tente. Elle les décide à reprendre leur conférence. Une heure s'est à peine écoulée, que les cris de : Noël ! poussés par les chevaliers et les écuyers de l'escorte du dauphin et de Jean sans Peur, annoncent que la paix est faite. C'est le traité de Pouilly-le-Fort (2). Signé par les chefs des deux factions rivales, il est scellé par le serment qu'ils prêtent l'un et l'autre, de sacrifier leurs haines mutuelles et leurs griefs réciproques aux intérêts et au salut du royaume (3).

Les clauses du traité sont remplies des promesses les plus patriotiques. Le pauvre peuple de France s'y confie avec un joyeux abandon. Les bonnes villes, Paris surtout, illuminent, allument des feux de joie, improvisent, en pleine rue, des bals de jeunes filles et de jeunes garçons (4). Ces bruits de fête se sont à peine effacés que les sentiments de défiance et d'animosité

---

(1) K. de Lettenhove, *Histoire de Flandre*, t. IV, p. 207.

(2) Mardi, 11 juillet 1419.

(3) Monstrelet, t. III, p. 321-329. — *Le Religieux de Saint-Denys*, t. VI. p. 332.

(4) Monstrelet, t. III, p. 330-331. — *Le Religieux de Saint-Denys*, p. 334.

ont déjà repris tout leur empire dans le cœur de Jean sans Peur et dans l'entourage du dauphin. On dirait qu'ils ont été comme envenimés par cette réconciliation éphémère. Les Armagnacs soupçonnent et accusent le duc de Bourgogne de déloyauté, de perfidie, de trahison. Il a promis de défier le roi d'Angleterre ; et il vient de lui livrer Pontoise !... Il a juré de travailler, avec le dauphin, au bien et à la défense du pays ; et voilà bientôt dix-huit jours que le dauphin l'appelle et l'attend à Montereau, au milieu des plus grands dangers pour sa santé et pour sa vie. Montereau est infecté par la peste. Sans doute, le duc de Bourgogne veut laisser au fléau le temps de le débarrasser de son rival (1).

Cette supposition, si pleine de noirceur, est une pure et gratuite calomnie. Le duc de Bourgogne médite tout au plus le projet d'enlever le dauphin aux Armagnacs. Sa lenteur naturelle hésite devant l'exécution d'un plan qui lui paraît gros de difficultés (2). Sa circonspection lui fait encore plus craindre de tomber lui-même dans un guet-apens. On lui dit qu'il y a aux environs de Montereau plus de vingt mille Armagnacs animés des dispositions les plus hostiles à son égard ; mais, d'autre part, il reçoit tant d'instances, tant de protestations,

---

(1) *Le Religieux de Saint-Denys*, t. VI, p. 370. — Monstrelet, t. III : « Copie des lectres envoiées par le dauphin en plusieurs bonnes villes du royaume, » p. 352 et suiv. — Champollion-Figeac, *Lettres des rois, reines et autres personnages des cours de France*, tirées des archives de Londres. — *Relation des démarches que le dauphin fit auprès du pape Martin V au sujet de l'assassinat du duc de Bourgogne*, t. II, p. 357.

(2) *Chronique de Chastellain* (édit. de K. de Lettenhove), t. I (notes), p. 31.

tant de serments de Tanneguy-Duchâtel ! Le dauphin lui abandonne, comme gage de sûreté, le château de Montereau, sur la rive gauche de la Seine. Il se sent ébranlé. Vaincu par les conseils et par les prières de la dame de Giac, il se rapproche de Montereau. Une première étape le conduit à Bray-sur-Seine. Le 10 septembre, il part de Bray pour Montereau. Ses soupçons semblent dissipés ; il chevauche joyeusement ; mais, vers trois heures de l'après-midi, il voit venir à lui trois des siens qu'il a chargés de le précéder à Montereau. Ils le conjurent de retourner sur ses pas. Sans descendre de cheval, Jean sans Peur tient conseil avec les chevaliers de son escorte. La majorité est d'avis de ne pas aller plus loin ; mais le duc n'écoute pas ces conseils de prudence. Une résignation moitié fataliste, moitié chrétienne, peut-être un scrupule de courage et de patriotisme le poussent au devant de la mort, comme pour donner l'apparence d'une victime à ce grand criminel qui va enfin recevoir le châtiment de son crime (1).

L'aspect du pont de Montereau, où doit avoir lieu l'entrevue, n'est guère rassurant. Pour parvenir au pavillon en charpente où le dauphin, en armes, attend le duc de Bourgogne, il faut passer sous une herse et sur un pont-levis, traverser deux barrières de bois, s'engager dans des couloirs obliques et sinueux comme ceux d'un labyrinthe, le tout commandé par des canons chargés et mis en batterie (2).

Cet appareil menaçant respire la guerre et la mort.

---

(1) Monstrelet, t. III, p. 338-341. — Juvénal des Ursins, p. 553.
(2) *Le Religieux de Saint-Denys*, t. VI, p. 372.

Les chevaliers qui doivent accompagner le duc de Bourgogne en frémissent; ils voudraient arrêter leur maître; ils n'ont plus qu'à le suivre. Guidé par Tanneguy-Duchâtel, François de Grignaux et le vicomte de Narbonne, que le dauphin a envoyés vers lui et qui lui ont adressé, en guise de bienvenue, des reproches peu dissimulés, Jean sans Peur a bientôt dépassé la première et la seconde barrière, qui se sont, à l'instant, refermées sur ses pas et sur ceux des hommes de sa suite. Le duc pourrait bien concevoir quelques soupçons; mais Tanneguy-Duchâtel est là. « Voilà en qui je me fie, » dit Jean sans Peur en lui frappant familièrement sur l'épaule. A peine a-t-il achevé qu'il est en présence du dauphin (1).

Le ton de l'entrevue est d'abord courtois, presque affectueux, mais il ne tarde pas à s'aigrir; ce sont bientôt des reproches, des souvenirs irritants, des récriminations, des menaces, des démentis qui s'entrechoquent comme des lames d'acier (2).

Au moment où la querelle atteint son plus haut degré d'aigreur et de vivacité, Jean sans Peur veut ramener son épée mal placée. « Mettez-vous la main à votre épée en présence de monseigneur le dauphin? » s'écrie Robert de Loré, un des chevaliers de ce prince. A ces mots, Tanneguy-Duchâtel lève sur le duc une

---

(1) *Le Religieux de Saint-Denys*, t. VI, p. 372. — Monstrelet, t. III, p. 341-343.

(2) Champollion-Figeac, *Lettres des rois, reines et autres personnages des cours de France, etc.*, tirées des archives de Londres (documents inédits), t. II, p. 357 : *Relation des démarches que le dauphin fit auprès du pape Martin V au sujet de l'assassinat du duc de Bourgogne*.

petite hache qu'il tient à la main. Il l'en frappe au visage avec tant de violence qu'il lui abat le menton et le fait tomber sur ses genoux. Jean sans Peur veut se relever et dégaîner ; mais il est, de tous côtés, assailli, accablé de coups d'épée et de hache. Le dauphin s'éloigne, saisi d'effroi, tandis que ses chevaliers s'acharnent sur Jean sans Peur. Terrible loi du talion : œil pour œil ! dent pour dent ! C'est ainsi que Raoul d'Auquetonville et ses complices ont martelé le duc d'Orléans (1).

Bientôt après, au tumulte de cette scène sanglante succède un silence effrayant. La nuit est venue et sur le pont désert gît un cadavre à moitié dépouillé (2). C'est le puissant duc de Bourgogne ; son crâne offre une plaie béante et profonde. Au seizième siècle, un descendant de Louis d'Orléans, François Ier, contemplant, dans la Chartreuse de Dijon, la dépouille mortelle de Jean sans Peur, ne pourra retenir un cri de stupeur et d'effroi, à l'aspect de cette formidable blessure. « Sire, » lui dira son guide, un chartreux, « c'est par ce trou-là que les Anglais sont entrés en France (3). »

Ce n'est que trop vrai.

L'assassinat du pont de Montereau est à la fois un grand crime et une grande faute ; il met la couronne de France en péril, comme le déclare au dauphin un de ses plus loyaux capitaines, Barbazan (4). Dès lors, c'est

---

(1) *Le Religieux de Saint-Denys*, t. VI, p. 374. — Monstrelet, t. III, p. 343-344.

(2) Monstrelet, t. III, p. 347.

(3) Vallet de Viriville, *Histoire de Charles VII*, t. I, p. 184.

(4) *Id., ibid.*, p. 182.

une guerre à mort entre les Armagnacs et les Bourguignons. A Paris, tous les habitants que l'on soupçonne d'être secrètement attachés au dauphin sont sur le point d'être massacrés. L'intervention armée de la haute bourgeoisie parvient à grand'peine à les protéger (1). Cette exaspération étouffe, dans le cœur des Parisiens, tout scrupule de patriotisme; sans se rappeler les nobles inspirations auxquelles ils obéissaient. naguère, ils n'hésitent pas, dans les transports de leur fureur bourguignonne, à prendre l'initiative d'une trahison envers la patrie. Leurs députés, en tête le premier président du parlement, Philippe de Morvilliers, vont persuader au nouveau duc de Bourgogne, Philippe le Bon, de ne pas guerroyer contre les Anglais, mais de s'allier avec eux. Paris déploie, pour hâter l'abandon de la France aux mains de l'étranger, un zèle qui méritera de la part d'Henri V des éloges flétrissants et auquel le vainqueur d'Azincourt promettra des récompenses plus flétrissantes encore (2).

Philippe le Bon n'est que trop disposé à suivre ces suggestions. Les ressentiments de sa piété filiale et plus encore les calculs ambitieux de sa politique le poussent dans le même sens. Il n'a ni les moyens ni la force de combattre les prétentions du roi d'Angleterre, il les servira (3). Il n'y a pas de temps à perdre. L'alliance d'Henri V est ardemment sollicitée par le dauphin et

---

(1) *Le Religieux de Saint-Denys*, t. VI, p. 376.
(2) Chastellain, *Chronique*, t. V, p. 68-69 (K. de Lettenhove), et notes, p. 61 et 84.
(3) Chastellain (K. de Lettenhove), t. I, notes, p. 84.

par les Armagnacs (1) ; mais le dauphin ne peut lui offrir que quelques provinces. D'accord avec Isabeau de Bavière, Philippe le Bon lui donne la France, et, par le traité de Troyes, 21 mai 1420, le roi d'Angleterre devient le régent du royaume, le gendre et l'héritier de Charles VI (2).

La veille de ce jour néfaste, Henri V arrivait à Troyes. Son entrevue avec Charles VI est une scène dont le génie d'un grand poëte, comme Shakespeare, aurait pu tirer un effet poignant et douloureux. C'est dans l'ancien palais des comtes de Champagne. La salle est remplie de seigneurs. Sur un trône à fleurs de lis, le roi de France est assis, plus fou que jamais, mais d'une folie qui tourne de plus en plus à l'hébêtement. Henri V apparaît sur le seuil et se découvre. On veut faire lever Charles ; il refuse obstinément, jusqu'au moment où il voit son futur gendre presque à genoux à ses pieds. « Or çà, vous, » lui dit-il alors avec une familiarité cavalière et dédaigneuse, « soyez le bien venu, puisque ainsi est. Saluez les dames (3) ! »

Pauvre roi ! on a pitié de lui, car il ne sait pas ce qu'il fait, en souhaitant la bienvenue au spoliateur de sa famille, à l'ennemi héréditaire de son royaume. Sa folie est une excuse ; mais celle dont la plus grande partie du pays est atteint ne saurait mériter l'indulgence. L'histoire ne peut juger qu'avec une sévérité attristée l'attitude et le langage de la grande assemblée

---

(1) Champollion-Figeac, *Documents inédits : lettres des rois, reines et autres personnages, etc.*, t. II, p. 348-354.

(2) Monstrelet, t. III, p. 390-402.

(3) Chastellain, t. I, p. 131.

convoquée à Paris le 29 avril 1420, pour délibérer sur le projet du traité de Troyes. Le chancelier du royaume, les présidents et les conseillers du parlement, les gens des comptes et du Trésor, les représentants de l'Université et du chapitre de Notre-Dame y assistaient avec le prévôt des marchands, les échevins, les quarteniers, dizainiers, bourgeois notables de Paris ; et dans cette assemblée, il ne s'est point trouvé une voix pour rompre l'unanimité de l'assentiment donné à cet acte diplomatique de haute trahison (1). Cet assentiment empressé ne suffit pas aux échevins de Paris. Le traité à peine signé, ils écrivent à Henri V qu'ils en ont la plus grande joie et le prient de les recevoir en humble recommandation (2), tandis que le peuple s'abandonne aux plus bruyants transports d'allégresse ; ce ne sont que danses et *caroles*. Quelques mois plus tard, Henri V fait son entrée à Paris avec Charles VI. Les cris mille fois répétés et mille fois profanés de Noël! Noël! retentissent sur son passage (3).

Charles VI a sa part encore dans ces acclamations ; mais le vide, l'abandon et l'oubli vont se faire autour de lui. Les malheurs de la France ont réalisé le rêve de ce religieux qui avait cru voir le roi d'Angleterre « *en grand orgueil et état*, » au plus haut des tours Notre-Dame et le roi de France en deuil dans le parvis. Aux fêtes de Noël de cette même année 1421, Henri V tient

---

(1) Félibien, *Histoire de Paris*, t. II, p. 199.
(2) Chastellain, t. I (notes), p. 176. — K. de Lettenhove, *Histoire de Flandre*, t. IV, p. 221.
(3) Chastellain, t. I, p. 187-188.

sa cour au Louvre avec un éclat bruyant, tandis que Charles VI, relégué à l'hôtel de Saint-Pol, y reçoit à peine, à l'occasion de cette solennité, la visite de quelques anciens serviteurs (1). Il ne règne plus ; il ne vit plus ; il tarde à mourir : il meurt enfin, le 21 octobre 1422, près de deux mois après Henri V. Il rend son esprit « petitement accompagné pour un roi de France, n'ayant que son chambellan, son chancelier et quelques autres menus officiers auprès de lui (2). » Présidé par un étranger, le duc de Bedford, le cérémonial des funérailles royales s'accomplit avec une sévère ponctualité. Suivant l'antique usage, le roi d'armes s'écrie, du bord de la fosse où vient de descendre le cercueil : « Dieu
» veuille avoir pitié de l'âme de très-haut et très-excel-
» lent prince Charles, roi de France, sixième du nom,
» notre naturel et souverain seigneur ! Dieu donne lon-
» gue vie à Henri, par la grâce de Dieu, roi de France
» et d'Angleterre, notre souverain seigneur (3) ! »

La basilique de Saint-Denis n'a jamais retenti de paroles plus lugubres. Ses voûtes royales répètent qu'il n'y a plus de France. La France est bien régulièrement effacée de la liste des nations. Son acte de décès et son testament sont dans toutes les formes. L'étranger est bien l'héritier et le successeur légal de ses rois. Et, ce qui est plus triste encore, le pays ne semble pas avoir le courage de dire qu'il ne veut pas mourir, que cet acte de décès est un mensonge, que ce testament est un

---

(1) Chastellain, t. I, p. 201-202.
(2) Id., ibid., p. 346.
(3) Monstrelet, t. IV, p. 123-123.

crime. Il paraît s'incliner devant ce fantôme de légalité ; sa puissance de réaction est brisée comme tous les ressorts de sa vie morale et politique. Il a trop souffert ; il a été le témoin de trop de crimes et la proie de trop d'égarements ; il n'a pas été dompté par l'ennemi ; il a été vaincu par le mal qui a, peu à peu, énervé toutes ses forces vitales. Il faut avoir sondé toutes ces misères et mesuré tout cet abaissement, il faut avoir mis la main sur le cœur de la France, il faut en avoir compté avec effroi les lentes pulsations pour sentir toute la grandeur sainte de l'œuvre de Jeanne Darc. Jeanne fera plus que rappeler la victoire sous les drapeaux de Charles VII, elle ramènera une vie supérieure dans l'âme de la nation. Son esprit, venu d'en haut, passera, comme un souffle purificateur, sur âme accablée et flétrie. Il y ranimera ces énergies vaillantes et créatrices qui déroberont aux Anglais, pour les tourner contre leurs soldats, ces mots de leur fière devise : *Dieu et mon droit!*

LIVRE III

JEANNE DARC

CHAPITRE PREMIER.

LA FRANCE SOUS LA DOMINATION ANGLAISE.

Dans le livre précédent, nous avons descendu les degrés qui ont lentement conduit la France de la vie à la mort ; nous allons suivre maintenant le merveilleux élan par lequel elle est remontée de la mort à la vie.

La mort ! le mot est exagéré. C'est mort apparente, c'est léthargie qu'il faudrait dire. La mort n'est pas consommée ; mais l'état moral de la France, tel qu'il s'offre à nous, dans les sept premières années du règne de Charles VII, présente d'effrayants symptômes. Sa ruine matérielle est au comble.

Il y a vingt ans à peine, la capitale offrait encore l'aspect d'une ville riche, prospère, opulente et peuplée ; mais les abus et les oppressions du gouvernement, les charges écrasantes des impôts, les maux de la guerre civile, les excès et les crimes des révolutions qui se sont succédé, la cherté et la famine, la peste de 1418 qui, au dire des fossoyeurs, a emporté plus de cent mille personnes, ont fini par donner à Paris un air de désolation (1). Il y a plus de vingt-quatre mille maisons vides, abandonnées. Plusieurs tombent en ruines et deviennent un véritable danger pour les passants (2). Pendant l'hiver de 1422-1423, les loups viennent errer dans les rues. On en prend souvent trois ou quatre à la fois (3). Les dispositions morales des Parisiens sont encore plus affligeantes que la physionomie de leur ville. On sent dans leur tristesse un affaiblissement rapide de la vie. La vie se retire, chez eux, des régions supérieures de l'âme pour se renfermer dans les préoccupations les plus vulgaires. Dans son journal, si intéressant d'ailleurs, le Bourgeois de Paris est surtout attentif à noter les prix des denrées, du bois de chauffage, etc. Çà et là, il laisse cependant échapper quelques accents plus généreux, surtout quelques cris de pitié ; il s'émeut, par exemple, un jour qu'il voit arriver dans Paris une procession de pauvres paysans des environs. Ils viennent, pieds nus, en armes, leurs bannières au vent et leur prêtre en tête, faire dire, à l'abri des voûtes de Notre-Dame, une messe qui n'aurait pu être célébrée sans danger dans l'église de leur village (4).

(1) *Le Bourgeois de Paris*, Michaud et Poujoulat, t. III, p. 657.
(2) *Le Bourgeois de Paris*, p. 240. — Levasseur, *Histoire des classes ouvrières*, t. I, p. 426.
(3) *Le Bourgeois de Paris*, p. 239. — K. de Lettenhove, *Histoire de Flandre*, t. IV, p. 231.
(4) *Le Bourgeois de Paris*, p. 247.

C'est là un signe bien frappant de la désolation des campagnes. Tous les tableaux que nous avons essayé, à différentes reprises, de retracer de leurs misères, ne donneraient qu'une image bien affaiblie de celles dont elles sont accablées à cette heure. Les champs ne sont plus cultivés, les bruyères, les landes et les forêts, infestées par des bêtes fauves et par des bandits, en reprennent possession (1). Ce désert périlleux commence aux portes mêmes de Paris. Depuis 1418, la grande foire du Lendit, cette grande fête traditionnelle des ménages parisiens, est suspendue (2). La plaine de Saint-Denis, où elle se tenait, n'est plus suffisamment sûre. Jugez, par là, des violences auxquelles vous vous exposez, si vous avez la témérité de vous enfoncer dans le plat pays. « Les pays champêtres, » dit un contemporain avec une pittoresque énergie, « sont tournés à l'état de » la mer, où chacun a tant de seigneurie comme il a » de force (3). » Les plus forts se font pirates, les plus faibles, qui voient de jour en jour augmenter le nombre de leurs spoliateurs, émigrent dans les villes; ils y trouvent un refuge contre les brigands, mais la famine et la misère les y attendent. C'est en vain qu'ils vont frapper de porte en porte, en psalmodiant les couplets de cette monotone complainte du pauvre peuple que Monstrelet nous a conservée (4).

Ces maux sans nombre et sans borne expliquent les

---

(1) Levasseur, *Histoire des classes ouvrières*, t. 1, p. 492.
(2) *Le Bourgeois de Paris*, p. 245.
(3) Alain Chartier, *La consolation des trois vertus*, p. 270.
(4) Monstrelet (Douët d'Arc), t. VI. — « Complaincte du povre com-
» mun et des povres laboureurs de France, » p. 176 et suiv.

sentiments de sympathie affectueuse et confiante dont ce malheureux peuple est animé pour le roi d'Angleterre; il l'aime, il l'acclame, il aura pour lui des regrets, presque des larmes à sa mort. C'est que dans ce prince il ne voit pas l'étranger, il ne voit que l'exact et sévère *justicier* qui fait bonne justice au petit comme au grand, qui châtie avec une rigueur inflexible, jusqu'à les faire enterrer vivants, les hommes d'armes désobéissants ou coupables, qui se déclare résolu à mettre un terme aux exactions des gentilshommes et aux abus des droits féodaux (1).

Laissant un exemple que suivra, après lui, son frère, le duc de Bedford, régent pour le jeune roi Henri VI, Henri V inaugure une politique active, vigilante, en ce qui concerne « les intérêts généraux et positifs des populations. » Il débloque l'Yonne, la Seine, la Marne, qui pourront de nouveau approvisionner Paris; il enlève aux Armagnacs les places de Montereau, de Melun et de Meaux; il mérite la reconnaissance des Parisiens qu'une recrudescence de passions bourguignonnes et de haine pour les Armagnacs attache à son gouvernement (2).

Ce gouvernement paraît le seul gouvernement légal, régulier. Il repose sur un titre qui a reçu toutes les sanctions possibles; les grands corps de l'Etat le reconnaissent et l'appuient. Le Parlement de Paris, qui reste le vrai Parlement pour l'opinion publique, défend ses ses intérêts et sa cause avec beaucoup de zèle. L'Uni-

---

(1) Juvénal des Ursins, p. 567. — Pierre de Fénin (Michaud et Poujoulat), t. II. p. 615. — *Le Religieux de Saint-Denys*, t. VI, p. 450.

(2) *Le Religieux de Saint-Denys*, t. VI, p. 458.

versité lui fournit de zélés partisans. Lorsqu'il le faudra, elle lui fournira des juges et des bourreaux comme Pierre Cauchon (1). La grande majorité du clergé lui est également dévouée : Henri V a su le gagner en France comme il l'a conquis en Angleterre ; il a représenté habilement sa victoire comme celle de la religion, sa conquête comme celle du Christ. Les premières monnaies qu'il a fait frapper en France portent cette exergue : *Christus vincit, Christus regnat, Christus imperat* (c'est Christ qui triomphe, Christ qui règne, Christ qui commande) (2). Les prêtres, auxquels il témoigne beaucoup de sollicitude, craindraient de ne pas saluer et bénir celui qui prétend *venir au nom du Seigneur* (3). Non moins empressé envers le duc de Bedford, le chapitre de Notre-Dame l'accueille après sa victoire de Verneuil, remportée sur les troupes de Charles VII, comme il aurait accueilli Dieu lui-même (4). Cette soumission du clergé consacre la domination étrangère. L'historien de Charles VI, le moine patriote de Saint-Denis, s'y résigne lui-même comme à une dispensation mystérieuse de la Providence (5).

Relevons, sans hésiter, cette erreur de la conscience publique ; mais hâtons-nous d'ajouter que l'attitude et la conduite de la royauté nationale ne sont pas faites pour la dissiper.

---

(1) Vallet de Viriville, *Histoire de Charles VII*, t. I, p. 380.
(2) *Le Religieux de Saint-Denys*, t. VI. p. 380. — Michelet, *Histoire de France*, t. IV, p. 334.
(3) *Le Bourgeois de Paris* (Michaud et Poujoulat), t. II, p. 665.
(4) Vallet de Viriville, *Histoire de Charles VII*, t. I, p. 425.
(5) *Religieux de Saint-Denys*, t. VI, p. 435.

Ni le jeune roi, Charles VII, ni ses conseillers, ni ses armées, ne semblent avoir le plus léger souci des grands devoirs qui leur sont imposés. Le souvenir de l'assassinat du pont de Montereau, dont bien des gens et le pape lui-même ont hésité à croire le dauphin innocent, attache à sa cause une véritable réprobation et laisse planer comme une sorte de malédiction sur les débuts du nouveau règne. Déshérité, proscrit, condamné (1), Charles VII erre de lieu en lieu. Son dénûment restera légendaire. A la fin du siècle, on chantera, dans les campagnes, de méchants vers de Martial d'Auvergne dignes du festin royal qu'ils retracent et dont le menu se bornait à...

> Une queue de mouton,
> Et deux poulets tant seulement (2),

et encore, pour que sa table ne soit pas plus mal servie, il faut que le roi emprunte de l'argent à son propre cuisinier... Bien heureux de trouver du crédit ! Il n'a pas toujours cette bonne fortune, s'il faut en croire la rumeur populaire. Un jour, il a mandé un cordonnier. Déjà le marchand lui a chaussé une jambe, lorsqu'on l'avertit que le roi ne pourra pas le payer comptant. Incontinent, il déchausse le prince et se hâte de remporter sa marchandise (3).

Une telle pauvreté pourrait exciter l'intérêt et la sym-

---

(1) Chastellain, t. I, p. 219.
(2) Vallet de Viriville, *Histoire de Charles VII*, t. I, p. 424.
(3) *Id., ibid.*

pathie, si elle ne côtoyait pas une scandaleuse prodigalité. Charles VII ne trouve pas d'argent pour payer son boucher, Enjorran de Bourges, qui refuse de continuer d'approvisionner son hôtel; mais il achète 2,000 livres un coursier pommelé, 8,700 livres un *roucin* de poil fauve, 1,800 livres une épée de parement; il dépense 6,000 livres pour trois huques ou casaques italiennes orfévrées, c'est-à-dire couvertes d'or ou d'argent (1).

Ce luxe, fastueusement inutile à côté de tant de misère et dans de pareils moments, accuse, de la part du jeune roi, une frivolité indifférente et inerte. Charles se laisse aller à une existence indolente et dissipée. Il ne réagit point contre le malheur, il n'agit même pas. Parfois, à interroger l'expression de ses traits et le tardif épanouissement de sa vie morale, on peut craindre qu'il n'ait en lui les germes de la maladie mentale de son père. Sa raison finira néanmoins par se développer, mais lentement, et le premier éveil sérieux de cette raison sera une pensée de doute sur la réalité de ses droits et sur la légitimité de sa cause. Sa volonté mettra plus de temps et aura plus de peine encore à se dégager de cette longue enfance, où ses conseillers le retiennent, en le plongeant à dessein dans les plaisirs et dans les excès (2).

Ce calcul, odieusement machiavélique, ne nous donne pas le droit de compter sur des inspirations patriotiques

---

(1) Loiseleur, *Comptes des dépenses faites par Charles VII pour secourir Orléans*, p. 42. Extraits des comptes royaux publiés par Vallet de Viriville à la suite de la Chronique de Jean Chartier, t. III, p. 306-307, 316.

(2) Vallet de Viriville, t. I, p. 362, 422, 423. — Smet, *Recueil des chroniques de Flandres*, t. III, p. 372, 376. — Chastellain, t. II, p. 178, 179. — Jean Chartier, t. I, p. 53 et suiv.

de la part de ces conseillers. Ce sont presque tous des auteurs ou des complices du crime de Montereau. C'est l'ancien prévôt de Paris, Tanneguy-Duchâtel, qui a porté le premier coup à Jean sans Peur; c'est Pierre Frotier qui l'a achevé; c'est le président Louvet; c'est l'évêque de Laon, Guillaume Champeaux. Maîtres absolus du pouvoir, ils ne s'en servent que pour s'enrichir, en pressurant les populations. Le meilleur d'entre eux, c'est le bouillant Tanneguy-Duchâtel. Eh bien ! Duchâtel lui-même se rend coupable d'une honteuse malversation, doublée d'un crime de haute trahison. Il faut secourir Meulan, assiégée par les Anglo-Bourguignons. Duchâtel est un des chefs de l'armée de secours; il l'envoie en avant, tandis que lui-même reste à Orléans sous prétexte de lever la somme nécessaire au paiement de ses troupes. Il recueille 2,000 livres, les emploie pour son propre usage, en achats de vaisselle, joyaux, pierreries, puis se retire au château de Sully, résidence de Georges La Trémouille, sans plus s'inquiéter de ses hommes d'armes qui ne reçoivent pas un sou, et de Meulan, dont les défenseurs exaspérés, capitulent après avoir déchiré leur croix et jeté, par courroux et désespoir, la bannière du roi Charles dans le fossé (1).

Le règne de ces conseillers dure plusieurs années pour le malheur de la France; mais, à la fin de 1424, l'influence bienfaisante d'Yolande d'Aragon, belle-mère, ou plutôt mère de Charles VII, prépare leur renvoi

---

(1) Vallet de Viriville, t. I, p. 371. — Guillaume Cousinot, *Geste des nobles*, p. 190 — Monstrelet, t. IV, p. 137-138.

et, en même temps, ménage au roi l'appui d'Arthur de Richemont. Frère du duc de Bretagne, beau-frère du duc de Bourgogne, Richemont est un véritable Breton, un Duguesclin sans génie, une nature peu brillante, dépourvue, même au physique, d'élégance et de distinction. Borné par des préjugés violents, fanatiques et persécuteurs, l'horizon de sa pensée est étroit; mais, dans cette étroitesse même, son esprit possède une solidité qui s'appuie sur la ténacité d'un caractère persévérant, inflexible (1).

Ce n'est pas un sentiment patriotique, c'est une déception d'amour-propre et d'orgueil qui l'a éloigné des Anglais et rapproché de Charles VII (2); mais élevé à la dignité de connétable, il va servir la cause française avec une fermeté violente que rendront longtemps impuissante, sans la fatiguer, des obstacles élevés quelquefois par sa propre faute. Pendant plusieurs années, le seul et unique succès qu'il obtiendra sera de faire succéder à l'influence fâcheuse qu'il aura détruite auprès de Charles VII une influence plus désastreuse encore pour le pays et pour lui-même.

Malgré leur défiance, malgré les engagements qu'il a pris avec eux, il a éloigné Tanneguy-Duchâtel, Pierre Frotier et leurs compères (3). Leur éloignement a rendu

---

(1) Vallet de Viriville, t. I, p. 428-429. — Guillaume Gruel, *Histoire d'Arthus III, comte de Richemont* (Michaud et Poujoulat), t. III, p. 238. « Oncques hommes ne hayt plus toutes sortes d'hérésies, et sorciers et » sorcières. Il en fit plus brûler en France, en Poitou et en Bretagne que » nul autre en son temps. »

(2) Vallet de Viriville, t. I, p. 228.

(3) *Id., ibid.,* p. 435-444.

tout-puissant Pierre de Giac. Or Pierre de Giac est un scélérat, presque un monstre. Il a donné une de ses mains au diable. Le diable ne s'est pas contenté de si peu et s'est emparé de toute sa personne. C'est assurément à l'instigation de Satan que Pierre de Giac a fait périr, avec d'atroces raffinements de cruauté, sa première femme, Jeanne de Naillac, qui gênait ses projets d'union avec Mme de Tonnerre. Il l'a d'abord empoisonnée, puis l'a obligée à monter à cheval derrière lui en croupe, et l'a ainsi traînée agonisante pendant quinze lieues. On devine les conseils qu'un pareil homme peut donner au jeune prince et la marche qu'il doit imprimer au gouvernement. L'évêque de Poitiers, Hugues Combarel, s'honore, en adressant au roi de sévères remontrances dans une assemblée d'Etats tenue à Mehun-sur-Yèvre. Irrité de sa liberté de langage, Giac propose de le faire jeter à l'eau (1).

Il ne s'en doute pas; c'est son propre arrêt qu'il vient de prononcer. Une nuit, les portes de son logis à Issoudun volent en éclats. « Qui va là? » demande Pierre de Giac. — « Monseigneur le connétable, » lui répondent plusieurs voix. — « Je suis mort ! » s'écrie-t-il. On lui laisse à peine le temps de mettre ses bottes et sa robe de chambre. On le jette sur une petite haquenée; on le traîne à Dun-le-Roi. Son procès est bientôt instruit. En vain, il offre au connétable 100,000 écus à titre de rançon, sa femme, ses enfants, ses places en otages. En vain, il supplie qu'avant de le faire mourir, on lui coupe la main vouée au diable. On ne tient pas

---

(1) Vallet de Viriville, p. 448-449.

plus compte de ses offres que de ses supplications; et il est noyé bruyamment au son des trompettes (1).

Cette exécution militaire, qui irrite vivement le roi, est à peine accomplie, que le sire de Giac est remplacé dans la faveur royale ; son successeur est un obscur écuyer d'Auvergne, Jean de Vernet, plus connu sous le nom du Camus de Beaulieu. Il veut marcher sur les errements de ses prédécesseurs ; le connétable le fait tuer sans forme de procès à Poitiers, sur les prairies du Clain (2). Des fenêtres du château, situé au confluent du Clain et de la Boivre, Charles a été témoin de cet assassinat; il est exaspéré. Pour l'apaiser, le connétable lui présente bien vite un nouveau favori : c'est Georges de La Trémouille. « Beau cousin, » dit le roi à Richemont, « vous ne le baillez ; mais vous vous en repentirez ; je » le connais mieux que vous (3). » Le roi a raison; le choix ne pouvait être plus malheureux. Tous les parents de Georges de La Trémouille tiennent un haut rang à la cour de Bourgogne ; lui-même a servi le roi d'Angleterre. Ambitieux, intrigant, habile, il tiendra, jusqu'en 1432, tête au connétable. Leur rivalité deviendra une véritable guerre civile qui sèmera le trouble dans la cour, l'anarchie dans les provinces de Berry et de Poitou (4).

Un semblable gouvernement, exercé par de telles mains, n'est guère capable et digne de mettre en œuvre

---

(1) Guillaume Gruel, p. 193. — Jean Chartier (Vallet de Viriville), t. I, p. 54. — Guillaume Cousinot, *Geste des nobles*, p. 208.
(2) Guillaume Gruel, p. 194. — Jean Chartier, t. I, p. 54.
(3) Gruel, p. 194.
(4) Guillaume Cousinot, *Geste des nobles*, p. 201. — Gruel, p. 194-200.

les ressources profondes et les forces vives de la France. Il n'en a pas même la pensée ; il aime mieux s'entourer d'étrangers : Aragonais, Lombards, Ecossais (1). Rien ne ressemble moins à une armée nationale que l'espèce de Babel formée par la réunion des bandes de Charles VII. L'élément français y est en faible minorité, représenté d'ailleurs par de vieux routiers ; ces routiers se battent par métier ; mais l'idée nationale et le sentiment de la patrie sont à peu près étrangers à leur esprit et à leur cœur qui s'abandonne trop souvent aux instincts d'une perversité farouche (2). Le nom d'un de ces capitaines de Charles VII, le bâtard de Vaurus, est entouré d'une épouvantable renommée. On ne le prononce qu'en frissonnant dans les environs de Meaux. On a vu plus d'une fois les branches de son fameux *Orme des Pendus* plier sous le poids de quatre-vingts ou cent malheureux suppliciés par ordre de ce bandit. On se répète avec horreur l'histoire épouvantable de cette jeune femme que le bâtard a fait meurtrir de coups, lier à cet arbre et exposer toute vivante à la voracité des loups. De la ville on entendait ses cris (3).

Sans doute, le bâtard de Vaurus, dont Henri V a fait justice, est une exception parmi les chefs militaires de Charles VII ; mais il échappe aux meilleurs et aux plus français d'entre eux des aveux singulièrement significa-

---

(1) Les bandes conduites en Suisse par le dauphin, en 1444, offraient encore une composition à peu près analogue. — A. Tuetey, *Les écorcheurs sous Charles VII*, p. 132 et 165-167.

(2) Vallet de Viriville, t. I, p. 380, 389-390.

(3) Pierre Fénin (Michaud et Poujoulat), t. II, p. 612. — Vallet de Viriville, t. I, p. 299.

tifs. Au moment d'un combat qui sera chaud, sans doute, le brave gascon La Hire, rencontre un chapelain et lui demande l'absolution. Le chapelain lui dit de confesser ses péchés. La Hire répond qu'il n'en a pas le loisir, car il faut promptement frapper sur l'ennemi et la confession pourrait être longue : il a fait « tout ce que gens de guerre ont accoustumé de faire (1). » Le chapelain, qui accorde l'absolution telle quelle, sait bien ce que veulent dire ces paroles sommaires. Nous le savons bien aussi un peu nous-mêmes. Les excès auxquels s'abandonnent ces *écorcheurs* (2), ne rendent pas trop invraisembrable le projet de mettre Paris à feu et à sang, que leur prêtent leurs ennemis au moment de la bataille de Verneuil (3). Ils font cependant moins de mal, en somme, à la France anglaise qu'aux provinces de Charles VII. Dans le Poitou, les routes battues par les Ecossais et autres gens de guerre sont loin d'être sûres. Au mois d'août et de septembre 1423, dans le Berry et la Touraine, les officiers de la reine, se rendant de ville en ville pour faire rentrer les deniers assignés à l'entretien de la maison de cette princesse, sont obligés de marcher sous la protection d'une escorte armée. Les voleurs dont ils redoutent les embûches et les attaques sont encore les gens de guerre (4).

(1) *Chronique de la Pucelle* (Michaud et Poujoulat), t. III, p. 80.
(2) Bien que le nom d'écorcheurs ne se rencontre que de 1435 à 1444, nous croyons pouvoir le donner d'avance à ces chefs et à ces soldats : c'étaient à peu près les mêmes hommes ; témoin la synonymie populaire des mots *écorcheurs* et *Armagnacs* (A. Tuetey, *Les écorcheurs sous Charles VII*, p. 4-8).
(3) *Le Bourgeois de Paris* (Michaud et Poujoulat), t. III, p. 243.
(4) Vallet de Viriville, t. I, p. 390.

Si ces pillards respectent le territoire ennemi et dévastent celui qu'ils devraient défendre, ils mettent en avant le prétexte spécieux qu'on ne les paie pas. Pourtant, convoqués à tout moment, les Etats de la *Langue d'Oc* et de la Langue d'Oïl se saignent au blanc pour fournir au gouvernement le montant de ces arriérés de solde; mais les poches des conseillers ou des favoris du roi sont profondes; les subsides votés y disparaissent et les troupes continuent leurs pillages.

Irrités de ces dilapidations, les députés songent moins à défendre leur pays qu'à défendre leur bourse. Le découragement les saisit. Ils finissent par ne plus répondre à ces appels qui ne sont que des demandes de fonds. En 1428, trois convocations successives adressées aux Etats de la Langue d'Oïl restent sans effet (1). Le pays s'abandonne et se lasse, tandis que tout l'appareil vital du gouvernement se désorganise, comme le remarque très-bien M. Vallet de Viriville. On ne se donne plus la peine de tenir au courant les archives de la Cour des comptes et les registres de la chancellerie (2). Profondément démoralisé, Charles VII envoie ses ambassadeurs demander pour lui, aux rois d'Ecosse et de Castille, un coin de terre dans leurs Etats où il puisse se réfugier. Il s'embarquera à La Rochelle si l'invasion anglaise, qui vient de recevoir une nouvelle et plus menaçante impulsion, franchit victorieusement la Loire (3).

---

(1) Picot, *Histoire des Etats généraux*, t. I, p. 311.
(2) Vallet de Viriville, t. I, p. 389-421.
(3) Vallet de Viriville, t. II, p. 40. — *Fragment du Religieux de Dum-*

Au nord de ce fleuve, c'est l'invasion morale qui succède à l'invasion matérielle, comme pour l'achever et la compléter. La langue de la France se décompose (1), son génie s'altère, ses goûts subissent l'influence des goûts anglais. Paris, suivant l'expression de Chastellain, devient *un nouveau Londres* (2). Il consomme de grandes quantités de bière (3), il adopte, dans les divertissements et dans les spectacles publics, des importations d'outre-mer, dont la barbarie grossière ou la mélancolie lugubre ne conviennent pourtant ni à son caractère, ni à son esprit. Il va rire à la danse des aveugles, jeu impie, inhumain, qui égaie l'assistance aux dépens d'une des plus tristes infirmités. On place plusieurs aveugles dans un préau, on les arme de gros bâtons; ils doivent donner la chasse à un porc. La pauvre bête appartiendra à celui des aveugles qui l'abattra. Naturellement ces aveugles la manquent le plus souvent; mais ils se portent mutuellement de grands coups qui font éclater de rire les spectateurs.

Quand on s'est assez diverti de cette farce brutale, on va s'émouvoir au spectacle de la danse macabre. L'apparition et le long succès de ce funèbre mimo-drame ne sont pas un des faits moraux de cette époque les moins frappants, un des signes du temps les moins caractéristiques.

Depuis le commencement du quinzième siècle, la

ferling, apud Quicherat, *Procès de Jeanne Darc*, t. V, p. 339. — Thomas Basin, *Histoire de Charles VII et de Louis XI*, t. I, p. 34.
(1) Victor Le Clerc, *Discours sur l'état des lettres*, p. 400.
(2) Chastellain, t. I, p. 198.
(3) *Le Bourgeois de Paris* (Michaud et Poujoulat), t. III, p. 251.

musique et la danse sont l'objet, non-seulement d'une passion, mais d'une manie fébrile et maladive. Le corps des ménestriers, remarque M. Michelet, reçoit une nouvelle et plus complète organisation, l'année même où le duc d'Orléans est assassiné. On danse dans les palais, on danse dans les rues. Tous les traités de paix sont criés au milieu de bals en plein vent, dont les buffets, rapidement installés aux portes des maisons, sont servis par les bourgeois et par leurs femmes.

Ce n'est pas seulement la joie, la folie, la jeunesse, le plaisir, c'est la tristesse, c'est le deuil lui-même qui se mettent à danser. M. Michelet raconte, d'après les chroniques portugaises, que le roi dom Pedro, affligé d'un chagrin qui devait durer autant que sa vie, se levait quelquefois, pendant la nuit, quand son insomnie devenait trop cruelle, il se faisait suivre de son orchestre, composé d'instruments métalliques, de longues trompettes d'argent, sonores et vibrantes, et s'en allait, dansant par les rues, à la lueur des torches. Le peuple alors se levait aussi, et, ajoute l'historien, « soit com- » passion, soit entraînement méridional, ils se pre- » naient à danser tous ensemble, peuple et roi, jus- » qu'à ce que l'aube ramenât le prince épuisé dans son » palais (1). »

Maintenant, après la douleur, voici à son tour la mort, la mort « *dans sa suprême nudité*, » qui vient prendre part à la danse ou du moins la conduire. Les représentants de toutes les conditions de ce monde, pape, empereur, rois, princes, seigneurs, grandes da-

---

(1) Michelet, *Histoire de France*, t. IV, p. 353.

mes, bourgeois et vilains se rassemblent dans les évolutions d'une sorte de chœur dont le coryphée est un squelette.

Ce mystère-ballet, apporté par les Anglais, qui « s'y plaisaient beaucoup, » est représenté à Paris pendant plus de six grands mois de suite, depuis le 15 août 1425 jusqu'au commencement du carême suivant (1). Le théâtre est digne d'un tel spectacle et l'entoure d'une sorte de décor naturel. C'est le cimetière des Innocents. Jadis la débauche, le brigandage et la mort s'y coudoyaient dans un horrible pêle-mêle. Philippe-Auguste l'a purifié, entouré de murs, en le plaçant sous la garde d'une église dédiée à saint Innocent et ornée, sur son portail, de signes bizarres, inexplicables, qui, s'il faut en croire le peuple, recèlent de grands mystères alchimiques. Toute une partie de l'enceinte du cimetière est bordée intérieurement d'arcades. Ces arcades abritent les sépultures des morts les plus notables; elles supportent une sorte de grenier où l'on dépose les ossements retirés des fosses. C'est le fameux charnier des Innocents, et c'est en face de ce charnier que la ronde de la mort déroule ses funèbres spirales (2).

N'est-ce là qu'un spectacle? N'est-ce pas une image symbolique du sort vers lequel la France se précipite? La mort n'est-elle pas au centre de l'orbite, dans laquelle gravite notre malheureux pays? En apparence, oui; en réalité, non. La France n'appartient pas à la mort; elle renaîtra à la vie.

---

(1) *Le Bourgeois de Paris* (Michaud et Poujoulat), t. III, p. 244. — Félibien, *Histoire de Paris*, t. II, p. 807.

(2) Michelet, *Histoire de France*, t. IV, p. 355-359.

Son cœur bat lentement, mais il bat, c'est assez. Dans la Normandie, le Maine et les autres provinces occupées par les Anglais, un grand nombre de gentilshommes et autres habitants n'ont pu se résigner à leur joug et sont allés s'établir sur la terre française, le plus près possible de la frontière. Ces vaillantes et patriotiques colonies d'exilés volontaires sont devenues comme autant d'avant-postes de la France encore indépendante. A peu près abandonnées à leurs seules forces, elles font à l'étranger une guerre sans merci et soutiennent, avec une constance indomptable, la cause de leur roi qui ne s'inquiète guère de leur dévouement (1). Dans les parties du royaume plus éloignées du contact excitant de l'ennemi, le gouvernement égoïste et coupable de Charles VII engourdit l'élan national; mais il est prêt à se ranimer. Des symptômes qui ne sont pas douteux l'annoncent. Un jour, le roi a eu la bonne inspiration de s'adresser à la noblesse du Dauphiné. Il lui demandait deux cents hommes d'armes; plus de mille sont accourus sous le commandement du gouverneur Random de Joyeuse. Après la défaite de Verneuil, les barons d'Auvergne et de Bourbonnais sont venus d'eux-mêmes offrir au roi le secours de leur épée. La Guyenne et le Languedoc ont imité ce bel exemple (2).

Dans la France soumise au duc de Bedford, il y a, au milieu de l'aplatissement général, quelques âmes d'élite qui savent fièrement opposer la force du droit au droit de la force. Tel est Guillaume Prieuse, supé-

---

(1) Jean Chartier (édit. Vallet de Viriville, t. II, p. 240).
(2) Vallet de Viriville, t. II, p. 1.

rieur des carmes de Reims. On l'a dénoncé comme suspect de nourrir et comme coupable d'avoir témoigné des sentiments favorables au Dauphin. Malgré l'immunité de sa robe, il est traduit devant le lieutenant du commandant de Reims, Jean Cauchon, un des proches du fameux évêque qui, au moins dans les progrès de sa fortune grandissante, a le mérite de ne pas oublier ses parents pauvres. Devant ce renégat intéressé de la cause française, Guillaume Prieuse affirme courageusement sa foi nationale et politique : « Oncques Angloys, » déclare-t-il, « ne fut roy en France, et ne le sera jà. » Traduisez ces mots en langage moderne et vous avez ce cri dont la musique et le génie d'un maître ont fait un chant national : « Jamais en France, jamais l'Anglais ne régnera (1). »

Cette foi et ce courage animent, dans la plupart des grandes villes du Nord et à Paris même, de petits groupes de citoyens généreux dévoués à leur patrie et à leur roi. Ils ne cessent d'entretenir des relations secrètes avec quelques-uns des leurs délégués pour les représenter auprès de Charles VII. A plusieurs reprises, notamment à Rouen et à Paris, ils trament, en faveur du gouvernement de droit contre le gouvernement légal, des conspirations qui coûtent la fortune, la vie même à leurs auteurs. Mais ces échecs ne doivent pas décourager ceux d'entre eux qui survivent. La victoire finale est réservée à la cause de ces vaincus et de ces proscrits (2). L'idée à laquelle ils ont obéi, le sentiment qui les a fait

---

(1) Vallet de Viriville, t. I, p. 368-369.
(2) Id., ibid., p. 474.

agir, reprendront un jour, dans la conscience et dans le cœur de la France, la place qu'ils semblent y avoir perdue. Il ne faut pas croire qu'ils en soient, dores et déjà, complétement bannis.

L'anglomanie, qui est d'aussi vieille date dans notre pays que sa haine, longtemps héréditaire pour sa *malvoisine*, a beau favoriser l'empire des modes, des idées, des mœurs et des goûts anglais; le caractère français, de moment en moment, se retrouve et s'affirme même en face des maîtres étrangers de la France. C'est presque au lendemain du traité de Troyes; le maréchal de L'Isle-Adam a un entretien avec Henri V. La pose, l'attitude, le regard du maréchal étonnent le roi. Il ne peut s'empêcher de l'apostropher : « Comment, » lui dit-il, « osez-vous regarder ainsi un prince au visage quand » vous lui parlez ? » — « Sire, » répond sans s'émouvoir le maréchal, « la coutume des Français est telle : » si un homme parle à un autre, de quelque état ou » autorité qu'il soit, la vue baissée, on dit que c'est un » mauvais homme, puisqu'il n'ose regarder celui à qui » il parle en face. » — « Ce n'est pas notre guise, » réplique le roi avec hauteur (1).

Cette morgue britannique choque vivement les instincts et les habitudes du peuple de Paris. Tout en le pressurant quelquefois avec une rigueur tyrannique, les rois de France ont toujours porté dans leurs rapports avec lui une bonhomie familière et une cordiale libéralité. Lorsqu'ils dînaient publiquement, en gala, au Palais ou au Louvre, il y avait toujours table ouverte même pour

---

(1) Monstrelet, t. IV, p. 9 et 10.

les plus humbles et les plus petits de leurs sujets : les officiers du roi servaient largement les mets de ses cuisines et les vins de sa cave à tous ceux qui se voulaient seoir. Henri V a changé cet usage. Aux solennités de Noël 1420, il a célébré, au Louvre, avec sa jeune reine et ses princes, de splendides banquets dont la magnificence paraît indescriptible à Monstrelet. Le peuple s'est empressé d'accourir à la fête. N'a-t-il pas toujours été invité de droit? Mais cette fois, il est tenu à distance; il doit se contenter de repaître ses yeux (1).

En se retirant, il fait de tristes réflexions ; il en fera bientôt de plus amères. Le gouvernement anglais lui a promis le retour aux pratiques du bon roi saint Louis et surtout l'exemption d'impôts. Mais il faut guerroyer contre le dauphin, contre les Armagnacs. Or, faire la guerre sans impôts, c'est-à-dire sans argent, est en politique un problème au moins aussi insoluble que celui du mouvement perpétuel en mécanique. Le duc de Bedford n'essaie pas de le résoudre; il le tranche aux dépens des populations. Pour remédier à ses embarras financiers, il lève de lourds impôts, révoque les dons précédemment octroyés au détriment du domaine royal. Aussitôt les contribuables de crier et de se plaindre : le bourgeois de Paris écrit que le régent ne cesse d'enrichir son pays aux dépens de la France. Quand il va en Angleterre, il y apporte l'argent des Français; quand il en revient, il rapporte aux Français une taille nouvelle (2). Vous reconnaissez à ce langage l'esprit

---

(1) Monstrelet, t. IV, p. 22. — Michelet, t. IV, p. 320.
(2) *Le Bourgeois de Paris* (Michaud et Poujoulat), t. III, p. 248.

éternellement frondeur des Parisiens. Cet esprit entend bien ne pas perdre ses droits. Il ne ménagera pas plus le gouvernement étranger qu'il n'a ménagé les gouvernements nationaux. Il inspirerait de bien autres propos si une véritable Terreur dont les bouchers, les Cabochiens, les Bourguignons sont les odieux instruments, ne pesait sur Paris (1). C'est tout un ensemble de mesures de défiance, de rigueurs, qui sont parfois entremêlées de caresses assez maladroites et qui ne se bornent pas à la capitale. A Troyes, en Champagne, les habitants sont interrogés individuellement et soumis à une sorte d'inquisition politique. Ceux qui ne sont pas connus doivent fournir des répondants (2).

C'est que la sagacité expérimentée de Bedford, de ses conseillers, de ses lieutenants pressent, dans le sein des populations courbées sous leur autorité, comme les premiers frémissements d'une agitation qui ira grandissant. C'est la vie qui va revenir, qui revient déjà. Mais pour donner à ce mouvement plus de force, il faut une impulsion supérieure qui arrive à la conscience politique de la nation, en passant par sa conscience morale et religieuse.

Cette impulsion ne se fera pas attendre. Voici : une profonde émotion remue les pays de Tournay, de Cambrai, l'Artois, le Ponthieu, l'Amiénois, à la voix d'un simple moine, qui parcourt les villes et les campagnes. C'est le carme breton, Thomas Connecte. Il tient à la fois de Pierre l'Ermite et de Jérôme Savonarole. Il est

---

(1) *Le Bourgeois de Paris*, p. 279.
(2) Vallet de Viriville, t. I, p. 368.

en même temps le premier en date de ces prédicateurs moitié religieux, moitié politiques du quinzième et du commencement du seizième siècle, ces Ménot, ces Maillard, ces Raulin, dont Robert Etienne s'est trop moqué et que M. Gérusez a eu raison de réhabiliter, en signalant de loin en loin, dans leur trivialité burlesque, de beaux mouvements de courage et d'éloquence.

Leur précurseur, Thomas Connecte, touche, subjugue, enlève les populations. « Tous, nobles, clergé, bourgeois et peuple lui *font honneur et révérence*, » dit Monstrelet, « comme on eût pu faire à un apôtre de notre Seigneur Jésus-Christ, s'il fût descendu du ciel. » Quand il va de lieu en lieu, des chevaliers tiennent la bride de son petit mulet. Lorsqu'il arrive dans une ville, les bourgeois les plus riches et les plus considérables se disputent l'honneur de lui donner l'hospitalité. A peine entré, comme une bénédiction, dans la maison de son hôte, il se retire dans sa chambre, refuse d'y recevoir des visites, s'y recueille, plongé dans la solitude ou entouré de ses disciples dont quelques-uns, pour le suivre et pour le servir, ont quitté père, mère, femme, enfants. Puis, il sort de cette méditation solitaire pour éclater publiquement contre les désordres de la vie mondaine, contre l'immoralité du clergé, contre les toilettes des dames. Il ne se contente pas de reprendre ses auditrices du haut de la chaire, il ameute les enfants contre elles; le sermon fini, excités par la promesse de plusieurs jours de pardon que le prédicateur prétend avoir le droit de leur dispenser, ces jeunes réformateurs courent après les dames et demoiselles, criant à tue-tête : « au hennin ! au hennin ! » et s'efforçant de *tirer jus* l'outrageuse coiffure (1).

C'est là la note burlesque ; mais cette dissonance, qui compromettrait aujourd'hui le sérieux de l'œuvre de Thomas Connecte, ne produit pas aux hommes du quinzième siècle l'impression qu'elle nous laisserait. Elle ne se mêle pas à la mission qu'un émule de Thomas Connecte, le cordelier frère Richard, prêche à Paris en 1429. Ses sermons secouent profondément l'âme et le cœur des Parisiens. Cinq ou six mille personnes se pressent, pour l'entendre, au cimetière des Innocents. Monté sur un échafaud élevé, où il a commencé par dire la messe, il annonce la parole de vie à l'endroit même où la Mort présidait naguère aux évolutions de la danse *macabre*. Ses prédications se prolongent depuis cinq jusqu'à dix ou onze heures du matin. L'attention des auditeurs ne se lasse pas plus que la verve de l'orateur ne s'épuise.

Bientôt le cimetière des Innocents ne suffit plus à contenir l'auditoire qui devient de plus en plus nombreux. Le jour de Saint-Marc, 25 avril 1429, les Parisiens vont, comme en pèlerinage, écouter à *Boulogne-la-Petite*, l'émouvant prédicateur. Ils en reviennent, « tellement tournés en dévotion, » dit le Bourgeois de Paris, que, moins de deux heures après leur retour, on voit plus de cent feux s'allumer dans les rues, sur différents points de la ville. Les hommes y jettent leurs cartes, leurs dés, leurs damiers, leurs billes, leurs billards ;

(1) Monstrelet, t. IV, p. 302-306.

les dames, leurs hennins, leurs atours, leurs parures, leurs toilettes (1).

Cette émotion si vive, excitée par des prédications qui ne s'interdisent peut-être pas très-sévèrement les excursions politiques, inquiète l'autorité anglaise. Le bruit se répand que frère Richard a reçu l'ordre de s'éloigner. Raison de plus pour ne pas manquer le dernier sermon, le sermon d'adieu, le sermon sur la *montagne*, que le bon moine prêchera, le dimanche suivant, sur la butte Montmartre, tout près de l'endroit où a été décapité le bienheureux martyr, monseigneur saint Denis. Plus de dix mille personnes sortent de Paris pour assister à cette prédication. Le plus grand nombre est parti dès le samedi soir : on a couché en pleins champs, sous de vieilles masures, partout où l'on a pu. Peu importe cette mauvaise nuit. Le lendemain, on sera mieux placé. Hélas! on a compté sans la police anglaise. La prédication est interdite. Les bonnes gens en sont moult marries. Pour consoler leur déception, les auditeurs désappointés de frère Richard repassent, dans leur cœur, les paroles prophétiques qu'il leur a adressées dans son dernier sermon (2) ; il leur a annoncé les plus grandes merveilles qu'on eût encore vues : il ne les a pas trompés : Jeanne Darc marche au secours d'Orléans.

---

(1) *Le Bourgeois de Paris* (Michaud et Poujoulat), t. III, p. 252-253.
(2) Prêché le 26 avril 1429. — *Le Bourgeois de Paris*, p. 253-254.

CHAPITRE II.

ALAIN CHARTIER. — LE SENTIMENT NATIONAL DANS LA LITTÉRATURE.

Le sentiment national n'est que la conscience même qu'un peuple a de sa propre vie. En ranimant la vie morale et religieuse de la France, Thomas Connecte et frère Richard, hâtaient, par là même, le réveil de ce sentiment, auquel un écrivain, un orateur, un poëte, Alain Chartier, adressait d'éloquents appels. Ses accents patriotiques n'eurent sans doute pas, de son temps, le retentissement que l'imprimerie leur aurait donné de nos jours. Ils ne méritent pas moins d'être recueillis par l'histoire qui, pour suivre l'expression du sentiment national dans la littérature de cette époque, doit étudier, non-seulement Alain Chartier, mais son prédécesseur Eustache Deschamps et son contemporain Robert Blondel.

Dans notre tradition littéraire et patriotique, Eustache Deschamps unit, comme par une sorte d'anneau intermédiaire, les rudes écrivains populaires qui ont déploré le désastre de Poitiers, aux poëtes inspirés par les malheurs de la grande crise de 1415-1420.

Eustache Deschamps est né à Vertus-en-Champagne (Marne) entre 1345 et 1350. La date fixe de sa naissance est inconnue. Le nom de sa famille ne l'est pas moins ; celui de Deschamps est emprunté à une petite propriété que le poëte possédait aux environs de Vertus et qui s'appelait *Maison des Champs*. Son origine, il est permis de le supposer, dut être assez humble; les traits de son visage ont quelque chose de plébéien. Eustache Deschamps n'est pas beau :

> Chascun luy dit : tu es lais garnement,
> Gros visage as; tu es noir et halez :
> Uns gros yeux, noirs sourcils tout hérupez... (1).

Il prend gaiement son parti de sa laideur; il acceptera volontiers le surnom de Morel ou *Moreau*, c'est-à-dire le noir; il se donne plaisamment lui-même le titre de *roi de laidure* ; il a tant d'esprit pour se dédommager ! il pétille comme le bon vin de son pays qu'il n'oublie pas de célébrer : *le bon vin en maintz lieux nommé*. A Orléans, où il va faire ses études et prendre ses grades, son esprit lui assure mainte bonne fortune. Estache Deschamps se dissipe et travaille ; il fait la cour aux dames et voudrait tout apprendre : langues anciennes, droit, rhétorique, sciences (2) ; il enseigne même. Dès sa jeunesse s'accuse, chez le poëte, ce mélange de verve

---

(1) E. Deschamps (Ed. Crapelet), *Précis historique et littéraire*, p. III et IV.

(2) E. Deschamps, p. V et VI, p. 34.

joyeuse et de gravité sérieuse qui sera le caractère de sa vie et celui de ses poésies. Son humeur aventureuse le conduit d'abord en Italie, à la suite d'Isabelle, fille du roi Jean, qui épouse le duc Galéas de Milan. Charles V l'attache à sa cour, mais ne le retient guère auprès de lui. Eustache Deschamps a besoin de mouvement ; le roi lui donne des fonctions qui rappelleraient un peu celles de courrier d'ambassade. Elles l'amènent tour à tour en Italie, en Allemagne, en Hongrie. Elles l'auraient même entraîné bien plus loin, si l'on veut l'en croire. Il aurait parcouru l'Asie, l'Egypte, la Tartarie; il aurait combattu un lion ; il aurait été fait esclave par les Sarrasins; mais n'oublions pas qu'il est poëte ; il a souvent plus d'imagination que de mémoire.

Charles VI lui continue la faveur dont l'avait honoré son père. En 1388, Eustache Deschamps devient bailli de Senlis et s'acquitte de sa charge avec zèle et courage; mais il ne cesse d'égayer la cour de ses mordantes et spirituelles satires, toujours gaies, dans leur sarcasme, jusqu'au moment où la vieillesse, les infirmités, l'oubli, la négligence de son protecteur assombrissent son horizon et attristent son inspiration.

Champenois comme La Fontaine, Eustache Deschamps a écrit des fables qui ne manquent ni de vérité, ni de charme ; Parisien comme Boileau, il a composé contre le mariage de longues satires, une entre autres, de onze mille vers, où il raconte, avec peu de délicatesse et dignité, des malheurs conjugaux probablement imaginaires ; il fait rire ou sourire ; mais il a su s'adresser à des sentiments plus élevés ; il aime sa patrie; il trouve de beaux accents pour célébrer les héros qui l'ont rendue glorieuse et forte. Sur la tombe à peine fermée de Duguesclin, il s'écrie :

> *Estocs d'oneur* et *arbres* de vaillance,
> Cuers de lyons, esprins de hardiment,
> La fleur des preux et la gloire de France,
> Victorieux et hardi combattant,
> Saige en vos faits et bien entreprenant,
> Souverains homs de guerre,
> Vainqueurs de gens et conquéreur de terre,
> Le plus vaillant qui onques fut en vie,
> Chascun pour vous doit noir vestir et querre ;
> Plourez, plourez, flour edchevalerie (1) !

Duguesclin a reconquis la France sur le Anglais; mais les Anglais sont maîtres de Calais. Eustache Deschamps voudrait leur enlever cette porte ouverte sur l'intérieur du pays. Il est inutile de chercher à traiter avec eux, avant de leur avoir repris leur ancienne conquête :

> Paix n'avez jà, s'ils ne rendent Calais.

Ce n'est pas assez de les rejeter au delà de la Manche, il faut les poursuivre dans leur île. L'heure de la revanche de Crécy et de Poitiers est sonnée.

> Par leur orgueil vient la folle journée
> Dont leur prophète Merlin
> Pronostica leur dolereuse fin,
> Quand il escripst : Vie perdrez et terre,
> Lors monstreront estrangiers et voisin :
> Ou (au) temps jadis estoit ci Angleterre !
> Puis passeront Gauloys le bras marin.
> Le povre Anglet detruiront si par guerre,
> Qu'à donc diront tuit passant ce chemin :
> Ou temps jadis estoit-cy Angleterre.

(1) E. Deschamps, *Œuvres*, p. 27.

Un moment sur le point de se réaliser, cet espoir de vengeance patriotique est trompé par le ridicule avortement du grand projet de descente de 1386. La fierté française est humiliée; les sanglantes satires d'Eustache Deschamps lui donneront la satisfaction qu'elle demande (1).

Dans les poésies d'Eustache Deschamps, le sentiment national se montre surtout agressif. Dans les vers de Robert Blondel, dans les lais et les discours d'Alain Chartier, il résiste, il proteste contre les hontes de la défaite et les misères de la conquête. Robert Blondel et Alain Chartier sont tous les deux Normands. Chassés de leur pays par les Anglais, ils ont un patriotisme dont l'ardeur enthousiaste s'est retrempée dans les souffrances de l'exil.

Robert Blondel appartient à une famille noble et ancienne, établie, depuis 1216, entre Cherbourg et Valognes. Né entre 1380 et 1400, il a dû fuir, en 1415, devant l'étranger; cinq années plus tard, il a épanché sa colère et sa douleur dans un poëme latin qu'un compagnon d'infortune, Robinet, a traduit sous le titre de *Complainte des bons Français*. Cette complainte ne pouvait guère perdre à cette traduction. La forme originale en est le moindre mérite; la versification de Blondel est rude, incorrecte, sans souci de la quantité et de l'harmonie (2); mais les sentiments de l'auteur sont généreux et forts.

---

(1) Eustache Deschamps, *Œuvres*, p. 29-31. — Lenient, *La satire au moyen âge*, p. 232-241.

(2) Témoin le vers suivant :

Gallum musa statum tam nostra videns laceratum.

Une partie du poëme est l'œuvre d'un Armagnac passionné : les crimes de Paris, ses attentats à la majesté royale sont rappelés avec une véhémente sévérité, tandis que l'assassinat du pont de Montereau est justifié ; preuve de l'étrange perturbation du sens moral à cette époque. Mais, le plus souvent, c'est l'amour de la patrie qui domine ; c'est l'appel aux armes qui retentit. Blondel veut à la fois délivrer la terre où il est né et venger sa grande patrie humiliée et vaincue. *Sursùm corda !* telle aurait pu être l'épigraphe de ce poëme, ou plutôt de ce discours en vers. Le prologue tout entier n'est que le développement de ces deux mots héroïques. En voici quelques vers, que j'emprunte à la traduction de Robinet :

> François ! François, que faictes-vous !
> Tout se pert et vous périllez !
> Ne dormez plus : réveillez-vous,
> Votre ennemi veille : veillez (1) !

Plus d'une idée de Robert Blondel se retrouve dans les écrits d'Alain Chartier, qui a donné l'expression la plus complète du sentiment national au milieu de cette crise ; il l'a donnée dans une langue déjà éloquente et harmonieuse. Pasquier l'appelle à bon droit « *un* » *autheur de non petite marque.* » Il exagère lorsqu'il le proclame « *grand poëte de son temps et encores plus* » *grand orateur.* » C'est bien assez de dire qu'il est orateur ; mais il l'est au vrai sens du mot. Pas de rhé-

---

(1) *Robert Blondel* (notice par V. de Vireville), *Mémoires de la Société des antiquaires de Normandie*, t. XIX, p. 162 et suiv.

torique, pas d'inutiles ornements, pas trop de scolastique, pas du tout, dans son œuvre capitale, le *Quadriloge invectif*. Alain Chartier échappe au moyen âge ; il inaugure chez nous la renaissance littéraire. Son style est vivant, imagé ; sa phrase a souvent du relief ; il sait frapper sa pensée en médailles. Pasquier admire ses belles sentences et ne le peut mieux comparer, dit-il, qu'à l'ancien Sénèque romain (1).

La biographie d'Alain Chartier est assez courte et forcément incomplète. La Normandie est son pays et, au dire de quelques biographes, Bayeux sa ville natale. Il y serait né vers 1376. Sa famille était obscure avant lui ; il la mit en évidence et en faveur. Ses descendants figurèrent avec honneur dans le parlement de Paris ; une de ses arrière-petites-filles, Martie Chartier, épousa Edouard Molé et fut la mère du premier président, Matthieu Molé, si célèbre sous la Fronde.

Alain Chartier avait fait ses études à l'Université de Paris, au commencement du siècle, au moment où elle était dans tout son éclat. Il conserva pour cette mère, *alma mater*, une piété filiale (2). Son talent ne tarda pas à le faire distinguer. Attaché de bonne heure comme secrétaire à la personne de Charles VI, il passa, avec le même titre, au service du dauphin et resta à celui de ce prince, devenu le roi Charles VII. Il s'attira son estime et sa confiance. En 1428, il faisait partie de

---

(1) Pasquier, *Recherches sur la France*, l. VI, ch. XXVI, p. 583 et suiv.

(2) Alain Chartier, Œuvres : *Epistola ad Universitatem parisiensem, etc.* p. 490 et suiv.

l'ambassade chargée d'aller solliciter, pour le dauphin Louis (le futur Louis XI), la main de Marguerite, fille du roi Jacques Ier Stuart (1).

Ce n'est pas dans cette seule circonstance que les noms d'Alain Chartier et de Marguerite d'Ecosse ont été rapprochés. Une gracieuse anecdote les a inséparablement unis dans l'histoire de la poésie. Nature frêle et délicate, âme éprise de l'idéal, Marguerite fut, dans la courte apparition qu'elle y fit, le génie poétique de la cour prosaïque de Charles VII. Associée à un prince qui affectait une sorte de vulgarité et ne voyait dans sa compagne « *qu'un moule à lignée,* » elle devait mourir, à vingt et un ans, d'une insulte, d'un soupçon, et répéter, en expirant, ces mots de désespoir : « Fi de la » vie ! qu'on ne m'en parle plus (2) ! » Cette jeune dauphine, qui laissait monseigneur dormir bourgeoisement sur ses deux oreilles et passait ses nuits à composer des rondeaux, éprouvait pour le talent d'Alain Chartier une admiration qui ne pouvait s'adresser à la personne du poëte déjà assez mûr. Elle lui en donna un jour un singulier témoignage. Alain Chartier était dans une salle, endormi sur un banc. Marguerite vint à passer, suivie d'une longue et brillante escorte de seigneurs et de dames. Elle s'approcha du poëte et laissa tomber un baiser sur ses lèvres. Aussitôt grand ébahissement; « car, pour dire le vray, nature avait enchâssé en luy » un bel esprit dans un corps laid et de mauvaise

---

(1) Alain Chartier, *Œuvres* (édit. Duchesne) : préface. — Epître dédicatoire de Duchesne à messire Matthieu Molé.

(2) Vallet de Viriville, *Histoire de Charles VII*, t. II, p. 83 et suiv.

» grâce. » — « Mais, » répondit la dauphine à ceux qui lui témoignaient leur étonnement, elle n'entendait pas avoir baisé l'homme qui était laid et mal proportionné de ses membres, « ains la bouche, de laquelle étaient
» issis tant de mots dorés (1). »

C'était l'hommage le plus délicat qui pût être rendu à l'éloquence d'Alain Chartier. Ses mérites d'homme et d'écrivain lui assuraient de hautes sympathies; néanmoins, la vie de cour avait pour lui des déboires et des dégoûts dont son *Curial* nous a conservé la piquante confidence : « Nous ne faisons que vivoter à
» l'ordonnance d'autrui, » écrivait-il à l'un de ses frères, « et tu vis dans ta maison comme un empe-
» reur (2). »

L'assujétissement de la cour pesait à son âme; il s'y résignait moins bien qu'à l'ingratitude de ses obligés et de ses amis. L'indépendance était le fond de son caractère et de son esprit. Il rompait hardiment en visière aux préjugés des courtisans. Il disait, sans ménagement, leur fait aux officiers égoïstes qui ne rougissaient pas de s'enrichir aux dépens du nouveau roi, pauvre et nécessiteux. Dans ses vues politiques, il ne s'affranchissait pas moins de l'influence courtisanesque sous laquelle il vivait. Il rappelait au roi que « sei-
» gneurie n'est rien, sinon authorité humaine, sous
» puissance de Dieu establie pour garder loy à l'utilité
» publique et paix des subjects. » Les monarchies héréditaires ont été électives dans le principe et n'ont cessé

---

(1) Pasquier, *loco citato*, p. 584.
(2) Alain Chartier, *Œuvres* (*Le Curial*), p. 396.

de l'être « que par permission du peuple (1). » C'est surtout en religion que la libre pensée d'Alain Chartier se manifestait avec éclat. Il envisageait la révolution religieuse de Bohême avec un sang-froid et en parlait dans des termes qui auraient pu le mettre à mal avec « l'inquisition de *la perversité hérétique.* » Il rejetait sur les vices du clergé toute la responsabilité de ce soulèvement des Hussites que la chrétienté entière semblait sur le point d'imiter. « La désordonnance avaricieuse » des prêtres, » écrivait-il, « a fait séparer les peuples » de Béhaigne de l'Eglise de Rome. Que dis-je de Béhai» gne ? mais de chrestienté presque toute ; car les gens » de l'Eglise ont si avilenné par leurs coulpes eux et » leur estat, qu'ils sont ja desdaignez des grands et des » menus du monde ; et les cuers estrangez de l'obéis» sance de saincte Eglise par la dissolution de ses mi» nistres (2). »

Sévère pour les abus de l'Eglise, Alain Chartier n'en jugeait pas les usages et les institutions avec moins de franchise et de hardiesse. Il n'approuvait pas le célibat des prêtres et ne se gênait point pour le dire : « Que a apporté, » demandait-il, « la constitution de » non marier les prêtres, sinon tourner légitime » génération en advoultrise et honnête cohabitation » d'une seule espouse en multiplication d'escande » luxure ? Si je disoye tout ce que j'en pense, je diroye » pleinement que la gresse des biens temporels meslée

---

(1) Alain Chartier, *Œuvres. L'espérance, ou consolation des trois vertus*. p. 314.

(2) Alain Chartier (*Œuvres*, édit. Duchesne), p. 389.

» du souffre d'envie et la chaleur d'ambition et de
» luxure ont fait leur apprest pour mettre le feu en
» l'Eglise (1). »

Cette âme indépendante, fière, libérale, aux instincts si profondément français, était bien faite pour ressentir les grandes émotions et pour parler la noble langue du patriotisme. Notre expérience, si cruellement attristée, pourrait-elle rien reprendre, rien ajouter aux réflexions par lesquelles Alain Chartier repousse la pensée d'aller fuir, en terre étrangère, le spectacle des hontes et des misères de la France? « Or, » se fait-il répondre par un personnage allégorique, « vivras-tu en estrange
» nation, regrettant la doulceur nayve du naturel pays,
» qui toujours demeure emprainte ou courage, et
» plaindras à toujours la ruine de ta nation, quant les
» estrangers feront de toy spectacle de mocquerie, sus-
» pect et mesprisé, comme homme dechassé, vil, re-
» lenqui et honteux demourant de la destruction de ta
» terre. Quelque part que tu ailles, l'infortune du pays
» rabaissera ton loz et empeschera ta seureté (2). »

Non-seulement Alain Chartier ne fuit pas son pays, mais il en sonde les malheurs et les médite avec un courage qui a je ne sais quoi de vraiment religieux. Cette méditation l'élève à des vues dignes de Bossuet : il songe que les *seigneuries* ou *empires* ont, ainsi que les individus, leur commencement, leur accroissement, pour décliner ensuite à vieillesse et à mort. Il évoque le souvenir des grandes dominations qui furent autre-

---

(1) Alain Chartier, p. 389.
(2) Id., p 272.

fois et ne sont plus maintenant. Il cherche le dernier mot de ces vicissitudes des choses humaines dans les jugements de la Providence « sans qui rien ne se fait et » qui sont une abîme où nul entendement humain ne » sçait prendre fond ni rive. » Puis, ramenant ses regards sur sa patrie, il mesure la solennité douloureuse de l'heure qu'elle traverse. « La main de Dieu est sur nous, » dit-il; et, après avoir prononcé cette parole si grave, il débat, en sa pensée, si cette affliction est « une verge de père pour le chastoy » (châtiment) ou rigueur « de juge » pour l'extermination des François (1). Malgré sa tristesse et son découragement, Alain Chartier n'admet pas la seconde partie de cette alternative. Les Français peuvent être sauvés, mais à la condition d'étouffer en eux tout esprit d'égoïsme, de discorde et de pusillanimité. La France va le leur dire elle-même.

Cette prosopopée, c'est le *Quadriloge invectif*, un des premiers monuments de notre éloquence nationale et patriotique. Le cadre allégorique de cet ouvrage est bien simple.

Sur le matin, l'auteur s'est rendormi d'un léger somme; il se voit tout d'un coup transporté dans un pays en friche et, au milieu de ce désert, il aperçoit une dame d'un noble maintien. Dolente et éplorée, elle semble redouter et pressentir de plus grands malheurs à venir. « Ses blons cheveux veissiez respandus et » degettez sans aournement au travers de ses espaules. » Sur son front, une couronne d'or déjà fort ébranlée et

---

(1) Alain Chartier, *Œuvres* (*Quadriloge invectif*), p. 405.

penchant de côté, « inclinée moult durement. » Son manteau en pièces porte la trace des cruels traitements qui lui ont été infligés.

A côté de cette image de la France en pleurs, encore noble, grande et majestueuse, apparaissent trois autres figures, ses trois enfants : l'ung, droit, appuyé sur sa hache, effrayé et songeur ; l'autre, en vêtement long, sur un siége de côté; le tiers, en vil habit, renversé sur la terre (1). Voilà bien les trois états : la noblesse décimée, inquiète, découragée ; le clergé silencieux et un peu à l'écart; le peuple, « tout accravanté (épuisé) de fatigue et de misère et qui s'écrie d'un reste de voix :

> Soustenir ne nous pouvons plus
> En nulle manière que ce soit...

Cette scène, même muette, est déjà d'une éloquence qui commente d'avance celle du discours adressé par la France à ses enfants. « Après le lien de foy catholique, » leur dit-elle, « nature vous a, devant toute autre chose
» obligez au commun salut du pays de votre nativité et
» à la défence de celle seigneurie, soubz laquelle Dieu
» vous a fait naître et avoir vie..... Hélas! tant est es
» entiers couraiges prouchaine et si inséparablement
» enracinée l'amour naturelle du pays que le corps
» tend à y retourner de toutes parts, comme en son
» propre lieu : le cœur y est donné, comme à celle
» habitation qui plus luy est agréable; la vie et la
» santé y croissent et amendent; l'omme y quiert sa

---

(1) Alain Chartier, *Quadriloge invectif*, p. 406, 407, 409.

» seurté, sa paix, son refuge, le repos de sa vieillesse
» et sa dernière sépulture. Et puisque telle est la loy que
» nature y a establie, il faut dire que nul labeur ne
» vous doit estre grief, que nulle adventure ne vous
» doit estre étrange à soutenir pour celuy païs et celle
» seigneurie sauver, qui vous repaît et nourrit entre les
» vivants et entre les morts vous reçoit en sépulture.
» Si est force de dire que ceulx sont dénaturez qui, au
» commun besoing et pour le salut de leur païs et
« seigneurie n'efforcent leur pouvoir et mieux veullent
» soy laissier périr avecques la chose publique que
» pour icelle soy exposer au péril. Doncques pourroit-il
» sembler que la loy de nature qui toutes choses soubz
» le ciel oblige par lien indissoluble, seroit plus parfai-
» tement accomplie es bestes mues qu'en vous autres,
» et que vous seriez trouvez plus desnaturez qu'elles,
» qui n'ont pas entendement de raison, quant les
» oyseaulx au bec et aux ongles deffendent leurs nidz
» et les ours et les lyons gardent leurs cavernes à la
» force de leurs grifs et de leurs dents (1). »

La phrase a peut-être parfois quelque raideur, quelque embarras; mais l'imperfection même de ces périodes semble ajouter je ne sais quel cachet de sincérité naïve à ces accents d'une émotion forte et profonde.

Sous les vérités générales qu'expriment ces éloquentes paroles, on sent déjà poindre des reproches à l'indifférence et à la mollesse de la nation. La suite du discours les dégage, les accentue, les précise. La France ne se contente pas de mettre sous les yeux de ses défenseurs

---

(1) Alain Chartier, *Œuvres* (*Quadriloge invectif*), p. 410.

leur ardeur pour leurs plaisirs, leur sollicitude pour leurs intérêts personnels et leur tiédeur inerte et découragée pour la défense de leur patrie. Elle veut les faire rougir en insistant sur le contraste de leur conduite avec celle des Anglais. « Vous grevez et guerroyez » vos ennemis par souhaits, » s'écrie-t-elle. « Vous dé- » sirez leur desconfiture par prières et parolles et ils » pourchassent la vôtre par entreprinses de faict (1). » Et cependant le courage obstiné, infatigable ne devrait-il pas être du même côté que le droit : « Les Anglais, » observe la France, « sont assaillants; vous êtes défen- » deurs. Ils veulent asservir votre liberté et vous avez » à vous deffendre de leur servage. Ils quièrent votre » mort et perdition, et nature vous oblige à deffendre » votre seureté et votre vie. Ils s'efforcent d'oster et » ravir par force la vie et la substance de vos femmes » et enfants, que nature vous contrainct à doulcement » nourrir et tendrement aimer (2). »

Aux ardentes invectives de la France succède un acerbe dialogue entre le chevalier et le peuple : le peuple reproche à la noblesse les oppressions qu'elle fait peser sur lui, il la nourrit et elle le pille; c'est à lui que l'on fait la guerre. Le chevalier accuse, à son tour, les impatiences et les agitations révolutionnaires du peuple qui sont la cause des maux présents, la joie insensée qu'il a témoignée à l'annonce du traité de Troyes et les cris de Noël dont il a salué l'alliance du vainqueur d'Azincourt avec la famille des Valois. Puni-

---

(1) Alain Chartier, p. 411.
(2) *Id.*, p. 415-416.

tion de ses propres fautes, les souffrances dont il se plaint, sont en partie l'ouvrage d'hommes sortis de son sein. D'ailleurs ces souffrances n'ont pas été sans compensation : le peuple oublie trop les bénéfices qu'il a retirés des calamités publiques. « La bourse des populaires est comme la citerne qui a recueilli et recueult les eaues et agouts de toutes les richesses de ce royaume (1). » Les mutations et les affaiblissements de monnaies ont été favorables aux censitaires qui ont pu payer, à meilleur compte, leurs rentes et redevances. Les cultivateurs et artisans ont mis aux denrées et à la main-d'œuvre un taux exorbitant. Véritable capitale du tiers état, puissant foyer de démocratie révolutionnaire, Paris excite surtout la colère du chevalier. Il compare Paris à un abîme qui engloutit toute la substance de la France ; il rappelle que la commune parisienne « a, sur toutes les autres, esté tachée de murmure et de désobéissance (2). »

Le peuple réplique à son tour et rejette sur les prédications qu'il a entendues, les erreurs politiques où il est tombé et sur l'exemple de la noblesse, les violences qu'il a commises.

Les récriminations se poursuivent ; mais que prouvent-elles ? Rien, sinon que les torts sont réciproques et que, pour les réparer et les expier, il faut réunir ses efforts dans un commun dévouement à la patrie. Le châtiment qui frappe les Français doit raviver leur énergie bien loin de l'accabler : « Si le cheval, par battre et flageller,

---

(1) Alain Chartier, p. 428.
(2) *Id.*, p. 434.

» et le bœuf, par force d'aiguillonner durement, tirent
» hors leurs voictures des effondrières et mauvais pas-
» sages : ainsi croy-je que le flael (fléau) de la justice
» divine, qui nous fiert (frappe) par l'adversité présente,
» nous doye esmouvoir à prendre courage, pour nous
» hors getter de cette infortune (1). »

C'est avec cette exhortation que le clergé intervient dans le débat. Cette troisième partie du *Quadriloge* est la moins heureuse au point de vue de la composition et du style ; mais cette infériorité littéraire est compensée par l'intérêt historique des renseignements que l'auteur nous fournit, dévoilant ici les prodigalités et le dénûment de Charles VII, là l'indiscipline, le faste, l'orgueil des troupes féodales. Alain Chartier déchire tous les voiles ; il écarte tous les ménagements ; il flétrit l'égoïsme de la noblesse, qui met sa fidélité et son dévouement à prix d'or. « Ceux qui sont plus tenuz de servir se font
» plus chier achapter et convient traire par largesse les
» plusieurs à faire le devoir où loyauté ne les pourroit
» mener (2). »

N'y a-t-il pas là comme une haute trahison morale ? Mais l'heure approche où les sentiments qui l'entretiennent seront comme emportés et balayés par le souffle d'une vie nouvelle, qui s'éveillera dans le cœur de la nation. Le chevalier, courbé sur sa hache d'armes, se redressera ; le peuple se relèvera de sa couche de misère et viendra se ranger à côté de l'homme d'armes ; le clerc prendra la croix et marchera devant le chevalier et de-

---

(1) Alain Chartier, p. 437.
(2) *Id.*, p. 442.

vant le peuple : un même élan de foi, de patriotisme, d'enthousiasme, unira leurs cœurs. Une femme sera au milieu d'eux. Ce sera encore la France; mais elle ne sera plus fatiguée, foulée, maltraitée, déjà envieillie. Elle ne traînera plus un manteau déchiré; elle portera une armure éclatante; son visage rayonnera d'une beauté pure et virginale. Nous venons de saluer Jeanne Darc.

CHAPITRE III.

JEANNE DARC : LA MISSION.

Le *Quadriloge* d'Alain Chartier, comme la prédication de frère Richard, nous a conduits à Jeanne Darc.

Entre l'œuvre du poëte et celle de l'héroïne la transition est naturelle, quoique la distance soit immense.

L'éloquence et la poésie émues du *Quadriloge* sont l'expression d'un bon sens plein de modération, d'honnêteté, de justice, d'impartialité, mais impuissant par sa sagesse même. Jeanne Darc c'est ce même bon sens élevé à la hauteur d'une de ces sublimes folies, qui ont je ne sais quel mystérieux rayonnement [de vie, de force et de poésie. Poésie, poésie vivante, poésie du rêve, de l'action, du martyre, ces mots résument la vie et la mission de Jeanne dont les différentes périodes se succèdent comme les chants d'un poëme.

Le premier chant, qui s'intitule de lui-même *la mission*, s'ouvre à Domremy et s'achève à Poitiers.

Le hameau de Domremy, dépendant de la commune de Greux, dans le canton de Coussey et l'arrondissement d'Epinal, s'élève au fond d'un riant vallon, dont la

Meuse anime le paysage. A côté de l'église, une maison de pierre, couverte d'un toit à une seule pente, attire tout d'abord l'attention du touriste. Sous l'angle du tympan, arqué en accolade, qui forme le couronnement de la porte, nous lisons, entre autres inscriptions en lettres gothiques, cet hommage au travail : *Vive labeur!* Nous franchissons le seuil et nous nous trouvons dans une demeure modeste, comprenant, à vrai dire, un seul étage et quatre petites pièces, dont une est munie d'une cheminée antique. La légende veut que ce soit la chaumière natale de Jeanne Darc. La légende se trompe, ou du moins elle commet une demi-erreur (1). Ce petit manoir, qu'entoure, à bon droit, un véritable prestige pieux et national, a été construit, en 1481, par un neveu de Jeanne Darc, sur l'emplacement de la maison bien plus modeste où naquit l'héroïne, le jour de l'Epiphanie 1412 (2).

Son père, Jacques Darc, et sa mère, Isabelle Romée, étaient de simples laboureurs, de *condition peut-être autre que libre*, d'ailleurs fort gens de bien, craignant et aimant Dieu. Leur honnêteté et leur piété étaient la principale richesse de leur famille, qui se composait de trois garçons et de deux filles : ils vivaient, eux et leurs enfants, d'un peu de labourage et du bétail qu'ils nourrissaient (3).

C'est au milieu de cette pieuse et sereine atmosphère que Jeanne crût en sagesse et en beauté.

---

(1) Quicherat, t. V, p. 244 et suiv.
(2) Vallet de Viriville, *Histoire de Charles VII*, t. II, p. 42 et suiv.
(3) Vallet de Viriville, *Nouvelles recherches sur la famille et le nom de Jeanne Darc*, p. 8 et suiv.

L'épopée de sa vie commence par une idylle pleine de grâce et de charme. De la porte de sa maison paternelle, elle apercevait, sur la hauteur qui dominait la rive gauche de la Meuse, la lisière verdoyante du bois Chenu, puis, à mi-côte, la fontaine des Groseillers, sur les bords de laquelle se rendaient les malades, et dont les eaux avaient, dit-on, la propriété de guérir de la fièvre. A quelques pas de cette fontaine, un hêtre, plusieurs fois séculaire, étalait ses branches centenaires qui retombaient presque à terre. C'était l'arbre des Fées. La tradition, entretenue par des romans qu'on lisait dans le village, racontait que les fées se rassemblaient pendant la nuit sous ses ombrages. L'une d'elles y avait même, paraît-il, donné de mystérieux et nocturnes rendez-vous à l'un des anciens seigneurs de la contrée, le sire de Bourlemont (1).

Cet arbre et cette fontaine jouaient un rôle poétique dans les divertissements des jeunes filles de Domremy; elles allaient fréquemment suspendre des guirlandes aux branches de ce hêtre. Le quatrième dimanche de carême, que l'on appelait dans le pays le dimanche des *Fontaines*, elles se réunissaient sous ses rameaux, encore sans feuilles, pour chanter, danser, cueillir les premières fleurs du printemps et faire collation avec de petits pains que leurs mères avaient préparés (2).

Jeanne prenait part à ces joyeuses réunions; elle dansait avec ses compagnes, chantait surtout; cependant

---

(1) Quicherat, t. I, *Procès de condamnation*, p. 67 et 68 ; t. II, *Procès de réhabilitation*, p. 404.

(2) Quicherat, t. II, *Procès de réhabilitation*, t. II, p. 391, 413, 422.

déjà, malgré la gaieté et l'enjouement qui devaient rester, jusqu'à la fin de sa vie, un des charmes de sa nature, elle s'attirait quelquefois les railleries des autres enfants et même les observations des grandes personnes par la ferveur exaltée de sa dévotion. Elle rougissait et ne continuait pas moins de fréquenter assidûment l'église, de se rendre presque tous les samedis, avec sa sœur et d'autres femmes du village, à l'ermitage voisin de Sainte-Marie-de-Belmont. Elle se plaisait tout particulièrement au son des cloches, se plaignait lorsque le marguiller de la paroisse mettait de la négligence à les sonner, et s'efforçait d'exciter son zèle en lui promettant de petits présents (1).

Il y avait pour elle, dans ces vibrations religieuses, dont l'écho lointain la faisait souvent tomber à genoux (2) dans la campagne, une harmonie indéfinissable, qui secondait ses ineffables entretiens avec son Seigneur. « Elle parlait avec Dieu (3), » dit un des témoins du procès de réhabilitation. Nous n'avons pas l'indiscrétion de sonder, l'ambition d'expliquer le mystère de ses relations avec un monde supérieur et invisible. Remarquons-le seulement : sa foi religieuse ne se distinguait pas moins par son élévation féconde que par sa naïve simplicité. Si elle ne savait que le *Credo* et l'*Ave*, que lui avait enseignés sa mère, elle s'élevait, sans peine et sans effort, au-dessus des superstitions de son

---

(1) Quicherat, t. I, *Procès de condamnation*, p. 68 ; t. II, *Procès de réhabilitation*, p. 389, 413, 418, 433.
(2) Quicherat, t. II, *Procès de réhabilitation*, p. 420, 424.
(3) Quicherat, t. II, p. 420.

époque; elle ne croyait ni aux fées ni aux mandragores (1). Elle n'échappait pas moins à cette religion de la peur qui, de son temps, faisait au diable une part d'autant plus grande qu'elle en laissait une plus petite à Dieu. Jeanne ne se préoccupait pas de l'enfer; elle regardait au ciel; et, dans cette union intime, confiante avec Dieu, elle puisait des forces qui doublaient la portée de ses facultés intellectuelles, si remarquables.

Son mysticisme ne ressemblait pas à celui que Pascal a flétri, en disant avec sa magistrale ironie : « Le malheur est que qui veut faire l'ange fait la bête. » Jeanne remplissait, avec joie, tous les devoirs de sa vie pratique. Active, laborieuse, elle secondait sa mère dans tous les soins du ménage. Elle était habile à coudre, et plus tard, dans sa prison, elle devait dire à ses juges qu'elle ne craignait, à la couture, aucune dame de Rouen (2). Unissant la force à l'adresse, agile et svelte, elle quittait, lorsqu'il le fallait, l'aiguille pour la bêche, la faucille ou la charrue (3). Quand venait le tour de son père de garder les troupeaux du village, elle l'aidait ou le remplaçait (4). A la maison, elle soignait le bétail avec un plaisir et une sollicitude où se reconnaissait la bonté de son cœur (5).

Le cœur était sa qualité maîtresse et comme le grand ressort de sa vie morale. Tout le monde aimait *Jeannette*

---

(1) Quicherat, t. I, *Procès de condamnation*, p. 46-47, 89 ; t. II, *Procès de réhabilitation*, p. 28.
(2) Quicherat, t. I, *Procès de condamnation*, p. 51 ; t. II, p. 404.
(3) Id., t. II, *Procès de réhabilitation*, p. 389.
(4) Id., ibid., p. 404, 424.
(5) Id., ibid., p. 433.

(le seul nom sous lequel elle fût connue à Donremy) (1), et Jeannette méritait d'être aimée de chacun, des pauvres surtout. Pauvre elle-même, elle trouvait cependant le moyen de leur faire toujours l'aumône (2). Elle sollicitait et obtenait pour eux l'hospitalité dans la chaumière paternelle. Si on le lui avait permis, elle leur eût cédé son lit et aurait couché elle-même sur le foyer. Toutes les souffrances la trouvaient empressée à les soulager (3). On la voyait assise au chevet des malades, les encourageant et les consolant.

Or, il y avait, en ce moment, une grande malade qui semblait toucher à l'agonie. Cette malade, c'était la France.

A Domremy, on ressentait douloureusement le contrecoup des maux dont souffrait le royaume, quoiqu'on fût placé bien loin du centre et tout à fait à l'extrémité orientale du territoire français. L'implacable rivalité des Armagnacs et des Bourguignons avait pénétré dans cette paisible vallée. Domremy était armagnac; le village voisin de Maxey était bourguignon. Des rixes fréquentes s'engageaient même entre les enfants des deux villages, et Jeanne vit plus d'une fois revenir les jeunes champions de Domremy navrés et battus (4). Ce n'étaient là pourtant encore que les jeux de la guerre civile. Les pauvres laboureurs de Domremy en connurent bientôt, dans toute leur réalité, les dangers et les misères. A

---

(1) Quicherat, t. I, p. 6.
(2) Id., t. II, p. 413, 424.
(3) Id., t. II, Procès de réhabilitation, p. 427.
(4) Id., t. I, Procès de condamnation, p. 66.

plus d'une reprise, 1424-1428, ils durent fuir devant l'approche d'hommes d'armes anglo-bourguignons et chercher, avec leur mobilier et leurs bestiaux, un refuge soit à Neufchâteau, soit au château de L'Isle, ainsi nommé à cause des deux bras de la Meuse qui l'entouraient et le protégeaient (1).

Ces souffrances ne pouvaient avoir qu'un résultat : celui d'exalter jusqu'à la passion, jusqu'à la fureur, les sentiments armagnacs de ceux qui les subissaient. Jeanne partagea un moment cette irritation. A Domremy, il y avait un seul Bourguignon, point de mire de la haine de tous les autres habitants. Jeanne aurait voulu voir tomber sa tête, si Dieu l'eût permis; mais cet emportement ne dut être que bien passager dans son âme (2).

La droiture de sa conscience et la sévérité impartiale avec laquelle elle condamnait l'assassinat de Montereau (3), ne lui permettaient pas de s'abandonner longtemps aux inspirations violentes de l'esprit de parti. Chez elle, cet esprit se transformait; il se dépouillait rapidement de ses haines pour n'être plus qu'amour et dévouement. Il l'animait d'un attachement enthousiaste pour le chef, le héros, le martyr du parti, le duc d'Orléans, et se confondait, dans son cœur, avec une immense pitié pour le royaume de France (4).

Cette pitié ne devait pas rester stérile, inactive.

---

(1) Vallet de Viriville, t. II, p. 47.
(2) Quicherat, t. I, *Procès de condamnation*, p. 65.
(3) *Id., ibid.*, p. 184.
(4) *Id., ibid.*, p. 55 et 66.

L'archange saint Michel, qui retraçait à la vaillante jeune fille les misères de ce pauvre royaume (1), lui enjoignait en même temps, de la part de Dieu, d'aller au secours de son pays et de son roi. Or, dès l'âge de treize ans, Jeanne s'était consacrée tout entière au service de Dieu.

Elle avait prononcé ce vœu dans des circonstances étranges. Je reproduis, dans toute sa naïveté, le récit qu'elle a fait elle-même devant ses juges de Rouen. C'était par un jour d'été, il était midi environ. Jeanne, qui avait jeûné la veille, se trouvait dans le jardin de son père; tout d'un coup, elle entendit une voix qui l'appelait à droite du côté de l'église. En même temps, ses yeux furent frappés d'une grande clarté. Tout d'abord, elle fut saisie d'une vive frayeur. Une fois remise et rassurée, elle entendit distinctement la voix lui recommander d'être pieuse et lui déclarer qu'il fallait aller en France (2).

Jeanne comprit qu'une mission extraordinaire lui était réservée. Elle devint plus sérieuse, bientôt plus triste. Elle n'alla plus danser sous l'arbre des Fées. Elle *voua sa virginité tant qu'il plairait à Dieu* (3). Soumise en toute chose à ses parents, elle refusa de leur obéir lorsqu'ils voulurent la marier à un jeune homme de Toul. Son fiancé essaya en vain de recourir à l'intimidation : il la menaça de la citer et la cita, en effet, devant l'official de Toul, se faisant fort d'une promesse

---

(1) Quicherat, t. I, *Procès de condamnation*, p. 171.
(2) Id., *ibid.*, p. 52.
(3) Id., *ibid.*, p. 68 ; t. III, p. 128.

de mariage qu'il prétendait avoir reçue. Jeanne ne céda pas ; elle comparut et obtint gain de cause.

Le moment d'une lutte plus cruelle approchait. Les dangers de Charles VII et de la France s'aggravaient. A la fin de la première quinzaine d'octobre 1428, les Anglais mettaient le siége devant Orléans. Orléans, c'était la ville sainte du parti armagnac ; c'était en même temps un des derniers boulevards de la France. On comprend facilement l'émotion qu'on dut ressentir dans ce petit coin de terre, si français, de Domremy ! Jeanne fut en proie à un trouble profond. Les appels que, depuis la vision du jardin, ses voix mystérieuses n'avaient cessé de lui adresser, devinrent à la fois plus fréquents et plus impérieux. Il se passa au fond de son âme un drame intime, douloureux, dont quelques mots, prononcés à Rouen, nous laissent pressentir les poignantes angoisses. Jeanne essayait inutilement de résister à cette vocation, qui paraissait si étrangement dépasser sa condition et ses forces : elle était une pauvre fille ; elle ne savait pas monter à cheval ; elle n'entendait rien aux choses de la guerre. Les voix n'acceptaient pas ces excuses ; elles réitéraient, avec reproche et presque avec menace, leurs sommations, que Jeanne croyait retrouver jusque dans le frémissement de la forêt (1).

Terrible et solennel dialogue avec Dieu ! Jeanne ne pouvait admettre personne dans la confidence de ses révélations et de ses combats intérieurs. La plus légère indiscrétion aurait tout compromis. D'ailleurs, aurait-

---

(1) Quicherat, t. I, *Procès de condamnation*, p. 52.

elle été comprise ? Elle ne dit rien au prêtre de sa paroisse (1); elle dut garder le même silence avec sa famille, dont l'affection et l'honnêteté semblaient élever un des obstacles les plus sérieux à l'accomplissement de ses desseins ou plutôt de son mystérieux devoir. Un rêve que sa propre attitude ne commentait que trop avait mis la vigilance de son père en éveil. Il avait cru voir sa fille s'éloigner en compagnie d'hommes d'armes ; et, sous l'impression de ce songe, il avait dit à ses fils : « Si je croyais que la chose adveinst que j'ai songée » d'elle, je vouldroye que vous la noyessiés, et, si vous » ne le faisiés, je la noyeroie moi-même. » Depuis ce moment, Jeanne était étroitement surveillée (2).

Ce ne fut pas sans un profond déchirement qu'elle se décida à tromper cette surveillance et à causer à ses parents une douleur qui devait aller jusqu'au délire ; mais Dieu le commandait. Aurait-elle eu cent pères et cent mères, aurait-elle été fille de roi, elle serait partie (3).

Elle partit, mais personne ne soupçonnait le vrai motif de son départ. On savait qu'elle allait à Burey-le-Petit, chez son oncle Durand Laxart, soigner sa tante qui était malade (4). Elle s'était fait demander par son oncle. Ses instances et ses prières le décidèrent à la conduire à Vaucouleurs ; là résidait le capitaine français Robert de Baudricourt. Il fallait que Baudricourt donnât des guides à Jeanne et l'envoyât au roi. Le scepticisme corrompu

---

(1) Quicherat, t. I, p. 128.
(2) *Id.*, t. I, *Procès de condamnation*, p. 131 et 132.
(3) *Id.*, t. I, p. 129 et 132.
(4) *Id.*, t. II, *Procès de réhabilitation*, p. 428, 430-431.

du vieux routier mit à une cruelle épreuve la foi et le patriotisme de la jeune héroïne. Une première démarche de Laxart auprès de Baudricourt n'obtint aucun succès : le capitaine donna à l'oncle de Jeanne le conseil de la bien souffleter et de la ramener à ses parents (1). Jeanne se présenta elle-même et ne réussit pas mieux. Quoi ! cette pauvre paysanne ignorante, revêtue de ses habits rouges étriqués, parlait de prendre le commandement des hommes d'armes et de faire lever le siége d'Orléans! Pouvait-on imaginer quelque chose de plus insensé? Robert de Baudricourt répondit à Jeanne par des propos grivois et par un refus formel. Cependant son Seigneur, le roi du ciel, voulait qu'elle allât vers le dauphin et il fallait qu'elle se rendît auprès de ce prince, dût-elle user ses jambes jusqu'aux genoux ; ni princes, ni rois ne pouvaient secourir le royaume ; à elle seule il était réservé de le recouvrer (2). Toute heure perdue lui paraissait bien longue. Le temps lui durait comme à une femme enceinte (3).

Pour calmer son impatience et pour accroître sa confiance et sa force, Jeanne priait pendant de longues heures. On la voyait, dès le matin, entrer à l'église de Sainte-Marie de Vaucouleurs; puis, après avoir assisté à la messe, elle descendait, pour se recueillir, dans la crypte où elle entendait plus nettement les accents de ses voix (4).

---

(1) Quicherat, t. II, p. 444.
(2) Id., ibid., p. 436.
(3) Id., ibid., p. 447.
(4) Id., ibid., p. 460-461.

Malgré son attitude et sa conduite si édifiantes, le prêtre de Vaucouleurs n'était pas encore bien sûr qu'elle ne fût pas un émissaire de l'enfer. Un jour, pour l'éprouver plus complétement, il se rendit, avec Robert de Baudricourt, dans la maison de l'honnête charron où Jeanne logeait, travaillant, cousant comme la plus simple des jeunes filles et assistant, dans toutes ses occupations, la femme de son hôte.

Ce fut un exorcisme dans toutes les formes. Le prêtre apportait son étole et, devant Robert de Baudricourt, il somma Jeanne de se retirer de leur présence si elle procédait de l'esprit malin et d'aller vers eux si elle était envoyée du ciel. Jeanne se traîna aux genoux du prêtre et lui reprocha sa défiance. N'avait-il pas entendu sa confession? Puis, se tournant vers Robert de Baudricourt, elle lui réitéra sa prière. Baudricourt persista dans son refus. « Mais, » répliqua-t-elle, « ne le » savez-vous pas? Il a été prédit que la France, perdue » par une femme, serait sauvée par une vierge née sur » les marches de la Lorraine (1). »

En entendant son langage si plein d'autorité et de foi, bon nombre d'habitants de Vaucouleurs croyaient en elle, et ce fut sans doute la pression de l'opinion publique qui décida Robert de Baudricourt à céder enfin. Les bonnes gens de Vaucouleurs se cotisèrent pour acheter un cheval à Jeanne, pour lui fournir des armes et l'équipement d'un cavalier (2).

Son départ, le 25 février 1429, fût un événement pour

---

(1) Quicherat, t. II, p. 446-447.
(2) *Id., ibid.*, p. 444-445, 447.

la ville entière. Chacun voulut la voir monter à cheval, en habits d'homme, en bottes éperonnées, avec l'épée au côté et la dague à la ceinture (1). Pour escorte, elle avait un chevalier, Jean de Nouillonpont, un écuyer, Bertrand de Poulengy, deux sergents d'armes ou *coustelliers*, un archer, Richart, un chevaucheur des écuries du roi, Colet de Vienne (2).

C'était une bien petite troupe pour se hasarder ainsi à travers cent cinquante lieues de pays ennemi, battu en tout sens par des bandes anglaises ou bourguignonnes. Jeanne affrontait, sans crainte, ce périlleux voyage. Elle répondait aux remontrances de ses amis de Vaucouleurs que Dieu ouvrirait les chemins devant elle (3). Baudricourt était bien loin de partager sa confiance. « Va donc, Jeanne, » lui dit-il, « et advienne que pourra (4) ! » Les hommes d'armes, qu'il lui avait donnés pour guides, ne pensaient pas qu'il pût rien advenir de bon ; mais ils comptaient bien ne pas aller loin avec cette pauvre folle ; ils étaient décidés à se débarrasser d'elle en l'enfermant dans quelque forteresse. Or, à peine en route, ils subissent l'ascendant de sa volonté, de son courage, de sa foi. Le respect qu'elle leur inspire les transforme. Toute pensée impure ou lâche meurt dans leur âme (5).

Après une chevauchée de onze jours, poursuivie par

---

(1) Quicherat, t. II, p. 447.
(2) *Id., ibid.*, p. 437, 445.
(3) *Id., ibid.*, p. 149.
(4) *Id., ibid.*, p. 55.
(5) *Id.*, t. II, p. 438 ; t. III, p. 86 et 87.

des chemins détournés et à travers mille dangers, la petite caravane arrive à Chinon.

C'est dans le château dans cette ville que le roi attend l'issue de la lutte suprême engagée sous les murs d'Orléans. En approchant de cette résidence royale, Jeanne a été sur le point de tomber dans une embuscade dressée sur ses pas par des soldats de Charles VII. Pendant quelques instants le salut de la France a été dans les mains d'une poignée de bandits; mais une force invisible les a cloués à leur place (1).

C'est du moins ce que rapportera un jour la légende; et la légende se forme vite autour de Jeanne Darc. Elle la devance à Chinon. Jeanne y est à peine descendue de cheval que plus d'un habitant lui demande s'il n'y a pas dans son pays un bois appelé le *bois Chenu*. C'est que des prophéties annoncent que de ce bois doit venir une vierge qui accomplira des miracles (2).

Le bruit qui se fait autour de cette arrivée semble importuner les hommes qui ont pris sur eux le soin de gouverner et de penser pour Charles VII, entre autres, ce La Trémouille, qui n'imagine, en ce moment, d'autre expédient que d'implorer le secours du roi d'Aragon et de lui offrir, comme paiement, plus de la moitié du Languedoc (3).

Jeanne rompra la trame de cette politique antinationale; mais au prix de quels efforts!

(1) Quicherat, t. III, p. 203.
(2) *Id*, *Procès de condamnation*, t. I, p. 68.
(3) *Id.*, t. V, *Aperçus nouveaux sur l'histoire de Jeanne Darc*, p. 27.

Dans le drame de Shakespeare, où le caractère de l'héroïne est si odieusement travesti, Charles ne veut admettre la vérité des déclarations de Jeanne qu'après avoir été vaincu par elle, l'épée à la main, dans un combat singulier. Dans la réalité, c'est un combat aussi que Jeanne doit soutenir. Alain Chartier donne, avec raison, ce nom à l'épreuve que la pauvre jeune fille commence à subir à Chinon et qui s'achèvera pour elle à Poitiers (1).

Pendant trois jours Charles VII la fait interroger par son conseil et refuse de la voir; il se décide enfin à la recevoir. On connaît la mise en scène de cette première entrevue qui semble arrangée à dessein pour l'éblouir et pour la troubler.

C'est le soir, dans la grande salle du château de Chinon : soixante torches l'éclairent; trois cents chevaliers s'y pressent autour du roi qui affecte de se confondre au milieu d'eux. Jeanne est introduite par le grand maître de l'hôtel, comte de Vendôme. Brune, élégante et belle (2) sous ses habits d'homme, qu'elle porte sans embarras, elle entre avec une simplicité aisée, va droit au roi, s'incline devant lui et, lui embrassant les genoux : « Gentil dauphin ! Dieu vous donne longue vie ! » dit-elle. — « Je ne suis pas le roi, » répond Charles VII. « Le voilà ! » — En nom Dieu ! gentil prince, » reprend-elle, « si l'estes-vous et non un autre. J'ai nom » Jehanne la Pucelle, et vous mande par moi le Roy » du ciel que vous serez sacré et couronné dans la

---

(1) Quicherat, t. V, p. 133.
(2) *Id.*, t. IV, p. 523, 330; t. III, p. 219, 332.

» ville de Reims. C'est le plaisir de Dieu que nos enne-
» mis les Anglais s'en aillent en leur pays : s'ils ne s'en
» allaient, il leur arriverait malheur, et le royaume vous
» demeurera (1). »

Les cœurs auxquels s'adresse Jeanne ne sont pas de ceux que peut enlever un mouvement d'enthousiasme et de foi ; il faut, pour ainsi dire, conquérir le terrain pied à pied, sur leur défiance froide et sceptique : conquête pénible, laborieuse, souvent insensible, que Jeanne doit poursuivre en répondant aux longs interrogatoires d'un jury de docteurs et de prêtres, dont les lenteurs attristent sa nature, toute d'intuition et d'élan. D'ailleurs, ces lenteurs sont des délais qui peuvent être funestes à la France. Cette pensée est navrante pour Jeanne ; et dans cette tour du château de Chinon, où Charles VII l'a installée, des larmes viennent souvent se mêler à ses prières (2).

Un jour enfin ses prières semblent exaucées. Une inspiration soudaine a traversé son esprit ; elle va trouver le roi : « Gentil dauphin ! » lui dit-elle, « pour-
» quoi ne me croyez-vous ? Je vous dis que Dieu a pitié
» de vous, de votre royaume et de votre peuple ; et je
» vous dirai, s'il vous plaît, telle chose qui vous don-
» nera à connaître que vous me devez croire (3). » Le roi est frappé de ce langage ; il veut bien voir le signe que la Pucelle s'engage à lui donner de sa mission ; il

---

(1) Quicherat, t. III, p. 102-103. — Jean Chartier, *Chronique de Charles VII*, édit. Vallet de Viriville, p. 67. — *Chronique de la Pucelle*, apud Quicherat, t. IV, p. 207.

(2) Quicherat, t. III, p. 66.

(3) *Chronique de la Pucelle, apud* Quicherat, t. IV, p. 208.

appelle auprès de lui, dans un de ses retraits les plu[s] privés, avec le duc d'Alençon, son conseiller Robert [le] Maçon, son confesseur Gérard Machet, et Christophe d[e] Harcourt, évêque de Castres (1). Tous, à la requête d[e] la Pucelle, s'engagent, par serment, à ne rien révéle[r] de ce qu'ils vont entendre ; et alors, s'adressant au ro[i,] Jeanne lui rappelle qu'il y a quelques mois, accablé d[e] tristesse, presque désespéré, il est entré un matin dan[s] son oratoire ; là, il a fait une humble prière à Nostr[e] Seigneur du fond du cœur, sans prononcer une parol[e,] le suppliant de le protéger et de le défendre, s'il éta[it] vrai qu'il fût véritable héritier, descendu de la nob[le] maison de France (2). Ce doute et cette prière n'ont é[té] connus que de lui seul et de Dieu. Ce secret, si intim[e,] pénétré et rappelé par Jeanne, cause au roi un véritab[le] saisissement. La réponse divine à ses anxiétés est l[à] vivante devant lui, et cette réponse, c'est la consécratio[n] de son droit : « Je vous dis de la part de messire q[ue] » vous êtes vrai héritier et fils de roi. » Cette répons[e] c'est la promesse de la victoire et du salut. A cet[te] révélation, le terne et pâle visage du prince s'illumin[e] d'un rayon de joie (3). Sans doute, il n'hésitera plu[s] maintenant : il va donner à Jeanne les hommes d'arme[s] qu'elle lui demande si instamment pour lui faire leve[r]

(1) Quicherat t. IV, p. 208-209.
(2) Id., ibid. (Pierre Sala), p. 278-28[0].
(3) Vallet de Viriville (t. II, p. 58) suppose que Gérard Machet, co[n]fesseur de Charles VII, mit peut-être Jeanne au courant des anxiétés [de] la conscience royale. L'explication serait admissible, si l'on ne prena[it] pas à la lettre les expressions de Pierre Sala. — Quicherat, t. II[,] p. 116 ; t. V, p. 133.

le siége d'Orléans. En effet, il se produit dans le château de Chinon un mouvement qui annonce un départ prochain. Jeanne est avertie de se tenir prête à monter à cheval; mais ce n'est pas sur Orléans qu'elle doit marcher; c'est à Poitiers que le roi veut la conduire. Un nouvel examen plus compliqué, plus sérieux que celui auquel elle vient de satisfaire, l'y attend encore. « En uom Dieu ! » s'écrie-t-elle, « je sçay que j'auray » bien affaire; mais messire m'aydera. Or, allons de » par Dieu (1) ! »

Depuis l'occupation de Paris par les Bourguignons et par les Anglais, Poitiers est devenu comme la capitale provisoire de la France. C'est là que les docteurs et maîtres de l'Université de Paris restés français se livrent à un enseignement peu suivi, sans doute, à raison des grandes préoccupations de l'époque. C'est là que siége la fraction du Parlement fidèle à la royauté nationale.

L'avocat général auprès de ce Parlement, Jean Rabateau, habite à peu de distance du palais, restauré par Jean de Berry, à l'angle des rues Sainte-Marthe et Notre-Dame, un hôtel ou maison bourgeoise, à l'enseigne de la *Rose*. C'est dans cette maison que Jeanne vient loger. C'est à la femme respectable de ce magistrat que Charles VII la confie (2).

La nouvelle de son arrivée s'est à peine répandue que de nombreux visiteurs, attirés par la curiosité, se

---

(1) *Chronique de la Pucelle*, apud Quicherat, t. IV, p. 209.
(2) Quicherat, t. III, *Procès de réhabilitation*, p. 74. — *Chronique de la Pucelle*, loco citato.

succèdent ou se pressent auprès d'elle; ce sont de notables personnes ; ce sont des présidents ou des conseillers du Parlement; ce sont des dames, des demoiselles, des bourgeoises ; tous ressentent une vive impression à son aspect ; la pureté de sa vie morale semble se réfléchir sur ses traits. Son visage exprime une sérénité joyeuse ; ses gestes trahissent une énergie virile ; mais le timbre de sa voix a une exquise douceur féminine qui vous pénètre, comme une musique suave. Elle parle peu, mais chacune de ses paroles vous touche et vous remue. Quand il s'agit de la France, du royaume, du roi, son langage devient d'une irrésistible éloquence (1). Sa voix, son regard, ses accents sont la voix, le regard, les accents d'une inspirée : inspiration qui vient d'en haut, inspiration qui jaillit du cœur et qui va droit au cœur. Jeanne a le secret de ces pleurs, qui sont peut-être le seul langage de l'âme dans certains moments d'une vie supérieure (2). Elle en verse elle-même. Elle en arrache à ceux qui l'écoutent. Plusieurs de ses visiteurs de Poitiers se sont rendus auprès d'elle, le sourire de la raillerie sur les lèvres, haussant les épaules et disant que ce n'était que fantaisie et rêverie. Ils ressortent en pleurant à chaudes larmes et répétant : « C'est une créature de Dieu (3) ! »

Gagnée et subjuguée, l'opinion publique semble dicter d'avance leur verdict aux docteurs et bacheliers en

---

(1) *Chronique de la Pucelle, apud* Quicherat, t. IV, p. 213-214, 533, t. V, p. 120. — Quicherat, t. II, *Procès de condamnation*, p. 304.

(2) Quicherat, t. V, p. 120.

(3) *Chronique de la Pucelle, apud* Quicherat, t. IV, p. 211.

théologie qui sont chargés d'examiner l'héroïne. Ils vont la trouver chez Jean Rabateau. En les voyant entrer, Jeanne s'assied au bout du banc et l'examen commence.

Jeanne est bien ignorante; elle ne sait ni A ni B (1); elle n'a jamais appris à lire dans les livres des hommes; « mais il y a aux livres de Nostre-Seigneur plus que ès vôtres (2), » dit-elle à ses examinateurs; ils ne tardent pas à s'en apercevoir. L'un d'eux, un carme, un homme bien aigre, lui déclare que la sainte Ecriture défend d'ajouter foi à telles paroles que les siennes, si on ne montre signe. Elle répond qu'elle ne veut pas tenter Dieu ; le *signe que Dieu lui a ordonné*, c'est de lever le siége de devant Orléans. Un collègue de l'aigre docteur, le dominicain Guillaume Aimery, croit, à son tour, embarrasser Jeanne par une objection qui semble en effet plus captieuse. « Pourquoi, » lui dit-il, « demander des gens d'armes, si le plaisir de Dieu est » que les Anglais laissent le royaume. Le seul plaisir de » Dieu peut les déconfire et les faire aller en leur pays. » — « En nom Dieu ! » s'écrie Jeanne, « les gens d'ar» mes batailleront et Dieu donnera la victoire ! »

A cette profondeur de pensées, qui rappelle la sagesse de certaines paroles de l'Evangile, Jeanne unit une finesse spirituelle, un peu railleuse, toute française et charmante dans sa naïveté. Le frère prêcheur, Séguin, est au nombre de ses interrogateurs. C'est, à coup sûr, un très-savant théologien; mais il a un accent limousin

---

(1) Quicherat, t. III, p. 74.
(2) *Id., ibid.*, p. 86.

des plus prononcés ; il n'en commet pas moins l'imprudence de demander à Jeanne quelle langue lui parlent ses voix. « Oh ! » réplique-t-elle, « un bien meilleur » français que vous (1). »

On le voit : Jeanne domine ses juges. Son ignorance éclaire et redresse leur science. Elle ne les redoute plus ; au besoin, elle fait d'eux ses secrétaires. « Avez-vous du papier et de l'encre ? » demande-t-elle aux deux principaux membres de la commission, Jean Erault et Pierre de Versailles. — « Oui. » — « Eh bien ! » dit-elle à maître Jean Erault, « écrivez. » Et elle dicte la première ébauche de ses sommations aux Anglais (2). Elle est sûre de les appuyer bientôt par les armes. Elle ne se trompe pas. Les théologiens concluent en sa faveur. Un maître des requêtes de l'hôtel, Cousinot de Montreuil, vient lui signifier la résolution que le conseil du roi a prise sur leur rapport. « Jeanne, » lui dit-il, « le roi » veut que vous essayiez à mettre vivres dedans Orléans ; » mais il semble que ce sera forte chose, vu les bastilles qui sont devant et que les Anglais sont forts et » puissants. « En nom Dieu ! » répond-elle, « nous les » mettrons dedans Orléans à notre aise, et si n'y aura » Anglais qui saille ou fasse semblant de l'empê- » cher (3). »

Quelques temps après, le 27 avril 1429, une petite armée part de Blois et s'ébranle dans la direction d'Orléans, escortant un convoi de vivres. Les soldats qui

---

(1) Quicherat, t. III, p. 204-205.
(2) Id., t. V, p. 74.
(3) *Chronique de la Pucelle* (édit. Vallet de Viriville), p. 277.

la composent ne sont pas nombreux; mais ils seront bien menés. Jeanne en fait le serment « *par son martin !* » Elle chevauche à la tête de ses troupes, accompagnée du sire de Gaucourt, des maréchaux de Boussac et de Rais. Tout armée de blanc, elle manie son cheval avec cette dextérité qui, dans les prairies de Chinon, a enchanté le duc d'Alençon (1). Elle porte son armure aussi *gentiment* que si elle n'eût fait autre chose tout le temps de sa vie. A sa main, elle tient une petite hache d'armes. A son côté pend l'épée de sainte Catherine de Fierbois, dont la lame est ornée de cinq croix (2). Devant elle, porté par un gracieux page, Louis de Comtes, flotte un étendard sur lequel sont représentés deux anges offrant à Dieu le Père une fleur de lis, emblème du royaume de France. Les hommes d'armes que l'héroïne a sous son commandement sont dignes de se ranger autour de son étendard. Par ses ordres, ils ont éloigné de leurs rangs toutes les femmes perdues, confessé leurs péchés, purifié leur conscience et leur cœur. C'est la croisade de la patrie qui commence. Aux instruments de guerre répondent les chants d'un chœur de prêtres et de frères prêcheurs, qui marche sur le front des troupes en entonnant le *Veni creator spiritus* (3)!

Cette invocation triomphante au souverain consolateur est la réponse de Jeanne Darc aux cris désespérés d'une ville héroïque dont les habitants ne savent plus de qui attendre du secours, si ce n'est de Dieu seul.

---

(1) Quicherat, t. III, p. 92.
(2) *Id., Procès de condamnation*, t. I, p. 76.
(3) *Id.*, t. III, p. 105.

CHAPITRE IV.

JEANNE DARC : II. LE SIÉGE D'ORLÉANS.

Devançons Jeanne Darc sous les murs d'Orléans.

Avant de raconter la délivrance de cette ville, il faut retracer la résistance patriotique qu'elle a opposée à l'ennemi.

Elle était assiégée depuis plus de six mois.

Dès les premiers jours d'octobre 1428, les moines et les nonnes des abbayes voisines étaient venus chercher un refuge dans la cité, où s'était retirée également la population des faubourgs.

Ces faubourgs, les plus beaux du royaume, étaient comme autant de villes ouvertes, pacifiques, riantes et prospères (1), qui s'élevaient le long des routes de Blois, de Paris et de Gien, au-devant des portes et sous la protection de la place de guerre.

Celle-ci dessinait une sorte de carré long passablement irrégulier, dont un côté, le côté sud, était baigné par la Loire. S'inclinant sur une pente qui descendait

---

(1) *Chronique de la Pucelle* (édit. Vallet de Viriville), p. 271.

assez rapidement vers le fleuve, elle était enveloppée d'une enceinte formée par un mur dont l'épaisseur variait entre 2 mètres et 2 mètres 60 cent. Surmonté d'un parapet, soit en bois, soit en maçonnerie, qui était destiné à protéger les défenseurs, ce mur était commandé, de distance en distance, par de grosses tours. Une de ces tours, la tour Blanche, reposait sur des fondations romaines et subsiste encore aujourd'hui (1).

Du côté de la terre, quatre portes, flanquées chacune de deux tours, donnaient accès dans la cité. C'étaient à l'E., la porte de Bourgogne ou de Saint-Aignan; au N., les portes de Paris et de Bannier; à l'O., la porte Renart (2).

Du côté de la Loire, le rempart offrait trois issues : la poterne Chesneau, la porte de l'Abreuvoir et celle du pont.

A peu de distance et en amont des deux tours, entre lesquelles s'ouvrait cette dernière porte, se dressait un édifice quadrangulaire, lourd, épais et massif, « d'une structure à la rustique, nue et crue, sans délicatesse ni mignardise, » dit un vieil historien d'Orléans. C'était le Châtelet. On n'a commencé à l'abattre qu'en 1804. Résidence royale et ducale, siège des différents tribunaux d'Orléans et surtout château-fort, il pouvait concourir à la défense du pont (3).

---

(1) Jollois, *Histoire du siége d'Orléans*. p. 1, 2, 3, 4, 6.
(2) *Id., ibid.*
(3) *Id.*, p. 5. — Lemaire, *apud* Vergniaud-Romagnesi (*Indicateur orléanais*). p. 291.

Situé un peu au-dessus de celui qui existe actuellement, ce pont traversait la Loire sur dix-huit arches en s'appuyant sur une île qui devait disparaître au dix-huitième siècle. Il était pittoresque, hérissé de fortifications, comme la plupart des ponts du moyen âge. Au moment d'atteindre la rive gauche, ce pont disparaissait, pour ainsi dire, dans une véritable forteresse, dont les constructions, occupant toute la dix-huitième arche, étaient terminées par deux tours, l'une à pans coupés, l'autre tout à fait ronde. C'était la forteresse des Tourelles; elle n'était réunie que par un pont-levis à la terre ferme et au faubourg du Portereau (1).

Sentant qu'ils ne pourraient pas défendre ce faubourg, les Orléanais travaillaient activement à en détruire les maisons et les églises, entre autres celle des Augustins au débouché du pont. Il ne fallait pas que l'ennemi en pût faire des forteresses à son usage (2).

L'ennemi s'avançait à grands pas. A la tête d'une armée anglaise qu'avaient rejointe des hommes d'armes normands, des milices bourgeoises de Paris et de Chartres, Thomas Montaigu, comte de Salisbury, s'était emparé de Nogent-le-Rotrou et d'Yenville. Toute la Beauce était en son pouvoir. Bientôt après, les places de Jargeau d'une part, de Meung et de Beaugency, de l'autre, qu'il avait soumises sans rencontrer de résistance, lui donnèrent le cours de la Loire, en amont et en aval d'Orléans. C'était comme un investissement préliminaire et à distance de la ville. Salisbury voulut le rendre plus

---

(1) Jollois, p. 35.
(2) *Chronique de la Pucelle* (Vallet de Viriville), p. 261.

étroit; le mardi 12 octobre, les Anglais s'établissaient sur les ruines du faubourg du Portereau (1).

Orléans était prêt à les recevoir. Ses remparts et ses tours étaient armés. Ici, c'étaient de puissantes balistes, si énormes qu'une seule, démontée après le siége, fournit vingt-six charretées de bois. Là, c'étaient des canons et des bombardes de cuivre. Orléans disposait de soixante et onze bouches à feu, qui toutes lui appartenaient, sauf un seul canon prêté par Montargis. Ces pièces représentaient l'enfance de l'artillerie. Elles disparaissaient presque tout entières dans leurs affûts en charpente ; ces affûts les rendaient si massives et si lourdes qu'il fallait plus de vingt-deux chevaux pour traîner un de ces canons à sa place. On les bourrait avec du foin ou de l'herbe. Comme projectiles, elles ne lançaient que de grosses pierres. Leur portée était bien faible. Elle n'atteignait pas huit cents mètres; mais qu'importait l'imperfection de ces engins, qui valaient, au moins, d'ailleurs, ceux de l'ennemi (2)? Elle était compensée par l'énergique résolution des habitants. Leur patriotisme municipal et français était décidé à tous les genres de dévouement. Plus d'un bourgeois donnait au delà de la quote-part à laquelle il avait été taxé par les procureurs ou magistrats de la cité. D'autres prêtaient de fortes sommes (3). Tous surmontaient la répugnance que leur inspiraient la présence et le contact des hommes d'armes (4) ; ils les appelaient, il les

---

(1) *Journal du siége*, apud Quicherat, t. IV, p. 97.

(2) Jollois, p. 12-16.

(3) *Id.*, p. 52.

(4) M. A. Tuetey (*Histoire des écorcheurs*, p. 28 et suiv.), donne de sin-

accueillaient avec empressement, comme des parents, des frères, des enfants (1). Avant la fin du mois de septembre, la garnison comptait six cent douze hommes (2) ; mais les bourgeois étaient bien loin de s'en remettre à cette garnison du soin exclusif de la défense ; ils allaient y contribuer d'une manière active et vraiment glorieuse.

Le jeudi 21 octobre, les Anglais vinrent donner l'assaut au boulevard du pont, improvisé en avant des Tourelles, sur la rive du Portereau et fait avec des fagots, de la terre, du sable. Pendant près de quatre heures, ils renouvelèrent leurs attaques, qui échouèrent devant la valeur intrépide des hommes d'armes et des bonnes gens d'Orléans. Les femmes se montrèrent admirables ; on les voyait, au plus fort de la mêlée, apporter aux défenseurs du boulevard la chaux vive, la graisse fondue, l'eau bouillante, les pierres, les munitions qui leur étaient nécessaires pour repousser l'ennemi ; les viandes, les fruits, le vinaigre, le vin, dont ils avaient besoin pour réparer leurs forces ; avec des toiles blanches, elles essuyaient le front des combattants, mouillé de sueur. Quelques-unes combattaient elles-mêmes ; et, la lance à la main, abattaient les assaillants au fond des fossés (3).

guliers témoignages de l'aversion défiante que les bourgeois du quinzième siècle ressentaient pour les hommes d'armes.

(1) Loiseleur, *Comptes des dépenses faites par Charles VII pour secourir la ville d'Orléans*, p. 132. — Quicherat, t. IV, p. 166-167, et t. V, p. 299.

(2) Loiseleur, p. 136.

(3) Quicherat (*Journal du siège*), t. IV, p. 98-99. — *Chronique de la Pucelle* (Vallet de Viriville), p. 261.

Deux cent quarante Anglais avaient trouvé la mort dans cet assaut. A deux heures de l'après-midi, Salisbury fit sonner la retraite. Les travaux de la mine poussés activement, le feu de plus en plus nourri de ses batteries ne tardèrent pas à lui ménager une revanche. Le dimanche 24, il occupait le boulevard et les Tourelles, que les Orléanais avaient évacués dès la veille. Le boulevard allait s'écrouler sous la mine des assiégeants. Les Tourelles étaient toutes démolies et brisées (1).

Maître de cette importante tête de pont, Salisbury ne doutait pas qu'il ne le fût bientôt de toute la ville. Le soir même, du haut d'une des fenêtres des Tourelles, il examinait Orléans. « Monseigneur, » lui disait Glasdale, un de ses lieutenants, le *Glacidas* de nos chroniqueurs, « regardez d'ici votre ville, vous la voyez bien à plein. » Les assiégés avaient suspendu momentanément leur feu. Tout à coup, un étudiant ou un page vint à passer sur la tour Notre-Dame, l'avant-dernière du côté du sud-ouest. Un canon était là tout chargé. Sans penser à ce qu'il faisait, le jeune étourdi mit le feu à la pièce; le coup partit. Salisbury vit la lumière et se détourna, mais en vain. Suivant l'expression d'une vieille chanson de gestes, « la pierre vint tout droit là où il fallait, et le comte tomba à terre noir, livide, sanglant, un œil crevé et la moitié de la joue emportée. » On le transporta à Meung le plus secrètement possible; mais ce fut en vain que les soins les plus empressés lui furent prodigués. Le 3 novembre il expira (2).

---

(1) Quicherat, t. IV (*Journal du siége*), p. 99-100.
(2) *Id.*, p. 100. — *Chronique de la Pucelle* (Vallet de Viriville), p. 264.

Sa mort causa aux Anglais une profonde impression de tristesse et de découragement. Le 8 novembre, ils laissaient aux Tourelles et au boulevard du pont une grosse garnison forte de cinq cents combattants, sous le commandement de Glacidas et se repliaient, les uns sur Meung, les autres sur Jargeau (1).

Le prologue du siége était terminé : le siége allait bientôt commencer. Dans cette prévision, les vaillants capitaines qui commandaient à Orléans, Xaintrailles, La Hire, le bâtard d'Orléans, que nous appellerons d'avance Dunois, le bailli de la ville, le sire de Gaucourt, qui allait renouveler la gloire attachée à son nom par la défense de Harfleur, firent comprendre aux Orléanais qu'un grand sacrifice était nécessaire. Il fallait que tous leurs faubourgs fussent détruits, comme l'avait été celui du Portereau. Les bourgeois se résignèrent à cette nécessité avec un admirable courage. Ils aidèrent eux-mêmes à démolir et à brûler les belles maisons qui composaient ces faubourgs, les grands édifices qui les ornaient, les églises vénérables, comme Saint-Aignan, Saint-Euverte, Saint-Laurent, qui semblaient les protéger (2). La cité se dressa, fière, menaçante, dans son isolement martial, au milieu des ruines qu'elle avait faites elle-même. D'un moment à l'autre, elle attendait le retour des Anglais. Nuit et jour, deux sentinelles postées, l'une sur la tour de Saint-Pierre-

---

— Quicherat, *Chronique de l'établissement de la fête*, t. IV, p. 287, 345.
— Jean Chartier (Vallet de Viriville), p. 63 et 64.

(1) Quicherat, t. IV, p. 102.
(2) *Id., ibid.*, p. 103.

Empont (aujourd'hui l'église protestante), l'autre sur celle de Saint-Paul, interrogeaient sans cesse l'horizon.

Le 30 décembre, deux mille cinq cents Anglais, commandés par Suffolk, Talbot, Jean de la Poule, le sire d'Escales, apparurent sur la rive droite et se fortifièrent à Saint-Laurent. La position était on ne peut mieux choisie. Saint-Laurent était placé sur une éminence au bord de la Loire et à 500 mètres à peu près en aval d'Orléans. De là on dominait à la fois la ville et le fleuve. S'appuyant fortement à La bastille, qu'ils élevèrent sur l'emplacement de cette église, les Anglais donnèrent, d'un côté, la main aux assiégeants de la rive gauche, par les boulevards qu'ils établirent dans l'île de Charlemagne et dans les champs de Saint-Privé, en face de Saint-Laurent; de l'autre, s'étendant de proche en proche dans la direction du sud-ouest au nord-est, ils interceptèrent, par les bastilles de *La Croix Bossée* et de Londres, les routes de Blois et de Châteaudun (1).

A cette puissante ligne d'investissement répondait la partie la plus faible de l'enceinte (2), celle dont les murs étaient le moins élevés au-dessus de la campagne et les tours le plus espacées les unes des autres. Les Anglais pourtant ne parvinrent pas à enlever même la plus simple avancée; tous leurs mouvements étaient épiés. A la moindre alerte, le beffroi sonnait et, à ce signal, routiers et bourgeois étaient sous les armes, en face de l'ennemi.

---

(1) Quicherat, t. IV, *Journal du siège*, p. 106 et suiv. — Jollois, p. 22-27 et suiv.

(2) Jollois, p. 7.

Les premiers communiquaient aux seconds leur expérience de la guerre et leur sang-froid en face du danger ; en revanche, les seconds faisaient passer dans l'âme des premiers les sentiments patriotiques dont ils étaient eux-mêmes animés ; ces chefs de bandes devenaient peu à peu les champions de la patrie. Non-seulement ils se battaient sans recevoir du trésor royal ce qui leur était dû de leur solde ; mais plusieurs faisaient au roi des avances considérables et payaient de leur propre bourse leurs soldats, que cette générosité seule retenait dans leur compagnie (1). La cause pour laquelle ils étaient résolus de verser leur sang les élevait et les ennoblissait ; ils le sentaient bien : la France, restée française, tenait ses regards fixés sur Orléans avec une douloureuse et poignante anxiété. Au mois de janvier, la municipalité de Tours suppliait le roi de tenter un vigoureux effort pour secourir les assiégés. Elle donnait l'exemple à ce prince, de concert avec Bourges, Angers, Blois ; ces communes envoyaient des détachements de *miliciens* seconder les Orléanais. D'autres villes, dans l'Ouest, dans le Centre, dans le Midi, entre autres La Rochelle, Albi, Montpellier, leur expédiaient des vivres, des munitions, du soufre, de l'acier, du salpêtre (2).

Ces secours parvenaient sans trop de difficulté dans Orléans. De la route de Paris qui aboutissait à la porte Bannier jusqu'à la Loire s'ouvrait, au N. et à l'E. de la

---

(1) Loiseleur, p. 146.
(2) Vallet de Viriville, p. 76. — Jollois, p. 94. — Quicherat, t. IV, p. 156 et 167.

— 379 —

ville, une large trouée couverte par la forêt d'Orléans. C'est par là qu'avec l'aide des paysans soulevés et en armes (1), passaient les renforts et les convois destinés aux assiégés. C'est par là que messagers et capitaines entraient dans la place et en sortaient à leur gré. Orléans et la cour étaient en communication constante. Le roi et son conseil étaient tenus sans cesse au courant des péripéties du siége (2).

Mais Charles VII était loin de faire pour Orléans ce qu'il aurait dû. L'année précédente, les Etats généraux avaient voté un subside de 400,000 livres, en stipulant « que ce subside serait employé pour résister aux An- » glais qui étaient en puissance sur la rivière de la » Loire, pour le secours d'Orléans et autres affaires de » l'Etat. » Seule, une partie insuffisante de cette somme reçut une destination conforme à la volonté nationale (3) ; et ce ne fut que dans les premiers jours de février qu'une petite armée de secours se mit en mouvement, sous les ordres du comte de Clermont. Elle s'apprêtait à barrer le passage à tout un convoi de vivres que le capitaine anglais Falstaff et une escorte assez peu nombreuse amenaient aux assiégeants.

Cette nouvelle remplit les Orléanais de joie. Le jeudi, 10 février et le lendemain, l'élite de leurs chefs de guerre, de leurs hommes d'armes, de leurs miliciens, sortit de la place pour aller rallier les troupes du comte

---

(1) Quicherat, t. IV (Jean de Wavrin), p. 413.
(2) *Journal du siége, apud* Quicherat, t. IV, *passim*. — Jollois, p. 39 et 40. — Jean Chartier, t. I, p. 63.
(3) Loiseleur, p. 152 et 159. Picot, *Histoire des Etats généraux*, t. I, p. 312.

de Clermont; mais le samedi soir, bien tard dans la nuit, les habitants consternés assistaient à un triste défilé. La présomption égoïste du comte de Clermont, le temps qu'il avait inutilement perdu à Rouvray, la précipitation de Dunois, du connétable d'Ecosse et des Ecossais, la mollesse, presque la lâcheté du principal corps de bataille, composé de noblesse d'Auvergne, avaient rendu inutiles l'habileté meurtrière des gens de trait orléanais et la brillante valeur déployée par Xaintrailles et La Hire. Les Français avaient été honteusement battus à Rouvray-Saint-Denis (1).

C'étaient les mauvais jours qui commençaient pour les assiégés. A l'excitation vaillante, presque joyeuse, dont ils avaient été animés dans les premiers temps du siége, succédaient une tristesse, un découragement qui semblaient encore augmenter leur infériorité numérique. Toutes leurs troupes régulières, toutes leurs milices réunies ne faisaient pas six mille hommes. Ce n'était pas assez pour lutter contre plus de neuf mille Anglais, dont l'audace et le succès doublaient le nombre et la force (2).

Aux souffrances morales des Orléanais se joignaient les souffrances matérielles. Déjà les privations se faisaient sentir : on pouvait craindre que ce ne fût bientôt la famine. Le blocus devenait de plus en plus sérieux et réel. Les vivres et les munitions allaient quelquefois

---

(1) Quicherat, t. V, *Journal du siége*, p. 119-125. — *Chronique de la Pucelle*, p. 268-569. — Jean Chartier (Vallet de Viriville), t. I, p. 62-63. — Monstrelet (Douët d'Arcq), t. IV, p. 311-313.

(2) Quicherat, t. IV, *Journal du siége*, p. 130.

rejoindre, par des chemins de traverse, la route de Paris. Cette route fut barrée par une grande bastille que les Anglais élevèrent au delà de la porte Bannier, et qu'ils appelèrent Paris (1). La Loire était bloquée en amont comme en aval de la place. Sur la rive gauche, des batteries établies derrière les murs à moitié démolis de Saint-Jean-le-Blanc, au-dessus et à une petite distance du pont, balayaient le fleuve. Les ennemis en commandèrent bien mieux le cours, lorsque, dans la première quinzaine de mars, ils eurent occupé, en la transformant en bastille, l'abbaye abandonnée de Saint-Loup, sur la rive droite, à 3 kilomètres à l'E. d'Orléans (2). Presque entièrement détruite par les huguenots en 1560, relevée depuis, vendue aux enchères, en 1792, cette abbaye est remplacée aujourd'hui par une maison de campagne entourée d'un vaste parc anglais. Le site est beau. La berge de la Loire s'y redresse pour former un coteau presque à pic sur le fleuve. De la terrasse qui le couronne, on aperçoit d'un côté Orléans; de l'autre, on remonte au loin, par le regard, la Loire, qui décrit un large coude à travers une plaine couverte et variée. C'est à la fois un admirable observatoire et une position stratégique d'une haute importance, que, dans la dernière guerre, les Prussiens ont hérissée de leurs canons (3).

L'occupation de cette abbaye par les Anglais fut un

---

(1) Quicherat, t. IV, p. 136. — Jean Chartier (Vallet de Viriville), t. I, p. 65.
(2) Quicherat, t. IV, p. 135.
(3) Vergnaud-Romagnesi, *Indicateur orléanais*, p. 526, 530.

grand pas vers l'investissement complet de la place. I
ne s'agissait plus que de réunir cette bastille à celle d
Paris par une large et profonde tranchée. Les Anglai
s'appliquaient sans relâche à la creuser. En attendan
que ce travail fût terminé, ils faisaient battre les sen
tiers et les chemins détournés de la forêt par des déta
chements qui s'élançaient, comme d'une embuscade
d'une espèce de forteresse en terre, cachée, près d
village de Fleury, dans un repli de terrain. Leur
coups de main rendaient de plus en plus difficile l'ap
provisionnement d'Orléans : il semblait qu'il fallt
maintenant une armée pour le ravitailler (1).

Exténués de fatigue, souffrant de la faim, les Orléa
nais redoutaient déjà des souffrances analogues à celle
qui, en 1418, avaient été infligées aux habitants c
Rouen ; mais, dès le commencement de mars, le bru
s'est répandu dans leur ville qu'il venait de passer
Gien une jeune fille extraordinaire, appelée, disait-elle
à faire lever le siége et à conduire le roi à Reims. L
Orléanais ont accueilli cette nouvelle avec une profon
émotion. Il a fallu que Dunois fît aussitôt partir de
de ses officiers, le sire de Villers et Jamet du Thilla
pour s'informer de ce qu'avait de vrai cette rume
merveilleuse. A leur retour, ils ont été entourés d'u
foule nombreuse, impatiente d'entendre leur rappor
et bientôt plus impatiente encore de voir Jeanne Da
au milieu d'elle (2).

---

(1) Jean Chartier, t. I, p. 63. — *Mémoire de la Société archéologique
l'Orléanais*, t. IV : Boucher de Molandon, *Une bastille anglaise au qu
zième siècle*, p. 325 et suiv.

(2) Quicherat, t, III, *Procès de réhabilitation*, p. 3 et 4 ; t. III, p. 23.

Cette impatience a dû subir une longue attente. Enfin, le 29 avril, Jeanne est sur les bords de la Loire, en face de Chécy, à deux lieues au-dessus d'Orléans, avec le convoi et l'armée de secours que nous avons vus partir de Blois. C'est à contre-cœur, ou du moins à son insu, que Jeanne a pris par la rive gauche et par la Sologne. Elle aurait voulu arriver par la Beauce, tourner les grandes bastilles anglaises, forcer le passage au besoin, briser s'il le fallait, sur un point, la longue ligne d'investissement et introduire avec éclat dans la place toute l'armée et tous les vivres qu'elle amenait : tenter, en un mot, une entreprise que des forces trois fois moins nombreuses devaient exécuter quelques jours plus tard avec un plein succès. C'était là une audacieuse intuition de génie. Il n'y a que le génie pour comprendre qu'une témérité hasardeuse est quelquefois plus prudente que la prudence même. Celle des chefs qui suivent Jeanne et des capitaines qui commandent à Orléans va peut-être tout compromettre, parce qu'elle n'a rien voulu risquer. On a évité les Anglais ; mais comment transporter le convoi au delà de la Loire ? Il faut des bateaux. Ces bateaux ne sont pas arrivés. Arriveront-ils ? Ils ne peuvent remonter jusqu'à Chécy qu'en passant sous le canon de Saint-Jean-le-Blanc et sous celui de Saint-Loup. Pour aggraver encore la difficulté et le danger, le vent est contraire. Jeanne Darc s'inquiète, se trouble ; elle pleure. Apercevant Dunois qui vient de se rendre au devant d'elle avec une troupe d'hommes d'armes et de bourgeois : « Etes-vous, » lui demande-t-elle, « le bâtard d'Orléans ? » — « Oui, » Jeanne, et je me réjouis de votre venue. » — « Qui

» vous a conseillé de nous faire venir par la Sologne et
» que n'avons esté par la Beausse, tout emprès la
» grande puissance des Anglais. Les vivres eussent en-
» tré, sans les faire passer par la rivière. » Dunois
s'excuse, en observant qu'il a suivi le conseil de tous les
capitaines. — « Le conseil de messire, » réplique Jeanne,
« est meilleur que le vôtre et celui des hommes; et si
» est-il plus sûr et plus sage. Vous avez cru me déce-
» voir, et vous vous êtes déçus vous-mêmes (1). »

Cependant le vent tourne; les bateaux ou *chalans* des
Orléanais arrivent. Les vivres passent la Loire; mais
les troupes qui les ont escortés ne peuvent passer
elles-mêmes. Elles vont se replier sur Blois. Jeanne, qui
les a pénétrées de son esprit et les tient dans sa main,
ne voudrait pas les quitter; elle craint que cette armée,
abandonnée à elle-même, ne vienne à se dissoudre
sans remplir sa mission. Les capitaines lui promettent
de franchir la Loire au pont de Blois et de ramener
incessamment leurs soldats sous les murs d'Orléans. Ces
assurances seules la décident à se rendre aux instances
de Dunois et aux prières des bourgeois, qui ont accompagné leur chef. A huit heures du soir, sans être inquiétée
par les Anglais de la bastille Saint-Loup, qu'une diversion habile retient derrière leurs retranchements, elle
fait son entrée dans la ville par la porte de Bourgogne (2).

---

(1) Quicherat, t. III, p. 5 et 6; t. IV (Eberhard de Windecken),
p. 491. — Quicherat, t. IV, *Journal du siége*, p. 151. — Quicherat, t. V,
Chronique de l'établissement de la fête, p. 290. — *Chronique de la Pucelle*
(Vallet de Viriville), p. 285. — Jollois, p. 74 et suiv.

(2) Quicherat, t. III, p. 6 et 7. — Quicherat, *Journal du siége*, p. 152,
t. IV.

C'est une scène émouvante et vraiment épique. De moment en moment, on entend retentir quelque dernier coup de canon du côté de Saint-Loup. Un grand bruit de voix et de pas emplit la rue de Bourgogne, cette longue artère du vieil Orléans ; elle s'éclaire de la lueur de mille torches que portent des bourgeois et des soldats ; tous, « font telle joye, comme s'ils eussent veu » Dieu descendre au milieu d'eux. » Son étendard à la main, Jeanne Darc fend lentement les flots de cette foule sur son beau destrier blanc. A sa gauche chevauche le bâtard d'Orléans, *armé* et *monté moult richement*. A sa suite se déroule un cortége dans lequel on remarque les deux frères de l'héroïne, les gentilshommes qui l'ont accompagnée de Vaucouleurs à Chinon, et plusieurs autres nobles et vaillants seigneurs et chefs de guerre (1).

La maison où Jeanne va descendre convient bien au rôle qu'elle vient jouer. C'est celle de Jacques Boucher, trésorier du duc d'Orléans. Elle s'élève à côté de la porte Renart. Un simple chemin de ronde la sépare du rempart. Des étages supérieurs, sinon de sa chambre, qu'à la fin du seizième siècle les propriétaires auront l'idée malencontreuse de remplacer par deux cabinets voûtés superposés et ornés des arabesques et des figures symboliques les plus bizarres, Jeanne peut embrasser du regard presque tout le siége (2).

Le dimanche, 1er mai, elle est témoin d'un autre

---

(1) Quicherat, t. IV, *Journal du siége*, p. 152-153.
(2) *Id.*, t. III, p. 67-68 ; t. V, p. 290. — Vergnaud-Romagnesi, *Indicateur orléanais*, p. 407.

siége, dont elle est la seule cause. C'est plus qu'un siége, c'est presque un assaut; il semble d'un moment à l'autre que la porte de Jacques Boucher va céder sous la pression de la foule impatiente de voir l'héroïne. Pour répondre au désir de ces bonnes gens, Jeanne monte à cheval et parcourt les rues au petit pas. « Partout, sur son passage, le peuple, » dit un vieil historien, « ne peut se saouler de la regarder (1). » On admire sa bonne grâce; on insiste sur les moindres détails de sa manière de vivre. On vante sa sobriété. On répète les réponses qu'elle a faites dans la cathédrale de Sainte-Croix, au sage docteur Jehan de Mascon : « Ma fille, » lui a-t-il demandé, « êtes-vous venue pour » faire lever le siége aux Anglais ? » — « En nom de » Dieu, oui. » — « Ma fille, ils sont fors et bien forti- » fiés, et ce sera grand'chose à les mettre hors. » — « Il n'est rien impossible à Dieu (2). »

Cette foi, qui deviendra aisément de l'héroïsme, pénètre à son tour les défenseurs d'Orléans. Au seul aspect de Jeanne, ils se sont sentis tout réconfortés, et déjà « comme *désassiégés* (3). » Naguère, huit cents ou mille des leurs fuyaient devant deux cents Anglais; maintenant, au contraire, quatre ou cinq cents Français ne craindraient pas de se mesurer avec toutes les forces anglaises (4).

Il faut profiter de ce réveil et de cet élan pour passer

---

(1) Quicherat, t. IV, *Journal du siége*, p. 155.
(2) *Id.*, t. V, p. 291.
(3) *Id.*, t. IV, p. 153.
(4) *Id.*, t. III, p. 7 et 8.

de la défense passive à l'attaque; mais les bastilles anglaises sont formidables. Pour les enlever, le concours des troupes qui ont suivi Jeanne jusqu'à Chécy, et dont elle ne s'est séparée qu'à contre-cœur, est indispensable. Dunois va les chercher à Blois; mais là, il est obligé de lutter contre la mauvaise volonté ou l'inintelligence du chancelier de France, Regnault de Chartres; et ce n'est pas sans effort qu'il obtient un tiers de ces forces.

Le 4 mai, Jeanne, La Hire, le vaillant capitaine Florent d'Illiers vont, jusqu'à la distance d'une lieue, au-devant de ce renfort qui arrive par la forêt, sous le commandement du seigneur de Rais et du maréchal de Saint-Sévère, et qui atteint, sans encombre, les murs de la place (1). En même temps, un mouvement de concentration bien conçu et exécuté avec précision et rapidité réunit dans Orléans les garnisons de Châteaudun; de Gien, de Montargis et de tout le Gâtinais (2). Le moment est arrivé où les Anglais, qui n'osent plus bouger de leurs bastilles, d'assiégeants vont devenir assiégés.

Dans l'après-midi du 4 mai, l'attaque commence d'elle-même à l'insu des chefs. Avec une témérité indisciplinée et toute française, des miliciens orléanais courent, en grand nombre et de leur propre mouvement, assaillir la bastille Saint-Loup, et se font rudement maltraiter (3). Couverte du côté d'Orléans, par une espèce

---

(1) Quicherat, t. III, p. 211; t. IV, p. 156. — Loiseleur, p. 140. — Jean Chartier, t. I, p. 72.

(2) *Chronique de la Pucelle,* apud Quicherat, t. IV, p. 222.

(3) Quicherat, t. IV, p. 6 (Perceval de Cagny), t. III, p. 212.

de ravin, au fond duquel coule le ruisseau de l'Egoûtier, cette bastille est à la fois fortifiée par la nature et par l'art. Ce n'est pas un coup de main tumultueux qui pourrait en avoir raison.

Jeanne n'a pas été prévenue plus que les autres capitaines ; elle s'est retirée dans sa chambre et s'est jetée sur son lit ; elle cherche un peu de repos sans le trouver. En dînant, Dunois lui a annoncé que Falstaff approchait avec un renfort anglais, qu'il était déjà à Yenville dans la Beauce. Peut-être arrivait-il ? Faut-il marcher contre lui ? Faut-il courir aux bastilles anglaises ? Elle ne le sait ; mais « *son conseil* » lui a dit d'aller contre les Anglais. En ce moment de grands cris d'effroi, de panique et d'alarme montent de la rue. Jeanne accourt sur le seuil de la maison et, apercevant son page qui joue paisiblement : « Ah ! sanglant » garçon ! » lui crie-t-elle ; « vous ne me dysiez pas » que le sang de France fût espandu ! Mon cheval ! » mon cheval ! En nom Dieu ! les gens de la ville, en » ce moment, ont bien à faire. Il y en a de blessés. » Elle se fait revêtir de ses armes par la femme et la fille de son hôte, saute sur son cheval et, lancée au grand galop sur les descentes et les montées de la rue de Bourgogne, elle fait jaillir le feu du pavé sous les fers de son destrier (1).

En approchant de la porte de Bourgogne, elle rencontre quelques fuyards, elle croise des blessés. D'horreur et de compassion, les cheveux « lui lèvent en sus. »

---

(1) Quicherat, t. III, p. 68, 106, 212-213. — *Chronique de la Pucelle*, *apud* Quicherat, t. IV, p. 222-223.

Elle précipite sa course. Dans quelques instants, elle est au milieu des combattants. Le maréchal de Boussac, le sire de Rais, le bâtard d'Orléans, une foule de gentilshommes et d'hommes d'armes ne tardent pas à la rejoindre. Elle leur confie le soin de surveiller et de contenir, au besoin, les Anglais des autres bastilles. Pour elle, elle se charge de réduire celle de Saint-Loup (1). A sa vue et à celle de son étendard, les assaillants déjà en déroute ont poussé un formidable hourrah et sont revenus à la charge avec un nouveau courage. Les Anglais défendent, pendant trois heures, le terrain pied à pied. Enfin leur résistance mollit; ils demandent à capituler. Jeanne refuse de les entendre; elle ne veut pas les recevoir à rançon; elle les prendra malgré eux. Elle fait renforcer l'assaut. La bastille est enlevée; elle est en flammes; presque tous ses défenseurs sont passés au fil de l'épée. Seuls, une quarantaine d'Anglais se sont réfugiés dans le clocher et crient merci, affublés de vêtements ecclésiastiques, qui leur sont tombés sous la main. Jeanne n'est pas dupe de leur déguisement; elle n'ordonne pas moins d'épargner ces pseudo-gens d'église et les fait amener à Orléans. L'emportement de la fureur guerrière a été promptement calmé dans son cœur, maintenant en proie à une douloureuse émotion. C'est pour la première fois qu'elle voit un champ de bataille; elle ne peut retenir ses larmes à l'aspect de tant d'hommes morts, et morts sans confession (2).

---

(1) Perceval de Cagny, *apud* Quicherat. t. IV, p. 6 et 7.
(2) Quicherat, t. III, p. 69, 106; t. IV, *Journal du siége*. — Perceval de Cagny, p. 7.

Obéissant à ce sentiment d'humanité pieuse, elle renonce à l'idée qu'elle a eue d'abord d'attaquer le lendemain la bastille de Saint-Laurent. Il ne faut pas que le sang coule le jeudi de l'Ascension ; mais ce jour de trêve de Dieu n'est pas pour Jeanne un jour de douces et paisibles impressions. Elle s'avance sur le pont pour adresser une dernière fois aux Anglais ses sommations qu'elle leur envoie à la pointe d'une flèche. Les Anglais lui répondent par de grossières injures et par de sanglants outrages qui blessent au vif son honneur de femme et sa pudeur de jeune fille (1). Elle les dément avec indignation ; elle fond en larmes. Elle n'est pas moins mortifiée du peu de confiance que lui témoignent les capitaines français.

Réunis en son absence, ils ont décidé de dégager la rive gauche, afin d'assurer à la ville les arrivages du Berry. Pour faciliter le succès de cette attaque, ils se sont arrêtés à l'idée d'en opérer une de feinte sur les bastilles du côté de la Beauce. La délibération terminée, Jeanne est introduite ; se défiant de sa discrétion, on ne lui communique que la partie la plus accessoire du plan qui vient d'être combiné. On ne lui parle que de l'attaque sur les bastilles de la Beauce. On ne lui dit pas que c'est une feinte ; mais cette réticence ne peut échapper à sa pénétration. Elle lit rapidement au fond de la pensée des capitaines. « Dites ce que vous avez conclu » et appointé, je celeroye bien plus grant chose que » ceste-cy, » s'écrie-t-elle avec un accent de colère peu dissimulée. En même temps, vivement agitée, elle

---

(1) Quicherat, t. III, p. 108.

marche à grands pas. Dunois l'apaise et lui expose, dans son ensemble et sans rien omettre, les résolutions qui ont été prises. Jeanne les approuve, mais, ajoute-t-elle, à la condition qu'elles soient bien exécutées (1).

Le succès de ces opérations peut être d'une importance décisive. Le lendemain vendredi, 5 mai, elles commencent sous les plus heureux auspices. Vers trois heures de l'après-midi, les Français passent en bateau et se rassemblent dans l'île aux *Toiles* qui s'élève en face de Saint-Aignan et qui disparaîtra en 1750 (2). De là, comme d'une place d'armes, au moyen d'un pont volant fait de deux bateaux, ils s'élancent sur la rive gauche. Ils trouvent la bastille de Saint-Jean-le-Blanc abandonnée et désemparée. Les Anglais qui l'occupaient se sont retirés dans celle des Augustins, dont les retranchements et les murs, garnis de canons, se dressent en avant et au sud du boulevard du pont. Les chefs français n'osent pas les attaquer à l'heure qu'il est et avec les forces dont ils disposent; ils ordonnent la retraite. Les Anglais des Augustins veulent la changer en déroute. Sortant de leur forteresse, ils poussent une charge à fond contre les Français pour les jeter à la Loire; mais ils ont compté sans le sire de Gaucourt, sans La Hire, surtout sans Jeanne Darc, qui fondent sur eux lances baissées. Tous les Français font rapidement volte-face; ceux qui sont rentrés dans l'île aux Toiles repassent à gué, et avec de l'eau jusqu'aux aisselles, le bras de la Loire. En peu d'instants, les Anglais

---

(1) Jean Chartier, t. I, p. 73-75.
(2) Jollois, p. 39 et 40.

sont ramenés jusqu'à leurs retranchements avec une *furia* à laquelle la bastille des Augustins, tout imprenable qu'elle paraisse, ne peut résister. Bientôt après, elle s'abîme dans les flammes (1).

Brisée de lassitude et triomphante, Jeanne est ramenée dans la ville; mais, dès le point du jour, elle compte bien aller, avec de puissants renforts, rejoindre les braves gens qui passent la nuit devant le boulevard du pont et, à leur tête, attaquer de nouveau l'ennemi. Le mercredi soir elle a annoncé que, dans cinq jours, il ne resterait plus un Anglais autour d'Orléans.

Ses espérances et ses desseins ne sont pas ceux des capitaines. Après souper, ils envoient un chevalier signifier à Jeanne qu'ils ne laisseront pas, le lendemain, sortir leurs hommes d'armes. Leurs troupes sont peu nombreuses relativement à celles des Anglais. La ville est abondamment pourvue de vivres; on se contentera de la garder jusqu'à l'arrivée du renfort promis par le roi.

Ce serait une double faute militaire et morale. Il est de ces impulsions que l'on n'arrête pas. Jeanne le sent bien. « Vous avez tenu votre conseil et moi j'ai con-
» sulté le mien, » répond-elle avec l'autorité que donnent les inspirations du génie; « et sachez-le, » ajoute-t-elle, « votre résolution sera vaine; c'est la mienne qui
» s'accomplira (2), » puis, s'adressant à son aumônier, frère Etienne Pasquerel : « Demain, » lui dit-elle,

---

(1) Quicherat, t. III, p. 69, p. 213-215; t. IV, *Journal du siége*, p. 158-159. — *Chronique de la Pucelle* (Vallet de Viriville), p. 391. — Jean Chartier, t. I, p. 76-77. — *Le Héraut Berry*, *apud* Quicherat, t. IV, p. 43.

(2) Quicherat, t. III, p. 108-109.

« tenez-vous toujours près de moi, car jamais je n'au-
» rai eu tant à faire ; et le sang jaillira de mon corps
» au-dessus de mon sein (1). » C'est la blessure qu'elle
a prévue et prédite déjà pendant son séjour à Chinon (2).

Sa réponse à l'envoyé des capitaines a été nette et catégorique. S'ils veulent persister dans les erreurs de leur sagesse, il faut qu'ils appellent la force à leur aide (3). Le samedi, de grand matin, Raoul de Gaucourt occupe, avec ses troupes, la porte de Bourgogne. Ce vieux chevalier, ce brave capitaine, dont les premiers exploits remontent à la journée de Nicopoli, n'admet pas que sa longue expérience doive recevoir la loi de cette jeune fille dont il n'a pas encore reconnu le génie militaire et qu'il appelle dédaigneusement *une bergerette* ; il n'est pas moins obligé de lui laisser le champ libre. « Méchant ! » lui dit-elle, « que vous le vouliez ou non,
» les hommes d'armes sortiront et vaincront aujour-
» d'hui comme ils ont déjà vaincu. » Peuple, bourgeois, soldats, unis autour d'elle, prêtent un commentaire menaçant à ses paroles. « Qui m'aime, me suive ! » s'est-elle écriée ; et tous l'ont suivie. Impossible de barrer le passage à ce flot qui se précipite vers la porte de Bourgogne. Le sire de Gaucourt l'essaie et ne réussit qu'à s'exposer à un très-grand péril. C'est une émeute, mais une émeute conduite à la victoire par la sainteté et le génie ; et les chefs eux-mêmes qui voulaient l'ar-

---

(1) Quicherat, t. III, p. 109.
(2) *Id.*, t. IV, p. 425-426.
(3) *Id.*, t. III, p. 70.

rêter, sont trop français pour ne pas la seconder de toute leur valeur (1).

Il est à peine huit heures du matin et le canon commence à tonner fortement. Une double attaque est dirigée contre le formidable ensemble de fortifications formé par le boulevard du pont, par les Tourelles et par un second boulevard que l'ennemi a construit du côté de la ville, entre deux arches rompues. Tandis qu'une partie des gens de trait et des bourgeois d'Orléans menace et canonne ces ouvrages à revers, Jeanne Darc les aborde de front, du côté du Portereau et des Augustins. Elle s'efforce d'emporter d'assaut le boulevard du pont. Les Anglais lui opposent une héroïque résistance; cependant, à une heure, de l'après-midi, Jeanne a traversé le fossé; déjà elle appuie une échelle contre le boulevard même, lorsqu'une grosse flèche vient la frapper entre l'épaule et la gorge, « si avant qu'*elle passe outre* (2). » A ce moment, la femme, la jeune fille reparaissent sous l'héroïne; la douleur, l'effroi lui arrachent des larmes; mais bientôt elle a repris toutes ses forces. Elle retire elle-même le trait de sa blessure. Pansée, consolée, réconfortée, elle revient à l'assaut, elle ne cesse d'exciter les Français qui commencent à se lasser. Leurs efforts sont toujours inutiles; le soleil baisse à l'horizon; Dunois et les autres capitaines sont d'avis de ramener dans la ville les troupes et l'artillerie. Jeanne les conjure de persister encore.

---

(1) Quicherat, t. III, p. 116 et 117. — *Chronique de la Pucelle* (Vallet de Viriville), p. 292. — Quicherat, t. V, p. 293-294.

(2) Quicherat, t. I, *Procès de condamnation*, p. 79.

« En nom Dieu ! » ajoute-t-elle, « vous entrerez bien
» bref dedans : n'ayez doute. Reposez-vous un peu ;
» mangez et beuvez. » A ces mots, elle demande son
cheval, va, à l'écart, adresser à Dieu une fervente
prière et reparaît au bout d'un quart d'heure. Elle
ramène la victoire. Animés d'une force, emportés par
un élan extraordinaires, les Français escaladent l'imprenable boulevard avec autant de facilité qu'ils auraient
monté un escalier. Le boulevard est à eux. Les Anglais
se replient, en combattant toujours, sur le pont-levis
qui conduit aux Tourelles ; mais déjà le feu a été mis
aux piles qui le supportent, par une barque-brûlot. A
l'aspect de la mort inévitable qui attend les chefs anglais, Jeanne est émue. « Glacidas ! Glacidas ! » s'écrie-t-elle, « rends-toi, rends-toi au roi des cieux ! Tu m'as
» outragée ; mais j'ai grande pitié de ton âme et de celle
» des tiens. » A peine a-t-elle achevé que le pont s'écroule.
Glacidas et les Anglais qui l'entourent périssent noyés.
Pas un homme de la garnison des Tourelles et des boulevards ne réussit à se sauver. Elle se composait de
cinq cents hommes. C'étaient les chevaliers et les
écuyers les plus vaillants de l'Angleterre. On ne fait pas
deux cents prisonniers (1).

La journée a été terrible ; mais le succès est complet.
Tout le pont est libre. On jette rapidement quelques
madriers sur les arches rompues, et Jeanne rentre dans
la ville par cette voie triomphale, au son des cloches (2).

---

(1) *Chronique de la Pucelle* (Vallet de Viriville), p. 293. — Quicherat,
t. IV, p. 161-163, et t. III, p. 8 et suiv.

(2) *Chronique de la Pucelle* (Vallet de Viriville, p. 295.

Leurs joyeuses volées retentissent, comme un glas funèbre, aux oreilles des Anglais. Le désespoir dans l'âme, ils se préparent au départ dans un morne silence. Au point du jour, rangés en bataille devant leurs murs, les hommes d'armes et les bourgeois d'Orléans voient deux fortes colonnes ennemies s'éloigner, l'une dans la direction de Meung, l'autre dans celle de Jargeau (1). Le siége est levé. Orléans est sauvé ! La France ne périra pas !

(1) *Chronique de la Pucelle* (Vallet de Viriville), p. 296.

CHAPITRE V.

JEANNE DARC : III. LE SACRE.

La première partie de l'œuvre de Jeanne Darc est accomplie. Le lundi, 9 mai, elle prend congé des habitants d'Orléans qui pleurent d'attendrissement, de joie et de reconnaissance. Elle part pour aller *devers le roi luy porter les nouvelles de la noble besogne* (1).

C'est aux portes de Tours qu'a lieu leur entrevue. Charles arrive de Chinon. Jeanne se porte au-devant de lui à cheval, son étendard à la main. A l'aspect du roi, elle se découvre et s'incline sur son cheval le plus bas qu'elle peut : le roi, ôtant son chaperon, la relève et volontiers il l'aurait baisée de la joie qu'il ressent (2).

Cette joie respire dans les lettres qu'il adresse aux habitants de Narbonne et de La Rochelle ; elle semble même corriger momentanément le vice dominant de sa nature : l'ingratitude. Il écrit qu'on ne saurait assez

---

(1) Quicherat, *Journal du siége*, t. IV, p. 166.
(2) Smet, *Recueil des chroniques de Flandre*, t. III, p. 412. — Eberhard de Windecken, *apud* Quicherat, t. IV, p. 497.

honorer les *vertueux faits et choses merveilleuses de la Pucelle* (1).

La reconnaissance et la joie du pays dépassent bien celles du prince. A La Rochelle, la nouvelle officielle que les Anglais ont levé le siége d'Orléans est accueillie par des transports d'allégresse et par une fête solennelle. A Montpellier, les habitants consacreront la mémoire de cette grande victoire nationale, en élevant une chapelle qui s'appellera la *chapelle des bonnes nouvelles* (2).

Le contre-coup de cette émotion qui ranime la France et la rend à elle-même, atteint, dans son austère solitude, le vénérable Gerson dont le nom a occupé, à son heure, une place considérable dans cette histoire du sentiment national. Fatigué par une longue suite d'épreuves, de combats et de luttes, le vieux pèlerin s'est retiré dans un faubourg écarté de Lyon; il y consacre ses derniers jours, les dernières forces de son intelligence, les derniers accents de *sa voix qui tombe*, à instruire de jeunes enfants, les enseignant à lire, leur montrant à écrire et leur communiquant les premières étincelles de la vie religieuse. Il touche au terme de sa carrière; mais, avant de mourir, nouveau Siméon, il voit le salut de son pays; il peut bénir l'ange qui a apporté ce salut. Dans un opuscule, dont l'aridité scolastique offre d'ailleurs plus d'une trace de vieillesse et de fatigue, le grand docteur écrit, six jours après la levée du siége, ces mots qui semblent comme une consécra-

---

(1) Quicherat, t. V, p. 101-104.
(2) *Id., ibid.*, p. 104. — Vallet de Viriville (*Charles VII*), t. II, p. 76.

tion nouvelle de la mission de Jeanne. « Ceci a été fait
» par le Seigneur *(A Domino factum est istud)* (1) ; »
puis il ajoute : « Que le parti ayant pour lui la juste
» cause prenne garde de ne pas rendre vain, par son
» ingratitude, par d'autres injustices, un secours divin,
» dont les commencements ont été si éclatants et si
» merveilleux, comme firent les enfants d'Israël au
» temps de Moïse (2). »

Dans ces paroles, il y a un avertissement sévère et comme un reproche anticipé à l'adresse du roi et surtout du favori La Trémouille et du chancelier Regnault de Chartres. Ne se montrent-ils pas ingrats lorsque, sous l'impression toute récente de cette intervention extraordinaire de la Providence, ils ont tant de peine à s'arracher, le premier à son incurable indolence, les deux autres aux calculs mesquins de leur égoïsme, lorsque, après le signe donné par Jeanne sous les murs d'Orléans, ils ne craignent pas d'attrister son cœur, en résistant à ses instances? Elle veut conduire Charles à Reims. Les Anglais ont commis la faute de ne pas faire sacrer encore leur Henri VI. Ils songent à la réparer (3). Il importe de les devancer. Jeanne le sent bien ; mais le roi et ses conseillers ne veulent pas comprendre ces considérations. Il faudrait monter à cheval, combattre peut-être, et tout effort répugne au roi. Il faudrait s'abandonner à ce mouvement national qui se prononce déjà ; mais le succès de ce mouvement grandirait en-

---

(1) Gerson, *apud* Quicherat, t. III, p. 304.
(2) Gerson, p. 305.
(3) Vallet de Viriville (t. II, p. 76).

core l'influence de Jeanne dans l'armée, dans l'Etat, dans le gouvernement. La mollesse du prince, la jalousie de ses conseillers sont heureuses d'invoquer les prétextes d'une prudence vulgaire et de les opposer aux exhortations, aux prières de Jeanne.

Jeanne ne se décourage pas : elle poursuit Charles jusque dans ses retraits, où il n'aime que trop à se cacher, « *à se musser*, » pour employer l'expression de ses contemporains. « Gentil dauphin, » lui dit-elle un jour à Loches en présence de Dunois, de Christophe de Harcourt et de Gérard Machet, « ne tenez pas plus long-
» temps tant et de si longs conseils, mais allez au
» plus vite à Reims prendre votre digne couronne. »
Charles ne se laisse pas émouvoir, et cependant la libératrice d'Orléans est à ses pieds, embrassant ses genoux ; elle parle, le regard inspiré, au nom de *ses voix* qui ont toujours été trouvées fidèles, de ses voix qui la consolent dans ces moments de tribulation, lui répétant chacune : « Fille de Dieu ! va ! Je serai à ton aide !
» Va (1) ! »

Le secours qu'elles lui donnent, c'est l'actif et vaillant enthousiasme de la France qui se lève. Les fils de ces Jacques qui, au lendemain de Poitiers, demandaient à marcher dans la *grand'compagnie du roi*, vont avec empressement s'unir aux bourgeois sous l'étendard de la Pucelle. Les nobles, les chevaliers n'accourent pas avec moins de zèle (2). Parmi ces derniers, l'on distin-

---

(1) Quicherat, t. III, p. 11 et 12.
(2) Cauchon, *Chronique normande*, p. 456. — Quicherat, t. V, p. 108 109 ; t. IV (*Mémoires du pape Pie II*), p. 512.

gue, à sa bonne mine et à son courage, le jeune et brave André de Laval, accompagné de Gui son frère. Il porte l'épée de Duguesclin, que son aïeule, veuve du connétable, lui a ceinte elle-même, en disant : « Dieu te fasse aussi brave comme celui à qui était cette » épée (1). »

Touchée par les grands souvenirs de notre histoire nationale, Jeanne a eu l'attention délicate d'envoyer à cette vénérable aïeule un anneau d'or. « C'est une bien » petite chose, » comme elle dit modestement elle-même ; mais Anne de Laval n'a pas dû être moins sensible à ce présent que ses petits-fils ne vont l'être à l'accueil de Jeanne. Gui de Laval rend visite à l'héroïne à Selles en Berry. Jeanne le reçoit avec une cordialité toute franche, toute militaire. Elle *fait venir le vin* et lui dit qu'elle lui en fera bientôt boire d'autre à Paris (2).

Le soir du même jour, Gui de Laval la voit monter à cheval sur un grand coursier noir difficile et fougueux. Se tournant vers la porte de l'église, elle dit « en assés » voix de femme : « Vous, les prêtres et gens d'église, » faites processions et prières à Dieu (3). » Pour elle, elle va combattre.

Elle part pour Romorantin. Une armée s'y rassemble rapidement, composée d'hommes d'armes, de bourgeois et de peuple. En attendant le grand pèlerinage de Reims, ces troupes doivent chasser les Anglais des places

---

(1) Vallet de Viriville, t. I, p. 400.
(2) Quicherat, t. V, p. 107-109.
(3) *Id., ibid.*, p. 107-108.

de la Loire qu'ils occupent encore : Jargeau, Meung, Beaugency. L'artillerie est toute prête (1). Dunois, le sire de Gaucourt, l'amiral de Culant prendront part à l'expédition. Le commandement nominal appartient au gendre du duc d'Orléans, Jean d'Alençon. Jeanne a promis à la mère et à la femme du jeune prince de le ramener sain et sauf. Elle tiendra parole (2).

Le samedi, 11 juin, les opérations de cette rapide campagne commencent. Vers deux heures de l'après-midi, à la tête de cinq à six mille hommes, Jeanne se présente devant Jargeau, que défendent le comte de Suffolk, ses deux frères et sept ou huit cents Anglais. Persuadées que, sous les auspices de la Pucelle, toutes les témérités doivent réussir, les milices rurales et bourgeoises qui se trouvent dans son armée se jettent aussitôt contre les murs de la place, tandis que les hommes d'armes s'occupent à se loger. Elles sont repoussées : plusieurs de leurs soldats reviennent fortement battus (3).

Jeanne n'approuve pas cette attaque tumultueuse. Avant de recourir à la force, elle fait sommer les Anglais de « rendre la ville au roi du ciel et au gentil roy » Charles. S'ils ne s'en vont point, il leur mescherra ! » Les Anglais ne le prévoient que trop; mais leur honneur militaire ne leur permet pas d'écouter ces sommations. Jeanne ne perd pas un instant. Avec une habileté et un coup d'œil auquel les hommes du métier eux-mêmes seront obligés de rendre hommage,

---

(1) Quicherat, t. V, p. 107, 109, 110.
(2) *Id.*, t. III, p. 96.
(3) *Id.*, t. IV. — Perceval de Cagny, p. 12.

elle dresse ses batteries et, pendant la nuit même, ses bombardes et ses canons battent vigoureusement la place (1).

Le lendemain, à neuf heures du matin, les hérauts crient de tous côtés dans l'armée française : « A l'assaut ! à l'assaut ! » Cet ordre n'est-il pas prématuré ? Les capitaines s'étonnent ; ils hésitent. Jeanne s'aperçoit de leur hésitation. Pour la vaincre, elle leur parle de Dieu qui combat pour eux : « Si elle n'était pas sûre » que Dieu conduisît cette entreprise, elle aimerait » mieux garder ses brebis que s'exposer à de si grands » dangers. » L'argument ne paraît pas bien décisif à ces chefs. L'attitude de leur général, le duc d'Alençon lui-même, indique assez qu'il partage leur sentiment. Jeanne l'interpelle : « Ah ! » lui dit-elle, « ne doutez » pas. C'est l'heure, quand il plaît à Dieu. Travaillez » et Dieu travaillera ! » Puis, avec une familiarité entraînante, elle jette au jeune prince un de ces mots auxquels un Français ne résiste pas : « Ah ! gentil duc ! » lui crie-t-elle, « as-tu peur (2) ? »

Quoi ! lui, soldat, gentilhomme, chevalier, serait moins intrépide qu'une femme ! La voilà sur le bord du fossé, son étendard à la main. Mais ce n'est pas assez d'exciter les assaillants de sa présence et du geste. Elle se lance dans la mêlée, agitant toujours son étendard ; elle saisit une échelle, elle commence à monter, lorsqu'elle est atteinte par une pierre énorme ; elle tombe à terre, tout étourdie ; mais son casque a amorti le

---

(1) Quicherat, t. III. p. 100, et t. IV, p. 12.
(2) Id., t. III, p. 95-96.

coup ; elle se relève aussitôt, criant aux hommes d'armes : « Amys ! amys ! sus ! sus ! nostre sire à con-
» damné les Anglais : à cette heure, ils sont nôtres.
» Ayez bon courage ! »

Ils ont si bon courage, qu'ils forcent à l'instant la résistance de l'ennemi et pénètrent de tous côtés dans la place. Les Anglais se sauvent dans la direction du pont ; mais ils sont vivement poursuivis. Trois ou quatre cents des leurs, et parmi eux un des frères du commandant, ont trouvé la mort dans ce combat. Tous les autres, le comte de Suffolk lui-même, sont faits prisonniers. Bon nombre de ces prisonniers sont égorgés, entre les mains des gentilshommes qui les ont pris à rançon, par la fureur des gens du commun : tant, dans le cœur du peuple, la haine de l'étranger, de l'Anglais, est montée à un haut degré d'exaspération (1) !

La Loire, en amont d'Orléans, et libre ; il faut maintenant la dégager au-dessous de cette ville. Le mercredi, 15 juin, Jeanne et le duc d'Alençon arrivent devant Meung, enlèvent le pont, négligent la ville, et vont, le lendemain même, assiéger Beaugency. A leur approche, les deux capitaines anglais, Richard Guittyn et Matthieu Gough, se replient, avec les quatre cents hommes qu'ils commandent, dans le château du pont. Les Français se logent dans la ville et dans les faubourgs. Toute la journée du vendredi se passe en escarmouches et en canonnades ; mais la résistance est

---

(1) Quicherat, t. IV, p. 12 et 13 ; t. III, p. 96 et 97. — Jean Chartier, t. I, p. 82.

molle. Les Anglais sont effrayés et découragés d'avance. Le soir même, ils se rendent ; et le samedi, aux premières heures du jour, ils défilent sous les yeux des chefs français, qui apprennent, en ce moment même, de graves nouvelles. Dans la nuit, une armée anglaise, commandée par Falstaff et Talbot, a essayé d'emporter le pont de Meung, comptant de là marcher au secours de Beaugency (1). Apprenant que la garnison du pont de Beaugency a capitulé, Falstaff et Talbot ont emmené celle de la ville de Meung et sont repartis. Sans doute, ils vont d'un moment à l'autre déboucher dans la plaine et fondre sur les Français. Plus d'un de nos capitaines s'effraie à cette perspective. Depuis le commencement de la guerre de Cent ans, les batailles en rase campagne contre les Anglais ont été funestes à la France. Jeanne ne partage pas ce préjugé, malheureusement trop raisonnable. Son visage rayonne d'espérance et de joie. « Jeanne, » lui demande le duc d'Alençon, « combattrons-nous ? » — « Avez-vous vos éperons ? » réplique-t-elle pour toute réponse. — « Comment donc ? nous faudra-t-il fuir ? » — « Nenny, en nom Dieu ! Allez sur eux ; ils s'enfuiront, et vous aurez besoin de vos éperons pour les suivre. En nom Dieu, » continue-t-elle, « il nous les faut combattre. Dieu nous les envoie pour que nous les punissions. Seraient-ils pendus aux nues, nous les aurions (2). »

---

(1) Quicherat, t. III, p. 97-98 ; t. IV, p. 14 et 15 (Perceval de Cagny), et *Journal du siège*, p. 74-76. — *Chronique de la Pucelle* (Vallet de Viriville, p. 303-305). — Jean Chartier, t. I, p. 83 et 84.

(2) Quicherat, t. III, p. 98 et t. IV, *Chronique de la Pucelle*, p. 243.

Ils ne sont pas pendus aux nues; mais il n'est pas moins difficile de les rejoindre. Dès huit heures du matin, on a su qu'au lieu d'aller chercher leurs ennemis, ils battaient en retraite dans la direction d'Yenville et d'Etampes; mais les taillis et les broussailles dont la Beauce est alors couverte cachent leurs mouvements. Les Français s'imaginent déjà les avoir perdus; ils les ont à peine à quelques centaines de pas. Tout à coup, près de Patay, notre avant-garde fait lever un cerf et entend presque immédiatement de grands cris. Ce sont les Anglais qui, à la vue du cerf, n'ont pas su se contenir et viennent de trahir indiscrètement leur présence. Aussitôt, prenant le grand tort, la cavalerie française pousse sur eux une charge impétueuse, qui ne leur laisse pas le temps de se reconnaître et de s'entourer de leur redoutable fortification de pieux aigus. Bientôt le désordre, la confusion, la panique se mettent dans leurs rangs. Les piétons sont tués ou pris; les cavaliers s'enfuient; mais on leur donne une rude chasse qui dure jusqu'à Yenville. Yenville ferme ses portes aux fuyards et arbore le drapeau français, aggravant ainsi les périls et les malheurs de la déroute pour les Anglais. Plus de deux mille des leurs jonchent le champ de bataille. Falstaff a pu se sauver et regagner Paris par Etampes et Corbeil; mais le fier Talbot et plusieurs autres capitaines sont prisonniers. « Le gentil roi Char-
» les a remporté la plus grande victoire qu'il ait eue
» depuis longtemps. » Jeanne ne s'est pas trompée (1).

---

(1) Quicherat, t. III, p. 98-99 et t. IV, p. 15 et 16 (Perceval de Cagny) et *Journal du siége*, p. 116-117. — *Chronique de la Pucelle* (Vallet de Viri-

Mais la joie de la victoire est loin d'être sans mélange dans son cœur. Elle ressent une pitié douloureuse devant ces grandes tueries. Elle souffre et s'indigne des brutalités de la guerre. Un Français passe devant elle, conduisant plusieurs prisonniers anglais : il frappe si violemment l'un d'eux sur la tête, que le pauvre homme tombe presque mort. A cet aspect, Jeanne saute à bas de son cheval, s'agenouille devant l'Anglais, appelle un prêtre pour le confesser, lui soutient la tête et le console de son mieux (1).

Ces pénibles images s'effacent de son esprit, au milieu des fêtes de l'accueil triomphal qu'elle reçoit à Orléans : elle entre dans cette chère ville, à la tête de son armée victorieuse, le dimanche, 19, dans la soirée. Elle y reste jusqu'au vendredi suivant, sans doute, à la prière des habitants qui espèrent bien recevoir la prochaine visite du roi et qui ont déjà, en son honneur, tendu et tapissé leurs rues. Charles est au château de Sully, à quelques lieues seulement d'Orléans. Lui, qui vient d'être si merveilleusement sauvé, ne doit-il pas saisir cette occasion de venir, en personne, remercier la généreuse cité qui, par ses souffrances, par ses sacrifices, par son dévouement, par son héroïsme, a si puissamment contribué au salut de la monarchie et de la France? Mais La Trémouille et Regnault de Chartres craindraient d'exposer ce roi, qu'ils veulent garder sous

---

ville), p. 308. — Jean Chartier, t. I, p. 85 et 87. — Monstrelet, t. IV, p. 326-330. — Jean de Wavrin, *apud* Quicherat, t. IV, p. 420-424, et Robert Blondel, *apud* Quicherat, t. IV, p. 348.

(1) Quicherat, t. III, p. 71-72.

leur main, au contact de l'enthousiasme patriotique dont Orléans est, en ce moment, l'ardent foyer (1).

Ce pusillanime calcul de leur égoïsme courtisanesque sera vain ; ils veulent éviter cet enthousiasme ; cet enthousiasme vient à eux ; il amène, tous les jours, à chaque instant, au roi de nouveaux champions pris dans toutes les classes de la nation. Il a été excité par la délivrance d'Orléans ; il est surexcité par les merveilleux succès de cette campagne de la Loire. Trois places fortes enlevées, une bataille rangée gagnée en huit jours : de tels résultats parlent vivement aux imaginations. Bien décidément, Charles a pour lui, non-seulement le bon droit, mais la victoire ; et chacun veut concourir à la vengeance de ce droit et prendre part à la victoire : tous, surtout, sont impatients de marcher et de combattre à côté de Jeanne.

Pour peu que le gouvernement l'eût secondé, ce mouvement serait devenu une formidable levée en masse qui aurait jeté les Anglais à la mer et réduit à de justes proportions la puissance fatale de cette maison de Bourgogne, grandie par toutes nos fautes, par tous nos crimes, par tous nos malheurs. Mais l'homme le plus écouté dans les conseils de Charles VII, La Trémouille, ce génie de vulgaires intrigues, ne comprend rien à cette large et simple politique nationale qui le déborde et pourrait le rendre inutile, impuissant, peut-être même odieux. Lui qui n'a jamais compté que sur des bandes étrangères, sur des ramassis de *condottieri*

---

(1) Quicherat, t. IV, *Journal du siège*, p. 176, et Perceval de Cagny, p. 16.

venus de tout pays, se sent mal à l'aise au milieu de cette armée si vraiment française et patriote qui grossit chaque jour. Il ne cache pas son dépit, sa mauvaise humeur, sa colère même ; mais s'il lui eût été facile d'accroître le bel élan qui enlève la France, il n'est pas en son pouvoir de l'arrêter et de le décourager. Toutes les insinuations qu'on essaie dans cette intention, échouent. On donne clairement à entendre aux hommes d'armes, aux gentilshommes, aux roturiers, qu'il n'y a point à espérer de solde : ils n'en demandent pas ; ils serviront le roi à leurs dépens, faudrait-il, comme le mande Gui de Laval à *madame sa mère*, ne pas épargner leur domaine par vente ou par engagement. La vanité même est mise de côté : les gentilshommes, trop pauvres pour s'équiper, s'armer et se monter d'une manière conforme à leur rang, n'hésitent pas à faire campagne sur petits chevaux, comme *archers* et *couteliers*. On insiste auprès d'eux, sur les difficultés de l'entreprise, sur la longueur de la chevauchée, sur les places fortes, occupées par les Anglo-Bourguignons, qu'on doit rencontrer sur son chemin ; mais Jeanne a promis de mener victorieusement le roi et son armée à Reims : et tous croient en elle ; tous disent qu'ils iront partout où elle voudra aller. C'est à Reims qu'elle veut les conduire ; et lorsqu'on leur parle de guerroyer, soit sur la haute Loire, soit en Normandie, ils répondent tous par ce cri : « A Reims ! à Reims ! Dieu le veut (1). »

---

(1) Jean Chartier, t. I, p. 87-90. — Quicherat, t. IV, *Chronique de la Pucelle*, p. 247-248, et Perceval de Cagny, p. 18. — Quicherat, t. V, p. 109. — Quicherat, t. III, p. 12 et 13.

L'impulsion est irrésistible. Charles VII et sa cour ne songent plus à résister; mais ils cèdent lentement, à contre-cœur et comme avec le secret espoir qu'un incident imprévu viendra rompre cette expédition, dont l'héroïque folie est la sagesse même. Le roi dit à Jeanne qu'il a pitié de la peine qu'elle se donne et l'invite à se reposer. Jeanne répond en fondant en larmes. Se reposer! quelle amère ironie! Se reposer, lorsque toutes ses actions, toutes ses prières, tous ses vœux, toutes ses pensées n'ont qu'un seul but : faire sortir le roi de son fatal repos! Se reposer! mais elle voit devant elle la tâche immense que son cœur rêve d'accomplir pour la délivrance et le salut de la France; et elle sait, elle répète qu'elle ne durera pas longtemps, un an, un an tout au plus (1)!

Lasse d'attendre un signal de départ que Charles VII ne donne pas, elle prend les devants. Toute l'armée s'ébranle à sa suite, et deux jours plus tard, le 29 juin 1429, le roi, la cour, le gros La Trémouille sont entraînés à leur tour (2).

Le soir même, on arrive devant Auxerre. La ville ferme ses portes; Jeanne voudrait les faire ouvrir de vive force. La Trémouille s'y oppose. Les habitants d'Auxerre l'ont gagné par un présent de 2,000 livres : grâce à sa protection, ils conserveront leur neutralité, c'est-à-dire ils resteront impunément rebelles à la France et à leur roi (3).

---

(1) Quicherat, t. III, p. 116 et 99.
(2) Id., t. IV (Perceval de Cagny), p. 17 et 18.
(3) Jean Chartier, t. I, p. 90-91. — *Chronique de la Pucelle* (Vallet de

L'exemple est mauvais, surtout dans ce moment, aux premiers pas de la campagne. L'impression qu'il cause aux populations de la France anglo-bourguignonne n'est sans doute pas étrangère à l'attitude que prend la ville de Troyes en face de Charles VII.

C'est le 5 juillet, à neuf heures du matin, que l'armée royale débouche sous les murs de Troyes : aussitôt les hérauts du roi viennent remettre aux bourgeois des lettres closes, signées de sa main et les invitant à lui rendre l'obéissance qu'ils lui doivent. Les bourgeois ne laissent pas entrer les hérauts dans la ville, répondent à la sommation de Charles par un refus à peine déguisé dans la forme, traitent d'une façon bien plus irrévérencieuse une missive de Jeanne que leur a apportée le fameux prédicateur du cimetière des Innocents, le cordelier frère Richard; ils la lisent avec force moqueries, la jettent au feu, ne daignent pas répondre, courent au rempart et mandent fièrement aux habitants de Reims leur ferme résolution de résister jusqu'à la mort (1).

Au fond, sous cette assurance hautaine se cache de la peur : peur des troupes de Charles VII ; qui sait si ce prince ne voudra pas infliger une exécution militaire à cette ville où a été signé le traité qui l'a déshérité et proscrit? peur des quatre ou cinq cents gens de guerre qui tiennent, pour Henri VI et le duc de Bourgogne, garnison dans les murs de Troyes. Pour le moment,

---

Viriville), p. 313. — *Collection de chroniques belges*; Gilles de Roye, p. 206-207.

(1) Quicherat, t. IV, p. 287-290.

ceux-ci paraissent les plus redoutables. L'armée française est une pauvre armée sans artillerie de siége, sans munitions, sans vivres. Plus de cinq ou six mille soldats restent des huit jours entiers sans avoir de pain : ils ne se nourrissent que d'épis de blé froissés et de fèves, dont ils trouvent de vastes champs aux environs de Troyes (1).

La situation n'est pas tenable. Après cinq jours d'attente, le conseil du roi se rassemble pour prendre un parti. L'*alter ego* de La Trémouille, le chancelier-archevêque Regnault de Chartres, ouvre la délibération par un discours des plus décourageants qui ne produit que trop son effet. Tous les conseillers émettent, l'un après l'autre, l'avis que le roi et son armée doivent s'en retourner. Seul, le vieux Robert Le Masson, seigneur de Trèves, se souvient de Jeanne et déclare qu'il faut la consulter (2).

A peine a-t-il achevé de parler qu'on entend vivement frapper à la porte. C'est Jeanne qui arrive, amenée, sans doute, par un secret pressentiment. « Jeanne, » lui dit le chancelier, « le roi et son conseil sont en grande » perplexité pour sçavoir ce qu'il y a à faire (3). » L'héroïne se tourne aussitôt vers le roi. « Gentil dauphin, » lui demande-t-elle à deux reprises, « me croirez-vous ? » — « Je ne sais, » réplique le roi. « Si vous dites chose » qui soit profitable et raisonnable, je vous croirai

---

(1) Jean Chartier, t. I, p. 91-92.

(2) *Id., ibid.*, p. 92-93. — Quicherat, t. IV, *Journal du siége*, p. 181-182. — *Chronique de la Pucelle* (Vallet de Viriville), p. 316.

(3) *Journal du siége*, p. 182-183. — *Chronique de la Pucelle*, p. 316.

» volontiers. » — « Gentil roy, » continue-t-elle hardiment, « si vous voulez demeurer devant votre
» ville de Troyes, elle sera en votre obéissance,
» dans deux jours, par force ou par amour. » —
« Jeanne, » reprend le chancelier, « à être certain de
» l'avoir dans six jours on attendrait bien. » — « Dans
» six jours? » s'écrie-t-elle, « vous y entrerez de-
» main (1). »

Quelques instants après, elle est à cheval, son bâton de commandement à la main. Chevaliers, écuyers, archers, ouvriers, rivalisant d'ardeur, apportent des fagots, des portes, des fenêtres, des chevrons et les jettent dans le fossé qui va être bientôt comblé. L'unique bombarde et les quelques pièces de campagne que les Français traînent avec eux sont en batterie. Déjà, on entend crier à l'assaut. Les habitants de Troyes s'épouvantent; ils se précipitent dans les églises en répétant qu'il faut capituler. Les hommes d'armes et leurs capitaines ne demandent pas mieux. L'évêque Jean Laiguisé, le frère Richard et une députation de notables se rendent auprès du roi. Ils obtiennent pour la ville et pour la garnison les conditions les plus honorables. Le lendemain, 11 juillet, sans se mettre en peine des sentiments qu'ils ont exprimés quelques jours auparavant, ces néophytes de la cause nationale invitent leurs correspondants de Reims à suivre leur exemple, exaltent le bon droit du roi Charles, que *chacun peut sçavoir*,

---

(1) Jean Chartier, t. I, p. 94 et 95. — *Chronique de la Pucelle* (Vallet de Viriville), p. 318. — Quicherat, *Journal du siége*, p. 183 (t. IV), et t. III, p. 13. — Michelet, t. V (*Histoire de France*).

expriment le regret d'avoir tant tardé à le reconnaître (1).

Cette conversion si éclatante, qui enlève aux Bourguignons une de leurs capitales, ne peut que donner une force nouvelle et une confiance plus active au parti français, qui est nombreux dans le peuple de Reims et compte des représentants dans la haute bourgeoisie et dans le conseil de la cité. Les partisans du duc de Bourgogne ne peuvent opposer aux menées tous les jours plus hardies de ce parti que des lettres annonçant le débarquement de nombreuses troupes anglaises, l'entrée en campagne de l'armée bourguignonne et la ruine inévitable des bandes de Charles VII qui vont être tournées, enveloppées, coupées de leur ligne de retraite (2). Soit! mais en attendant, elles marchent, elles marchent rapidement. Le 12 juillet, elles sont reparties de Troyes. Le 14, elles sont entrées à Châlons. Ce soir, peut-être demain, au plus tard, elles seront aux portes de Reims. Le secours que promettent les deux capitaines bourguignons, les seigneurs de Saveuse et de Châtillon-sur-Marne, ne pourra arriver que dans six semaines. Evidemment, ces deux officiers n'ont plus qu'à se retirer. Le jugement de Dieu est prononcé! La capitale religieuse de la France se donne à Charles VII.

Il y fait une entrée triomphale, le samedi, 16 juillet,

---

(1) *Chronique de la Pucelle*, p. 318. — Jean Chartier, t. I, p. 95-96. — Quicherat, t. IV, p. 295-296.

(2) Quicherat, t. IV, p. 293-295. — Warin, *Archives législatives de Reims* (documents inédits), p. 738.

dans la soirée. L'archevêque, Regnault de Chartres, qui a, le matin seulement, pris possession de son siége, s'avance processionnellement au-devant du roi, avec tous les colléges de la ville, les bourgeois et une grande multitude de peuple. Sur tout le passage du cortége royal éclate la joie publique au milieu des cris mille fois répétés de : Noël ! Noël (1) !

C'est comme le préambule de l'imposante solennité du sacre qui est célébrée, dès le lendemain même, le dimanche, 17 juillet, dans l'antique cathédrale. Plusieurs pairs de France, entre autres les ducs de Bretagne et de Bourgogne, ne sont pas à leur poste; mais leur absence n'enlève rien à la majesté de cette cérémonie, qui emprunte aux circonstances un caractère tout particulièrement émouvant et prend, pour toute âme vraiment française, une portée, un sens qu'elle n'a encore jamais eus.

On se rappelle la scène douloureuse et lugubre dont la basilique de Saint-Denis a été témoin le jour des funérailles de Charles VI. Les paroles de mort jetées par le roi d'armes sur la tombe du vieux roi ont, pendant sept ans, pesé sur notre malheureux pays, attendant une réponse, une protestation, un démenti. Cette réponse, cette protestation, ce démenti, les voici enfin ! Ils éclatent, ils roulent, ils se prolongent, répétés par les mille échos de Notre-Dame de Reims. Les acclama-

---

(1) Jean Chartier, t. I, p. 96. — *Chronique de la Pucelle* (Vallet de Viriville, p. 319-320. — Quicherat, t. IV (Perceval de Cagny), p. 19, et (*Journal du siège*), p. 184-185. — *Mémoires de Pie II*, apud Quicherat, t. IV, p. 514. — Monstrelet, t. IV, p. 338.

tions du peuple, les fanfares des clairons et des trompettes, qui sonnent à fendre les voûtes, les chants de l'orgue qui mêlent une voix du ciel à tous ces hosannas de la terre, se fondent, comme autant d'harmonies, dans un chœur immense, qui entonne pour la France l'hymne de la résurrection. La France est là auprès du roi, debout, personnifiée et vivante, tenant à la main cet étendard qui a été à la peine et qui doit être à l'honneur (1). Tous les regards sont tournés vers Jeanne. La lumière, doucement tamisée par les vitraux gothiques, semble entourer son front d'une auréole céleste. Elle s'incline devant le roi : elle embrasse ses genoux. Elle va parler, tous écoutent : « Gentil roy, » s'écrie-t-elle d'une voix à la fois douce et forte, « ores » est exécuté le plaisir de Dieu qui voulait que vous » vinssiez à Reims, recevoir votre digne couronne, en » montrant que vous êtes vray roy et celui auquel le » royaume doit appartenir. » En prononçant ces paroles, elle pleure d'émotion, d'attendrissement et de joie. Plus d'un assistant pleure comme elle (2).

Le sacre de Charles VII est comme la transfiguration de Jeanne Darc. Il marque l'apogée de l'époque la plus triomphante de sa courte mission ; son nom se répand dans l'Allemagne, dans l'Italie et dans tout l'empire d'Orient. Frappée de ses exploits, l'imagination popu-

---

(1) Quicherat, t. V, p. 304.
(2) Jean Chartier, t. I, p. 97. — Quicherat, t. IV (Perceval de Cagny), p. 19-20. — *Journal du siége*, p. 186. — *Chronique de la Pucelle* (Vallet de Viriville), p. 320-323. — Quicherat, t. V, p. 129 (lettre de trois gentilshommes angevins à la femme et à la belle-mère de Charles VI, 17 juillet 1429).

laire prête d'avance la suite la plus fabuleuse aux premières et grandes pages de son épopée. Elle doit détruire l'Angleterre, rétablir la paix et l'unité dans l'Eglise, conquérir la terre sainte et y mourir pleine de jours et de gloire (1).

Seule, la terre que le Christ a consacrée par sa naissance, par sa vie, par ses souffrances, est digne d'abriter la tombe de l'héroïne qui déjà, de son vivant, est l'objet d'un véritable culte. Bien des gens baisent ses vêtements, ses mains, ses pieds et jusqu'à la trace des pas de son cheval. D'autres portent sur eux son image, comme ils porteraient celle d'une sainte (2).

A ces naïfs hommages du peuple, les hautes classes joignent aussi les leurs. Plus d'un gentilhomme abandonne les armoiries de sa famille pour arborer, à la guerre, un étendard semblable à celui de la Pucelle. Les plus hauts personnages ne lui écrivent qu'avec les formes de la plus grande déférence. Quelques-uns, comme le comte d'Armagnac et Bonne Visconti, la consultent et la prient comme une sorte d'oracle ou de Providence terrestre (3).

Jeanne ne se rend pas complice de cette demi-apothéose, comme la malveillance voudra le conclure de quelques abus que la Pucelle, par complaisance sans doute, a laissé faire de son nom. Bien loin d'être flattée des témoignages d'adoration dont elle est l'objet, elle prie Dieu de l'en défendre. Elle les repousse tantôt

---

(1) Quicheral, t. IV, p. 16 et 17; t. V, p. 22, 82, 270.
(2) *Id.*, t. I, p. 100, 290, 206; t. II, p. 84; t. IV, p. 442, 444.
(3) *Id.*, t. I, p. 82, 102, 245; t. I, p. 96-97, et t. V, 253.

avec un peu d'impatience et de colère, tantôt avec cette pointe de fine raillerie que nous lui connaissons. De bonnes femmes lui apportent des patenôtres, lui demandant de vouloir bien les toucher. « Touchez-les vous même, » leur répond-elle, « cela vaudra tout autant (1). »

La haute position qu'elle occupe auprès du roi ne l'éblouit pas davantage. Sa maison est montée sur un grand pied. C'est celle d'une comtesse ou plutôt d'un comte. Jeanne a son écuyer, son aumônier, plusieurs chapelains, secrétaires, pages, valets de chambre et de pied ; ses écuries ne comptent pas moins de quinze chevaux (2). La Pucelle les aime bons et vigoureux. Elle n'apprécie pas moins les belles armes. A ces goûts virils elle joint, à un trop haut degré, le sens féminin de l'élégance pour ne pas se plaire « aux nobles habits de drap d'or et de soie bien fourrés. » Dans une nature vulgaire, ce sentiment ressemblerait peut-être à une sorte de vanité. Chez Jeanne, cet instinct, finement aristocratique, n'est ni un défaut, ni une dissonance ; il complète, au lieu de la troubler, l'harmonie de sa physionomie morale.

Jeanne a l'esprit trop juste et trop élevé pour attacher plus d'importance qu'ils n'en méritent aux avantages extérieurs de la fortune ou du rang, le cœur trop pur et trop profond pour perdre jamais ce mélange de bonté bienveillante et de simplicité affectueuse qui est aussi une virginité de l'âme.

---

(1) Quicherat, t. I, p. 82, 84, 87.
(2) *Id., ibid.*, p. 118 ; t. IV, p. 449. — Vallet de Viriville, t. I, p. 132.

Le roi l'a anoblie, elle et toute sa famille ; mais elle n'a point sollicité cet honneur et ne s'y montre que très-médiocrement sensible (1). Elle n'oublie pas l'humilité de son origine. Elle aime les pauvres gens dans toute la sincérité de son cœur ; elle les soutient et les défend selon son pouvoir ; elle les protége de son mieux contre les pillages des gens de guerre (2) ; elle ne promet la victoire à ses hommes d'armes que s'ils s'abstiennent de toute brutalité et de toute violence à l'égard des paysans. Elle répète souvent qu'elle a été envoyée pour consoler les humbles et les petits (3).

Elle suit les préceptes et l'exemple de son Sauveur. Comme son doux Jésus, elle laisse venir vers elle les enfants ; bien plus, elle va les trouver ; elle les recherche et c'est avec eux qu'elle est heureuse de recevoir la communion (4).

Au milieu de tout le tumulte de la guerre, sa piété n'a rien perdu de sa ferveur. Tous les jours, à la nuit tombante, Jeanne va se recueillir et prier une demi-heure à l'église, au son des cloches et des chants religieux qu'elle fait entonner par les Frères mendiants de l'armée du roi (5).

C'est dans ces intimes épanchements de son âme au-

---

(1) Quicherat, t. V. p. 150, et t. I, p. 117-118.

(2) Ce n'était pas aisé. — M. A. Tuetey (*Les écorcheurs sous Charles VII*), p. 177-197, nous a appris quels abominables bandits étaient ces hommes d'armes et ces routiers.

(3) Quicherat, t. I, p. 102 ; t. III, p. 81, 87-88 ; t. V, p. 259. — Eberhard de Windecken, *apud* Quicherat, t. IV, p. 500.

(4) Quicherat, t. III, p. 104.

(5) *Id., ibid.*, p. 14.

près de Dieu qu'elle puise et renouvelle la force dont elle a besoin. Aux épreuves, aux combats, aux luttes qui attristent l'accomplissement de sa tâche, se joignent de sinistres pressentiments. A Châlons, plusieurs habitants de Domremy viennent la saluer dans tout l'éclat de son triomphe : elle leur confie la crainte qu'elle a de se voir trahie (1).

Sa candeur pénétrante ne lui laisse pas d'illusion sur les sentiments qu'elle inspire à la cour. Elle a sondé la noirceur d'un La Trémouille, la bassesse d'un Regnault de Chartres. D'ailleurs, elle le sent par un instinc supérieur de sa belle intelligence : il faut qu'elle souffre. Il le faut, parce qu'elle est pure, grande et sainte comme on ne l'est pas. Il le faut, parce qu'elle est une de ces âmes extraordinaires auxquelles une loi mystérieuse semble refuser le bonheur accordé à la médiocrité des existences vulgaires. Expressions radieuses du bien, dont elles ont pendant quelque temps fait reluire la splendeur, ces natures surhumaines ne peuvent echapper à ce que j'oserais appeler *les revanches du mal*; mais leurs souffrances, qui consacrent leur grandeur et leur martyre, qui met le sceau à leur mission laissent dans le monde une force qui soutient dans leurs efforts, dans leurs défaillances, dans leurs défaites mêmes, les champions du bon combat. Jeanne vaincue, trahie, enchaînée, est pour nous aujourd'hui ce qu'étaient pour elle, dans sa prison de Rouen, ses voix et ses apparitions. Son héroïque et céleste figure se détache sur notre horizon assombri comme une

(1) Quicherat, t. II, p. 423.

vision d'en haut qui nous console et nous ranime. Nous aimons à la contempler, à l'entendre ; car auprès d'elle nous oublions, auprès d'elle nous croyons, auprès d'elle nous espérons encore !

CHAPITRE VI

JEANNE DARC : IV. LA TRAHISON.

La fausseté haineuse du monde courtisanesque au milieu duquel Jeanne est obligée de vivre rend son âme encore plus sensible à la sincérité émue et loyale des grandes joies populaires.

Quelques jours après la cérémonie du sacre, elle chevauchait, aux environs de Dammartin, entre Dunois et Regnault de Chartres. Elle voyait le peuple se presser au devant du roi en pleurant de joie et mêlant à des chants d'actions de grâces les cris de : « Noël ! Noël ! » — « Oh ! » s'écria-t-elle, « oh ! le bon peuple ! » Je ne vis jamais peuple se réjouir à ce degré de l'arri- » vée d'un si noble roi ! Que je serais heureuse de pou- » voir, à la fin de mes jours, reposer dans cette » terre ! » — « Jeanne, » interrompt l'archevêque, « où » comptez-vous mourir ? » — « Où il plaira à Dieu, » répondit-elle. « De l'endroit et de l'heure, je n'en sais » pas plus que vous-même. Oh ! s'il plaisait à Dieu, » mon créateur, » continua-t-elle, « me donner congé de » quitter les armes et d'aller rejoindre et servir ma

» mère et mon père qui seraient si heureux de me re
» voir! » Tandis qu'elle parlait ainsi, son visage, son
regard, son accent exprimaient une émotion si profonde
et si vraie, que ses interlocuteurs, l'égoïste Regnault
de Chartres, Dunois, le *froid* et *attempré seigneur*, se
sentirent eux-mêmes touchés (1).

Il y avait dans ces paroles de Jeanne comme un soupir de nostalgie, un souvenir mélancolique pour son village et pour sa famille. A Reims, elle venait d'obtenir pour Domremy l'exemption d'impôts (2) ; elle avait revu son père. Peut-être avait-elle pressenti que c'était pour la dernière fois (3) ; mais toute la mélancolie qui pouvait se mêler à cette confidence du cœur, n'autorise pas à conclure, comme l'ont fait quelques historiens, que Jeanne considérât sa mission comme terminée par le sacre du roi. Si, depuis ce moment, le succès devait trop souvent trahir ses efforts, ce n'est pas que ses inspirations fussent moins nettes, moins précises, moins lumineuses; mais elles étaient de jour en jour plus ouvertement contrariées par La Trémouille, qui allait de plus en plus enlever à l'héroïne ses moyens et sa liberté d'action. Jeanne et La Trémouille, c'étaient deux politiques en présence, opposées, ennemies : d'un côté, la politique de la France ; de l'autre, celle de la cour : la politique nationale et la politique courtisanesque.

---

(1) Quicherat, t. III, p. 14 et 15. — *Chronique de la Pucelle* (Vallet de Viriville), p. 326. — Jean Chartier (Vallet de Viriville), t. II, p. 105.

(2) Quicherat, t. V, p. 138-139.

(3) Warin, *Archives législatives de Reims* (documents inédits), 2me partie, statuts, 1er vol., p. 622.

Il faut retracer ce triste conflit qui a retardé la délivrance de la France et préparé la perte de Jeanne : il faut montrer, d'une part, les inspirations du bon sens et les élans du cœur ; de l'autre, un imbroglio de menées et d'intrigues, des négociations sans dignité et des complaisances coupables pour le duc de Bourgogne, des résistances tantôt sournoises, tantôt brutales, au vœu du pays et à celui de Jeanne. Ces intrigues, ces complaisances, ces résistances, l'histoire les qualifie de trahison : elle n'est pas trop sévère.

Charles VII avait conquis sa couronne ; il devait maintenant conquérir sa capitale. Jeanne l'y exhortait. Les événements, les circonstances appuyaient les instances de l'héroïne. Laon, Soissons, Château-Thierry, Provins, Coulommiers, Crépy se donnaient au roi (1). C'était la route de Paris qui s'ouvrait devant lui. Les bonnes villes, comme Reims, Châlons, qui avaient, en sa faveur, rompu avec les Bourguignons et les Anglais, ne doutaient pas qu'il n'y marchât à grands pas ; mais, dès les premiers jours d'août, une vive inquiétude saisit les notables et les magistrats municipaux de Reims ; ils ont appris une mauvaise nouvelle ; le roi ou du moins ses conseillers négocient avec le duc de Bourgogne, Philippe le Bon ; ils signent avec lui une première trêve de quinze jours ; ils ne pousseront pas plus loin leur expédition ; ils vont regagner la Loire, Orléans et Bourges. — Il faut les dissuader de cette résolution. Funeste pour leur cause, elle ressemblerait à un véritable abandon de ces nobles populations qui ont, il y a quelques

---

(1) *Chronique de la Pucelle* (Vallet de Viriville), p. 323.

jours, accueilli avec tant de joie leur *naturel et droiturier seigneur*. Le conseil municipal de Reims écrit à son archevêque Regnault de Chartres ; il écrit au roi. Ni Regnault de Chartres, ni le roi ne répondent. Seule, Jeanne adresse à ces bons et loyaux Français une lettre bien propre à les réconforter et à les soutenir. « Je » vous promet et certiffy, » leur dit-elle, « que je ne » vous abandonnerai pas tant que je vivrai. » Heureux de cette assurance formelle, les Rémois ne le seront pas moins du jugement qu'elle porte sur les trêves qui viennent d'être conclues avec le duc de Bourgogne. « Je » n'en suis pas contente, » déclare-t-elle, « et je ne » sçay si je les tiendrai ; mais, si je les tiens, ce sera » seulement pour garder l'honneur du roy. » Le lieu d'où Jeanne date cette lettre, *un logis sur champ au chemin de Paris*, n'est guère moins significatif que le texte même (1).

Le ton de ces lignes est remarquable. Jeanne ne parle plus seulement comme un chef de guerre, mais comme un chef de gouvernement. Au-dessus du conseil du roi, elle place son propre conseil ; elle représente une puissance distincte, indépendante, qui ne relève que de Dieu et s'appuie sur la sympathie des capitaines les plus français, sur le sentiment national du pays, sur le patriotisme agissant des principales municipalités.

L'ennemi lui-même se charge de ramener pour quelques instants le roi à la politique et aux desseins de Jeanne. Accélérant son mouvement de retraite, Charles

---

(1) Warin, *Archives législatives de Reims* (documents inédits), p. 741 et 742, et p. 603-604. — Quicherat, t. V, p. 139-140.

comptait aller traverser la Seine à Bray. Par un bizarre effet de pusillanimité, il n'aurait jamais voulu passer, à cheval, sur un pont de bois. Celui de Bray était en pierre ; mais les Anglais ont deviné l'intention du roi ; ils ont envoyé un détachement occuper la ville de Bray. Les Français, chargés de le déloger, l'attaquent avec la plus grande mollesse, pour la forme seulement. Les ducs d'Alençon, de Bourbon, de Bar, les comtes de Vendôme et de Laval, tous les capitaines sont on ne peut plus joyeux de ce contre-temps (1).

Voilà le roi contraint, pour quelque temps encore, à la guerre, à la conquête. Il reparaît avec son armée sur la Marne ; il s'avance jusque dans le Valois ; des hauteurs de Dammartin, Jeanne aperçoit au loin, dans les brumes de l'horizon, la cime de Montmartre et l'emplacement de Paris (2).

Peut-être une bataille décisive, un beau lendemain de Patay, va-t-elle hâter la soumission de cette capitale. Les Anglais semblent résolus à en courir les chances. Après la levée du siége d'Orléans, Bedford, le régent de France, s'était renfermé dans le château de Vincennes alarmé, mécontent, irrité. Ses soldats étaient découragés ; ses finances étaient épuisées, au point que le Parlement n'était pas payé et que les greffiers étaient obligés d'acheter, à leurs frais, le parchemin pour *escripre* les plaidoiries et les arrêts (3) ; mais l'oncle

---

(1) *Chronique de la Pucelle* (Vallet de Viriville), p. 324. — Jean Chartier, t. I, p. 99-100. — Chastellain (K. de Lettenhove), t. II, p. 185.

(2) Jean Chartier, t. I, p. 100. — Quicherat, t. IV (Perc. de Cagny), p. 21.

(3) *Registres du parlement*, apud Michelet, *Histoire de France*, t. V, p. 84 et 388. — *Chronique de la Pucelle* (Vallet de Viriville, p. 297.

du régent, le riche cardinal de Winchester, est venu secourir sa détresse et partager son pouvoir en attendant de se l'approprier tout entier; il a amené cinq mille hommes d'armes levés avec l'argent du pape; c'étaient des croisés destinés à marcher contre les hérétiques de Bohême. Ils ne feront pas une œuvre moins sainte en combattant la sorcière de France. A coup sûr, ses maléfices s'évanouiront devant la croix dont ils sont affublés. Qu'elle ose se présenter devant eux : ils lui donneront du fil à retordre. C'est ce que dit symboliquement un de leurs drapeaux, une bannière toute blanche, sur laquelle se détache une grosse quenouille chargée de fil avec un fuseau. Autour de ces emblèmes, pour compléter le rébus ou mieux pour l'expliquer, sont écrits ces mots : « Or vienne la belle (1) ! »

La présence de ces croisés, la confiance dont ils sont animés, ont, sans doute, refait un peu le moral de l'armée anglaise, en même temps qu'ils lui ont donné un appoint considérable de forces matérielles.

Dans la nuit du 14 au 15 août, les Anglais ont pris une très-forte position, près de l'abbaye de la Victoire, à peu de distance de Senlis. A dos, ils ont la Nonnette, affluent de l'Oise, et un étang; sur leurs flancs et sur leur front, ils se couvrent de palissades et de fossés (2). Aller les attaquer derrière ces retranchements, ce serait s'exposer à une nouvelle journée de Poitiers. Jeanne et

---

(1) Jean Chartier, t. I, p. 101-102. Quicherat, t. IV, *Journal du siége*, p. 190-191. — Clément de Fauquembergue, p. 453. — Vallet de Viriville, t. II, p. 104.

(2) *Chronique de la Pucelle* (Vallet de Viriville), p. 328. — Quicherat, t. IV (Berry, p. 47).

les capitaines français le sentent bien : ils essaient d'attirer l'armée anglaise en plaine par tous les moyens possibles. Elle ne bouge pas. Seuls, quelques chevaliers isolés, quelques petits détachements viennent escarmoucher à l'entrée du camp : on rompt quelques lances. La Trémouille lui-même veut payer de sa personne : il s'avance sur un joli destrier ; mais à peine a-t-il baissé sa lance que son cheval s'abat. On relève à grand'peine ce gros chevalier; sa chute lui fait courir les plus grands dangers ; car ces passes d'armes ne sont plus des divertissements chevaleresques comme au commencement de la guerre ; on se hait maintenant, de part et d'autre, d'une haine profonde, irréconciliable. Si la mêlée avait pu devenir générale, nul doute qu'elle n'eût été sanglante (1).

On se souvient, en France, de Crécy et d'Azincourt. Les Anglais n'ont garde d'offrir à leurs ennemis la revanche qu'ils demandent. Le lendemain, Bedford se replie en bon ordre sur Paris.

Sa retraite a presque pour les Français les effets d'une victoire. Compiègne et toutes les villes des environs, Creil, Pont-Saint-Maxence, Beauvais se soumettent au roi. En déployant un peu de vigueur et de résolution, Charles VII pourrait infliger les coups les plus redoutables aux ducs de Bourgogne et de Bedford. Saint-Quentin, Corbie, Amiens, Abbeville et plusieurs autres villes et forts châteaux lui appartiennent de cœur. Qu'il

---

(1) Quicherat, t. IV (Perceval de Cagny), p. 22 et 23. — Berry, p. 47 ; *Journal du siége*, p. 191-196. — Jean Chartier, t. I, p. 103-106. — Monstrelet, t. IV, p. 344-347. — P. Cauchon, *Chronique normande*, p. 457.

se montre devant leurs murs avec une force suffisante, et tous les habitants crieront : Noël ! à son approche. Toute la ligne de la Somme, toute celle de l'Oise seront en son pouvoir (1). Les Anglais sont épouvantés ; Bedford est plein d'inquiétude. Il quitte rapidement Paris avec presque toutes ses forces et vole à la défense de Rouen, menacé d'un côté par les capitaines de Charles VII et de l'autre par le connétable de Richemont. Les premiers sont maîtres de Beauvais et d'Aumale. Une ou deux marches forcées peuvent les amener sous les murs de la place ; le second s'avance, à grands pas, par la vallée de l'Eure (2) ; mais Bedford et Philippe le Bon peuvent se rassurer. La Trémouille est là : il arrêtera l'impulsion énergique que Jeanne voudrait imprimer aux opérations.

Le 28 août, il ménage au duc de Bourgogne une nouvelle trêve qui durera jusqu'au 25 décembre suivant ; elle comprendra tous les pays situés en deçà de la Seine depuis Nogent jusqu'à Harfleur. Paris et les environs immédiats en sont exceptés ; mais le duc pourra employer sa personne et consacrer toutes ses forces à les défendre contre le roi : une clause particulière lui en réserve expressément le droit (3).

Ce n'est pas là de la diplomatie, c'est de la complicité, et cette complicité s'explique lorsqu'on songe que la famille de La Trémouille occupe de hautes charges à la

---

(1) Monstrelet, t. IV, p. 354.
(2) Félibien, t. II, p. 813. — Monstrelet, t. IV, p. 353. — Jean Chartier, t. I, p. 106-109.
(3) Vallet de Viriville, *Histoire de Charles VII*, t. II, p. 112.

cour de Bourgogne. Georges de La Trémouille lui-même a eu pour maître le père de Philippe le Bon. Les volontés de Philippe sont des ordres pour lui. Le duc de Bourgogne réclame Compiègne, dont il a besoin pour assurer ses communications avec Paris. Les clés de Compiègne seraient déjà entre ses mains si La Trémouille avait pu surmonter l'énergique opposition des habitants. Monseigneur de Bourgogne voudra bien accepter Pont-Saint-Maxence à titre de dédommagement (1).

Philippe le Bon n'aurait pas à s'occuper de la défense de Paris s'il n'avait à redouter pour sa bonne ville que les attaques de Charles VII; mais, dès le 24 août, Jeanne a quitté Compiègne : « Mon beau duc, » a-t-elle dit au duc d'Alençon, « faites appareiller vos gens et » ceux des autres capitaines : par mon martin ! je vueil » voir Paris de plus près que je ne l'ai vu (2). » Le 26, elle occupe Saint-Denis; déjà les enfants perdus de ses troupes vont insulter les murs et les portes de Paris.

Comme à Gien, Jeanne a pris sur elle, à Compiègne, l'initiative et la responsabilité de ce mouvement en avant : il est probable que l'inertie de la cour ne résistera pas à cette impulsion. Elle résiste pourtant plus qu'elle n'a fait au commencement de la campagne du sacre. Le roi s'avance jusqu'à Senlis à grand regret ; mais une fois arrivé là, il refuse d'aller plus loin : il

---

(1) Guillaume Cousinot, *Geste des nobles*, p. 201, et Vallet de Viriville, t. II, p. 162. — Quicherat, t. V, p. 174-175.

(2) Perceval de Cagny, *apud* Quicherat, t. IV, p. 24. — Jean Chartier, t. I, p. 107-108.

faut que le duc d'Alençon se rende à deux reprises auprès de lui. Ce n'est qu'au second voyage que son insistance réussit à triompher de l'indolence du prince et de l'influence sournoise et sourde de La Trémouille. Le 7 septembre, Charles vient dîner à Saint-Denis. Son arrivée remplit l'armée de joie et d'espérance. Tous, soldats et capitaines, répètent bien haut que Jeanne mettra le roi dans Paris (1).

Mais les tergiversations et les retards de la cour ont donné aux Parisiens le temps de compléter l'armement de leurs remparts, qu'ils s'apprêtent à défendre avec leurs forces bourgeoises. Le nombre relativement peu considérable d'Anglais qui prendront part à cette défense en va laisser à Paris le triste honneur ou plutôt la déplorable responsabilité. C'est Paris qui ferme ses portes à Charles VII. C'est Paris qui repousse Jeanne Darc et la France (2) : tant l'esprit de parti y domine, compliqué d'un de ces engouements étranges dont cette énigmatique cité offre trop souvent l'exemple ! Quel lien naturel de sympathie peut-il exister entre Paris et Philippe le Bon, entre cette ville, maintenant famélique et ruinée, et ce voluptueux roi des kermesses flamandes? Les Parisiens seraient peut-être bien en peine de le dire; mais ils n'aiment pas moins leur bon duc, et ils l'aiment avec une sorte de fanatisme. A force d'être Bourguignons, ils sont Anglais et ne rougissent pas de l'être. Ce n'est pas, il s'en faut bien, que tout sentiment national et français soit éteint dans Paris; mais il y est

---

(1) Quicherat, t. IV (Perceval de Cagny), p. 25 et 26.
(2) *Le Bourgeois de Paris* (Michaud et Poujoulat), t. III, p. 256.

comprimé par la double terreur que font peser sur la ville les Anglais et les Cabochiens, complices de l'étranger (1).

Néanmoins, le duc d'Alençon et Jeanne espèrent qu'un mouvement à l'intérieur de Paris secondera leur attaque. Le 8 septembre, en effet, vers deux heures de l'après-midi, quelques Parisiens, qui sont d'intelligence avec les capitaines de Charles VII, essaient, en répandant une fausse alarme, de rendre le courage et de donner le signal de l'action à ceux de leurs concitoyens qui sont Français au fond de l'âme. « Tout est perdu, » se mettent-ils à crier dans toutes les parties de la ville : « l'ennemi entre dans Paris : sauve qui peut ! » Chacun, en effet, de se sauver. Bien des gens sont dans les églises, car c'est le jour de la nativité de la Vierge. Saisis d'effroi, ils laissent là prédicateurs et sermons, courent se renfermer chez eux et barricader leurs portes ; mais il ne se produit pas le plus léger mouvement, la plus simple manifestation ; seuls, quelques Bourguignons et Cabochiens de plus prennent les armes et courent aux remparts (2).

Dès le matin, Jeanne, suivie des ducs d'Alençon et de Bourbon, du comte de Laval, des maréchaux de Rais et de Boussac, et du sire de Gaucourt, est allée faire dresser ses batteries de siége à peu de distance de la porte Saint-Honoré, sur une éminence que l'on nomme le marché aux Pourceaux et qui s'appellera plus tard la

---

(1) Monstrelet, t. IV, p. 361. — *Le Bourgeois de Paris* (Michaud et Poujoulat), t. III, p. 260.

(2) Quicherat, t. IV (Guillaume de Fauquembergue), p. 457.

butte des *Moulins*. L'artillerie parisienne répond vivement à la canonnade des Français ; mais elle fait plus de bruit que de mal. A deux heures, le moment de l'assaut semble arrivé. Jeanne et les capitaines entraînent et lancent leurs soldats contre la partie des murs que leurs canons ont battu sans relâche. Un double fossé protége l'enceinte. Le premier est à sec. Les Français le franchissent sans difficulté et viennent couronner l'espèce de remblai qui le sépare du second. Ce second fossé est rempli d'eau. Jeanne le sonde avec sa lance et ordonne de le combler à l'aide de fagots, qui ont été apportés à grands renforts de chevaux et de chariots. Ce travail est long et pénible. Jeanne ne cesse d'encourager les travailleurs et d'adresser, de vive voix, des sommations aux assiégés. L'un d'eux lui répond par une plate injure et, en même temps, il lui décoche, avec son arbalète, un trait qui lui perce la cuisse de part en part. Malgré sa blessure, l'héroïne ne s'éloigne pas de son poste périlleux. Au jour baissant, sa constance et son courage semblent sur le point de recevoir leur récompense. Les assiégeants n'ont plus qu'à dresser leurs échelles ; le rempart n'est plus tenable. Les assiégés l'ont en partie abandonné. Un dernier effort, et Paris est au roi ; mais tout d'un coup la retraite sonne par ordre supérieur, par ordre de La Trémouille. Les Français se retirent ; Jeanne s'efforce en vain de les retenir ; elle-même refuse de s'éloigner, comme si elle ne voulait pas se séparer d'une espérance qui, pour elle, est une certitude. Le duc d'Alençon la prie inutilement de rentrer au camp : il est onze heures du soir, lorsque le sire de Gaucourt et quelques autres la saisissent de force, la mettent sur un cheval et la ramènent à la chapelle Saint-Denis. Jeanne ne peut pas résister, mais elle ne cesse de répéter : « Par mon martin, la ville eût été prise (1) ! »

Elle le sera, sans doute, le lendemain. Quoique souffrant de la fièvre, Jeanne est sur pied de bonne heure. « Faites sonner les trompettes, » dit-elle au duc d'Alençon, « et monter à cheval ! Par mon martin, jamais je » ne partirai que je n'aie la ville. » Tous les capitaines ne partagent pas son intrépide résolution ; plusieurs cependant sont d'avis de renouveler l'assaut ; ils sont encore raffermis et encouragés dans leur opinion par l'arrivée du baron de Montmorency, qui est sorti de Paris avec cinquante ou soixante gentilshommes pour rejoindre la Pucelle ; mais Charles VII s'est chargé de rendre inutile ce secours matériel et moral. Il mande Jeanne auprès de lui, à Saint-Denis. Si elle ne veut pas venir, d'Alençon et les capitaines ont l'ordre de l'amener de force. Un messager du duc de Bourgogne est venu demander au roi la suspension des hostilités (2).

La résistance de la cour aux desseins et aux volontés de Jeanne devient plus hardie, elle ne recule pas devant l'emploi odieux de moyens violents ou brutalement perfides. L'héroïne et d'Alençon veulent essayer de transporter

---

(1) Quicherat, t. IV (Perceval de Cagny), p. 26 et 27 ; *Journal d siége*, p. 198-199. — Guillaume de Fauquembergue, p. 456-458. — *L Bourgeois de Paris*, p. 256 et suiv. — Jean Chartier, t. I, p. 108 et 109. — Monstrelet, t. IV, p. 354-356. — Pierre Cauchon, *Chronique normande* p. 459-461. — *Chronique de la Pucelle* (Vallet de Viriville), p. 333-334.

(2) Quicherat, t. IV, p. 27-28 (Perceval de Cagny). — *Chronique normande*, p. 460.

leur attaque sur la rive gauche et sur le côté sud de Paris. Ils ont jeté un pont sur la Seine, près de Saint-Denis. Le 10 septembre, au matin, ils s'apprêtent à le passer ; mais ils le trouvent rompu : le roi l'a fait détruire pendant la nuit (1).

Amère tribulation pour l'héroïne! Elle voudrait rester ! Ses voix le lui commandent ; mais blessée, malade, elle ne trouve pas l'énergie et l'autorité dont elle aurait besoin pour retenir le roi, la cour et l'armée. Le 13 septembre, dans un conseil tenu à Saint-Denis, le retour sur la Loire est décidé. La retraite commence aussitôt, si précipitée, qu'elle ressemble, par moments, à une véritable déroute. Le 21 septembre, Charles VII est à Gien : honteuse et triste fin d'une expédition qui aurait pu aboutir à la délivrance de la France (2) ! Les pays que cette espérance a ramenés au roi vont maintenant expier cette évolution patriotique. Sous la domination anglaise, ils étaient riches; leurs villes étaient bien peuplées, leurs campagnes bien cultivées; maintenant menacés, attaqués par les ducs de Bedford et de Bourgogne, ils sont la proie des soldats ou plutôt des bandits de Charles VII qui, loin de Jeanne, ont repris tous leurs instincts de désordre et de violence. Les laboureurs sont dépouillés lorsqu'ils ne sont pas tués ; déjà les villes s'appauvrissent : les campagnes vont reprendre un aspect inculte. Le duc de Bourbon, auquel le roi a confié le gouvernement de ces campagnes et de

---

(1) Perceval de Cagny, p. 28.
(2) Quicherat, t. I, *Procès de condamnation*, p. 57. — Perceval de Cagny, t. IV, p. 29. — *Journal du siége*, p. 200-201.

ces villes redevenues françaises, ne se sent pas la force de remédier à ces maux, à cette désolation, et il se retire dans ses châteaux (1).

Si Jeanne était libre, elle ne laisserait pas ainsi son œuvre se détruire pièce à pièce; mais Raoul de Gaucourt, Regnault de Chartres et La Trémouille, forment au-dessus du conseil du roi un triumvirat tout-puissant qui retient l'héroïne à la cour dans une oisiveté forcée. Jeanne ne peut pas se résigner au repos odieux de cette captivité dorée. On lui permet, vers le mois de novembre, une campagne contre les places de la haute Loire, Saint-Pierre-le-Moustier, La Charité : campagne d'hiver, pleine de fatigues, qui ne saurait avoir de grands résultats et où l'héroïne pourra bien compromettre son prestige. On ne lui donne ni vivres, ni argent, ni munitions (2). Jeanne est obligée d'en solliciter l'envoi des bonnes villes les plus intéressées au succès des siéges qu'elle entreprend, comme Riom, Clermont-Ferrand. Le zèle avec lequel ces municipalités répondent à ses demandes doit la soutenir et la réconforter, tout au moins la consoler au milieu de ses souffrances qui semblent se trahir dans son exaltation (3). Il est des moments où cette exaltation devient une véritable hallucination. Devant Saint-Pierre-le-Moustier, à la suite d'un premier assaut, qui a échoué, Jeanne est restée sur les bords du fossé, à peine entourée de quatre ou cinq hommes. Le chevalier qui l'accompagne d'ordinaire, Jean

---

(1) Jean Chartier, t. I, p. 116.
(2) Quicherat, t. IV (Perceval de Cagny), p. 30-31.
(3) Quicherat, t. V, p. 146-148.

d'Aulon, lui demande ce qu'elle fait ainsi toute seule :
« Seule ! » répond-elle en ôtant son casque, « seule !
» mais j'ai cinquante mille de mes gens en ma compa-
» gnie ! et je ne bougerai pas d'ici que la ville ne soit
» prise. » En même temps elle crie : « Tout le monde
» aux fagots et aux claies ! » Ses soldats se rallient
peu à peu ; son ordre est exécuté. Saint-Pierre-le-Moustier est emporté (1). Moins heureuse devant La Charité, elle est obligée de se retirer après un vain siége d'un mois (2).

Elle revient à la cour le cœur triste et dolent ; elle a échoué. Elle a désobéi à ses voix qui lui défendaient de marcher sur La Charité et lui ordonnaient de retourner sur la Seine, sur la Marne ou sur l'Oise (3).

Tandis que ces pénibles impressions s'enfoncent dans le cœur de la libératrice de la France, le prince qui a perdu le royaume en signant le fatal traité de Troyes, le prince chez lequel les adjurations les plus touchantes et les plus élevées de Jeanne n'ont pas réussi à éveiller un sentiment français et chrétien, le prince qui, par sa diplomatie menteuse et par l'intermédiaire de La Trémouille, a paralysé le bel élan national du pays, Philippe le Bon, veuf pour la seconde fois, est tout entier aux fêtes opulentes de son mariage avec une princesse de Portugal. Sous les yeux de la France qui a faim, il donne à ses seigneurs et à ses

---

(1) Quicherat, t. III, *Procès de réhabilitation*, p. 217-218.

(2) Perceval de Cagny, p. 31, apud Quicherat, t. IV. — Jean Chartier, t. I, p. 117.

(3) Quicherat, t. I, *Procès de réhabilitation*, p. 109, 147 ; t. V, p. 49 (le héraut Berry).

bourgeois de Flandre qui l'imitent, l'exemple des prodigalités les plus inouïes. Le jour de la noce, à Bruges, les plus grands vins coulent à flots ; aux heures des repas, un lion de pierre verse le vin du Rhin, un cerf, celui de Beaune ; une licorne lance, par ses naseaux, l'eau de rose et le malvoisie (1).

Au sortir de ces galas et de ces réjouissances, le duc de Bourgogne reçoit de ses amis, les Anglais, comme cadeau de noces, le gouvernement de la Champagne (2). Le présent est magnifique ; mais il faut en prendre possession. Philippe le Bon convoque ses hommes d'armes. Les villes de la Champagne, Reims surtout, poussent aussitôt un cri d'alarme. Jeanne l'entend. Elle mande aux Rémois quelques paroles de réconfort en attendant le secours qu'elle leur apportera en personne. Si les Bourguignons viennent les assiéger, qu'ils ferment leurs portes et tiennent bon pendant quelques jours. « Je serai, » ajoute-t-elle, « bien bref, devers » vous, et si eux y sont, je les feray chausser leurs » éperons si à aste qu'ils ne sauront par ho (où) les prendre (3). »

C'est au château de Sully que Jeanne dicte cette lettre. Le langage qu'elle tient dans ces quelques lignes indique bien sa ferme résolution de ne pas se laisser infliger plus longtemps l'existence inutile qu'elle mène à la cour et qui, devant les dangers nouveaux, redoutés

---

(1) Smet, *Recueil des chroniques de Flandre*, t. III, p. 415. — Monstrelet, t. IV, p. 371. — K. de Lettenhove, *Histoire de Flandre*, t. IV, p. 251-254.

(2) Chastellain, t. II, p. 9, (note).

(3) Vallet de Viriville, *Charles VII*, t. II, p. 138. — Quicherat, t. V, p. 160.

par les loyaux Français de Champagne, serait pour elle trop douloureuse et trop coupable. Dans les premiers jours de mars 1430, elle part de Sully sans prévenir le roi, ou plutôt, elle s'échappe comme une prisonnière qui se dérobe à « une injuste et cruelle captivité (1). »

Mais cette hégire ne doit pas la conduire à la victoire. C'est un premier pas sur le chemin de la captivité et du martyre. Jeanne ne tarde pas à le savoir elle-même. Aux portes de Melun, ses voix lui annoncent qu'elle sera prise avant la Saint-Jean d'été. Prisonnière ! Elle aimerait mille fois mieux la mort. « Il faut, » ajoutent les voix, « qu'il en soit ainsi fait. Elle ne doit pas s'en » esbahir et prendre tout à son gré. Dieu lui aidera (2). »

Obéissante, soumise et résignée, elle aura, désormais, moins de confiance en elle-même ; elle s'en rapportera plus à la volonté des capitaines ; mais elle ne déploiera pas moins de dévouement pour défendre ces bonnes populations au milieu desquelles elle aurait voulu mourir (3).

Compiègne et les environs sont tout particulièrement et tout d'abord menacés par les Anglo-Bourguignons (4). C'est là que Jeanne s'empresse d'accourir ; mais les sinistres avertissements qu'elle a reçus à Melun se renouvellent tous les jours. Son âme est profondément pénétrée et quelquefois troublée de l'idée de la trahison qu'elle redoute pour elle-même et pour sa cause. Un

---

(1) Perceval de Cagny, p. 32. — Vallet de Viriville, *Charles VII*, t. II, p. 139.

(2) Quicherat, t. I, p. 115.

(3) *Id., ibid.*, p. 117.

(4) Monstrelet, t. IV, p. 379.

matin, debout contre un des piliers de l'église de Saint-Jacques de Compiègne, elle dit à quelques personnes de la ville et à une centaine de petits enfants qui se pressent autour d'elle : « Mes enfants et chers amys, » je vous signifie que l'on m'a vendue et trahie. Si vous » supplie que vous priez Dieu pour moi; car jamais je » n'auray plus de puissance de faire service au roi, ne au » royaulme de France (1). » La nuit, partageant le lit de Marie Le Boucher, femme du procureur du roi à Compiègne, elle la réveille et l'envoie plusieurs fois vers son mari : il faut qu'il prenne garde aux trahisons des *Bourguignons*, c'est-à-dire des partisans secrets que le duc de Bourgogne a dans la ville (2).

Les craintes et les pressentiments de Jeanne ne semblent que trop justifiés. La défection du capitaine de Soissons fait échouer une manœuvre combinée par l'héroïne pour couper ses lignes de retraite au duc de Bourgogne, qui assiége Choisy-sur-Aisne. L'insuccès de cette diversion est la ruine de Choisy. Les Bourguignons le rasent de fond en comble. C'était comme un ouvrage avancé de Compiègne. Peu de jours après, 20 mai 1430, Compiègne voit les ennemis apparaître sous ses murs (3).

Les habitants sont décidés à faire courageusement leur devoir; ils ont imploré le secours de Charles VII; ils ne reçoivent du gouvernement qu'une aide déri-

---

(1) Quicherat, t. IV, *Le Miroir des femmes vertueuses*, p. 272.

(2) Vallet de Viriville, *Charles VII*, t. II, p. 150.

(3) Quicherat, t. IV (Berry), p. 49-50. — Lefèvre de Saint-Remi, p. 437-438. — Quicherat, t. V, *Aperçus nouveaux*, p. 80. — Vallet de Viriville, *Charles VII*, t. II, p. 152.

soire : soixante et dix hommes commandés par Jamet du Tillet. En voyant entrer dans leurs murs ce trop faible renfort, ils s'adressent à Jeanne, qui était alors à Crespy en Valois, avec trois ou quatre cents hommes d'armes. Elle s'empresse de répondre à cet appel. Sa troupe n'est pas très-nombreuse, « mais, » dit-elle, « par mon martin, nous sommes assez ; j'irai veoir mes » bons amis de Compiègne. » A minuit, elle monte à cheval, et, après quelques heures de chevauchée, le 23 mai, aux premières lueurs du jour, elle arrive, sans encombre, à Compiègne par la forêt (1).

De ce côté, les approches de la ville sont libres : l'ennemi n'a encore pris position que sur la rive droite de l'Oise, dans la prairie basse et humide qui fait face à Compiègne. Large d'un quart de lieue environ, cette prairie est bornée à l'ouest par la côte de Picardie, qui se dresse comme un mur, au nord par le cours de l'Aronde et par les pentes escarpées du mont Ganelon. Elle est traversée et dominée par une chaussée qui continue le pont de Compiègne. Le voyageur qui la suit (2), en venant de la ville, aperçoit devant lui le clocher de Margny : à droite, vers le nord, sur l'Aronde, Clairoix et Coudun ; à gauche et au sud, à une demi-lieue en aval de Compiègne, le bourg de Venette. Coudun est le quartier général du duc de Bourgogne. Clairoix et Margny sont occupés par les Bourguignons. Venette l'est par les Anglais. Les défenseurs de Compiègne surveil-

---

(1) Quicherat, t. I, p. 114 ; t. IV (Perceval de Cagny), p. 33. — Vallet de Viriville, t. II, p. 152.

(2) Nous nous transportons, par la pensée, dans l'année 1430.

lent les uns et les autres du haut d'un boulevard qui forme, sur la rive droite, une redoutable tête de pont (1).

La disposition de ces localités trace ou plutôt impose à Jeanne le plan de la sortie qu'elle tente le soir même du jour de son arrivée, à cinq heures. Laissant au capitaine de Compiègne, le farouche Guillaume de Flavy, le soin de contenir les Anglais de Venette, elle s'élance sur la chaussée, montée sur un superbe destrier gris-pommelé, son étendard au vent, « comme eût fait ung capitaine meneur d'un grand host. » Elle emporte Margny, en culbute les Bourguignons, les rejette en désordre sur Clairoix. Une lutte acharnée s'engage autour de ce village et reste quelque temps indécise. Tout d'un coup, les Anglais, que Flavy n'a pas su arrêter, fondent sur les derniers rangs des Français et y jettent un désordre qui, de proche en proche, a bientôt gagné tout le corps d'armée. Jeanne elle-même est enveloppée comme d'un tourbillon de panique. « Rega» gnez la ville, ou vous et nous sommes perdus! » lui disent les hommes d'armes qui l'entourent. « Taisez» vous, » leur répond-elle : « il ne tiendra qu'à vous » qu'ils soient déconfits! Ne pensez que de férir sur » eux ! » Ils ne pensent qu'à se sauver. La déroute des Français est complète. Les uns courent à la rivière et se jettent dans les bateaux, que Flavy a fait disposer pour faciliter la retraite; les autres se précipitent vers le boulevard, serrés de si près par l'ennemi qu'ils ont sur

---

(1) Chastellain (K. de Lettenhove), t. II, p. 39. — Quicherat, t. V, *Aperçus nouveaux*, p. 85 et 86.

le croupe de leur monture le chanfrein des chevaux anglais et bourguignons. Guillaume de Flavy craint que les vainqueurs n'entrent pêle-mêle avec les vaincus dans le boulevard ; il fait lever le pont-levis, sans s'inquiéter de Jeanne, qui se retire lentement, en soutenant, avec quelques braves, tout le faix de la bataille. Pour la sauver, observe avec raison M. Wallon, il aurait fallu tout risquer, même la ville. Qui sait si un effort vigoureux ne l'aurait pas dégagée? Guillaume de Flavy ne le tente pas. Quel nom donner à une pareille négligence? La conscience nationale l'appellera une trahison. La justice de l'histoire nous oblige à dire que cette trahison ne semble pas avoir été préméditée (1).

Cependant, héroïque au milieu des ennemis qui l'assaillent de tous côtés, Jeanne se défend avec une énergie désespérée. « Rendez-vous à moi, et baillez-» moi la foi, » lui crient cinq ou six hommes d'armes qui se pressent autour d'elle, se disputant l'honneur de la faire prisonnière. « J'ay, » réplique-t-elle, « baillé » ma foy à un autre, et je lui en tiendray mon ser-» ment. » Enfin, un archer picard, homme bien *aigre* et *bien raide*, la saisit par son riche surtout de drap d'or et la jette brutalement à bas de son cheval. L'archer est un soldat du bâtard de Wandomme. Plus heureux que s'il avait eu un roi entre ses mains, le bâtard amène sa prisonnière à Margny et la livre à son

---

(1) Monstrelet, t. IV, p. 386 et 387. — Quicherat, t. V, *Procès de condamnation*, p. 116, t. IV. — Perceval de Cagny, p. 33. — Lefèvre de Saint-Remy, p. 438-439. — Chastellain, t. II, p. 47-49. — Quicherat, *Aperçus nouveaux*, p. 81. — Quicherat, t. V, p. 176-177. — Wallon, *Histoire de Jeanne Darc*, t. II, p. 192.

suzerain, Jean de Luxembourg, comte de Ligny (1).

A cette nouvelle, que le duc de Bourgogne transmet de toutes parts avec les manifestations de la joie la plus bruyante (2), la France française est saisie d'une profonde douleur. Tours prend le deuil. Une longue procession, à laquelle assistent les chanoines de la cathédrale, le clergé séculier et régulier de la ville, parcourt les rues, pieds nus. Dans les églises, on adresse à Dieu des prières publiques pour la délivrance de l'héroïne (3), et, pendant ce temps, au milieu de l'affliction nationale, la cour se donne tout au plus la peine de jeter un léger voile d'hypocrisie sur la satisfaction qu'elle ressent. Ecrivant aux habitants de Reims la prise de Jeanne, le chancelier Regnault de Chartres semble s'attacher à détruire les sentiments de confiance, d'amour, d'adoration qu'elle a inspirés au pays et que les craintes excitées par sa perte pourraient aviver. Il annonce à ses fidèles que Jeanne est déjà remplacée par un berger du Gévaudan : comme elle, il a commandement de Dieu d'aller avec les gens du roi. Sans doute, Anglais et Bourguignons seront déconfits par son intervention. En attendant de seconder le roi contre ses ennemis, il aide les conseillers et courtisans de ce prince à flétrir la Pucelle; il a révélé à Regnault de Chartres, et Regnault de Chartres est heureux de répéter dans sa lettre que « Dieu a souffert prendre Jehanne

---

(1) Chastellain (K. de Lettenhove), t. II, p. 49. — Monstrelet, t. IV, p. 388.

(2) Quicherat, t. V, p. 166-167; p. 350. — K. de Letthenhove, *Histoire de Flandre*, t. IV, p. 255-256.

(3) Vallet de Viriville, t. II, p. 159. — Quicherat, t. V, p. 253-254.

» la Pucelle pour ce qu'elle s'étoit constituée en or-
» gueil et pour les riches habits qu'elle avoit pris et
» n'avoit fait ce que Dieu lui avoit commandé, ains
» (mais) avoit faict sa volonté (1). »

On croit entendre un des juges du procès de condamnation. Faut-il ajouter à ce langage un commentaire qui en fasse mieux encore ressortir tout l'odieux ? C'est l'inquiétude de l'ennemi qui nous le fournira. Les Anglais ne peuvent pas imaginer toute l'indifférence, toute l'ingratitude du gouvernement français. Ils voient déjà l'héroïne rachetée, délivrée par celui qu'elle a sauvé. S'ils connaissaient un peu mieux la cour de Charles VII, ils seraient rassurés. Ils ne le sont pas encore. Il faut qu'ils aient la sorcière, et le comte de Luxembourg ne paraît pas disposé à livrer sa prisonnière. C'est en vain qu'il a reçu de l'Université de Paris et du vicaire général de l'Inquisition des sommations adressées en même temps au duc de Bourgogne. Frappé de l'insuccès de ces démarches, toutes spontanées (2), le gouvernement anglais se décide à employer des arguments plus forts, plus irrésistibles que ceux de l'Inquisition et de l'Université ; il autorise l'évêque de Beauvais à offrir à Jean de Luxembourg 6,000, même 10,000 francs ; dès le mois de septembre 1430, cet argent est tout prêt. Il a été prélevé sur le dernier subside voté par les trois états de Normandie. C'est avec l'or de la France que les Anglais veulent acheter Jeanne (3).

---

(1) Quicherat, t. V, p. 168-169.
(2) *Id.*, t. V, *Aperçus nouveaux*, p. 96.
(3) *Id.*, t. I, p. 13 ; t. V, p. 179 ; t. II, p. 293.

Mais Jean de Luxembourg se décidera-t-il à la leur vendre? Sa tante, la vénérable demoiselle de Luxembourg, le conjure de ne pas salir, par cette infamie, le blason de sa famille. Sa femme, Jeanne de Béthune, a le cœur français. Elle joint ses prières à celles de sa tante. L'une et l'autre ont été touchées par la jeunesse, par les vertus, par les malheurs de Jeanne. Elles la voient de près dans la tour du château de Beaurevoir où elle est enfermée depuis le commencement du mois d'août. La sympathie de ces nobles dames, pour lesquelles elle conservera une respectueuse reconnaissance, la soutient et la console (1); mais il vient un moment où cette consolation est impuissante devant les affreuses images qui se présentent à sa pensée. Elle pressent qu'elle va être vendue aux Anglais; elle croit entendre les cris désespérés des habitants de cette noble ville de Compiègne, pour lesquels elle ne cesse de prier : ils doivent tous être tués jusqu'aux enfants de sept ans. Elle veut les sauver et se sauver elle-même. Saisie de pitié et d'horreur, elle n'écoute plus les défenses réitérées de ses voix. Elle se lance dans l'espace par la fenêtre de sa prison qui est à plus de soixante pieds au-dessus du sol; mais la corde le long de laquelle elle se laisse glisser rompt, et la malheureuse enfant tombe à terre inanimée. On la relève; elle a longtemps de la peine à recueillir ses souvenirs, à rassembler ses idées; mais, au bout de quelques jours, sa jeunesse a triomphé des suites de

---

(1) Quicherat, t. I, *Procès de condamnation*, p. 231. — Vallet de Viriville, *Charles VII*, t. II, p. 173-175.

cet ébranlement (1), et elle a le bonheur d'apprendre que Compiègne est délivrée. L'héroïsme des habitants qui, pendant près de six mois, a résisté aux forces des Anglo-Bourguignons, a été enfin secouru par une armée française que commandaient Louis de Bourbon, comte de Vendôme, Jacques de Chavannes, Pothon de Xaintraille, etc. De concert avec cette armée, les assiégés ont enlevé à l'ennemi une grande bastille qui fermait toutes les avenues de la place du côté de la forêt. Saisis de frayeur et de découragement, les Anglais et les Bourguignons s'en sont allés les uns après les autres. Jean de Ligny, qui commandait le siège, a tenté d'inutiles efforts pour les retenir; il a été obligé de partir à son tour; mais « ce partement lui a esté aussi » dur et amer que la mort (2). »

Ce dépit ouvre, dans son âme, un accès plus large aux tentations sataniques de la cupidité, de l'ambition et de l'orgueil offensé, que sa vénérable tante n'est plus là pour combattre. Il a Jeanne sous la main : Jeanne expiera de sa vie cette dernière victoire nationale qu'elle aurait voulu acheter de son sang. Le 21 novembre, sa passion commence. Elle part de Beaurevoir pour Rouen. Jean de Luxembourg a reçu le prix du sang innocent (3) !

Jean de Luxembourg appartient à une grande famille, ancienne comme celle des Carolingiens et qui a donné

---

(1) Quicherat, t. I, p. 150-152, 160-161, 267. — Vallet de Viriville, t. II, p. 176.
(2) Chastellain (K. de Lettenhove), t. II, p. 92, 96, 99, 100, 107, 110.
(3) Vallet de Viriville, t. II, p. 179.

quatre rois à la Bohême, à la Hongrie, quatre empereurs au Saint-Empire romain germanique. Eh bien pour le descendant de ces empereurs et de ces rois la conscience ne trouve qu'un nom : celui de Judas Iscariot. Mais au moins, Judas Iscariot s'est fait lui-même justice. Jean de Luxembourg jouira en paix, pendant six années, de ses opulentes seigneuries (1).

Il ne faut pas demander à l'histoire la moralité banale de ces drames corrects dont le dénoûment nous montre invariablement le mal puni et le bien récompensé. Trop souvent, ses pages souillées infligent de cruels démentis à ces instincts de justice qui sont, au fond de notre âme, comme une loi vivante et sacrée. C'est que l'histoire n'est pas appelée à nous dire le dernier mot de la Providence ; mais, si elle ne doit pas résoudre pour nous la douloureuse énigme de l'iniquité triomphante, elle peut, au moins, nous démontrer cette vérité consolante que le mal s'affaiblit par ses victoires mêmes ; le bien, au contraire, s'affermit par ses défaites, car les vaincus s'appellent les martyrs, et ses défaites préparent son lointain et suprême triomphe qui reste toujours le rêve, l'espérance et le but des nobles âmes et des grands cœurs.

(1) Vallet de Viriville, t. II, p. 165.

CHAPITRE VII.

JEANNE DARC : V. LE MARTYRE.

Le 28 décembre 1430, par un des jours les plus tristes de l'année, Jeanne Darc arrivait à Rouen (1).

Rouen qui devait être, pour l'héroïne, le prétoire, Gethsémané et le Calvaire, offrait, dans la première moitié du quinzième siècle, un aspect sévère et sombre qui contrastait avec la beauté pittoresque et riante du paysage environnant. Des rues étroites, tortueuses, mal pavées, dans lesquelles circulait à peine un air vicié par des amas d'immondices; le long de ces rues, des maisons mal construites, aux toits pointus, où s'entassait, comme dans une fourmilière, une nombreuse population active, laborieuse et remuante; des gibets dressés sur les collines avoisinantes; l'échafaud et les instruments de torture en permanence, sur le Vieux-Marché, représentaient, dans toute sa laideur et dans toute sa barbarie, la cité industrielle du moyen âge.

(1) Quicherat, t. V, p. 362 (en note).

Pour en achever le tableau, joignez-y une lourde enceinte de remparts élevés et de tours massives (1).

Toutes les dominations qui s'étaient succédé à Rouen y avaient marqué leur passage et leur empreinte par les fortifications qu'elles avaient élevées. Une des plus imposantes était le vaste château construit par Philippe-Auguste. Adossé au rempart et commandant la ville du côté du nord, il allait être témoin de la captivité et du procès de la Pucelle. Il n'en subsiste plus que la grosse tour où Jeanne fut mise en présence des instruments de torture. Celle où elle a été enfermée a été détruite en 1780; on en retrouve aujourd'hui l'emplacement à l'angle du boulevard et de la rue Alain-Blanchard (2).

Les murailles, les portes, les verrous de cette tour ne semblaient pas suffisants aux Anglais pour garder leur prisonnière. Elle était si adroite, si subtile, cette maudite sorcière ! Au château de Beaulieu, où elle avait été détenue quelque temps avant d'être conduite à Beaurevoir, ne l'avait-on pas vue s'échapper, enfermer ses gardiens ? Heureusement le portier l'avait aperçue et ressaisie (3). Elle n'a pas renoncé à s'évader ; mais il lui serait difficile d'y réussir. Les Anglais l'ont enfermée dans une cage, une chaîne au cou, les fers aux pieds et aux mains (4).

(1) Chéruel, *Rouen sous la domination anglaise*, p. 14, 16, 17. — A. de Beaurepaire, *Mémoire sur le lieu du supplice de Jeanne Darc*, p. 16-18.

(2) Chéruel, p. 69, 80.

(3) Quicherat, t. I, *Procès de condamnation*, p. 163.

(4) *Id.*, t. II, *Procès de réhabilitation*, p. 201, 306-307, 317, 318, 371 t. III, p. 155.

Dans ce surcroît de précautions, on reconnaît à la fois les vengeances de l'orgueil britannique et les inspirations de la peur. Même désarmée, prisonnière, enchaînée, l'héroïne fait trembler chefs et soldats. Un édit du duc de Glocester, en date du 12 décembre 1430 et renouvelé le 1ᵉʳ février 1431, ordonne de sévir contre les déserteurs que terrifie la Pucelle (1). Tant qu'elle ne sera pas morte, les Anglais n'oseront attaquer la garnison française de Louviers, dont les courses et les razzias leur font beaucoup de mal (2), tant ils redoutent les maléfices infernaux de Jeanne ! Mais grâce au ciel, elle est en leur pouvoir ; elle ne sortira pas vivante de leurs mains.

Ils se garderont bien de la conduire à Paris, quoique l'Université l'y réclame pour la juger. Où son procès pourrait-il être mieux instruit ? « Paris compte un si grand nombre de maîtres, docteurs et autres notables personnes (3). » Sans doute, cette considération a du poids ; mais pas assez pour faire oublier au souverain conseil du roi d'Angleterre que les routes ne sont pas sûres et que les partisans français sont nombreux et hardis (4). Il faudra que l'Université parisienne se contente de participer, de loin, à ce procès. Elle déléguera à Rouen quelques-uns de ses théologiens les plus célèbres ; elle a déjà stimulé le zèle de Pierre Cauchon ;

---

(1) Quicherat, t. II, p. 301 ; t. V, p. 162-164. — Vallet de Viriville, t. II, p. 180, et Sharon Turner, *Hist. of England*, t. III, p. 7.

(2) Quicherat, t. I, p. 344.

(3) *Id.*, t. I, *Procès de condamnation*, p. 18.

(4) A. de Beaurepaire, *Recherches sur le procès de condamnation*, etc., p. 67.

elle a même accusé sa lenteur à traduire *cette femme* devant les tribunaux de l'Eglise (1).

Pierre Cauchon ! Arrêtons-nous, un instant, devant cette figure tristement célèbre. Né dans les environs de Reims, d'une pauvre famille de vignerons (2), il s'est élevé rapidement par la voie toute démocratique des distinctions et des honneurs universitaires. Habile praticien en matière de droit, il a joué déjà un rôle important dans nos guerres civiles des Armagnacs et des Bourguignons (3). Ardent cabochien, il s'est attaché à la fortune de l'étranger sans hésitation, sans scrupule et sans remords. Cette apostasie, qui semblait se plaire dans l'éclat et dans le scandale, a été largement récompensée. En 1420, il a été nommé évêque-comte de Beauvais. Le duc de Bourgogne et le roi d'Angleterre « en singulier honneur et amour (4), » ont assisté à son entrée dans sa ville épiscopale. Depuis ce moment, sa position s'est encore élevée. Aumônier de France, conservateur des priviléges de l'Université depuis 1423, il a, un moment, espéré recevoir de la bienveillance du gouvernement d'Henri VI, l'archevêché de Rouen ; cet espoir ne lui est plus permis maintenant (5); mais il ne va pas servir les Anglais avec moins d'empressement et d'habileté ; ils peuvent compter sur la haine qu'il ressent pour Jeanne et qu'il nourrit pour Char-

---

(1) Quicherat, *Procès de condamnation*, t. I, p. 16.
(2) *Id.*, t. IV, *Journal du siége*, p. 190, — Juvénal des Ursins, p. 560.
(3) Quicherat, t. V, *Aperçus nouveaux*, etc., p. 99.
(4) Chastellain (K. de Lettenhove), t. I, p. 204.
(5) A. de Beaurepaire, p. 19 et 105.

les VII : il saura bien perdre l'héroïne, en ayant l'air de venger la foi et l'Eglise et déshonorer le roi, en condamnant comme émissaire de l'enfer ou comme hérétique celle qui l'a sauvé.

Jeanne a été prise dans les limites du diocèse de Beauvais ; Cauchon la réclame comme sa justiciable. Chassé lui-même de son évêché, il obtient du chapitre de Rouen la permission de procéder, dans cette ville, contre Jeanne. Le clergé rouennais est assez mal disposé pour l'évêque de Beauvais ; mais sans chef (1), sans force, sans autorité morale, il est tout à fait à la disposition de l'Angleterre. Profondément atteint dans son indépendance par le contre-coup de la conquête et de la domination anglaises, le chapitre de Notre-Dame de Rouen compte Bedford au nombre de ses membres. Pour le moment, Bedford n'est pas à Rouen ; mais il a laissé à son oncle, le cardinal de Winchester, et à son lieutenant, Robert de Beauchamp, comte de Warwick, gouverneur du jeune roi Henri VI, le soin de surveiller la conduite de ce procès. Cette surveillance, à laquelle Warwick apportera une ardeur froidement passionnée, tout anglaise, ressemblera bien à une pression tyrannique. De hauts dignitaires ecclésiastiques, alors retirés à Rouen, comme l'abbé de Fécamp, ne résisteront pas mieux à cette pression que les chanoines de la cathédrale.

(1) Il y a plus de quatre ans que le siège archiépiscopal est vacant ; il y a plus d'un an que la vacance en a été officiellement proclamée. Depuis le jour de sa nomination, le doyen du chapitre de Notre-Dame n'a point paru à Rouen ; il n'a pris possession de sa dignité que par procureur.

Le concours des uns et des autres sera utile à Pierre Cauchon ; mais celui de l'Inquisition lui est indispensable. Cauchon l'obtiendra, quoique l'inquisiteur Graverent soit alors retenu dans l'évêché d'Avranches par une affaire d'hérésie assez grave et que le vice-inquisiteur pour le diocèse de Rouen, Jean Lemaître, semble éprouver une véritable répugnance à se mêler au procès de Jeanne ; mais ce Lemaître est un pauvre moine faible, hésitant, peut-être même pusillanime. L'intimidation (1), une délégation et un ordre exprès du grand inquisiteur, un présent de vingt saluts d'or (2), auront raison de ses scrupules et de ses hésitations. Sûr d'avance de les vaincre, l'évêque de Beauvais peut d'ores et déjà se féliciter du grand rôle assigné à son zèle pastoral, dans la croisade que l'orthodoxie catholique, toute-puissante dans les conseils du gouvernement anglais, sent alors le besoin de diriger contre les nouveautés et les hérésies religieuses (3). Il répète qu'il va faire un *beau* procès, c'est-à-dire, comme le remarque très-bien le savant M. de Beaurepaire, un procès *correct*, conforme à toutes les règles du droit... inquisitorial (4). Pierre Cauchon n'a qu'à les appliquer. Ce code monstrueux, dont il connaît tous les secrets, toutes les ressources, prescrit, justifie, recommande toutes les pratiques, iniques et perfides, dont

---

(1) Quicherat, t. II, p. 231 ; t. III, p. 57 ; p. 152.
(2) *Id.*, t. III, p. 57, et t. V, p. 202, 203.
(3) A. de Beaurepaire, *Recherches sur le procès de condamnation*, p. 68. — Quicherat, t. I, p. 473. — Sharon Turner, *History of England*, t. III, p. 4 et 5.
(4) A. de Beaurepaire, *Recherches*, etc., p. 99.

l'évêque légiste s'apprête à enlacer la malheureuse enfant (1).

Jeanne ira se prendre elle-même dans le piége que lui tend le pharisaïsme de ses juges. L'esprit qui vivifie déborde en elle ; mais elle ignore la lettre qui tue, et la lettre la tuera ! Sa foi généreuse, vaillante, inspirée, ne connaît pas toutes les subtilités officielles, toutes les prudences diplomatiques de la langue théologique. Elle affirme, avec une courageuse naïveté là où elle serait irréprochable, si elle se contentait de dire : « il me semble (2). » Il ne sera pas malaisé de lui arracher quelques propositions malsonnantes. Elle pourra les maintenir quelque temps ; mais la terreur triomphera, au moins un instant, de son énergie domptée par une longue captivité, brisée par un perpétuel martyre. Elle se rétractera, sans bien comprendre peut-être toute la portée de sa rétractation ; mais, à peine le malentendu dissipé, une inévitable réaction de sa foi et de son courage la ramènera à son hérésie ; dès lors elle sera relapse ; et l'Eglise n'aura plus qu'à l'abandonner au bras séculier, c'est-à-dire au bourreau anglais qui l'attend.

Il faudra plus de trois mois à Pierre Cauchon pour faire triompher cette odieuse tactique.

Après de longs préliminaires, la première séance publique a lieu dans la chapelle royale du château, le 20 février 1431. Quarante-trois abbés, docteurs ou bacheliers en théologie, siégent autour de Pierre Cauchon.

---

(1) Quicherat, t. V, *Nouveaux aperçus*, p. 116-147.
(2) *Id.*, t. II, p. 12.

Derrière eux se presse une foule nombreuse d'Anglais et d'ennemis de la Pucelle. Jeanne est introduite, tout enchaînée, par l'huissier ou appariteur, Jean Massieu, un prêtre de Rouen, dont les mœurs encourront plus d'une censure et d'un châtiment publics (1). Ce sanhédrin et l'assistance qui l'entoure seraient imposants, s'ils n'étaient agités par des passions dont l'hostilité bruyante est poussée jusqu'au mépris des plus simples convenances. Jeanne ne peut pas dire un mot sur ses apparitions sans que sa voix soit couverte par les plus retentissantes interruptions (2).

Le lendemain l'interrogatoire continue avec plus de décence. La foule est écartée; deux sentinelles anglaises montent la garde sur la porte (3); mais la tâche de Jeanne n'est pas plus facile. C'est vraiment une bataille nouvelle qui commence; elle va la soutenir en héroïne; car l'honneur de la France, *du doux royaume de Jésus*, y est engagé. En vain on la fatigue par de longues séances qui durent trois heures le matin et recommencent souvent dans l'après-midi (4). Dans ces interrogatoires, sa pensée est, sans relâche, harcelée, poursuivie, traquée : elle n'a pas achevé de répondre à l'un de ses juges qu'un autre jette une nouvelle question en travers de sa réponse (5). « Beaux seigneurs, » dit-elle avec douceur, « faites l'un après l'autre (6). » Son sang

---

(1) A. de Beaurepaire, *Recherches sur le procès de condamnation*, p. 115
(2) Quicherat, t. I, *Procès de condamnation*, p. 38 et suiv.; t. III, *Procè de réhabilitation*, p. 135-136.
(3) *Id.*, t. III, p. 136.
(4) *Id.*, t. II, p. 311-342.
(5) *Id., ibid.*, p. 332.
(6) *Id.*, t. III, p. 155.

froid, sa présence d'esprit ne se démentent pas ; la netteté et la précision de sa mémoire ne sont pas moins remarquables (1). Plus d'une fois, elle redresse les greffiers et corrige leur rédaction (2). Un jour, au sujet d'une réponse, qu'elle a faite une semaine auparavant, un de ces greffiers s'avise de contester la fidélité de ses souvenirs. On consulte le procès-verbal ; il donne raison à Jeanne. « Ah ! » dit-elle à son interlocuteur, « que je
» vous prenne encore une fois en faute et je vous ti-
» rerai bien l'oreille (3) ! »

Son enjouement résiste à ces terribles épreuves. Elle raille, elle se moque, au grand scandale des pédants, qu'atteignent ses traits finement décochés (4). Son esprit s'élève et grandit. Plus d'un théologien avoue qu'il serait embarrassé d'improviser une réponse aux questions que l'on pose à cette enfant ignorante et simple (5) ; mais il y a dans cette ignorance et dans cette simplicité une sagesse naturelle ou plutôt surnaturelle qui déroute victorieusement les arguties de ces docteurs de la scolastique (6). « Etes-vous en état de grâce ? » demande à Jeanne l'évêque de Beauvais. « La question est trop difficile, » ne peut s'empêcher de remarquer à haute voix le théologien Jean Fabre. « Vous feriez mieux de vous taire ! » réplique avec colère Pierre Cauchon (7). Il croit déjà tenir Jeanne par son dilemme.

(1) Quicherat, t. III, p. 178.
(2) Id., ibid., p. 63.
(3) Id., ibid., p. 201.
(4) Id., t. I, p. 318.
(5) Id., t. II, *Procès de réhabilitation*, p. 5.
(6) Id., ibid., p. 203.
(7) Id., t. III, p. 175.

Si elle dit *oui*, elle accuse elle-même son orgueil; si elle répond *non*, elle rend témoignage contre le caractère divin de sa mission. « Si je n'y suis pas, » dit-elle, « Dieu m'y veuille mettre! Si j'y suis, Dieu m'y conserve (1)! »

Tous nos *pharisiens* demeurent confondus. Ce sont des contemporains qui donnent eux-mêmes ce nom aux juges de la Pucelle. Ils le méritent par l'étroitesse formaliste de leurs sentiments et de leurs vues, par leurs blasphèmes contre l'esprit, ces blasphèmes auxquels il ne sera point pardonné. Ils savent qu'un vieux canon du quatrième siècle défend à la femme de quitter les vêtements de son sexe, et ils ne veulent pas comprendre les motifs qui ont amené Jeanne à prendre les habits d'homme, les nécessités qui l'obligent à les garder; ils ne lui pardonnent pas sa persistance à les porter; ils l'accusent d'avoir manqué à la modestie et à la décence de la jeune fille; ils lui font un crime d'avoir quitté sa famille, chevauché avec des hommes d'armes, présidé à l'effusion du sang, un crime, en un mot, d'avoir été et d'être encore Jeanne Darc! A toutes ces accusations, à tous ces reproches, Jeanne n'oppose qu'une réponse : tout ce qu'elle a accompli, elle l'a fait par ordre de Dieu (2). En travaillant à sa perte, comme si elle avait obéi à l'instigation du diable (3), Cauchon s'expose à un très-grand danger. Elle croit que c'est un devoir pour elle de l'en avertir; mais pas plus à lui

---

(1) Quicherat, t. I, p. 263.
(2) *Id.*, t. I, *Procès de condamnation*, p. 74.
(3) *Id., ibid.*, p. 154-155.

qu'à ses assesseurs, elle n'aime à découvrir ce monde idéal de voix et d'apparitions dont les horizons lointains se prolongent jusqu'à l'infini, jusqu'à Dieu. Il semble qu'elle craigne de le profaner en le livrant à la curiosité inintelligente, grossière, brutale et sceptique de ces théologiens (1) qui lui adressent parfois de sales questions. L'un d'eux lui demande si saint Michel lui apparaît tout nu : « Quoi! pensez-vous que Dieu n'ait » pas les moyens de le vêtir ? » dit-elle en ripostant par une naïveté charmante à une indécente niaiserie (2).

Il faut que ses juges se contentent de savoir ce qu'elle veut leur apprendre sur les révélations. Il en est qui touchent particulièrement le roi. Ils ne les connaîtront jamais. Plutôt que de les laisser pénétrer un secret qui doit mourir avec elle (3), Jeanne les égarera parfois dans un dédale de fictions, d'obscurités, de contradictions (4). Pourtant Pierre Cauchon et ses assesseurs sont, les uns docteurs, les autres hauts dignitaires de l'Eglise. Jeanne refuserait-elle de soumettre au jugement de cette Eglise les inspirations qui l'ont dirigée et les actes qu'elle a consommés ?

Ici, le terrain devient brûlant. Sans doute, bien loin de l'humble jeune fille la pensée de se mettre en dehors de l'Eglise ou en opposition avec ses lois. Si dans ses paroles il y avait rien de répréhensible contre la foi chrétienne que notre sire a commandée, « elle ne voudrait

---

(1) Quicherat, t. I, p. 86.
(2) *Id., ibid.*, p. 89.
(3) *Id.*, t. I, *Procès de condamnation*, p. 45, 89, 119.
(4) *Id., ibid., Procès de condamnation : passim.*

le soustenir et serait bien courroucée d'aller encontre ; elle reconnaît que le pape, les cardinaux, archevêques, évêques et autres prélats ont été institués pour veiller à la pureté de cette foi et châtier ceux qui oseraient y porter atteinte. » Elle en appellerait volontiers au concile et au saint père (1) ; mais, en même temps, sans s'inquiéter d'une contradiction qui se fond et disparaît pour elle dans l'harmonie supérieure de sa vie religieuse, elle place au-dessus de toute autorité celle de son conseil intime, celle des commandements que Dieu adresse directement à sa conscience et à son cœur. Si ces commandements étaient contredits par ceux de l'Eglise, elle n'obéirait pas à l'Eglise (2). La déclaration est grave : Jeanne ne craint pas de la répéter ; elle la maintiendrait même en face du bûcher, même en présence du bourreau prêt à allumer « les bourrées (les » fagots), même au milieu du feu (3). »

Jeanne n'a pas seulement le courage de l'action ; elle possède, au même degré, celui de la pensée. Dans sa prison, elle ne croit pas moins que sur le champ de bataille de Patay ou sous les voûtes de Notre-Dame de Reims, à la délivrance finale de la France, à l'expulsion des Anglais, à la victoire de son roi (4). En plein tribunal, elle n'hésite pas à proclamer ce qui est pour elle plus qu'une espérance. La cause de son pays la préoccupe plus que son salut. « Oh ! la noble femme, »

---

(1) Quicherat, t. I, p. 166, p. 204 ; t. II, p. 308.
(2) *Id.*, t. I, p. 316, 324-325.
(3) *Id., ibid.*, p. 324-325, 341 ; t. II, p 354.
(4) *Id.*, t. I, p. 84 et 88 et 178.

peut s'empêcher de s'écrier un Anglais : « Si elle était anglaise (1) ! »

Notre admiration redouble avec notre pitié, si, au sortir d'une de ces longues audiences nous accompagnons, par la pensée, Jeanne dans sa prison. Elle n'est plus dans une cage ; mais elle est rivée par une chaîne et des anneaux de fer à une énorme pièce de bois. Elle n'a pas même la consolation de la solitude. Cinq gardiens, appartenant à la plus infime soldatesque et nommés *houcepailleurs*, l'entourent, la troublent de leurs clameurs et de leurs insultes, lorsqu'ils ne menacent pas de se porter sur elle aux dernières violences (2). Il est dangereux de lui témoigner de la bienveillance et de la sympathie. Deux moines obscurs, deux dominicains, Isambert de la Pierre et Martin Ladvenu, l'ont osé. Sans la protection du vice-inquisiteur ils auraient peut-être expié, au fond de la Seine, leur courage et leur compassion (3).

Avec ces ombrages et ces rigueurs tyranniques de l'autorité anglaise, que l'évêque de Beauvais ne seconde que trop bien, il peut sembler étrange que les portes de la prison de Jeanne s'ouvrent aussi facilement à cet inconnu qui se dit Lorrain et compatriote de l'héroïne. Dès qu'il entre, les gardes se retirent et le laissent seul à seul avec Jeanne ; il n'a pour elle que de douces et affectueuses paroles. Cet ami, ce consolateur, est un traître ; c'est le chanoine normand Loyseleur. Des se-

---

(1) Quicherat, t. III, p. 47.
(2) *Id.*, t. II, p. 18, 134, 322.
(3) *Id., ibid.*, p. 13, 298, 299, 312.

crétaires appostés dans une pièce voisine, qui communique avec la prison par un trou dissimulé, ont l'ordre de recueillir toutes les confidences, tous les aveux qui pourront échapper à Jeanne dans cet entretien (1). Loyseleur est bien autrement infame et dangereux que le *promoteur* ou accusateur Jean d'Estivet; et pourtant, digne acolyte de Pierre Cauchon qu'il a accompagné dans son exil, vil adorateur des Anglais, d'Estivet prodigue à Jeanne les plus grossières insultes (2), pousse sa cruauté pharisaïque jusqu'à faire interdire à la pauvre enfant la consolation de prier quelques instants dans la chapelle du château, en se rendant de sa prison au tribunal. « Truand, » dit-il à l'appariteur Jean Massieu, qui est chargé de conduire Jeanne, « qui te rend si
» hardi de laisser approcher cette misérable excommu-
» niée de l'Eglise sans permission. Si tu le fais encore,
» je te ferai mettre en telle tour que tu ne verras so-
» leil ni lune d'icy un mois (3). »

C'est bien à bon droit que Jeanne donne elle-même le nom de *martyre* (4) à la captivité qu'elle endure. Elle aurait déjà succombé sans le secours et la consolation de ses voix (5). Ses voix l'éclairent, la guident, la soutiennent. Tantôt elles semblent l'autoriser à croire qu'elle sera délivrée soit par un mouvement populaire, soit par une victoire; tantôt elles lui répètent le conseil

---

(1) Quicherat, t. II, p. 204, *Procès de réhabilitation*, t. II, p. 13 ; t. III, p. 141.
(2) *Id.*, t. III, p. 162.
(3) *Id.*, t. II, p. 16.
(4) *Id.*, t. I, p. 155.
(5) *Id., ibid.*, p. 88.

de prendre tout à son gré et de s'en remettre à son Seigneur et à son Dieu (1).

Cependant les forces physiques de l'héroïne sont cruellement atteintes. Le contre-coup d'une dernière épreuve semble les briser.

Les pratiques, les fêtes, les poésies de la religion tiennent une si grande place dans la vie de Jeanne qu'elle est comme frappée au cœur par la privation de la Cène le jour de Pâques. Fille des champs et fille de Dieu, elle passe cette grande et joyeuse fête dans les ténèbres de son cachot et ne peut recevoir son Sauveur! Au milieu de cette double résurrection que montre la nature et qu'enseigne la foi, elle reste au fond de sa tour, c'est-à-dire de son tombeau, comme si elle appartenait déjà à la mort, dont l'idée commence à s'emparer de son esprit (2). Gravement malade, à la suite de tant de luttes et de souffrances accumulées, elle croit qu'elle a été empoisonnée par l'évêque de Beauvais (3). Elle se trompe sur la cause, mais non sur la gravité de son mal. Les Anglais eux-mêmes sont très-inquiets ; ils mandent en toute hâte des docteurs en médecine de la Faculté de Paris pour la soigner ; ils l'ont certes payée assez cher ; pour rien au monde ils ne voudraient qu'elle mourût ailleurs que sur le bûcher (4).

Avec les médecins du corps, Jeanne voit accourir au-

---

(1) Quicherat, t. I, p 155 ; t. II, p. 321.

(2) Nous ne faisons ici que résumer quelques admirables pages de Michelet, l'historien le plus poétique et le poëte le plus vrai de Jeanne Darc. *Histoire de France*, t. V, p. 134 et suiv.

(3) Quicherat, t. III, p. 49.

(4) *Id.*, t. II, p. 203 ; t. III, p. 51.

près de son lit de douleurs les médecins de l'âme. Le 18 avril, Pierre Cauchon et Jean Le Maître, accompagnés de plusieurs théologiens, se rendent auprès d'elle. A les entendre, c'est une pensée charitable qui les amène. Ils viennent la consoler et l'avertir familièrement. En réalité, ils espèrent que sa constance sera affaiblie par la maladie et qu'ils pourront lui arracher soit une rétractation, soit un aveu ; mais toutes leurs exhortations paternelles, qui finissent par dégénérer en sommations menaçantes, restent sans effet (1). Ils montrent inutilement à Jeanne les périls que son endurcissement fait courir à son âme. Jeanne ne saurait y croire. Elle aime Dieu, elle le sert ; elle est bonne chrétienne et de tout son cœur dévouée à l'Eglise (2).

Les remèdes doucereux n'ont pas eu d'action sur l'obstination de Jeanne. La cruauté miséricordieuse de l'Inquisition en a d'autres à sa disposition. Le 9 mai, la Pucelle est amenée dans la grosse tour du château (3). En entrant, elle aperçoit les instruments de torture et les tourmenteurs jurés prêts à la saisir. On va la leur livrer afin d'assurer le salut de son âme et de son corps, si elle persiste à taire une partie de la vérité, si elle ne rétracte pas ses erreurs. Jamais peut-être l'héroïne n'a été plus grande. Réprimant victorieusement les inévitables frémissements de la chair et du sang : « Vrayment, » s'écrie-t-elle, « devriez-vous me » faire rompre les membres et partir l'âme hors du

---

(1) Quicherat, t. I, p. 375-380.
(2) Id., ibid., p. 386-381.
(3) Id., t. III, p. 186.

» corps, je ne vous dirais autre chose. Et si aucune
» chose vous en disoye je, après diroie-je toujours que
» vous me l'avez fait dire par force (1). » Cette fermeté
impose aux juges. Seuls, trois d'entre eux persistent
nettement dans l'avis de soumettre Jeanne à la torture.
L'histoire a conservé leurs noms. Citons-les pour leur
châtiment. Ce sont : Thomas de Courcelles, une des lumières de la Faculté de théologie de Paris, maître Aubert Morel, chanoine de Rouen, et enfin Loyseleur (2).

Il y aura bientôt trois mois que Jeanne tient ses juges
en échec. De son côté, Pierre Cauchon ne veut rien
brusquer. Il procède avec une lenteur méthodique,
comme pour laisser au gouvernement français tout le
temps de sauver Jeanne et toute la honte de n'avoir
rien tenté pour la délivrance de l'héroïque prisonnière.
L'année suivante, un coup de main hardi livrera, pendant quelque temps, le château de Rouen à un vaillant
chef de partisans français, Ricarville (3). N'y a-t-il pas
là comme une présomption qu'une pointe libératrice,
combinée par les capitaines de Charles VII, qui commandaient à Beauvais et à Louviers, avait des chances
de réussir (4). N'aurait-il pas fallu la risquer? A supposer d'ailleurs que la voie des armes fût fermée au roi et
à ses conseillers, celle des négociations restait ouverte.
Regnault de Chartres était le supérieur direct, le métropolitain de Pierre Cauchon. Ne pouvait-il pas s'inter-

---

(1) Quicherat, t. I, p. 400.
(2) Id., ibid., p. 402.
(3) Chéruel, *Histoire de Rouen sous la domination anglaise*, p. 12 et suiv.
(4) Vallet de Viriville, t, II, p. 218.

poser dans la conduite du procès ? Ne pouvait-il pas agir auprès de la cour de Rome et invoquer successivement l'intervention des papes Martin V et Eugène IV, impartiaux, sinon bien disposés pour Charles VII ? Regnault de Chartres s'en garda bien. Pierre Cauchon était tellement sûr de son indifférence, je ne voudrais pas dire de sa complicité, qu'il ne craignit pas de proposer à Jeanne de s'en référer au jugement de ce prélat (1). »

Cette proposition ressemblait bien un peu à une bravade. C'est que l'évêque de Beauvais se sentait fort et triomphant. Toute apparence d'opposition avait disparu d'autour de lui. Le chapitre de Rouen pliait sous sa main (2). La plus grande autorité scientifique de France se prononçait dans le sens qu'il désirait. Dans une assemblée solennelle tenue en l'église de Saint Bernard, l'Université de Paris déclarait que si, averti charitablement, Jeanne ne voulait pas donner satisfaction et revenir à l'unité de la foi catholique, elle devait être abandonnée aux juges séculiers pour subir le châtiment de son crime (3).

Armé de cette consultation, Pierre Cauchon crut qu'il était temps de clore les débats.

C'était le 23 mai. Le lendemain, dans la matinée une douloureuse scène se passait dans le cimetière de l'abbaye de Saint-Ouen. Sur une grande tribune avaient pris place, avec Pierre Cauchon et Jean Lemaître, une cinquantaine de hauts dignitaires ecclésiastiques, entre

---

(1) Quicherat, t. I, p. 396.
(2) Id., ibid., p. 354-356.
(3) Id., ibid., p. 419

autres le cardinal de Winchester, les évêques de Thérouanne, de Noyon, de Norwich, les abbés de Saint-Ouen, de Fécamp, du mont Saint-Michel. A quelques pas se dressait un petit échafaud. Jeanne allait y entendre un sermon du théologien Guillaume Erard. Le texte que le prédicateur avait choisi était significatif. C'était ce passage de l'Evangile selon saint Jean : « Le » sarment ne saurait de lui-même porter du fruit s'il » ne demeure attaché au cep. » Jeanne écoutait, en silence, cette triste et malveillante homélie (1). Tout d'un coup, le prédicateur se mit à attaquer violemment le prétendu roi de France, qui n'avait pas craint de recouvrer son royaume avec l'aide d'une femme hérétique, sorcière et schismatique. A ces mots, Jeanne n'y tint plus. « Prédicateur, » s'écria-t-elle éperdue et s'immolant elle-même pour sauver l'honneur de son roi, « vous dites mal ! Ne parlez pas du roi Charles ; il est bon ca- » tholique et n'a pas cru en moi (2). » Peut-être disait-elle plus vrai qu'elle ne croyait. « Faites-la taire ! » dit Guillaume Erard à l'huissier Jean Massieu ; et il reprit son discours (3).

Sa conclusion fut une sommation pressante, impérieuse à Jeanne de se rétracter, de se soumettre. Jamais la malheureuse enfant n'avait traversé de moment aussi terrible. Elle cherchait à gagner du temps ; elle ne savait pas ce que voulait dire le mot d'*abjuration* (4).

---

(1) Quicherat, t. II, p. 442-444.
(2) *Id., ibid.*, p. 353.
(3) *Id.*, t. II, *Procès de condamnation*, p. 117.
(4) *Id.*, t. II, p. 17.

Elle demandait que les articles de la formule d'*abjuration* fussent renvoyés à l'examen de l'église. « Pas une minute de délai ! » ripostait Guillaume Erard. Il fallait se décider sur l'heure. La rétractation ou le feu (1) ! Et, pour commentaire à ces menaçantes paroles, Jeanne voyait, à deux pas, le bourreau sur sa charrette (2). Cependant elle résistait toujours ; elle résistait à une triple sommation. Ses voix lui défendaient de céder (3). Cauchon commença à lire la sentence définitive qui la livrait au bras séculier, c'est-à-dire au feu. Elle ne se rendait pas encore. Cauchon continuait de lire. Saisie d'épouvante et d'horreur, elle s'écria enfin qu'elle aimait mieux signer que d'être brûlée (4). Un clerc anglais lui tint la main ; elle mit son nom au bas d'un acte tout rédigé d'avance. Elle y déclarait qu'elle retournait à notre sainte mère Eglise ; et, comme gage de la sincérité de son retour, elle confessait qu'elle avait très-grièvement péché, en portant habit dissolu, en feignant mensongèrement avoir eu révélations de par Dieu, en séduisant les autres, en blasphémant Dieu, ses saints et ses saintes (5).

L'immolation était complète. L'héroïne n'était plus qu'une humble et malheureuse pénitente condamnée à la prison perpétuelle, au pain de douleur et à l'eau d'angoisse (6). A celle qui avait connu la grande joie de

---

(1) Quicherat, t. II, p. 331.
(2) *Id., ibid.*, p. 149.
(3) *Id.*, t. I, p. 456-457.
(4) *Id.*, t. III, p. 444-446 ; t. I, 157.
(5) *Id.*, t. I, p. 447-448.
(6) *Id., ibid.*, p. 452.

sauver son pays il ne restait plus pour toute consolation
que la pensée d'échapper aux prisons des Anglais et d'aller
dans celles de l'Eglise pleurer ce que la sentence de ses
juges appelait ses égarements et ses péchés. Cette dernière espérance même fut trompée. « Ramenez-la où
vous l'avez prise, » dit l'évêque à l'escorte de Jeanne (1).
Cet ordre était une flagrante iniquité, mais Pierre Cauchon sentait le besoin d'apaiser les Anglais (2); ils
n'étaient pas satisfaits; il ne leur fallait pas seulement
la dégradation, mais la mort de Jeanne. Un secrétaire
du roi d'Angleterre, Laurent Callot, venait d'accuser,
en face, l'évêque de Beauvais d'une partialité coupable
en faveur de l'accusée qu'il admettait à la pénitence.
« Vous mentez! » avait répondu Cauchon furieux et jetant à terre le texte du procès qu'il tenait à la main. Le
cardinal de Winchester mit fin à cet échange de gros
mots en ordonnant à Callot de se taire (3) ; mais il était
plus difficile de contenir les soldats anglais. Des pierres
volaient contre les gens d'église : les épées sortaient du
fourreau; Warwick lui-même était mécontent. « Soyez
sans crainte! » lui dit Cauchon, « nous la retrouverons. »
Il ne disait que trop vrai (4).

Ramenée dans sa prison, Jeanne avait consenti à
revêtir les habits de femme et à laisser couper ses cheveux; mais, en achevant de dépouiller ce qui pouvait
rappeler le chef de guerre, elle ne fit qu'exciter contre

---

(1) Quicherat, t. II, p, 14.
(2) Id., ibid., p. 7.
(3) Id., ibid., p. 324, p. 335, et t. III, p. 90.
(4) Id., t. II, p. 376, et t. III, p. 157.

elle un redoublement de mauvais traitements et de brutalités de la part de ses gardiens. Les Anglais déchargèrent sur elle toute la colère qu'ils avaient rapportée de la cérémonie de Saint-Ouen. Frère Ysambard la vit « éplou- » rée, son visage plein de larmes, deffigurée et oultrai- » gée, de telle sorte qu'il en eut pitié et compassion. » On l'avait molestée, insultée, battue; un milord avait lui-même donné l'exemple aux violences de la canaille (1).

Ces outrages allaient rendre Jeanne à elle-même. Le dimanche, 28 mai, le bruit se répandit qu'elle était relapse. Pierre Cauchon et quelques-uns de ses assesseurs montèrent au château. La plupart d'entre eux en revinrent tout tremblants de peur; les Anglais les avaient menacés de leurs lances, de leurs haches, de leurs épées, les appelant Armagnacs et faux traîtres (2); mais Cauchon triomphait. Avisant le comte de Warwick, il lui cria, en riant et à haute voix : « *Farewell! Farewell!* faites bonne chère! » Jeanne était perdue (3)!

Elle avait repris ses vêtements d'homme volontairement, parce que la décence et sa dignité l'avaient exigé, parce qu'on lui avait manqué de parole, parce qu'on l'avait laissée dans les fers et au milieu des Anglais, parce qu'on ne lui avait pas permis d'assister aux offices (4). Elle le déclara sans détour, sans hésitation, dans un dernier interrogatoire qu'elle subit le 29 mai. Elle

---

(1) Quicherat, t. II, p. 8, 365.
(2) *Id., ibid.*, p. 14, 19.
(3) *Id., ibid.*, p. 8.
(4) *Id.*, t. I, p. 455; t. II, p. 8.

s'y releva de toute la hauteur de son courage et de sa foi un instant ébranlés. Elle y désavoua sa défaillance du cimetière Saint-Ouen. Dieu lui avait mandé, par saintes Catherine et Marguerite, la grande pitié de la *trayson* qu'elle avait consentie pour sauver sa vie. En dépit de ses rétractations, il était vrai que Dieu l'avait envoyée. « De peur du feu, elle avait dit ce qu'elle avait dit (1). »

En marge de ces paroles, on lit, dans le procès-verbal, ces mots : « *Réponse mortelle* (2). » Jeanne le savait bien ; mais elle aimait mieux mourir que vivre avec le remords de cette faiblesse ou de cette trahison ; elle aimait mieux mourir qu'endurer plus longtemps le martyre de la prison (3) ; néanmoins, lorsque le mardi matin, 30 mai, le dominicain Martin Ladvenu vint lui annoncer le supplice qui l'attendait dans quelques heures, elle fut en proie à toutes les angoisses, à toutes les transes de l'agonie. « Hélas ! » s'écria-t-elle en s'arrachant les cheveux, « me traite-t-on ainsi horriblement
» et cruellement qu'il faille que mon corps, net et pur,
» soit aujourd'hui consumé et réduit en cendres. Ha!
» ha! j'aymeraie mieux être décapitée sept fois que
» d'être ainsi brûlée. » Pierre Cauchon survint sur ces entrefaites. « Evêque, » lui dit-elle, « je meurs par
» vous (4) ! »

Elle allait donc mourir. Ses voix, qui lui avaient promis sa délivrance, l'avaient donc trompée. Dans le sen-

---

(1) Quicherat, t. I, p. 456-457.
(2) *Id., ibid.*, p. 456.
(3) *Id., ibid.*, p. 456.
(4) *Id.*, t. II, p. 3.

timent d'abandon, d'isolement et de terreur qui la saisit, des doutes, à coup sûr, traversèrent son esprit. Allèrent-ils jusqu'à un second désaveu ? Peut-être. Peut-être dut-elle acheter à ce prix le secours de la communion que Martin Ladvenu lui administra, avec la permission de Pierre Cauchon (1).

Cependant le moment approchait. Il était neuf heures du matin. Revêtue d'une longue robe de femme, Jeanne monta, avec Ladvenu, sur la fatale charrette. Cent vingt Anglais, armés d'épées et de lances, l'escortaient. S'il faut en croire une tradition bien répandue à Rouen, le cortége venait à peine de s'ébranler, qu'un homme fendit les rangs des soldats et courut à la charrette, implorant le pardon de la victime. C'était Loyseleur (2). Que lui répondit Jeanne ? On ne le sait. Elle était alors pleine de douceur et de résignation. Aux transports fébriles de son désespoir avait succédé une douleur silencieuse. Elle pleurait (3).

Du château au Vieux-Marché le trajet n'était pas long. Jeanne ne tarda pas à apercevoir le gigantesque bûcher que les Anglais avaient construit avec un luxe satanique (4). En face, une grande estrade, élevée sans doute dans le cimetière de l'église de Saint-Sauveur qui n'existe plus aujourd'hui, avait déjà reçu Pierre Cauchon, Jean Lemaître et leurs assesseurs, le cardinal de Winchester et bon nombre d'abbés et de prélats, ainsi que

---

(1) Quicherat, t. I, p. 485-488, et p. 481-482.
(2) *Id.*, t. II, p. p. 320, et t. III, p. 162.
(3) *Id.*, t. II, p. 322.
(4) *Le Bourgeois de Paris*, apud Quicherat, t. IV, p. 471. — Quicherat, t. II, p. 9.

le bailli de Rouen, *Le Bouteiller* (1), un ancien officier français, passé à l'Angleterre. Un second échafaud, adossé aux halles de la Boucherie, était destiné à Jeanne et au prédicateur, Nicole Midi, qui était chargé de la prêcher (2). « Jeanne, » lui dit-il, en terminant, « va en paix; l'Eglise ne peut plus te défendre; elle » t'abandonne au bras séculier (3). »

Pendant ces longs préliminaires du supplice, l'attitude de Jeanne excitait, dans toute l'assistance, une pitié, un attendrissement général. De sa vie, le greffier Guillaume Manchon ne se rappelait avoir tant pleuré (4). Le peuple mêlait ses larmes à de sourds murmures excités par l'indignation et comprimés par la terreur (5). Quelques Anglais s'efforçaient de rire (6); presque tous étaient émus. Le cardinal de Winchester pleurait, Pierre Cauchon pleurait lui-même (7).

Les hommes d'église ne devaient pourtant pas s'attarder dans leur émotion; il fallait qu'ils descendissent, en toute hâte, de leur estrade, s'ils ne voulaient pas violer le règlement ecclésiastique, qui leur défendait d'assister au supplice de leurs victimes. Pour aller plus vite, le bailli n'avait pas rendu de sentence régulière; il s'était contenté de dire au bourreau : *Fais ton de-*

---

(1) A. de Beaurepaire, *Recherches sur le procès de condamnation*, p. 22.
(2) A. de Beaurepaire, *Mémoire sur le lieu du supplice de Jeanne Darc*, p. 17-18.
(3) Quicherat, t. III, p. 159, et t. I, p. 469-465.
(4) *Id.*, t. II, *Procès de réhabilitation*, p. 15.
(5) *Id.*, t. III, 181-182.
(6) *Id.*, *ibid.*, p. 53.
(7) *Id.*, t. II, *Procès de réhabilitation*, p. 6, p. 352.

voir (1). Jeanne était déjà liée au sommet de son bûcher. Déjà la flamme commençait à monter ; mais cette flamme, c'était la délivrance promise, c'était la justification de ces voix que Jeanne avait, un instant, soupçonnées de mensonge et auxquelles ses derniers accents rendaient un éclatant hommage (2). Eclairée d'une soudaine lueur, comme l'a si bien dit M. Michelet, elle n'entendait plus le salut « au sens judaïque et matériel. » Sortant des ombres, elle obtenait ce qui lui manquait » encore de lumière et de sainteté (3). »

Oui, la délivrance, le salut, c'était la mort, la mort consolée, adoucie, éclairée par la pensée des souffrances rédemptrices du Christ. Sous ses vêtements Jeanne portait une croix grossière qu'un soldat anglais avait improvisée, à sa demande, avec deux morceaux de bâton (4). Sur le bûcher, elle tenait sans cesse ses yeux fixés sur une grande croix que les clercs de l'église de Saint-Sauveur avaient prêtée et qu'Ysambard de la Pierre élevait devant elle. Elle était déjà enveloppée par les flammes qu'elle répétait à haute voix le nom de Jésus. Elle le prononça une dernière fois, en poussant un grand cri qui retentit aux oreilles et aux cœurs de la foule immense répandue sur le Vieux-Marché. Elle venait de rendre l'âme (5). A ce moment, le bourreau

---

(1) Quicherat, t. I et II, *Procès de réhabilitation*, p. 376-277, et t. III, p. 186. — A. de Beaurepaire, *Recherches sur le procès de condamnation*, p. 120.

(2) Quicherat, t. III, p. 170.

(3) Michelet, t. V, p. 152.

(4) Quicherat, t. II, p. 20; t. III, p. 159.

(5) *Id.*, t. II, p. 377 ; t. III, p. 114.

écarta les brandons en flammes (1) qu'il rapprocha ensuite, non sans un trouble profond (2). Tous les assistants purent contempler la victime morte. Quelques instants après, tous purent voir ses cendres renfermées dans un sac et jetées à la Seine (3).

C'était par ordre du cardinal de Winchester; il voulait empêcher la légende de se former autour du martyre de Jeanne : et, avant la fin du jour, des Anglais eux-mêmes fournissaient les premiers traits à cette légende. C'était un soldat anglais qui avait fait le vœu d'apporter un fagot au bûcher; il avait rempli ce vœu; mais, tout troublé, il confessait dès le soir qu'il avait vu une colombe blanche s'envoler de la flamme (4). C'était un secrétaire du roi d'Angleterre, Tressart, qui disait : « Nous sommes perdus; nous avons brûlé une » sainte (5). » Il ne doutait pas que la justice divine ne s'appesantît sur les juges et les bourreaux de Jeanne. Cette idée était bien naturelle (6). On a cru longtemps que la plupart de ceux qui avaient concouru à la condamnation de l'héroïne avaient péri d'une de ces morts qui ressemblent à un châtiment providentiel (7). L'histoire ne laisse pas cette illusion à notre imagination, cette satisfaction à notre conscience (8).

(1) Quicherat, t. II, *Procès de réhabilitation*, p. 6.
(2) *Id.*, t. III, p. 191 ; t. II, p. 9.
(3) *Id.*, t. III, p. 160, 182, 185; t. IV, *Le Bourgeois de Paris*, p. 471.
(4) Quicherat, t. II, p. 352.
(5) *Id., ibid*, p. 347.
(6) *Id., ibid.*, p. 307.
(7) *Id.*, t. III, p. 171, 162, 165.
(8) A. de Beaurepaire, *Recherches sur le procès de condamnation*, p. 122 et suiv.

Pourtant n'accusons pas l'histoire; il est bon qu'elle nous inflige de ces déceptions. Elle fortifie ainsi notre foi dans la justice suprême : en ne lui permettant pas de se traîner sur ces preuves sensibles, rapprochées, terre à terre, elle l'oblige de prendre un plus grand essor. La vérité n'a pas pour notre âme les molles complaisances de la légende; et, par là même, elle est plus bienfaisante que ce mélange bâtard de fictions mesquines et de réalité mal comprise. Ajoutons aussi qu'elle est plus belle, plus poétique même, surtout lorsqu'elle nous rend une figure comme celle de Jeanne Darc. Je ne sais s'il sera jamais donné au pinceau du peintre ou au ciseau du statuaire d'exprimer, dans ce qu'ils avaient d'extraordinaire et de merveilleux, ces contrastes de rêverie et d'action, de douceur et d'impétuosité, de grâce féminine et de force virile, d'enthousiasme religieux et de fougue guerrière qui se fondaient si harmonieusement dans la physionomie morale de l'héroïne; mais grâce aux beaux travaux de la science contemporaine, nous pouvons tous porter son image au fond du cœur. Sa mémoire n'appartient pas à un parti, à une Eglise, à une coterie; elle appartient à la France, à la France tout entière, à la France renouvelée et rajeunie par la grande Révolution de 1789. Martyre de la patrie et de la libre inspiration religieuse, immolée aux ressentiments des Anglais par l'obscurantisme pharisaïque des docteurs de la scolastique, Jeanne Darc a deux titres également sacrés au pieux respect de notre foi patriotique et libérale : elle a assuré la délivrance politique et préparé l'affranchissement religieux de son pays. Sur les champs de bataille, elle a vaincu l'étranger. Dans son martyre et sur son bûcher, elle a vaincu le grand péché du moyen âge : l'Inquisition (1) !

(1) Quicherat, t. V, *Aperçus nouveaux*, p. 153 et 155.

CHAPITRE VIII.

JACQUES COEUR.

La conscience humaine a ses lâchetés. Il semble que la condamnation et la mort de Jeanne auraient dû provoquer, même dans la France officielle, une énergique protestation. On aimerait à penser que l'arrêt de Pierre Cauchon et de ses assesseurs a été relevé aussitôt comme le plus sanglant des outrages, par le pays et par le gouvernement français. Le pays s'est tu; le gouvernement a courbé la tête. Il aurait fallu redoubler de respect et de reconnaissance pour l'héroïne martyre. On a écarté son souvenir comme un souvenir compromettant. Il s'est fait, autour de son nom, un véritable concert d'ingratitude et d'oubli. Dans une assemblée d'Etats tenue à Blois, en 1433, un mémoire d'apparat a été lu aux députés. L'auteur, s'étendant sur les succès miraculeux du roi, en a rendu grâces à Dieu qui avait inspiré un courage si victorieux à une si petite compagnie de vaillants hommes; mais il n'a pas dit un mot de Jeanne (1). Le duc d'Orléans, le prince-poëte, n'a

---

(1) Quicherat, t. V, *Aperçus nouveaux*, p. 156.

pas su trouver un accent pour celle qui avait sauvé ses domaines (1). Il a cru acquitter tous ses devoirs de reconnaissance en donnant au frère de Jeanne, Pierre du Lys, l'île aux Bœufs, méchant banc de sable de la Loire à la hauteur de Chécy (2). Le faible produit de ce domaine était bien insuffisant. Pierre du Lys n'avait pas de quoi vivre. Il en était réduit à accepter, peut-être à solliciter du prince qui aurait dû être son bienfaiteur, de chétives aumônes (3). La mère de Jeanne n'était pas exposée à un moindre dénûment dans cette maison de la rue des Pastoureaux à Orléans, où elle était allée ensevelir sa douleur. La pension que lui servait la ville n'était pas assez élevée pour la protéger contre les vexations que renouvelaient, sans pudeur, l'avarice et la rapacité brutales de son propriétaire.

Toutes ces misères et toutes ces hontes n'empêchaient pas que la mission rédemptrice de Jeanne ne continuât de porter ses fruits. Le traité de Troyes était déchiré. Le fantôme de légalité sur lequel avait essayé de s'appuyer la domination étrangère s'était évanoui. Réduite à se défendre péniblement, cette domination perdait son dernier prestige et tournait à l'oppression. Tandis qu'elle déclinait, le roi de Bourges était redevenu le roi de France. Ses droits avaient été affirmés et consacrés. La France avait repris conscience d'elle-même. Le sentiment national s'était réveillé dans son cœur et ne devait plus s'engourdir de nouveau, tant que les Anglais n'au-

---

(1) Quicherat, *loco citato*.
(2) *Id.*, t. V, p. 212-214.
(3) Comte de Laborde, t. III, *Ducs de Bourgogne*, p. 347.

raient pas été chassés. Jeanne, dans les fers et à la veille du bûcher, leur avait prédit leur défaite et leur expulsion finales. Ce n'avait pas été la faute de l'héroïque enfant, si elle n'avait pas elle-même consommé la délivrance du sol de la patrie ; mais elle avait eu au moins l'honneur de la rendre inévitable. Un magnifique essor patriotique l'avait commencée ; il devait l'achever avec le concours méthodique et savant des forces qui donnent à l'état moderne sa puissance et ses moyens d'action je veux dire l'armée régulière et les finances.

On s'attend à une chute en quittant le sujet de Jeanne Darc ; elle est inévitable. Nous tombons de la poésie dans la prose. Après avoir raconté ce que l'enthousiasme de la foi et de l'héroïsme personnifiés a fait pour le salut de la patrie, il faut dire la part qui revient à l'argent dans cet affranchissement du royaume. Ce grand rôle joué par l'argent, est un signe des temps : l'ère moderne approche. Elle commencera l'année même qui terminera la guerre de Cent ans ; et l'on sait qu'on pourrait l'appeler l'âge d'argent, en l'opposant au moyen âge, qui serait plus particulièrement l'âge de *fer*.

Ce rapprochement de l'enthousiasme et de l'argent choque peut-être, au premier abord, comme une antithèse forcée, comme une dissonance. Mais dans la réalité, il perd ce qu'il semble avoir en apparence de dur et de heurté. L'homme qui représente alors cette puissance nouvelle de l'argent, Jacques Cœur, est, de l'aveu de MM. Pierre Clément et Henri Martin, la plus belle figure du règne de Charles VII, après Jeanne Darc. Comme elle, il est animé d'un généreux dévouement pour sa patrie.

C'est à ce titre que je mets son nom à côté de celui de l'héroïne, à ce titre que je me propose de consacrer ce chapitre à l'étude de sa vie et de son œuvre.

Bourges, qui avait été, avec Poitiers, dans les premiers temps du règne de Charles VII, une des capitales de la France, offrait, dans le quinzième siècle, l'aspect d'une grande et belle ville. Il y avait quelque chose d'imposant dans les flèches de ses quarante églises ou monastères qui s'élevaient dans les airs, dominées par les tours de Saint-Etienne, la cathédrale. Protégée contre les invasions et les violences de la guerre, la population s'y était multipliée. Elle ne s'élevait pas à moins de soixante mille âmes. Elle était active et riche. Bourges était un centre considérable pour l'industrie et le commerce de la draperie. Son importance avait encore grandi depuis que la Normandie était aux mains des Anglais (1).

A peu de distance du palais et de la sainte chapelle de Bourges, au coin de la rue des *Armuriers* et de celle du *Tambourin-d'Argent*, s'élevait, dans les premières années du quinzième siècle, une maison habitée par un des plus riches marchands de pelleteries de la ville. Il se nommait Pierre Cœur et était, disait-on, originaire de Saint-Pourçain, une petite localité du Bourbonnais. Sa famille se composait d'une fille et de deux fils : l'un d'eux, Nicolas, entra dans les ordres; l'autre, Jacques, fut le célèbre argentier (2).

La date précise de la naissance de Jacques Cœur n'est pas connue. On peut la rapporter approximativement à

---

(1) Pierre Clément, *Jacques Cœur*, p. 5.
(2) *Idem*, p. 7.

l'année 1395. Jacques ou *Jacquet*, comme l'appelaient les contemporains, ne fit pas un long stage dans les écoles. L'évêque de Lisieux, Thomas Bazin, le qualifie d'illettré, mais il ajoute qu'il avait l'esprit très-ouvert et très-étendu : l'intelligence du plébéien respirait dans la mâle beauté de ses traits et dans l'énergie aristocratique de son visage (1).

Son éducation fut, sans doute, toute professionnelle, et c'est dans la maison paternelle qu'il dut la recevoir. Le génie des affaires ne tarda pas à se développer en lui. Le commerce paternel ne suffit bientôt plus à son activité, à son esprit d'aventures, à sa hardiesse de spéculations. L'occasion ne se fit pas longtemps attendre, pour lui, de donner carrière à ses instincts et d'essayer sa capacité.

Chassé de Rouen et ruiné par l'invasion, un certain Ravant le *Danois* s'était chargé de la fabrication des monnaies à Bourges, à Orléans, à Saint-Pourçain, à Poitiers. Il avait trop présumé de ses forces. Incapable de tenir ses engagements, il songea à prendre pour associés un changeur de Bourges, Pierre Godard, et Jacques Cœur.

Avant de continuer mon récit, je voudrais faire une simple réflexion : c'est que la probité est un instinct et une vertu plus modernes, je ne dirais pas plus rares qu'on ne pense. On l'aurait alors cherchée vainement chez le roi, à la cour, dans le gouvernement, dans la noblesse, dans la bourgeoisie. Jacques Cœur ne fut ni meilleur, ni plus scrupuleux que ses contemporains.

---

(1) Pierre Clément, p. 8.

De concert avec ses associés, il commit des fraudes, fit affiner trois cents marcs d'argent au-dessous du taux fixé, ce qui lui valut un profit de six à sept vingts écus, bientôt suivi d'une lourde condamnation. La société Ravant, Godard et Cœur se vit frappée d'une amende de mille écus d'or (1).

Jacques Cœur avait gagné ses éperons comme chevalier... d'industrie. Heureusement pour lui, il ne persévéra pas dans cette voie. Il demanda à son courage, à son intelligence et résolut de trouver dans le commerce la réhabilitation et la fortune. C'était une nature fortement trempée. Tandis que, suivant la remarque de M. Vallet de Viriville, un des plus puissants seigneurs de l'époque, le comte de Ligny, Jean de Luxembourg, de sinistre mémoire, faisait peindre, dans ses armoiries, un chameau succombant sous le faix, avec ces mots pour exergue : « A l'impossible nul n'est tenu, » l'obscur marchand de Bourges portait déjà dans l'âme cette fière devise qu'il devait plus tard étaler triomphalement au milieu des splendeurs architecturales de sa maison ou plutôt de son palais : *Aux vaillants cœurs rien d'impossible !*

Pendant quelque temps, il disparut ; mais, en 1432, un écuyer du duc de Bourgogne, Bertrandon de la Brocquère le retrouva à Damas, au milieu de marchands français, vénitiens, florentins, catalans. Bien qu'elle eût été, trente ans auparavant, saccagée et réduite en cendres par Tamerlan, la ville de Damas jouissait d'une prospérité qui éclipsait celle d'Alexandrie et rivalisait

---

(1) Pierre Clément, p. 10-11.

avec les splendeurs du Caire. La population ne comptait pas moins de cent mille âmes; mais elle était violente et fanatique; les chrétiens vivaient, à Damas, entourés de défiance et d'aversion. Tous les soirs, on les enfermait dans leurs maisons. On craignait qu'ils ne profitassent de la nuit pour s'emparer de la ville par surprise (1).

Ces sentiments des musulmans à leur égard ne décourageaient pas les négociants européens. « Jamais » peut-être, » observe M. Pierre Clément, « les relations » de ces contrées avec l'Europe n'avaient été plus acti- » ves. » Le commerce était surtout aux mains des Italiens et des Catalans. Jacques Cœur leur eut bientôt créé une redoutable concurrence. Il établit à Montpellier le centre de ses opérations (2). De là, ses comptoirs rayonnaient sur Marseille, Lyon, Tours, Bruges. Ses différentes maisons ne comptaient pas moins de trois cents facteurs (3). Quelques-uns d'entre eux étaient des hommes dont l'intelligence égalait le dévouement aux intérêts de leur maître. A Marseille, Jacques Cœur avait pour représentant Jean de Village, qui avait épousé sa nièce et qui occupait, dans le pays, une haute position. Gentilhomme de naissance et de cœur, il était, en même temps que négociant, seigneur de Lançon en Provence, viguier de Marseille, capitaine général de la mer, conseiller et maître d'hôtel du roi René, chambellan du duc de Calabre (4).

(1) Pierre Clément, p. 14.
(2) Id., p. 34.
(3) Id., p. 113.
(4) Id., p. 30.

On peut déjà se faire une idée du grand mouvement d'affaires que Jacques Cœur avait su organiser avec une étonnante rapidité et qu'il dirigeait avec une remarquable supériorité d'intelligence. Il avait, en mer, une véritable flotte marchande de sept navires qui exportaient en Afrique et dans l'Orient les draps et les autres marchandises du royaume. A leur retour, ils rapportaient d'Egypte et du Levant diverses étoffes de soie et toutes sortes d'épices. Arrivés à la hauteur des côtes de France, les uns remontaient le Rhône, les autres allaient approvisionner la Catalogne et les pays voisins (1).

Jacques Cœur devenait prodigieusement riche; il pouvait déjà se comparer fièrement à Laurent de Médicis, qu'il semblait se proposer pour modèle. Le Médicis français avait des allures de marchand grand seigneur. Il faisait un noble et généreux usage du crédit et de la puissance qui s'attachaient à son nom dans le Levant. Un ordre du soudan d'Egypte avait chassé les Vénitiens de ses Etats et confisqué leurs biens. Les Vénitiens étaient les rivaux de Jacques Cœur. Il n'intervint pas moins énergiquement en leur faveur et obtint la révocation de cet interdit. Il était comme l'intermédiaire naturel entre la cour du Caire et les puissances chrétiennes. En 1445, il négociait avec le soudan un traité pour les chevaliers de Rhodes. Son influence ne contribuait pas moins à l'accueil que reçut de ce prince une ambassade française envoyée par Charles VII. L'ambassadeur en titre était le neveu de Jacques Cœur, Jean de Village lui-même. Il rapporta d'Egypte une let-

(1) Pierre Clément, p. 113.

tre du soudan pour Charles VII, remplie des protestations les plus amicales. Les consuls de France devaient être traités à Alexandrie sur le même pied que ceux des nations les plus favorisées. Comme gage de ses dispositions bienveillantes pour les Français et pour leur roi, le soudan joignait à cette lettre des présents précieux pour l'époque : du baume fin, un beau léopard, du gingembre et du poivre verts, une jatte de noyaux d'amende, un quintal de sucre fin (1).

Le succès de cette mission ne put que grandir la position que Jacques Cœur réhabilité avait prise auprès de Charles VII. C'était comme l'Ouvrard ou le Rotschild de l'époque. Ses immenses richesses lui assuraient un prestige facile à concevoir au milieu de cette cour moins riche que prodigue. La reine, Marie d'Anjou, était obligée de recourir à des expédients assez étranges. Un jour, elle empruntait 343 livres à son valet de chambre et lui donnait sa Bible en gage (2). Une autre fois, elle spéculait sur les vins du Poitou. Elle en achetait une soixantaine de tonneaux à La Rochelle et les envoyait vendre en Flandre. Les principaux courtisans et hauts dignitaires n'étaient pas mieux en fonds. Jacques Cœur avait, dans ses reçus, une magnifique collection

---

(1) Pierre Clément, p. 116 et 117. — Mathieu d'Escouchy, t. I, p. 121 124.

(2) « Ces emprunts momentanés, faits à des domestiques, à des familiers, à des marchands, étaient très-fréquents dans l'histoire privée de princes et seigneurs du moyen âge. » Cette remarque de M. Vallet de Viriville (*Bibliothèque de l'Ecole de Chartes*, 3ᵉ série, t. IV, p 616), prouve seulement que princes et seigneurs n'étaient pas toujours bien à leur aise elle ne nous semble pas infirmer, autant que le prétend le critique de l'Ecole des Chartes, la portée du fait cité par M. Pierre Clément.

d'autographes renfermant les plus grands noms de France et constatant les avances qu'il leur avait faites (1).

Ce besoin d'argent, qui dégénérait parfois en avidité rapace, était de tradition à la cour. Déjà, à la fin du siècle dernier, le poëte Eustache Deschamps avait composé, sur ce sujet, une ballade satirique dont le refrain ramenait sans cesse ce cri impérieusement brutal : « Ça, de l'argent! Ça, de l'argent (2)! » L'argent avait jusqu'alors répondu à cet appel hautain, tant bien que mal ; il était arrivé à la cour honteux, humilié, sentant sa roture, encore tout crassi par les mains plébéiennes qui avaient vainement tenté de le retenir et comme portant les traces des violences par lesquelles on le leur avait extorqué. Maintenant il se présentait en maître ; il ne subissait pas la loi, il la faisait.

Jacques Cœur était un des conseillers les plus écoutés du roi. En 1438, en attendant de lui conférer des lettres de noblesse, Charles VII l'avait nommé son argentier. L'argentier était une sorte d'économe du roi, ce qu'on aurait appelé, sous la *monarchie de Juillet*, un intendant *de la liste civile* ; mais les limites de ces attributions étaient bien loin de marquer les bornes de l'autorité dont Jacques Cœur jouissait. Des missions importantes et délicates lui étaient confiées. En 1444, il allait, avec le maître des requêtes, Jean d'Etampes et l'archevêque de Toulouse, Pierre Du Moulin, présider à l'installation du parlement du Languedoc. Au mois de septembre de la même année, il remplissait, auprès des états de cette

---

(1) Pierre Clément, p. 165-166.
(2) *Id.*, p. 196.

province, les fonctions de *commissaire royal* auxquelles, depuis ce moment jusqu'à sa disgrâce, il fut continuellement appelé (1).

La grosse question qui était agité dans ces réunions d'état, c'était, en définitive, une question d'argent. Jacques Cœur avait toute l'expérience et toute la dextérité nécessaires pour la débattre avec supériorité ; mais il semblait beaucoup moins préparé à celle qu'il alla traiter à Rome, en 1448, avec Tanneguy-Duchâtel et plusieurs autres envoyés du roi. Il s'agissait de terminer le schisme qui déchirait l'Eglise, en amenant le pape Nicolas V à accepter les conditions que l'antipape Félix V mettait à son abdication. La négociation était épineuse, difficile. Les ambassadeurs français ne restèrent pas inférieurs à leur tâche, dont le succès fit beaucoup d'honneur au gouvernement de Charles VII (2).

Le pape Nicolas V conserva de Jacques Cœur la plus favorable impression ; il lui voua une sympathie affectueuse qui devait être précieuse pour l'argentier dans les jours de malheurs.

Rien encore ne pouvait faire pressentir ces mauvais jours à Jacques Cœur ; rien, si ce n'est l'excès même de ses prospérités. Aux faveurs de la cour répondaient de nouveaux progrès de sa fortune. Ce n'était pas assez d'être un des rois du commerce méditerranéen : Jacques Cœur devenait un des grands propriétaires fonciers du royaume. Maître des monnaies à Paris et à Bourges,

---

(1) Pierre Clément, p. 129-130.
(2) Jean Chartier, t. II, p. 54 et suiv.

il possédait et exploitait, aux environs de Tarare et de Lyon, des mines de plomb, d'argent et de cuivre qui avaient été connues des Romains et abandonnées depuis. En même temps, il achetait bon nombre de terres nobles et de fiefs à de grands seigneurs, comme Philippe de Bourbon, l'amiral de Culant, le marquis de Montferrat. Il avait à la campagne d'imposants châteaux féodaux ; à la ville, à Bourges, il élevait un splendide hôtel, un palais tel que le roi n'en avait point de pareil (1).

Il en avait commencé la construction en 1443, sur un terrain qui formait le fief de La Chaussée et relevait directement du roi ; il ne recula devant aucune dépense, devant aucune précaution pour que la solidité de l'édifice en égalât la magnificence. On lui avait signalé une maison, appartenant à un bourgeois, Guillaume Lallemant et construite avec de grandes et fortes pierres qui provenaient d'un temple gallo-romain. Jacques Cœur en fit l'acquisition pour les matériaux ; il les mêla avec ceux d'une tour romaine dont il était également devenu l'acquéreur. Les murailles seules de l'hôtel, dans lesquelles n'étaient entrés que des éléments éprouvés, coûtèrent 135,000 francs. Mais cette dépense devait être bien dépassée par celle de la décoration extérieure et intérieure. C'était le cas d'appliquer le mot du poëte latin : *Materiam superabat opus* : l'art éclipsait la matière. Sur les murs l'architecture et la sculpture répandirent cette prodigalité d'ornements et d'accessoires qui firent de l'hôtel de Jacques Cœur un des plus remar-

---

(1) Pierre Clément, p. 145.

quables monuments du gothique flamboyant. Bientô[t]
l'on parla au loin de cette façade si curieusement fouillé[e]
et décorée, de cette salle à manger, avec sa tribun[e]
destinée à recevoir tout un orchestre, de ces galeries[,]
de cette chapelle, qui était une véritable merveille d'ar[t]
et de richesse, de ces fresques qu'avait peintes un artist[e]
mandé d'Italie, sans doute un élève de Fra Angelico.

Malgré la vive impression d'étonnement et d'admiration que pouvaient causer l'ensemble et les détails d[e]
cet hôtel, on sentait que l'art y avait été au service d[e]
l'opulence, avait dû en subir les exigences, en satisfair[e]
les prétentions. Jacques Cœur avait au moins autan[t]
obéi à une pensée fastueuse qu'à une inspiration artistique. C'était à lui-même, à sa fortune, à ses succès, [à]
son bonheur qu'il avait voulu élever un monument. I[l]
était difficile d'imaginer une architecture plus personnelle. Les clous mêmes des serrures avaient des tête[s]
en forme de cœur, emblème du propriétaire, don[t]
l'empreinte était partout, jusque sur les feuilles d[e]
plomb de la toiture. Dans la balustrade d'un balcon d[e]
la façade, s'étalait, dans de brillants écussons, la devis[e]
de Jacques Cœur ; elle avait été à la peine, il fallai[t]
bien qu'elle fût à l'honneur (1).

A vaillans cœurs rien d'impossible : rien ; si ce n'es[t]
peut-être cette modération et cette modestie dans l[e]
succès que vous suggèrent seuls une délicatesse innée[,]
un tact supérieur et plus encore la pensée que l[e]
bonheur est éphémère et fragile. Jacques Cœur triomphait avec un éclat bruyant qui trahissait un peu l[e]

---

(1) Pierre Clément, p. 147-157, et p. 187.

parvenu. En se glorifiant lui-même, il raillait, d'une manière trop impitoyable, la chevalerie qu'il connaissait trop bien pour l'estimer beaucoup, je l'accorde ; mais, bourgeois, fils de ses œuvres, il aurait montré un meilleur goût en se défendant de tourner en ridicule chevaliers et gentilshommes, en ne faisant pas représenter, dans un de ses bas-reliefs, comme un prologue insolent de don Quichotte. C'était la parodie d'un tournoi. De simples paysans, montés sur des ânes, avec des cordes pour étriers, des fonds de paniers pour rondaches et de vulgaires bâtons en guise de lance, joûtaient les uns contre les autres. Des garçons de ferme et des porchers leur servaient de valets et de hérauts d'armes. Sans doute, l'image de ce travestissement burlesque dut déplaire à plus d'un des nobles conviés qui assistèrent à la grande fête, donnée par Jacques Cœur en 1450, dans son hôtel encore inachevé (1). C'était pour célébrer l'entrée à Bourges de son fils Jean qui, âgé de vingt-neuf ans à peine, venait prendre possession du siége archiépiscopal de cette ville. Jacques Cœur déploya, à cette occasion, un luxe princier, dont l'ostentation fait songer à Fouquet, mais ce Fouquet du quinzième siècle était plutôt un Colbert. Il aimait son pays, comme devait l'aimer plus tard le grand ministre de Louis XIV. Il allait donner de son patriotisme de généreux témoignages qui peuvent excuser et couvrir bien des faiblesses.

Arraché à l'influence fatale de La Trémouille, assisté par des hommes supérieurs, comme Guillaume Cousinot, les frères Bureau, Jacques Cœur lui-même, Charles VII

---

(1) Pierre Clément, p. 159.

le Bien-Servi s'était attaché à la réorganisation matérielle et morale de la France avec un zèle et une application qui ne feront jamais oublier à l'histoire les hontes de son règne et les vices de sa nature, mais qui attiraient à son administration la reconnaissance et les bénédictions du pays. De toutes parts, en France, on assistait à un réveil général de la vie, de l'activité, du travail. Les routes devenaient sûres ; les marchands ne craignaient plus de les fréquenter et de transporter leurs marchandises de lieu en lieu. Les laboureurs, qui avaient été longtemps en grande désolation, se répandaient dans les campagnes, relevaient leurs chaumières, défrichaient, labouraient, cultivaient avec un sentiment de sécurité qui doublait leur ardeur (1). Ils savaient que le fruit de leurs sueurs ne serait pas violemment arraché de leurs mains par le pillage des hommes d'armes. Les brigandages des écorcheurs avaient été sérieusement réprimés. L'armée, qui devenait permanente, était tout entière sous la main du roi, obéissante et disciplinée. Dès 1445, l'établissement des compagnies d'ordonnance substituait à la chevalerie féodale, dont les désastres de Crécy, de Poitiers et d'Azincourt avaient achevé de ruiner le prestige, cette vaillante gendarmerie française qui devait se couvrir de gloire dans les guerres d'Italie. Trois ans plus tard, l'institution des francs-archers était comme une première tentative, trop vite abandonnée, pour doter la France d'une infanterie nationale (2).

(1) Pierre Clément, p. 104. — Matthieu d'Escouchy (*Société d'histoire de France*), t. I, p. 59 et 60.

(2) Chastellain, t. II, p. 184-185.

Cette œuvre de réorganisation, poursuivie avec un véritable bonheur par Charles VII et ses ministres, avait un but et un couronnement naturels : la délivrance du territoire. Les Anglais occupaient encore la Normandie et la Guyenne : pour les chasser, il fallait de l'argent. Or, bien que la taille fût devenue permanente comme l'armée elle-même, le trésor royal, épuisé par les dépenses courantes, était à peu près vide. Le pape refusait la permission d'imposer le clergé. De leur côté les grands seigneurs, dit M. Vallet de Viriville, fermaient à la fois leurs yeux, leurs oreilles et leurs escarcelles. Mais Jacques Cœur, qui plus d'une fois avait assisté Charles VII de sa bourse, était là. « Sire, » dit-il au roi, « ce que j'ay est vostre, » et il lui prêta 200,000 écus pour la conquête de la Normandie. Grâce à cette générosité, pendant toute la campagne, tous les services de la guerre marchèrent avec la plus grande régularité. De mois en mois, les gens d'armes du roi de France et tous ceux qui étaient à son service étaient payés de leurs gages avec la dernière exactitude (1).

Jacques Cœur ne se contenta pas de donner son argent; il voulut payer de sa personne; il monta à cheval, accompagna Charles VII. A l'entrée triomphale que ce prince fit à Rouen, Jacques Cœur chevauchait dans le cortège avec Brézé, Gaucourt, Dunois, armé et vêtu comme eux (2).

La générosité et le zèle qu'il déployait pour le service

---

(1) Pierre Clément, p. 170. — *Mémoires de Jacques Du Clerc* (Michaud et Poujoulat), t. III, p. 610 et 617.

(2) Pierre Clément, p. 170. — Matthieu d'Escouchy, t. I, p. 236.

du royaume semblaient devoir affermir Jacques Cœur dans les bonnes grâces du roi : ils hâtèrent sa ruine. Charles VII ne devint que le premier de ces trop nombreux créanciers intéressés à la perte de l'opulent argentier. Sûres d'être écoutées, la malveillance et l'envie parlèrent plus haut. Jacques Cœur n'était pas homme à s'alarmer aisément ; il méprisait les bruits haineux et malveillants répandus contre lui ; il rassurait sa femme, Macé de Léodpart ; il lui écrivait de Taillebourg qu'il était aussi bien envers le roi qu'il avait jamais été. Comment aurait-il pu en douter ? Il venait de recevoir encore un beau cadeau de ce prince (1).

Quelques jours après, le 31 juillet 1451, il était arrêté (2).

Quel était le motif de cette arrestation ?

Une femme, dont la présence à la cour avait inauguré la longue suite des outrages scandaleux infligés à la morale de la famille, une femme qui a longtemps usurpé, dans la légende monarchique, une gloire due à la seule Jeanne Darc, Agnès Sorel, la dame de Beauté, était morte, il y avait plus de dix-huit mois, avec des sentiments chrétiens de regret, d'angoisse, de remords, de repentir et d'humilité, en répétant que « c'était peu de » chose et orde et vile de notre fragilité. » Cette mort rapide, inattendue, avait excité des soupçons d'empoisonnement ; on les avait laissés tomber. Une grande dame, Jeanne de Vendôme, les ramassa et s'entendit avec un Italien, Jacques Colonna, pour désigner, comme

(1) Pierre Clément, p. 255.
(2) *Id.*, p. 256.

empoisonneur, Jacques Cœur, un des exécuteurs testamentaires qu'Agnès Sorel avait nommés elle-même avant d'expirer. Jeanne de Vendôme devait de l'argent à Jacques Cœur. Une calomnie lui sembla le meilleur moyen d'acquitter sa dette (1).

La calomnie était inepte; mais peu importait, tant et de si puissants intérêts conspiraient la perte de Jacques Cœur. Il ne leur fallait qu'un prétexte pour le dépouiller. Le prétexte était tout trouvé. La spoliation ne se fit pas attendre. A peine l'argentier était-il en prison que le roi fit saisir ses biens, ceux du moins sur lesquels il put mettre la main. Il préleva d'abord 100,000 écus pour la guerre de Guyenne. Il distribua le reste *aux vautours de cour*, pour employer l'énergique expression de La Thaumassière, l'historien du Berry. Le favori du moment, l'ancien chef des écorcheurs, Antoine de Chabannes, comte de Dammartin, eut une des plus belles parts dans cette curée. Il n'en figura pas moins à la tête de la commission qui était chargée d'instruire le procès de Jacques Cœur. Un de ses principaux assesseurs était un intrigant italien, Otto Castellani, ennemi mortel de l'accusé et son successeur dans la charge d'argentier. Tous les autres commissaires étaient à l'avenant. Les uns étaient, d'avance, enrichis de ses dépouilles; les autres étaient en train de plaider avec lui au moment où ils devinrent ses juges. Quelle justice Jacques Cœur pouvait-il attendre d'un semblable tribunal (2) ?

Malgré leur partialité haineuse, les commissaires ne

---

(1) Pierre Clément, p. 249-253.
(2) *Id.*, p. 257-258, 290-293.

purent insister sur ce qu'ils appelaient le fait des poi sons. La calomnie était trop évidente. Les autres che d'accusation portaient sur le commerce avec les infidèles sur une presse de matelots violemment opérée dans le ports français de la Méditerranée, sur la restitution d'u esclave chrétien à son maître musulman, enfin sur que ques malversations que le prévenu aurait commise dans ses rapports avec les Etats du Languedoc. Sr tous ces différents points, Jacques Cœur répondit d'ui manière qui semble péremptoire, surtout si l'on tie. compte des idées et de la moralité fort relative l'époque (1).

Sa défense victorieuse (2) n'abrégea point les sou frances et les misères de sa captivité; son procès tra nait indéfiniment en longueur. On transportait l'accu de prison en prison. La commission se renouvelait : qui ajoutait une illégalité de plus à toutes celles q entachaient la procédure; mais l'esprit dont elle ét animée à l'égard de Jacques Cœur restait le même. / mois de mars 1453, à Tours, les commissaires ne roug rent pas, s'écrie un historien de Jacques Cœur, de so mettre « à la torture l'homme qui avait créé le co » merce maritime de la France, rétabli son roi sur » trône et chassé du rivage de sa patrie des étrange » audacieux et victorieux. » Ils mandèrent les « tor turiers. » Ceux-ci se saisirent de l'accusé et le lièrent p les poings et par les pieds pour le géhenner. Jacqu Cœur protestait de toutes ses forces contre un par

---

(1) Pierre Clément, p. 260 et suiv.
(2) Id., p. 265 et suiv.

traitement. Sourds à ces protestations, les commissaires l'interrogèrent encore une fois. Comme il ne répondait pas à leur gré, ils le firent amener dans la salle où se donnait la question et asseoir sur la fatale sellette. Son énergie, brisée par une longue captivité, ne résista pas longtemps à la violence des tourments. Vaincu par la douleur, il confirma les dépositions des témoins à charge (1).

Rien ne s'opposait plus à ce que la sentence fût prononcée et subie.

Le 5 juin 1453, les portes de la grande salle du palais de Poitiers furent ouvertes à la foule. Jacques Cœur fut introduit, tête nue, sans ceinture ni chaperon : à genoux et une torche de dix livres à la main, il confessa tous les délits et crimes que lui imputait l'accusation et requit merci à Dieu, au roy et à la justice. Le roi lui faisait grâce de la vie, mais il le condamnait à payer 100,000 écus à titre d'amende, autant à titre de restitution. Il déclarait tous ses biens confisqués et le bannissait du royaume (2).

Ce bannissement eût été au moins une délivrance. Le roi la différait sans cesse et continuait de retenir son argentier en prison.

Jacques Cœur résolut de s'évader. Il y parvint. A la faveur d'un déguisement, il réussit à gagner le midi de la France, où plusieurs de ses facteurs étaient restés fidèles à son malheur et avaient sauvé pour lui quelques épaves de son grand naufrage : dévouement qui les honore et honore également leur maître ; mais déjà le

---

(1) Pierre Clément, p. 268-272.
(2) Id., p. 274-276.

fugitif était suivi de près par les agents de ses ennemis qui s'étaient lancés sur sa piste. A Beaucaire, il fut reconnu et dut chercher un refuge dans un couvent de cordeliers. Les bons moines l'accueillirent et le protégèrent de leur mieux ; mais l'asile était loin d'être sûr. Les sbires de Castellani et de Charles VII s'y étaient bientôt glissés. Pendant la nuit, l'un d'eux essaya d'assassiner Jacques Cœur. Celui-ci ne dut son salut qu'au maillet de plomb que lui avait donné le frère Hugault, et avec lequel il se défendit vaillamment. L'émoi que cette tentative excita dans le couvent ne permit pas de la renouveler. On eut recours au poison. Prévenu à temps, Jacques Cœur feignit de boire et put jeter un gobelet de vin dans lequel on avait mêlé de l'arsenic. Il contrefit le malade, comme si le poison agissait. S'il faut l'en croire, les agents qui l'observaient comptaient bien que, dans cinq jours, ce serait fait de lui. S'il s'avisait de ne pas mourir à l'expiration de ce délai, on l'arracherait de son asile et on l'occirait de force.

Un seul espoir restait à Jacques Cœur : c'était d'être délivré par son neveu Jean de Village qui, on se le rappelle, habitait Marseille. Il fallait le prévenir : un moine du couvent se chargea d'aller lui apporter une lettre de son oncle. Dans cette lettre, Jacques Cœur lui retraçait ses dangers et terminait par cet appel pressant : « Pour » Dieu, cher fils, hâtez-vous me venir en aide ou vous » me trouverez mort. »

Jean de Village était une nature généreuse et dévouée ; il devait tout à Jacques Cœur ; il résolut de tout risquer pour le sauver. Il accourut à Tarascon.

Tarascon est situé sur la rive gauche du Rhône, en

face de Beaucaire. Entre les deux villes, il n'y a que le cours du fleuve. Descendu chez les cordeliers de Tarascon, Jean de Village réussit, par leur intermédiaire, à se mettre en communication avec son oncle. Il lui fit dire d'avoir bon courage, qu'il le tirerait de là.

Peu de temps après, à minuit, une barque traversait le Rhône et s'arrêtait sous les murs de Beaucaire. Une vingtaine d'hommes résolus, armés jusqu'aux dents, la montaient. C'étaient Jean de Village et ses compagnons. L'un d'eux connaissait une ouverture dans les murailles de la ville. On l'agrandit rapidement; elle livra passage à toute la petite troupe, qui se porta aussitôt sur le couvent des cordeliers.

C'était l'heure de matines. Jacques Cœur assistait à cet office, étroitement surveillé. Tout d'un coup il voit apparaître ses libérateurs. Ses gardiens veulent résister; mais ils sont vivement assaillis. Quelques-uns tombent blessés à mort. La victoire reste à Jean de Village et aux siens. Jacques Cœur est enlevé et conduit à la barque qui le transporte à Tarascon. Aussitôt il monte à cheval, et, à travers les mornes plaines de la Crau, il gagne le port de Bouc, près de l'entrée du canal, qui fait communiquer l'étang de Berre avec la Méditerranée. Une seconde barque, préparée par les soins de Jean de Village, l'y attendait; elle l'amène à Marseille. De Marseille il se rend par terre à Nice, où il s'embarque pour Rome (1).

Rome sera pour lui le grand asile, l'asile inviolable. Le pape Nicolas V accueille le proscrit avec une bienveillance amicale; mais si Jacques Cœur est heureux de

---

(1) Pierre Clément, p. 293-296.

retrouver la liberté et la sécurité, le repos va bientôt peser à son activité dévorante, que les malheurs et les épreuves des quatre dernières années n'ont pas affaiblie. Cette activité et l'expérience que Jacques Cœur a des parages de l'Orient pourront être utilement employées par la cour de Rome.

La chrétienté est encore sous l'impression profonde et douloureuse que lui a causée la prise de Constantinople par les Turcs; mais les différents Etats ont tous, chez eux, de trop graves préoccupations pour songer à la croisade contre les infidèles. Le Vatican, qui ne cesse de la prêcher, veut aussi prêcher d'exemple, sans se laisser effrayer par la pensée de l'isolement et de l'impuissance auxquels ses efforts vont être condamnés. Le successeur de Nicolas V, Calixte II, a trouvé dans les trésors de l'Eglise une somme de 200,000 écus d'or destinés à la guerre contre les musulmans. Il achève de rassembler une flotte de seize galères et en donne le commandement à Jacques Cœur, qui voit se joindre à son escadre des pirates de tous les ports de la Méditerranée. Est-ce une nouvelle période de sa vie qui commence? L'ancien marchand de Bourges va-t-il écrire son nom à côté de ceux de Jean Hunyade et de Georges Scanderbeg? Les forces dont il dispose sont malheureusement trop peu considérables; elles doivent se contenter de ravager les côtes de l'Asie Mineure. Jacques Cœur lui-même tombe malade dans l'île de Rhodes et expire dans celle de Chio, le 25 novembre 1456 : dénoûment singulièrement caractéristique d'une existence dont les étranges vicissitudes se sont déroulées à travers un si romanesque mélange de misère et de grandeur, de prose et de poésie. Le premier des grands financiers modernes venait de mourir de la mort du dernier des croisés (1).

De sa vie il n'avait connu le repos ; il le trouva dans le couvent des cordeliers de Chio, sous une dalle du chœur de leur église. Au commencement du seizième siècle, on montrait encore sa tombe; elle a disparu aujourd'hui. Pour la retrouver, notre ministre des affaires étrangères ordonnait, il y a quelques années, des recherches et des fouilles qui restaient d'ailleurs infructueuses. Honorons cette pieuse sollicitude pour les restes de nos illustres morts, surtout lorsqu'elle est une réparation tardive de cette injustice dont les générations semblent se léguer, en France, la honteuse tradition ; mais s'il faut rechercher les cendres de ces grands hommes pour les entourer d'un hommage de reconnaissance et de respect, il importe plus encore de recueillir ce qu'ils nous ont laissé de leur âme. Leurs généreuses pensées, leurs nobles sentiments ont aidé jadis au salut de la France. Ils peuvent encore aujourd'hui conjurer sa décadence. Demandons à Jeanne Darc la vivifiante poésie de son patriotisme, de sa foi, de son enthousiasme. Empruntons à Jacques Cœur la mâle énergie de son héroïque devise. Pour résister victorieusement aux tristes impressions que nous apporte l'expérience de tous les jours, pour ne pas nous décourager, en assistant aux défaites répétées de la vérité et de la justice, rappelons-nous les mots que l'argentier de Charles VII avait entrelacés dans les arabesques et les sculptures de son hôtel : *Aux vaillans cœurs rien d'impossible.*

(1) Pierre Clément, p. 299-301.

CHAPITRE IX.

LA DÉLIVRANCE DU TERRITOIRE.

« Aux vaillants cœurs rien d'impossible, » surtout lorsqu'ils sont, pour ainsi dire, ouvriers avec Dieu. Or, le plaisir de Dieu était que les Anglais s'en allassent en leur pays. Jeanne Darc l'avait dit au roi, elle l'avait déclaré aux Anglais eux-mêmes ; elle l'avait répété à ses juges, à ses bourreaux de Rouen. Cette grande et simple parole est comme l'épigraphe naturelle de ce dernier chapitre qui nous fera assister au dénoûment de la guerre de Cent ans.

Le nom et le souvenir de l'héroïne évoqués par ce juste et pieux hommage pourront seuls répandre un peu de poésie sur cette expulsion des Anglais, qui a été comme le couronnement tardif de son œuvre. Sans manquer de grandeur et surtout d'importance, cet épilogue posthume de son poëme fut assez prosaïque. Il sembla emprunter ses principaux caractères au prince qui eut l'honneur de présider et dans une certaine mesure, de concourir à cette délivrance du territoire.

Ce prince, c'était Charles VII ; nature complexe, qu

repousse la sympathie, et à laquelle on ne peut rendre justice qu'en se faisant presque violence à soi-même.

Son attitude envers Jeanne Darc, sa conduite à l'égard de Jacques Cœur arrêtent et retiennent forcément notre pensée sur les côtés odieux de son caractère, si bien caractérisés et flétris par un historien moraliste du quinzième siècle, qui relevait, chez ce roi, trois vices principaux : mobilité, défiance, ingratitude (1).

L'extérieur de Charles n'est pas fait pour dissiper ces impressions, qui sont plus que des préventions.

Une grosse tête, supportée par un cou mince, un visage pâle et complètement ras, un nez fort, une bouche et des oreilles grandes, des yeux petits d'un bleu vert quelque peu troublé, des membres grêles, des jambes courtes et mal tournées, des genoux cagneux, composaient un ensemble dont les défauts avaient grand besoin d'être dissimulés par une longue robe (2).

Ce vêtement, auquel le roi préférait maladroitement le costume à la mode, les housseaux ou bottes, les chausses collantes, la tunique juponnée et très-courte, était cependant celui qui convenait le mieux à ses goûts et à ses tendances (3). Charles était plutôt un clerc qu'un chevalier. Il avait beaucoup lu, beaucoup médité et n'avait pas perdu le fruit de ses méditations et de ses lectures confiées à une mémoire excellente. Instruit et bon latiniste, il s'exprimait bien et se distinguait, dans le conseil, par la sagesse de ses avis.

(1) Chastellain, p. 178-179.
(2) Chastellain, t. II (K. de Lettenhove), p. 178-179. — Vallet de Viriville, *Histoire de Charles VII*, t. III, p. 75-76.
(3) Basin, *apud* Pierre Clément (Jacques Cœur), p. 40.

A cet égard, il rappelait Charles V; comme son aïeul, il se montrait bon, humain (1), affable, prévenant pour les personnes de toutes les conditions et surtout *piteux envers les povres gens*. Comme Charles V, il était laborieux, appliqué; persuadé que l'ordre était la première règle des affaires, il avait assigné à chacun des jours de la semaine son emploi spécial et se gardait bien de jamais déranger cette distribution méthodique de son temps (2).

Malheureusement, s'il ressemblait à Charles V, il avait dans son caractère, dans sa conduite, dans sa vie, des côtés qui font déjà songer à Louis XV. Jusqu'à ses derniers jours, il donna l'exemple de coupables faiblesses.

Malgré ses égarements, ses instincts de rudesse et de violence, la conscience du quinzième siècle n'avait pas pour les désordres royaux les molles condescendances dont la haute société du dix-septième et du dix-huitième siècles se faisait comme une règle de bienséance et de bon ton. La crainte du blâme public, une certaine pudeur semblaient encore augmenter chez le roi son penchant à cacher sa vie, à se *musser* derrière les murailles de ses châteaux. Un évêque lui reprochait en face cette recherche exagérée de la solitude. Charles l'aimait par instinct. La seule vue d'un étranger le rendait inquiet et comme tout troublé (3).

De telles dispositions n'étaient pas celles d'un homme

---

(1) Smet, *Recueil des chroniques de Flandres*, t. III, p. 469.
(2) Chastellain, t. II, p. 184-185. — Vallet de Viriville, *loco citato*.
(3) Chastellain, t. II, p. 185.

d'action, d'un soldat, d'un général. Charles ne s'armait pas volontiers (1). Il aurait bien voulu ne pas guerroyer ; cependant, il sut faire la guerre. Il montra de la bravoure et déploya de l'énergie lorsqu'il se trouva en contact avec des hommes capables d'imprimer à ses hésitations l'impulsion qu'il ne sut jamais se donner lui-même. Tels étaient le connétable de Richemont et le nouveau favori, ou, si l'on aime mieux, le nouveau directeur politique du roi, Pierre de Brézé, qui avait succédé à La Trémouille (2).

Malgré le secours, que la persévérance énergique du premier et la brillante valeur du second prêtaient à leur maître, la politique royale ne pouvait réussir à chasser les Anglais qu'à la condition de détacher le duc de Bourgogne de leur alliance. Le traité d'Arras, en 1435, donna à Philippe le Bon, comme prix de sa neutralité, les villes de la Somme, le Ponthieu, le Mâconnais, l'Auxerrois. Il aurait sauvé la France qu'il n'aurait pas pu imaginer une plus opulente récompense, et cependant il avait trahi et failli perdre le royaume.

En dépit de ses clauses si onéreuses, ce traité ne fut pas moins accueilli par le pays comme un grand succès pour la cause nationale (3). Attristée et offensée par les rumeurs injurieuses que les Anglais faisaient courir sur le roi son fils, Isabeau de Bavière vivait à Paris

---

(1) Pierre de Fénin (Michaud et Poujoulat), t. II, p. 617.
(2) Vallet de Viriville, t. III, p. 103. — Matthieu d'Escouchy (t. I, p. 135), racontant, en 1448, la disgrâce de Pierre de Brézé, dit : « qu'il » avoit eu par longue espace de temps le gouvernement du Roy. »
(3) Jean Chartier, t. I, p. 205.

dans la retraite, dans l'abandon, dans la pauvreté, dans la douleur et sans doute aussi dans le remords. Elle mourut de joie en apprenant la réconciliation de Charles VII et de Philippe le Bon (1).

La rupture du duc de Bourgogne et de l'Angleterre eut un résultat immédiat et de la plus haute portée. Elle acheva de briser le dernier lien qui rattachait les Parisiens à la domination étrangère. Depuis longtemps, ils en étaient las (2) ; elle ne leur apportait plus que les privations, la disette et la misère. Le haut conseil d'Angleterre avait compté sur le sacre du jeune roi Henri VI à Notre-Dame pour relever un peu le prestige de cette royauté d'outre-mer (3). Elle en sortit couverte de ridicule. La cérémonie du banquet royal, au Palais, sur la table de marbre, fut surtout pitoyable. Un bourgeois qui aurait marié ses enfants aurait mieux fait les choses. Cuites depuis plusieurs jours, les viandes ne valaient rien. Les malades de l'Hôtel-Dieu dirent que jamais ils n'avaient eu aussi chétif relief. La médiocrité du menu ne fut égalée que par le désordre qui présida à tout le festin. De bonne heure, la populace avait pris place autour des tables et entendait bien ne pas se déranger pour les grands corps de l'Etat qui arrivaient avec une lenteur processionnelle. Docteurs de l'Université, magistrats du parlement, furent bel et bien, en dépit de leurs hermines, bousculés, précipités, roulés au bas des degrés, à la grande joie des *pick-pockets* (4).

(1) Jean Chartier, t. I, p. 210.
(2) *Id., ibid.*, p. 223.
(3) Sharon Turner, *History of England*, t. III, p. 63.
(4) *Le Bourgeois de Paris* (Michaud et Poujoulat), t. III, p. 267.

Le Bourgeois de Paris, qui raconte ces épisodes burlesques, s'exprime avec une liberté et une malveillance railleuses qui accusent bien les progrès de l'irritation publique contre les Anglais. Cette irritation s'adressait surtout aux trois évêques qui étaient, dans cette ville, comme les âmes damnées de l'Angleterre : l'évêque de Paris, celui de Thérouanne, et surtout l'odieux Pierre Cauchon. Ces prélats crurent contenir ce sentiment qui grandissait de jour en jour, en obligeant tous les habitants, même les prêtres et les religieux, à jurer, sous peine de damnation de leur âme, qu'ils seraient bons et loyaux sujets du roi Henri d'Angleterre. C'était là une de ces mesures impuissantes qui trahissent la peur et ne sauraient conjurer le danger (1).

Malgré la solennité de ce serment, l'opposition ne fit que se fortifier. Le moment approchait où elle ne se contenterait plus de murmurer et de parler : elle allait agir.

Sûr de répondre au vœu de ses concitoyens et d'obtenir de la plupart d'entre eux un concours actif, un des bourgeois les plus notables, Michel Lallier, se mit en relations avec le connétable.

Le 13 avril 1436, au soleil levant, le connétable apparut, avec quelques cavaliers d'élite, sous les murs de Paris. Il était précédé par le maréchal de L'Isle-Adam, le vieux capitaine bourguignon et cabochien de 1418, le *bon gros villotier* chéri du peuple qui s'était un jour soulevé pour l'arracher aux mains des Anglais d'Henri V.

La petite troupe arriva du côté sud de la ville, au-

(1) *Le Bourgeois de Paris*, p. 277.

près du couvent des Chartreux. Un homme ne tarda pas à se montrer sur la porte la plus voisine, celle de Saint-Michel. Faisant force signes avec son chaperon, il dit aux hommes d'armes du connétable : « Tirez à l'autre porte » (et en même temps il leur désignait la porte Saint-Jacques) : « Celle-ci n'ouvre pas ; en besogne pour vous aux halles. »

En effet, des groupes tumultueux s'y étaient formés autour des orateurs improvisés qui appelaient le peuple aux armes. On répondait à leurs discours par les cris répétés de : « *Vive le roy* de France ! Maudits soient les Anglais ! » Déjà l'émeute avait rallié trois ou quatre mille hommes dans le peuple de Paris ou parmi les paysans du voisinage. On tendait les chaînes dans les rues. Les maisons se transformaient en autant de forteresses, d'où pleuvaient sur les soldats anglais les pierres, les bûches, les tables, les tréteaux. Toute la milice bourgeoise se tournait contre eux. D'un moment à l'autre elle allait recevoir de sérieux renforts. L'Isle-Adam et Richemont venaient de pénétrer par la porte Saint-Jacques. Des soldats du connétable arrivaient par la Seine montés sur des barques.

Les Anglais n'essayèrent pas d'engager la lutte. Ils se contentèrent de décharger leur colère, en lançant leurs flèches contre les fenêtres des maisons et d'assouvir leur fureur, en égorgeant quelques bourgeois inoffensifs, qu'ils tuèrent « *plus de dix fois sur place.* » Les créneaux de la Bastille, derrière lesquels ils se hâtèrent de chercher un refuge, les protégèrent seuls contre les représailles qui auraient, à bon droit, châtié ces inutiles barbaries. Leur punition fut d'entendre les acclamations enthousiastes qui saluaient la marche triomphale du connétable et de L'Isle-Adam a travers Paris. Ces acclamations étaient pleines de menaces pour ces soldats étrangers. Le peuple qu'ils avaient longtemps dominé par la terreur, semblait exaspéré à leur égard. Lorsqu'ils capitulèrent, quatre jours après, les autorités militaires crurent prudent de ne pas les laisser défiler dans Paris. Ils regagnèrent la Seine, en longeant les remparts. Ils évitèrent ainsi les voies de fait qu'ils auraient pu subir; mais ils furent longtemps poursuivis par les huées et par les malédictions des Parisiens (1).

A peine délivré de l'occupation anglaise, Paris pria le roi de vouloir bien se rendre dans ses murs. Charles résista longtemps à ces instances. Le souvenir de cette nuit terrible, où Tanneguy-Duchâtel l'avait emporté tout jeune, dans un drap, de l'hôtel Saint-Pol, lui inspirait, pour sa capitale, une profonde répulsion. Pour lui donner la force de la surmonter, même momentanément, il fallait une révolution morale comme celle qui parut s'accomplir en lui dans l'automne de 1437.

Sortant de son inaction, il avait pris le commandement de son armée et l'avait conduite sous les murs et au siége de Montereau. Soldat, ingénieur et général, on l'avait vu, le jour, la nuit, visitant les endroits faibles, dirigeant l'ensemble des opérations, se faisant rendre compte des moindres détails. Le jour de l'assaut,

---

(1) *Le Bourgeois de Paris*, p. 277-278. — Gruel, *Histoire d'Artus III, comte de Richemont*, etc. (Michaud et Poujoulat), t. III, p. 207-208. — Jean Chartier, t. I, p. 223-228.

il était descendu tout armé dans les fossés, sans craindre de se mouiller jusqu'à la ceinture. Il avait été au nombre des premiers assaillants qui étaient parvenus sur la crête des murs (1).

Ce fut dans toute la gloire de ces récents et patriotiques exploits que Charles fit son entrée à Paris (12 novembre 1437). Son entrée fut environnée d'une mise en scène que les chroniqueurs contemporains nous décrivent avec un soin minutieux. Pour nous, ces magnificences, quelque peu banales, nous intéressent médiocrement; mais il est un épisode de cette solennité qui nous frappe vivement. Sur le parvis de Notre-Dame, Charles fut solennellement harangué, au nom de l'Université et du clergé réunis, par un orateur que nous connaissons déjà. C'était Nicole Midi, un des assesseurs les plus passionnés de Pierre Cauchon, le docteur qui avait prêché Jeanne sur le vieux marché de Rouen (2).

Ce nom était de mauvais augure pour le réconciliation que Paris et son roi semblaient sceller bruyamment au son des cloches, des fanfares et des hymnes. Ce ne fut en réalité qu'une réconciliation du bout des lèvres. Charles VII se hâta de quitter sa bonne ville et n'y reparut plus que de loin en loin. Paris se sentant abandonné, délaissé, redouté, ne fut plus animé, à l'égard du roi, que d'un esprit de malveillance irritée et frondeuse qui devait plus tard causer de vives inquiétudes à Louis XI. Paris avait été reconquis matériellement

---

(1) Vallet de Viriville, t. II, p. 283.
(2) *Idem*, p. 386.

par la royauté; mais la conquête ou plutôt la reprise morale de cette grande ville était encore à faire (1).

Pour la recouvrer, Charles VII et ses capitaines avaient cependant négligé de soutenir, comme ils l'auraient dû, un grand mouvement national qui s'était produit dans le pays de Caux.

Depuis plusieurs années, la Normandie était agitée, inquiète.

Maltraités par les hommes d'armes anglais, les paysans s'étaient soulevés dès 1433 dans la Basse-Normandie. Ils avaient tourné, contre leurs oppresseurs, les armes qu'on les avait contraints de prendre contre le roi de France; mais ces insurrections, qui avaient manqué de concert et d'une direction commune, avaient échoué. Dans les Vaux-de-Vire, la révolte avait été étouffée, par lord Scales, dans le sang de quatre ou cinq mille rebelles. Dans le Bessin, les paysans s'étaient rassemblés, au nombre de trente mille, par le temps le plus rigoureux. Les champs étaient au loin couverts de plus de deux pieds de neige. Ces braves gens conduits par quelques gentilshommes n'étaient pas moins arrivés jusqu'aux faubourgs de Caen; mais à peine armés, presque nus, ces malheureux étaient déjà vaincus par la faim, par le froid, par la misère, lorsqu'une petite troupe anglaise, fondant sur eux, les avait taillés en pièces. Le gouvernement anglais avait apporté, dans la répression, une modération relative (2).

---
(1) *Le Bourgeois de Paris*, p. 281-285.
(2) Thomas Basin, t. I, p. 106-108. — Jean Chartier, t. I, p. 172.

Il n'en fut pas de même dans le pays de Caux. C'es[t]
que le soulèvement y avait pris des proportions bien
autrement inquiétantes.

Parmi les hommes d'armes de Charles VII se trouvai[t]
un ancien ouvrier terrassier de Dieppe, Charles Des[-]
marets. Homme de tête et de cœur, il tenta sur sa patri[e]
un hardi coup de main qui la délivra et la rendit à l[a]
France (octobre 1435). Dieppe devint aussitôt le foye[r]
d'une insurrection qui ne tarda pas à gagner toutes le[s]
riches campagnes situées entre la Seine et la Somme[.]
De toutes les bourgades partirent des bandes qui se réu[-]
nirent sous le commandement d'un champion obscur d[e]
la cause nationale, Le Charruyer (Le Charretier). Ap[-]
puyées par quelques troupes régulières françaises, elle[s]
enlevèrent Montivilliers, Harfleur. Rouen et les autre[s]
villes s'apprêtaient à suivre l'impulsion et l'exemple do[n-]
nés par ces Jacques normands. S'ils avaient eu seuleme[nt]
avec eux, pour soutenir et diriger leur dévouement ine[x-]
périmenté, cinq cents lances, commandées par des cap[i-]
taines vraiment patriotes (1), l'Anglais était chassé [au]
moins de toute la haute Normandie ; mais, dominés p[ar]
des jalousies mesquines et par des préjugés étroits [de]
caste et de métier, nobles et capitaines s'alarmaient [et]
s'irritaient de ces succès populaires : ils les arrêtère[nt.]
Les paysans avaient résolu de marcher sur Caudebe[c;]
ils prièrent les hommes d'armes, postés à Tancarvil[le,]
de leur prêter du secours. « Cette semaine, » répond[i-]
rent les hommes d'armes, « nous avons pris sur n[ous

---

(1) Ces capitaines étaient des chefs d'*écorcheurs* (A. Tuetey, *Les éc*[or-]
cheurs sous Charles VII, p. 13).

» ennemis plusieurs villes ; et aujourd'hui, dimanche,
» il nous faut louer Dieu. » — « Vous êtes des traîtres, »
repartirent les paysans, et ils allèrent seuls, avec une
bravoure aveugle, se faire écharper sous les murs de
Caudebec (1435-1436) (1).

Ce désastre fut le signal d'une épouvantable désolation qui s'abattit sur le pays de Caux. Les représailles des Anglais furent atroces. Leur œuvre de destruction fut achevée par la famine et par la contagion. Deux cent mille âmes périrent. Le reste des habitants émigra, par longues bandes faméliques qui emportaient, avec elles, dans leur exil, les germes empestés de la mort. Ce pays, jadis le plus florissant de tout le royaume, resta vide, abandonné. Ce ne fut plus qu'un désert, couvert de broussailles et de taillis, dans lequel toute trace de chemin, tout vestige de civilisation disparurent promptement (2).

Charles VII n'avait rien fait pour conjurer cette grande calamité ; il ne put ou ne voulut pas tendre les bras à la Normandie, lorsqu'elle se donnait à lui. Quatorze ans plus tard, il allait être obligé de la conquérir.

Une des plus grandes tristesses que vous infligent l'étude de l'homme et celle de l'histoire, c'est de voir l'impuissance des âmes à résister à la terreur. Après l'exécution dont le pays de Caux porta longtemps les marques sanglantes, toute la Normandie se courba et se tut (3). La protestation contre le joug étranger ne

---

(1) Vallet de Viriville, t. II, p. 340.
(2) Thomas Basin. t. I, p. 110-118. — Chéruel, *Rouen sous la domination anglaise*, p. 119.
(3) Thomas Basin, t. Ier, p. 212.

continua que sous la forme d'un indomptable brigar
dage. Comme les *outlaws* anglo-saxons après la cor
quête de Guillaume le Bâtard, ces bandits s'élançaien
du fond de leurs forêts, pour tendre de perpétuelles er
bûches aux maîtres de leur pays et leur faire une guer
sans merci. Les Anglais essayaient inutilement tous l
moyens pour les exterminer. En vain, ils mettaie
leur tête à prix; en vain, ils prononçaient, dans u
seule année, dix mille condamnations à mort con
ces brigands ou contre leurs recéleurs. En vain,
lançaient des colonnes mobiles dans les profondeurs
leurs repaires ou leur donnaient la chasse avec c
meutes de chiens. Cette hydre du brigandage renaiss
toujours. Un bon prêtre normand dit pourtant, da
un repas, à ses convives anglais, qu'il savait bien, l
un moyen d'en finir avec ce mal. On le pressa de s'
pliquer. Il se fit beaucoup prier. On insista. Vaincu
ces insistances, il ajouta, avec une finesse narquoi
« Quittez tous la France! Allez-vous-en tous en An
» terre. Je vous garantis qu'aussitôt après votre dép
» il ne restera pas un seul brigand dans le pays (1

Inutile d'ajouter que le remède ne sembla point p
tique aux Anglais; et cependant, ils ne négligèrent
pour hâter le moment où ils seraient obligés de
soumettre. Le contre-coup des tiraillements qui se
duisaient dans les hautes régions du gouvernen
anglais se faisait rudement sentir en Normandie.
était administrée et gouvernée d'une façon déplora
L'autorité, les charges, les commandements étaient

(1) Thomas Basin, p. 57 et 58.

aux enchères et abandonnés au plus offrant. Le malaise et les misères du pays ressortaient plus encore par le contraste avec la sécurité, la paix, la prospérité qui renaissaient partout dans les Etats de Charles VII.

Ce contraste ne pouvait que raviver chez les Normands le sentiment français; mais, après la rude leçon qu'avaient reçue leurs paysans, ce sentiment n'était, dans leur cœur, qu'un vœu timide (1). Il fallait que Charles VII vînt, en personne, leur apporter, leur imposer même la délivrance avec les bienfaits qu'il avait déjà ménagés à ses autres sujets.

Le 17 juillet 1449, Rouen recevait un manifeste du roi, où ce prince se présentait comme le libérateur de la ville. Il lui rappelait le siége héroïque qu'elle avait soutenu contre les Anglais et les souffrances qu'elle avait endurées sous leur domination. Charles VII était encore trop loin pour que cette évocation éloquente d'un glorieux souvenir pût avoir de l'effet; mais il n'allait pas tarder à se rapprocher. Au commencement d'octobre, il était à quelques lieues de Rouen, au Pont-de-l'Arche. Verneuil, Lizieux, Pont-Audemer, toutes les places de la vallée de l'Eure et de celle de la Seine, en amont de Rouen, étaient en son pouvoir. Sous ses ordres, il avait une belle armée, vraiment nationale et française, bien équipée, régulièrement payée, sévèrement disciplinée et pourvue d'une redoutable artillerie que dirigeaient les frères Bureau (2).

---

(1) Thomas Basin, p. 185-186.
(2) Vallet de Viriville, t. III, p. 157. — Chéruel, *Rouen sous la domination anglaise*, p. 122. — Jean Chartier, t. II, p. 137-140.

Charles VII attendit patiemment que sa présence et le déploiement de ses forces eussent rendu aux Rouennais le courage de lui ouvrir leurs portes. Cette population appartenait de cœur à la France; mais elle avait sur les bras les garnisons anglaises des environs qui s'étaient repliées dans ses murs, le gouverneur Somerset, qui était terrible dans ses accès de fureur, et le vieux lord Talbot, un de ces hommes extraordinaires, dont l'admirable vieillesse ne semble être que l'épanouissement d'une seconde et plus belle jeunesse. Sa vigilance et sa fermeté déjouèrent un premier complot ourdi par des bourgeois de Rouen pour introduire les Français dans la place. Dunois était accouru sur l'appel de ces courageux patriotes et d'intelligence avec eux. Déjà ses hommes d'armes avaient escaladé le rempart; quelques-uns même étaient dans la ville, lorsque la brusque apparition de Talbot, à la tête d'un corps anglais, changea ce beau début en une déroute complète. Les Français durent sauter du haut du rempart dans le fossé. La plupart des conspirateurs durent sauter comme eux; ils tombèrent grièvement blessés. Les Anglais sortirent et achevèrent ces malheureux (16 octobre 1449) (1).

Ces cruautés ne firent que leur aliéner encore plus les esprits. Pour contenir le mécontentement prêt à éclater, Somerset dut consentir à l'envoi d'une députation chargée de traiter avec le roi ou avec ses représentants. L'archevêque, Raoul Roussel, et des bourgeois

---

(1) Thomas Basin, t. I, p. 223. — Jean Chartier, t. II, p. 140-143, p. 236-237. — Matthieu d'Escouchy, t. I, p. 214-216.

notables appartenant tous à d'anciennes familles municipales se rendirent à Port-Saint-Ouen, où ils conférèrent avec les délégués des Charles. Les conditions qu'ils rapportèrent convinrent, de tout point, à leurs concitoyens ; mais les Anglais refusèrent de les prendre au sérieux. Ce refus excita dans la population une de ces émotions qui annoncent et précèdent les grands soulèvements (1).

Le lendemain, 19 octobre, était un dimanche. Le peuple assistait aux offices lorsque, tout à coup, des hommes, obéissant évidemment à un mot d'ordre, se répandirent dans les différentes églises en criant que les Anglais s'apprêtaient à massacrer tous les Rouennais. En même temps, du haut de la tour de la Grosse-Horloge, le tocsin lançait ses lugubres volées. Cet appel aux armes, à l'émeute, fut bientôt entendu. Sans attendre la fin du culte, le peuple se précipita dans les rues. Des barricades se dressèrent rapidement, à un jet de pierre les unes des autres, tandis que dans l'intérieur des maisons retentissaient des coups répétés de marteaux et de haches. On frayait, à travers les cloisons et les murs intérieurs, un passage couvert aux défenseurs des barricades qui pouvaient ainsi, rapidement et sans danger, se porter au secours des points menacés.

Il était impossible pour la cavalerie de s'engager, pour l'infanterie même de se mouvoir au milieu de ce dédale meurtrier. Les trois mille Anglais qui formaient la gar-

---

(1) Thomas Basin, t. I, p. 224. — Jean Chartier, t. II, p. 146-148. — Vallet de Viriville, t. III, p. 160. — Matthieu d'Escouchy, t. I, p. 217-219.

nison de Rouen se réfugièrent en toute hâte dans la citadelle du bout du pont, dans le château de Philippe-Auguste et dans le vieux palais situé sur la Seine, à l'extrémité orientale de la ville. Quelques-uns d'entre eux furent surpris par la brusque explosion de l'émeute et durent, bien humblement, demander passage aux gardiens des barricades. On le leur accorda; car, dans cette journée qui était comme un glorieux épilogue du siège de 1418, les Rouennais s'honorèrent par leur humanité. Trois ou quatre Anglais seulement perdirent la vie, frappés par la vengeance de ceux qui avaient vu, peu de jours auparavant, leurs propres parents égorgés aux pieds des remparts avec une sauvage barbarie (1).

Sur ces entrefaites, prévenu dès le matin, Charles VII arrivait sur la colline de Sainte-Catherine et occupait, sans coup férir, le couvent fortifié qui en couvrait la cime. De cette hauteur escarpée, d'où l'œil embrasse un magnifique horizon, le roi apercevait toute la ville. Il ne voulut pas immédiatement y laisser entrer son armée, de peur que les soldats ne se missent à piller. L'évêque de Lisieux, Thomas Basin, y pénétra le premier, à la tête de cent lances, qui furent bientôt suivies de cent autres lances, commandées par un brave seigneur du Midi, Amanieu d'Albret, comte d'Orval. Aidés par les habitants, ces hommes d'armes commencèrent immédiatement le siège du vieux palais et du château. Menacé par les bombardes et les canons français, Somerset comprit qu'il était inutile de résister; et, après huit jours de pourparlers, tour à tour interrompus et repris,

---

(1) Thomas Basin, t. I, p. 226-227. — Jean Chartier, t. II, p. 148-149.

il obtint une capitulation qui lui permettait de se retirer librement avec ses troupes. Talbot devait rester comme otage de l'exécution fidèle des promesses, au prix desquelles le gouverneur anglais avait dû acheter cette libre retraite. Le 26 octobre, l'occupation de Rouen par les troupes françaises était complète; le 10 novembre, Charles y faisait son entrée (1).

Le défilé du cortége royal fut splendide. Les riches tentures qui s'étendaient d'un côté à l'autre de la rue, les cottes armoiriées, les armures reluisantes, les aigrettes dorées, les manteaux d'écarlate, les chevaux de bataille couverts jusqu'aux pieds de housses de satin ou de velours, composaient un tableau non moins somptueux que pittoresque (2). Qui sait si, au milieu de cette magnificence, sous le concert triomphal des cloches, des trompettes et des acclamations du peuple, Charles VII ne vit point par la pensée ou mieux encore par le remords passer la fatale charrette qui avait conduit Jeanne au bûcher? Peut-être; car, presque au lendemain de cette entrée, il donnait l'ordre de commencer les enquêtes qui devaient, six ans plus tard, aboutir à la réhabilitation de l'héroïne (3).

Le souvenir de Jeanne était, je le crains, dans bien peu d'esprits. En France, on oublie si vite et surtout le bien; mais son âme, son cœur semblaient animer les soldats de Charles VII, particulièrement ces fils du peu-

---

(1) Thomas Basin, p. 228-229. — Jean Chartier, t. I, p. 152-160. — Matthieu d'Escouchy, t. I, p. 219-229.

(2) Jean Chartier, t. II, p. 160-170. — Matthieu d'Escouchy, t. I, p. 229-243.

(3) Quicherat, t. II, p. 1 et 2.

ple, ces francs-archers qui devaient finir sous le ridicule, mais qui débutaient par l'héroïsme. L'histoire a dit toute la part qui leur revient dans la journée de Formigny. Cette bataille acheva de décider du sort de la Normandie. Une armée de secours, envoyée par le gouvernement anglais, y fut complétement battue (15 avril 1450) (1).

L'un des vainqueurs, le connétable Arthur de Richemont, vint, avec ses troupes victorieuses, rejoindre Charles VII et Dunois sous les murs de Caen, et compléter l'investissement de cette seconde capitale de la Normandie. Les lignes françaises étaient armés d'une formidable artillerie : pierriers, bombardes de calibre différent. Il y avait surtout vingt-quatre pièces dont les dimensions étaient gigantesques. La bouche en était si grande qu'un homme pouvait s'y tenir assis, la tête droite. Les assiégés ne tardèrent pas à se faire une idée de la puissance de ces engins. Sur une des tours du rempart se tenaient quatre ou cinq Anglais, mêlés à quelques Français de Caen, que l'on n'est pas étonné de trouver à côté de l'ennemi; car Thomas Bazin nous dit que c'étaient de *jeunes fats*. Les uns et les autres ne cessaient d'insulter des Rouennais qui gardaient une de ces monstrueuses bombardes et d'outrager le canonnier qui était chargé de manœuvrer la pièce. A leurs insultes se joignaient de temps à autre quelques projectiles, assez impuissants d'ailleurs. Ce bavardage finit par agacer le canonnier. Il mit le feu à sa bombarde, le coup partit, abattit la tour, d'où tombaient ces insolentes provocations, écrasa

---

(1) Jean Chartier, t. II. p. 192-198. — Basin, t. I, p. 235-238. — Matthieu, d'Escouchy, t, I, p. 279-286.

sous ses ruines les Anglais et leurs compagnons; puis, continuant ses ravages, le boulet de pierre renversa les toits de quelques maisons et fit encore plusieurs victimes.

Ce simple essai de bombardement suffit aux défenseurs de Caen ; ils n'en demandèrent pas davantage, d'autant mieux qu'une mine creusée par les assiégeants, du côté de l'abbaye de Saint-Etienne, venait d'être poussée jusqu'au pied du rempart. La ville était inévitablement prise; c'était une simple question de temps. Somerset, qui s'était réfugié à Caen, ne crut pas devoir affronter le bombardement et l'assaut; il capitula et se retira sur Calais avec la garnison. Quelques habitants accompagnèrent les Anglais; mais grâce à Dieu, ils étaient en petit nombre (1).

Peu de temps après (le 2 août 1450), la prise de Cherbourg achevait la délivrance de la Normandie, et avec l'assentiment des prélats du royaume, Charles ordonnait qu'une procession solennelle célébrerait, dans toutes les cathédrales de France, l'heureuse issue de cette campagne libératrice qui avait duré juste un an (2).

L'année suivante, le retour de cet anniversaire ramenait pour la France entière une grande fête nationale, que la fidèle cité de Tournay entourait d'un éclat tout patriotique. Les lettrés de cette ville, qui composaient l'Académie du *Puy d'Amour*, avaient fait annoncer pour ce jour une grande joute poétique. Un prix d'*ung escu*

---

(1) Thomas Basin, t. I, p. 238-241. — Matthieu d'Escouchy, t. I, p. 304-315.

(2) Thomas Basin, t. I, p. 246.

de France était promis au poëte qui aurait composé et réciterait, après souper, le meilleur poëme sur les conquêtes du roi (1).

Ces conquêtes avaient continué avec rapidité. La Guyenne avait été soumise. Le 23 juin 1451, un héraut de Bordeaux, monté sur une des tours de la ville, avait interrogé l'horizon, en criant à haute voix : « Secours de l'Angleterre pour ceux de Bordeaux. » Personne n'avait répondu à ce cri. Huit jours après, suivant les conventions passées avec le lieutenant général de Charles VII, Dunois, Bordeaux avait ouvert ses portes aux Français qui, le 21 août, entraient dans Bayonne (2).

Les populations avaient faiblement résisté ; elles n'étaient pourtant pas allées, comme en Normandie, au-devant des armées de Charles VII. Elles étaient franchement anglaises, dans les villes du moins. L'Angleterre les gouvernait depuis près de trois cents ans (3). Elle avait inspiré à leur cœur des sympathies qui ont subsisté jusqu'au règne de Louis XIV et exercé sur leur génie une influence que l'on peut retrouver dans quelques-unes des plus nobles qualités de l'esprit girondin. Il aurait fallu les traiter avec beaucoup de ménagement. La domination française manqua, à leur égard, de tact et de loyauté. La fiscalité royale ne tint compte ni de leurs franchises, ni des serments solennels que le lieutenant du roi avait prêtés solennellement sur l'Evangile,

---

(1) Smet, *Recueil des chroniques de Flandre*, t. III, p. 469. — *Collection de chroniques belges* (Adrien de Bud), p. 313.

(2) Jean Chartier, t. II, p. 304-323. — Jacques Du Clerc, *Mémoires* (Michaud et Poujoulat), t. III, p. 612-613.

(3) Matthieu d'Escouchy, t. I, p. 329.

à son entrée à Bordeaux (1). Justement irrités, les Bordelais et quelques gentilshommes du Médoc rappelèrent les Anglais. Talbot, à la tête d'une petite armée, se hâta d'accourir et vint honorer, par une défaite et une mort héroïque, les derniers instants de la résistance anglaise en France (2).

Ce fut sous les murs de Castillon (Dordogne), que le coup suprême fut porté à cette résistance, le 11 juillet 1453. Les Français assiégeaient la place; mais, en même temps, sous la direction d'un simple bourgeois de Paris, Jean Bureau, ils avaient fortifié leur camp et l'avaient hérissé de canons, de manière à pouvoir, eux-mêmes, soutenir un siège. Ils attendaient Talbot d'un moment à l'autre. Les rôles que les Français et les Anglais avaient jusqu'alors joués dans les grandes rencontres de leurs armées allaient être intervertis dans celle de Castillon. Les Français devaient déployer le sang-froid courageux qu'exige la défensive et laisser aux Anglais la témérité présomptueuse qui nous avait été si funeste. Elle ne réussit pas mieux à Talbot.

Comme le roi Jean à Poitiers, ce général plus qu'octogénaire ne semblait craindre qu'une chose : c'est que les ennemis, frappés d'épouvante à son approche, ne se dérobassent à ses coups. Le matin de la bataille, il entendait la messe dans une abbaye, voisine de Castillon, lorsqu'on vint lui dire qu'on apercevait un gros nuage de poussière vers le camp des Français et que ceux-ci

---

(1) Matthieu d'Escouchy, t. I, p. 359.
(2) Jacques Du Clerc, p. 615. — *Collection des chroniques belges, Chronique d'Adrien de Bud*, p. 337.

prenaient la fuite. Aussitôt, laissant là messe et chapelain, il monte à cheval, entraîne avec lui sa cavalerie, sans s'inquiéter de ses fantassins, qui ne peuvent le suivre.

A une demi-lieue du camp français, il rencontre le grand maître Antoine de Chabannes et le maréchal Joachim Rouault, qui se portaient au-devant de lui avec deux cents lances et un corps de francs-archers. Les francs-archers sont taillés en pièces; les hommes d'armes sont culbutés et chassés jusqu'à la porte du camp. Resté en arrière pour protéger leur rentrée, le grand maître est fait prisonnier; il sera bientôt délivré.

Le caractère et le sort de la bataille changent promptement; il s'agit maintenant d'un véritable siége; il faudrait de l'infanterie; mais Talbot refuse d'attendre la sienne. Il répond par un coup du plat de son épée au conseil de prudence que lui donne son enseigne, Thomas d'Auringham. Il fait apporter et défoncer un tonneau de vin pour rafraîchir ses cavaliers, auxquels il a ordonné de mettre pied à terre. A peine ont-ils réparé leurs forces qu'il les lance à l'assaut des retranchements français. Les bannières de Saint-Georges et de l'Angleterre sont bientôt plantées sur le bord du fossé.

Notre artillerie répond d'une manière formidable à ce défi menaçant. Servie par d'habiles canonniers, entre autres le célèbre Girault, cette artillerie fait, dans les rangs anglais, qu'elle atteint presque à bout portant, des trouées profondes. A chaque coup, cinq ou six hommes tombent morts; mais ce feu meurtrier de nos canons et de nos couleuvrines ne décourage pas l'indomptable ténacité britannique. Pour la faire plier, il faut l'arrivée d'un puissant renfort de Bretons.

A peine entrés en ligne, ces Bretons communiquent leur élan au reste de l'armée française, qu'ils entraînent hors de son camp. Impuissants à soutenir l'impétuosité de cette sortie, les Anglais reculent; leurs bannières sont renversées. Talbot lui-même, que son riche surtout de velours rouge désigne aux pointeurs français, est frappé à la cuisse et tombe sous sa haquenée blanche, blessée en même temps que lui. Son fils, lord Lisle, se précipite pour le relever : « Laisse-moi, » lui dit Talbot, « la journée est aux ennemis; il n'y aura pas de honte pour toi à fuir. C'est ici ta première bataille. » Ce sera la première et la dernière. L'enfant refuse de s'éloigner et périt à côté de son père. Un groupe d'Anglais, qui cherche en vain à sauver le vieux général, ne parvient pas même à le retirer du tumulte de la mêlée et de la déroute. De nombreux francs-archers se ruent sur Talbot. Le héros anglais offre en vain de racheter sa vie à prix d'or. Ses assaillants le percent de coups et laissent son cadavre mutilé sur le champ de bataille (1).

Avec lui, la fortune et la domination anglaises sont mortellement atteintes en France. Encore quelques jours, et, sauf Calais, l'Angleterre ne possédera plus un coin de terre dans notre pays.

---

(1) Thomas Basin, p. 263-269. — Jean Chartier, t. III, p. 1-8. — Adrien de Budt, p. 337. — *Bibliothèque de l'Ecole des chartes*, t. III, 2ᵉ série, p. 246-247. — Matthieu d'Escouchy, *Société d'histoire de France*, t. II, p. 35-41.

CONCLUSION.

La guerre de Cent ans est finie.

Le dernier mot, dans cette lutte séculaire, est restée à la France.

Elle a chassé l'étranger de son territoire. Elle a fait plus ; elle s'est conquise elle-même. Elle a pris possession et conscience de sa vie, de ses instincts, de son génie et de son cœur. Elle n'était qu'un royaume ; elle est maintenant une nation. L'idée de la patrie s'est dégagée dans son âme. Le mot manquait encore. Le chroniqueur officiel de Charles VII, Jean Chartier, l'emprunte au latin, et le naturalise dans le vocabulaire français (1). Un signe non moins caractéristique des progrès du sentiment national, c'est l'énergique expression de *renégats* employée par ce même écrivain (2), pour flétrir les Français, qui, à la fin de la guerre, combat-

---

(1) Littré, *Dictionnaire de la langue française*, art. *Patrie.*
(2) Jean Chartier, t. II, p. 190.

tent dans les rangs des Anglais. On le voit : la patrie est devenue l'objet d'une foi et d'un culte.

Ce progrès, cette conquête ont été achetés par des souffrances telles que notre histoire ne nous en offre pas de semblables. Les désastres de la guerre étrangère, les violences et les crimes de la guerre civile, les convulsions de la guerre sociale, les campagnes ravagées par l'invasion et désolées par le brigandage, les villes dépeuplées, les maisons abandonnées, les rues envahies par l'herbe et visitées souvent, dans la nuit, par les loups, le désert, la solitude, la forêt commençant aux portes mêmes de Paris, toutes ces hontes, tous ces maux, tous ces déchirements, toutes ces ruines semblaient les symptômes d'une dissolution prochaine et n'étaient au contraire que ceux d'une grande et féconde transformation. Même les haines civiles, qui avaient été plus funestes au pays que l'invasion étrangère, aidaient à son relèvement. Elles prêtaient une force nouvelle au sentiment national, depuis que l'un des deux partis avait commis le crime d'unir sa cause à celle des Anglais. La confusion de ce chaos cachait et préparait l'enfantement de la France à une vie supérieure, en provoquant une réaction qui suscitait ou réveillait, dans l'âme de la nation, des énergies nouvelles ou endormies.

La royauté et la nation avaient collaboré toutes deux à cette œuvre de salut ; mais, dans cette collaboration, la plus grande part et le plus grand honneur revenaient à la nation. Sans doute, la sage direction, que Charles V avait imprimée à son gouvernement et à sa politique avait puissamment contribué aux glorieux succès d'une première revanche nationale; mais cette revanche aurait-elle réussi, sans le concours énergique que la sagesse du roi trouva dans l'ardeur généreuse et dévouée de la France? Charles V aurait-il pu même en concevoir la pensée ou l'espoir, si les états généraux n'avaient, dans un beau mouvement d'honneur et d'indignation patriotiques, repoussé ce honteux traité de Westminster, qu'avait signé le frivole et criminel égoïsme du roi Jean et qui réduisait le royaume aux limites du douzième siècle?

Plus tard, s'inspirant de l'esprit et reprenant les traditions de son grand-père, Charles VII rétablissait dans l'Etat, dans la justice, dans les finances, un ordre réparateur, dont les populations accueillaient les bienfaits avec reconnaissance. Les exactions et tyrannies des hommes d'armes cessaient comme par miracle. D'un tour de main, le roi faisait d'une infinité de meurtriers et de larrons des gens d'une vie honnête. L'agriculture, l'industrie, le commerce recouvraient leur sécurité; les routes devenaient sûres; le voyageur traversait, sans s'exposer, les bois et les forêts les plus meurtrières.

L'impartialité de l'histoire ne refuse pas les éloges qu'elles méritent, à cette administration et à ces réformes: mais elle n'oublie pas que Charles VII avait grand besoin d'y attacher son nom, pour réparer les défaillances et les misères de la première partie de son règne. Or, c'était pendant cette première moitié de ce règne, tour à tour déshonoré et glorieux, que la question de vie ou de mort s'était posée devant la France en des termes terribles. La France seule l'avait résolue, en se levant et se retrouvant elle-même à la voix de Jeanne Darc.

Mais ce dernier et vigoureux effort, que la politique royale avait contrarié, loin de le seconder, succédait à une longue suite d'essais, de revers, de luttes, de combats et de sacrifices. Il laissait la France fatiguée, meurtrie et toute prête à remettre à son roi ses libertés et ses droits politiques, en échange d'un peu de sécurité, de paix et de prospérité. Abdication imprudente et dont, quelques années plus tard, un grand juriste anglais, sir John Fortescue, signalait les funestes effets (1).

Quoi qu'il en soit, la lassitude du pays augmentait la puissance de la royauté, tandis que les progrès du sentiment national rehaussaient son prestige et son autorité morale; car, pour les hommes, pour les Français, pour les patriotes du quinzième siècle, le roi était comme le symbole de la France et l'expression vivante de la patrie.

Cette idée, qui pouvait si aisément dégénérer en superstition, devait être poussée, par Louis XIV et son temps, aux dernières limites de l'exagération; mais le siècle suivant la soumit à ce grand travail d'analyse, de critique et d'épreuve qu'il faisait subir à toutes les doctrines politiques, morales, religieuses et philosophiques. Elle n'y put résister; la Révolution acheva de lui porter les derniers coups. Mais, en la déracinant, 1789 mit dans l'esprit et le cœur des Français, une conception et un amour de la patrie plus larges, plus dignes, plus virils, plus hautement spiritualistes. Depuis lors, nous ne confondons plus la France avec ces prétendues incarnations, éphémères ou indignes; nous avons appris et

---

(1) Sir John Fortescue. *In leges Angliæ*, apud Taine, *Histoire de la littérature anglaise*, t. I, p. 152 et suiv.

nous apprendrons de plus en plus à l'aimer en elle et pour elle.

C'est là le principe de la grande foi patriotique dont nos généreuses populations de l'Est nous ont donné le noble exemple. Cette foi porte avec elle les promesses du salut, du relèvement et de la grandeur. Au milieu de ces miracles apocryphes, dont la superstition répète complaisamment aujourd'hui la monotone légende, elle seule a produit un miracle réel. Elle a sauvé la France, en inspirant le génie et le cœur de ce grand citoyen, de cet illustre homme d'Etat, que l'esprit de parti voudrait en vain rebaisser et dont la reconnaissance nationale et populaire a déjà inscrit le nom à côté des noms les plus grands et les plus purs de notre histoire.

FIN.

TABLE DES MATIÈRES.

Avant-propos.. 1
Introduction. 3

LIVRE PREMIER.

Jean le Bon. — Etienne Marcel. — Charles V.

Chapitre premier. — Bataille de Poitiers.. 17
Chapitre II. — Etienne Marcel et la Commune parisienne. . . . 38
Chapitre III. — La Jacquerie.. 69
Chapitre IV. — Le traité de Brétigny et la revanche nationale.
   Charles V : Du Guesclin. 93

LIVRE II.

Charles VI.

Chapitre premier. — La crise démocratique et sociale au quatorzième siècle.. 129
Chapitre II. — Le gouvernement personnel et la folie de Charles VI. 160
Chapitre III. — Le duc d'Orléans et Jean sans Peur. 188
Chapitre IV. — Les Cabochiens et la Terreur au quinzième siècle. 212
Chapitre V. — Les Armagnacs et la Terreur blanche.. 243
Chapitre VI. — Les massacres des prisons.. 270

LIVRE III.

Jeanne Darc.

Chapitre premier. — La France sous la domination anglaise. . . 305
Chapitre II. — Alain Chartier. — Le sentiment national dans la littérature.. 330
Chapitre III. — Jeanne Darc : I. La mission.. 348
Chapitre IV. — Jeanne Darc : II. Le siége d'Orléans.. 370
Chapitre V. — Jeanne Darc : III. Le sacre.. 397
Chapitre VI. — Jeanne Darc : IV. La trahison.. 422
Chapitre VII. — Jeanne Darc : V. Le martyre.. 449
Chapitre VIII. — Jacques Cœur.. 478
Chapitre IX. — La délivrance du territoire. 502
Conclusion. 526

TOULOUSE, IMPRIMERIE A. CHAUVIN ET FILS, RUE DES SALENQUES, 28.

A LA MÊME LIBRAIRIE.

CAMBON DE LAVALETTE (Jules). *La Chambre de l'Edit de Languedoc.* 1 vol. in-8°. 3 50

Constitutions françaises (les) votées par les chambres depuis 1788 jusqu'à 1870, réunies et publiées par F.-L. Plocard. 1 vol. in-8°. 5 »

COQUEREL (Ath.) fils. *Jean Calas et sa famille.* Etude historique d'après les documents originaux, suivie de pièces justificatives et de lettres de la sœur A.-J. Fraisse, de la Visitation. Seconde édition refaite sur de nouveaux documents. 1 vol. in-8°. 8 »

CUVIER. *Cours d'études historiques au point de vue philosophique et chrétien.* 1re série : Esquisse d'une philosophie de l'histoire ; 2e série : Esquisses d'histoire générale, les Sémites et le monde mahometan ; 3e série : Esquisses d'histoire générale, les Kamites traditionnels et les peuples de race noire ; 4e série : Esquisses d'histoire générale, les peuples de race mongolique, de race malaise et de race cuivrée. 4 vol. in-18. 14 »

(Chaque volume se vend séparément 3 fr. 50.)

GAULLIEUR (Ernest). *Histoire du Collège de Guyenne*, d'après un grand nombre de documents inédits. 1 fort vol. grand in-8° imprimé sur papier de Hollande. 18 »

GÉRARD (Ch.) (ancien représentant du Ba... *...es artistes de l'Alsace* pendant le moyen âge. 2 vol. in-8°. 16 »

LAMBERT (Le Dr Gustave). *Histoire de ... ...rovence* (1530-1598). 2 vol. in-8°. 1870.

LICHTENBERGER (F.). *Histoire des idées ...* le milieu du dix-huitième siècle jusqu'à nos jo...

MONOD (Gabriel). *Allemands et Français.* Souvenirs d... ... Metz. — Sedan. — La Loire. 1 vol. in-12.

RABAUD (Camille). *Histoire du protestantisme dans l'Albigeois et le Lauragais*, depuis son origine jusqu'à la révocation de l'Edit de Nantes (1685). 1 vol. in-8°. 7 50

RILLIET (Albert). *Les origines de la Confédération suisse* (histoire et légende). 2e édit. revue et corrigée. 1 vol. in-8° avec une carte. 7 50

RING (Maximilien de). *Histoire des Germains*, depuis les temps les plus reculés jusqu'à Charlemagne, pour servir d'introduction à l'histoire de l'Empire germanique. 1 vol. in-8°. 7 50

SCHÆFFER (Adolphe). *Les Huguenots du seizième siècle.* 1 vol. in-8°. 5 »

SMILES (Smith). *Les huguenots, leurs colonies, leurs industries, leurs églises en Angleterre et en Irlande.* Traduit de l'anglais avec préface par M. Ath. Coquerel fils. 1 vol. in-8°. 1870. 6 »

WIRTH (Max). *Histoire de la fondation des Etats germaniques.* Traduit de l'allemand par la baronne de Crombrugghe. 2 vol. in-8°. 1873. 12 »

www.ingramcontent.com/pod-product-compliance
Lightning Source LLC
Chambersburg PA
CBHW051353230426
43669CB00011B/1631